Detlef Diskowski · Ludger Pesch

Familien stützen – Kinder schützen

Was Kitas beitragen können

Familien stützen Kinder schützen

Was Kitas beitragen können

pfv

Fachverband für Kindheit und Bildung

Herausgegeben von
Detlef Diskowski · Ludger Pesch

Redaktionelle Mitarbeit
Geschäftsstelle des pfv: Sylvia Schlie und Susanne Lütticke

verlag das netz
Weimar · Berlin

Bitte richten Sie Ihre Wünsche, Kritiken und Fragen an:
pfv
Barbarossastr. 64
D-10781 Berlin
Tel.: +49(0)30.23 63 90 00
Fax: +49(0)30.23 63 90 02
E-Mail: pfv@pfv.info

Diese Veröffentlichung wurde mit Mitteln des Bundesministeriums für Familie, Senioren, Frauen und Jugend gefördert.

ISBN 978-3-86892-003-1

Redaktion: Ludger Pesch, Sylvia Schlie
Gestaltung: Jens Klennert, Tania Miguez
Titelbild: Veit Mette
Fotos: S. 14 Jürgen Jabs, S. 68 Isolde Ohlbaum, S. 96 Christine Radack, S. 98, 99, 101, 105, 106, 109, 110, 111 Nancy Hoenisch-Pomeroy, S. 146 Veit Mette, S. 214 Christian Schulz, S. 131, 132 Edeltraud Röbe, S. 159 Familienzentrum an der Corvinuskirche, S. 172, 244 Volker Derlath, S. 227, 228 Kerstin Schulz, S. 234, 235, 237 Ludger Pesch

Druck und Bindung: COLOR-DRUCK ZWICKAU GmbH & Co. KG
Printed in Germany

Weitere Informationen finden Sie unter www.verlagdasnetz.de

Inhalt

Familien stützen – Kinder schützen

Einleitung und Übersicht

Detlef Diskowski und Ludger Pesch

Es ist noch nicht lange her, da beschränkten sich die Erwartungen der Öffentlichkeit und der Politik an die Kindertagesbetreuung im Westen Deutschlands zum einen auf die Betreuung der Kinder berufstätiger Eltern in den Ganztagseinrichtungen oder zum anderen auf vorschulische Bildungsangebote, für die dann auch Halbtagskindergärten ausreichten. Nur im Osten Deutschlands und zuweilen in den Großstädten Westdeutschlands fanden diese Erwartungen zueinander, erweiterten sich zeitlich und in Bezug auf die Altersjahrgänge.

Seitdem die Bildungsdiskussion auch die frühe Bildung entdeckt hat, gerät die Kindertagesbetreuung zunehmend in den Fokus der öffentlichen Diskussion. Es scheint, als ob mit dieser Entdeckung der Bedeutung der frühen Bildungsprozesse für die individuelle wie für die gesellschaftliche Entwicklung insgesamt eine weitreichende Perspektivverschiebung stattgefunden hat zur Frühpädagogik als Allzweckmittel. Immer öfter ist in politischen Diskussionen wie in den Medien bei der Betrachtung gesellschaftlicher Missstände die – richtige wie auch banale – Erkenntnis zu vernehmen: Die Lösung des jeweiligen Problems müsse früher ansetzen!

Es wird plötzlich erkannt, dass die Probleme einer zunehmend multikulturellen Gesellschaft sich nicht allein in den Lebensbereichen der Erwachsenen manifestieren, dass Veränderungsoptionen langfristig anzulegen sind und beim Zusammenleben der Kinder und der Förderung ihrer Entwicklungschancen beginnen.

Deutlicher wird auch von der Öffentlichkeit die Gefahr eines Auseinanderfallens der Gesellschaft wahrgenommen, bei der das Vererben von Armut eine wesentliche Rolle spielt. Es wird erkannt, dass Maßnahmen gegen soziale Ausgrenzung, die Förderung der Fähigkeit, sich auch unter schwierigen Rahmenbedingungen zu behaupten und sein Leben zu gestalten besonders nachhaltig sind, wenn sie früh wirksam werden.

Die Einrichtungen der Bildung, Erziehung und Betreuung, die heute fast alle Kinder in diesem Land besuchen, scheinen ein solcher früh wirksamer Faktor sein zu können.

Als Fachkräfte der Kindertagesbetreuung, als ErzieherInnen, BeraterInnen, Fort- und AusbildnerInnen, als MultiplikatorInnen und AdministratorInnen können wir diese Einsichten nur begrüßen. Sie sind eine späte Bestätigung für Anstrengungen und für Mahnungen, wenn wieder einmal über die Kosten der Kindertagesbetreuung lamentiert und Kürzungen realisiert wurden. Es ist erfreulich, welches Zutrauen in die Einrichtungen und ihre Fachkräfte hier zum Ausdruck kommt. Andererseits hat das Bundesjugendkuratorium jüngst in seiner Stellungnahme »Zukunftsfähigkeit der Kindertagesbetreuung« zu Recht auf die Gefahr der Überforderung hingewiesen. »Wenn eine Einrichtung in der öffentlichen Funktionszuschreibung gleichermaßen als »vorweg genommene Schule«, »Familienersatz und Institution zur Kompensation familiärer Defizite«, »Erziehungsberatung für Eltern« und als »lebenswerter Ort für

Kinder« verstanden und deren Handeln letztlich auch an diesen Zuschreibungen gemessen wird, dann besteht die große Gefahr, dass sie an solch diffusen und gleichzeitig komplexen Anforderungen scheitert.« (S.13)

Wenn wir uns mit diesem Buch den Erwartungen und Möglichkeiten der Kindertagesbetreuung zum Schutz der Kinder und zur Unterstützung der Familien widmen, dann tun wir dies, wie schon auf der Tagung des Pestalozzi-Fröbel-Verbandes im Herbst 2007 in Hannover, in dem Bewusstsein, dass die hier angesprochenen Aufgaben nicht zum Kerngeschäft der Kindertageseinrichtungen gehören; dass diese Aufgaben in den Kindertagesstätten einen hervorragend geeigneten Ort haben; dass hier Fachkräfte arbeiten, die in Kontakt zu Kindern und ihren Familien stehen – dass diese Aufgaben aber nicht alle noch zusätzlich oder nebenbei zu erledigen sind. Den gestiegenen Erwartungen an die Erziehung, Bildung und Betreuung in Kindertagesstätten entsprechen die Rahmenbedingungen gegenwärtig schon nur unzureichend. Die im Folgenden dargestellen Überlegungen, Konzepte und Arbeitsansätze sind deshalb nicht zu verstehen als weitere Anspruchserhöhung. Sie zeigen aber, was der Ort und die dort versammelte Kompetenz der Menschen zur Lösung einer Reihe dringlicher Probleme beitragen können – wenn die Voraussetzungen gegeben sind.

1. Kapitel

Im ersten Kapitel des Buches wird die Situation der Familie heute in Deutschland unter verschiedenen Blickwinkeln beleuchtet. Es ergeben sich komplementäre Bilder einer kaum ersetzbaren sozialen Lebensform, die verfassungsrechtlich geschützt, Gegenstand politischer Bemühungen wie Vernachlässigungen ist, die offensichtlich gestützt und vor der manchmal doch ein Kind geschützt werden muss.

Hans Bertram geht in seinem Aufsatz »Die vergessene Moderne: Familie heute« der These nach, dass Deutschland in seiner Familien-, Gleichstellungs- und Kinderpolitk – anders als in der Ökonomie – noch nicht die erforderlichen Konsequenzen aus der Entwicklung hin zu einer wissensbasierten Dienstleistungsgesellschaft in einer globalisierten Wirtschaft gezogen hat. Auf der Basis einer demografischen Betrachtung belegt Hans Bertram, dass es bisher nicht gelungen ist, diese Veränderungsprozesse in eine Politik für Kinder, Eltern und Familien zu übersetzen, die nicht nur die Zukunft der Kinder und damit die Zukunft der Gesellschaft sichert, sondern auch die Zukunft von Ehe und Familie.

Verschiedene Typen armer Familien beschreibt Uta Meier-Gräwe und fragt nach den Bedingungen für ein »Gedeihen trotz widriger Umstände!? – Förderung von Resilienz bei armen Kindern und Jugendlichen«. Sie vollzieht damit einen Perspektivwechsel weg von einer Betrachtung der Risikofaktoren des Aufwachsens von Kindern hin zur Suche nach resilienzfördernden Strategien oder Schutzmechanismen, die helfen, mit den Belastungen des Alltags fertig zu werden und Lernchancen im sozialen Umfeld für arme Kinder und ihre Eltern voranzubringen. Uta Meier-Gräwe belegt, dass den verschiedenen professionellen und politischen Akteuren eine hohe Verantwortung bei der Entwicklung und Umsetzung von resilienzstärkenden Bedingungen und Netzwerken vor Ort zukommt, und zwar schon in der frühen Kindheit von Jungen und Mädchen.

Der Begriff des »Kindeswohls« ist der zentrale pädagogische und juristische Bezugspunkt bei der Frage, worauf sich die Kinder- und Jugendhilfe auszurichten habe. Dabei ist kaum ein Begriff so abhängig von der Perspektive des Urteilenden und vom historisch-kulturellen Kontext. Davon ausgehend unternimmt es Jörg Maywald in seinem Beitrag »Kindeswohl und Kindeswohlgefährdung«, den Begriff des Kindeswohls aus kinderrechtlicher Sicht zu erläutern. Vorfindbare Grundrechte und psychologisch zu bestimmende Grundbedürfnisse führen zu der Arbeitsdefinition eines am Vorrang des Kindeswohls ausgerichteten Handelns. Damit ist es dann wiederum möglich, Gefährdungen des Kindeswohls deutlicher zu identifizieren.

Im letzten Beitrag dieses Kapitels bestimmt Gila Schindler die Möglichkeiten und Grenzen der Eingriffe in das elterliche Erziehungsrecht. Wenn Eltern sich nicht in dem Maße oder in der Weise um ihre Kinder sorgen, wie für eine positive Entwicklung ihrer Kinder erforderlich wäre, stellt sich womöglich auch die Frage nach Eingriffen in das elterliche Erziehungsrecht. Sie gibt Hinweise ob, wie und durch wen Eingriffe in das Elternrecht möglich sind und welche Grenzen dem gesetzt sind. Daraus ergeben sich Folgen für den praktischen Umgang mit Situationen, die eine Kindeswohlgefährdung vermuten lassen.

2. Kapitel

Die Kindertagesbetreuung ist – ausdrücklich durch die Neufassung des § 8a SGB VIII – einbezogen in den Kinderschutz. Das zweite Kapitel beleuchtet den Auftrag für Kitas im Kinderschutz.

Andreas Hilliger verortet in seinem Beitrag »die Bedeutung der Kindertagesstätten für den Kinderschutz« sowohl im präventiven Kinderschutz wie auch in der Aufgabe der Krisenintervention. Zweifellos hat sie dabei im Rahmen der Prävention die wichtigeren, zumindest aber die zahlreicheren Aufgaben; aber das Spektrum dessen, was der Prävention und damit der Verhinderung von Kinderschutzfällen dient, ist sehr breit und zum Teil sehr unspezifisch. Der Autor nimmt eine Außensicht ein und entwickelt dadurch Hinweise auf die Bedeutung der Kindertagesstätte, die über- wie auch Unterschätzungen vermeiden kann. Daneben thematisiert Andreas Hilliger datenschutzrechtliche Fragen und betrachet das Instrument der Vereinbarungen, die gem. § 8a mit den Kindertagesrichtungen zu schließen sind.

Die Anforderungen, die insbesondere als Folge der Vereinbarungen nach § 8a auftreten, sind das Thema des Artikels von Martin Textor: »Kindesvernachlässigung, Kindesmissbrauch und Gewalt gegen Kinder rechtzeitig erkennen und angemessen reagieren«. Aus der Perspektive der Praxis differenziert er die rechtlichen und psychologischen Grundlagen aus und entwickelt hieraus die sich ergebenden Anforderungen zur Erfüllung des Schutzauftrages der Kindertagesstätten. Sozialpädagogische Fachkräfte in Kitas erhalten aus den von Textor dargestellten Anhaltspunkten konkrete und praktisch nützliche Hilfen für die Feststellung möglicher Kindeswohlgefährdungen. Ebenso unmittelbar handlungsrelevant sind die Hinweise für den Umgang mit den betroffenen Kindern und Eltern.

Der Abschluss von Vereinbarungen zwischen Jugendamt und Kindertagesstätte stellt für Träger wie für Erziehungskräfte eine neue und unbekannte Aufgabe dar. Johannes Münder, der sich auch gutachterlich mit solchen Vereinbarungen und den hierzu von den Spitzenverbänden veröffentlichten Empfehlungen auseinandergesetzt hat, macht mit seinem Beitrag »Vereinbarung zwischen den Trägern der öffentlichen Jugendhilfe und den Trägern von Einrichtungen und Diensten nach § 8a SGB VIII« Vorschläge für die Gestaltung solcher Vereinbarungen. Er beleuchtet dabei sehr grundsätzlich das Verhältnis von öffentlicher Jugendhilfe und (freien) Trägern und sieht seine Vorschläge als Weg zur Gestaltung eines konsensual-kooperativen Verhältnisses, das nach seiner Meinung allein Grundlage eines effektiven Kinderschutzes sein kann.

3. Kapitel

In Abwandlung des Buchtitels geht das dritte Kapitel der Bedeutung der Bildung im Rahmen des Kinderschutzes nach: Bildung stützt – Bildung schützt. Kindergarten und Schule verteilen Lebenschancen: die Schule durch die ihr zugewiesene Auslesefunktion und beide Einrichtungen, soweit es ihnen gelingt, den Kindern zu helfen, ihre Potenziale zu entfalten.

Dass die Förderung der Kinder nicht gegen die Eltern und kaum ohne sie gelingen kann, ist eine Binsenweisheit. Wie aber die Eltern für die Erziehung ihrer Kinder zu engagieren sind, zeigt uns der Beitrag von Nancy Hoenisch-Pomeroy, der auch ein Stück Autobiografie dieser großen Pädagogin ist. »Ich folgte meinem Herzen« zeigt, dass bei allem wichtigen Bemühen um Professionalität nicht vergessen werden darf, dass es ohne Liebe zu den Kindern und zumindest ohne Respekt vor den Eltern kaum gelingen kann. Nancy Hoenisch-Pomeroy folgte ihrem Herzen und schuf damit Chancen für die Kinder und deren Eltern in einer Art, die uns zuweilen fremd und direktiv erscheinen mag. Gerade an solchen Stellen wird deutlich, wie sehr pädagogisches Handeln von Personen und von Beziehungen abhängig ist. Derselbe Satz von zwei verschiedenen Erwachsenen, in verschiedenen Situationen auf der Basis unterschiedlicher Beziehungen gesprochen, kann entweder liebevolle Hilfe oder kalte Bloßstellung bedeuten.

Eine andere aber in vielen Fällen höchst problematische Einbeziehung von Eltern in die Bildung ihrer Kinder erfolgt durch Hausaufgaben. Edeltraud Röbe stellt in Ihrem Artikel »Hausaufgaben! Hausaufgaben? Hausaufgaben.« dar, in welchem Ausmaß Eltern für die Schulkarriere ihrer Kinder in Anspruch genommen werden. Die Hausaufgaben nehmen in der Arbeits- und Verantwortungsteilung zwischen Familie und Schulwesen, wie es sich aus der deutschen Halbtagsschule ergibt, eine zentrale Rolle ein. Angesichts der bestehenden Chancenunterschiede, der unterschiedlichen Bereitschaft oder Fähigkeit von Eltern zum Schulerfolg ihrer Kinder beizutragen, werden Hausaufgaben zu einem verstärkenden Moment sozialer Differenzierung. Edeltraud Röbe betrachtet die riskanten Momente für Schüler, Eltern und Lehrer, die sich durch die heute übliche Gestaltung von Hausaufgaben entstehen und gibt Empfehlungen für eine Entwicklung guter Hausaufgabenpraxis.

Der Übergang vom Kindergarten in die Grundschule stellt alle Beteiligten vor die Aufgabe, neue Formen der Kooperation zur Begleitung der Bildungsprozesse der Kinder zu finden. Rita Woll beschreibt in ihrem Beitrag »Mit Moderation und im Bündnis den Schulstart erleichtern«, wie dies auch unter den Bedingungen eines besonderen Förderbedarfs der Kinder gelingen kann. Im Zentrum der Zusammenarbeit in diesem Bündnis steht ein gemeinsam von Eltern und Fachkräften erarbeiteter Förderplan, der von allen akzeptierte und realistische Handlungsziele enthält. Als hilfreich hat sich dabei die Gesprächsleitung durch eine Moderatorin erwiesen, die für eine Beachtung der Strukturen der Erstellung eines Förderplans sorgt.

4. Kapitel

Unterschiedliche Angebote der Elternbildung werden in den Beiträgen des vierten Kapitels vorgestellt. Sie sind Antworten auf Fragen, die sich aus der zunehmenden Ausdifferenzierung der Lebenswelten und den steigenden Anforderungen an die Erziehungskompetenz der Eltern ergeben.

»Was leisten Programme zur Stärkung der elterlichen Erziehungskompetenz?« fragt Sigrid Tschöpe-Scheffler. Nach einer Betrachtung der gängigsten Verfahren stellt sie zehn Qualitätsanfragen, um Kurse daraufhin zu überprüfen, ob sie dazu geeignet sind, Erziehungskompetenz zu fördern.

Sigrid Tschöpe-Scheffler sieht diese Programme als Ausdruck der Selbstverpflichtung des Staates, den Eltern Unterstützung in ihren Erziehungsaufgaben zu geben und als beiden Zielen gleichermaßen verpflichtet: der Elternpflicht auf Erziehung und dem Kindesrecht auf eine gewaltfreie Erziehung. Die Elternbildung ist aus ihrer Sicht kein Angebot nur für schwierige Erziehungsfälle. Sie ist ein Angebot an alle Eltern, Unterstützung und Begleitung zu bekommen angesichts erschwerter Erziehungsbedingungen.

»Jedes Kind mitnehmen« war Titel des Kita-Wettbewerbs 2006 der Bertelsmann Stiftung und ist Motto der Arbeit der Kindertagesstätte mit Familienzentrum an der Hannoveraner Corvinuskirche, die Herbert Vogt in seinem Beitrag »Wer zu uns kommt, wird uns verändern« porträtiert. Die Kindertagesstätte wurde in diesem bundesweiten Wettbewerb prämiert, weil sie in einem sozialen Brennpunkt stark akzeptierte Angebote für alle Familien macht. Die pädagogischen Fachkräfte unterstellen den Eltern dabei selbst ein hohes Interesse an ihren Kindern. Auf dieser Grundlage gelingt es, Distanz zu verringern. Viele gemeinsame, maßgeschneiderte Projekte nehmen die ganze Familie in den Blick, stützen sie und erweitern die Kompetenz der Eltern.

Die Unterstützung von Migrantenfamilien verlangt von den meisten sozialpädagogischen Fachkräften die Überwindung nicht nur sozialer, sondern auch kultureller und sprachlicher Hürden. Der Beitrag von Elke Schlösser »Händeschütteln und andere Stolpersteine« beschreibt deshalb zunächst typische interkulturelle Missverständnisse. Wenn diese nicht aufgeklärt werden, können Missverständnisse zu Vorurteilen und Distanzierung führen. Elke Schlösser beschreibt anhand von Beispielen aus der pädagogischen Praxis, wie Metakommunikation Verständigung ermöglicht und eine Basis von Anerkennung und Respekt schaffen kann. Auf dieser Basis ist es dann möglich, Verschiedenheit zu thematisieren und das Wissen von Migranten einzubeziehen.

5. Kapitel

Erzieherinnen brauchen Sicherheit in der Erkennung möglicher Gefährdungslagen. Im fünften Kapitel widmet sich das Buch Instrumenten zur Risikoabschätzung.

Die Einschätzung potenziell kindeswohlgefährdender Familiensituationen ist auch für Fachleute ein schwieriges Vorhaben. Heinz Kindler gibt einen Überblick über den gegenwärtigen Kenntnisstand zu Einschätzungsverfahren und Risikoindikatoren. Er gibt in seinem Beitrag »Gefährdungseinschätzung in der Kindertagesstätte – auch das noch?« Hinweise und Hilfen, wann und wie die Kindertagesstätten in den Einschätzungsprozess einbezogen werden können und sollten, ohne nun etwa die Aufgaben z.B. des Allgemeinen Sozialdienstes des Jugendamtes der Kita übertragen zu wollen.

Hans-Joachim Laewen beschreibt die Suche nach einem Verfahren, mit dem jede Erzieherin in relativ kurzer Zeit eine Einschätzung über mögliche Entwicklungsbeeinträchtigungen bei ihren Kindern gewinnen kann. Nach vergleichenden Untersuchungen zur Praktikabilität und zur Validität verschiedener Instrumente schälten sich für ihn die »Grenzsteine der Entwicklung als Grundlage eines Frühwarnsystems für Risikolagen in Kindertageseinrichtungen« heraus. Er beschreibt dieses Verfahren, berichtet von den Erfahrungen mit den Grenzsteinen, streift datenschutzrechtliche Fragen, gibt Hinweise zum Einsatz in der Praxis der Kindertagesstätten und stellt schließlich Risikodiagnostik und Förderung in das Verhältnis zur Förderung früher Bildung in der Kindertagesbetreuung.
Nur etwa zwei Drittel aller Kinder mit einer Entwicklungsstörung erhalten auch eine Frühförderung; der häufigste Grund liegt sicherlich darin, dass Entwickungsrisiken nicht erkannt werden. Tony Mayr rät in seinem Beitrag »Früherkennung von Entwicklungsauffälligkeiten im Kindergarten

als Prozess – ein Stufenmodell« deshalb zu einem sorgfältigen Screening, das ErzieherInnen im Kindergarten durchführen. Der Autor schlägt dazu ein Stufenmodell vor, das mit einer einfachen und unaufwenigen Grobeinschätzung einsetzt. Erst im Falle des Verdachts von Entwicklungsverzögerungen sind dann weitere, vom Autor benannte Instrumente anzuwenden. Dieses Vorgehen kann helfen, unnötig aufwändige Verfahren zu vermeiden, die ohnehin letztlich oft nicht durchzuführen sind.

6. Kapitel

Da Kindertagesstätten die Aufgaben der Unterstützung der Familien und des Schutzes der Kinder nicht allein erfüllen können, diesen Aufgaben aber ohne die Kitas eine wichtige Basis fehlt, widmen wir uns im fünften und letzten Kapitel den Perspektiven der Entwicklung vernetzter Angebote.

Hedi Colberg-Schrader berichtet von »Eltern-Kind-Zentren in Hamburg«, die versuchen, die präventiven Potentiale von Kitas zu nutzen, um solche Familien anzusprechen und einzubinden, die noch wenig Zugang zu Unterstützungsnetzen haben. Die ersten im Jahr 2007 eingerichteten 22 Eltern-Kind-Zentren richten sich ausdrücklich an Eltern mit Kindern unter drei Jahren, die keinen Krippenplatz in Anspruch nehmen. Das Ziel ist, diesen jungen Familien so früh wie möglich bereichernde soziale Kontakte zu bieten, die Freude an ihren Kindern zu bestärken und sie bei ihren familiären Pflege-, Bildungs- und Erziehungsaufgaben alltagsnah zu unterstützen. Die Darstellung der Aufgaben, Ausstattung, Standards, zur fachlichen Begleitung und Qualifizierung können wertvolle Hinweise für ähnliche Entwicklungen in anderen Bundesländern bieten.

Von der Initiative eines Landkreises und seiner Gemeinden im Süden Brandenburgs berichtet Kerstin Schulz in ihrem Beitrag »Präventive familienunterstützende Angebote in jedem Sozialraum – Vision oder Realität?«. Das Projekt »Familienarbeit im Verbund« bündelt Zuständigkeiten, Mittel, Kräfte und Kompetenzen, um auch unter schwierigen finanziellen und sozialen Rahmenbedingungen integrierte Angebote für Familien zu entwickeln. Der Erfahrungsbericht macht Mut, die viel kritisierte Versäulung der sozialen Dienste, den finanziellen Ressortegoismus und das Gegeneinander staatlicher Ebenen nicht als unveränderlich hinzunehmen und zeigt, wie breit das Interesse von Familien an solchen Angeboten sein kann.

Soziale Gegensätze zeichnen sich in England oft deutlicher ab als in Deutschland. Umso mehr ist die Regierungsinitiative »Sure Start« bemüht, in besonders benachteiligten Regionen integrierte Zentren mit einem hochklassigen Unterstützungsangebot für Familien zu schaffen. Ludger Pesch besuchte das »Ann Tayler Children's Centre in Hackney/London – Ein one stop shop für Familien«, das Bildungs- und Unterstützungsangebote für Familien in einem belasteten Stadtteil macht. Zentren wie das »Ann Tayler« haben dabei sowohl eine kurzfristige Perspektive (Entlastung der Eltern durch einen Kitaplatz zur Qualifikation für einen Erwerbsberuf und Förderung ihrer Erziehungskompetenz) wie auch einen langfristigen Auftrag: Bildung zur Steigerung der Chancen benachteiligter Kinder.

Zum Weiterlesen

Alexandra Sann beleuchtet die »Frühen Hilfen« in ihrem Beitrag: »Vernetzung als Antwort auf die Versäulung der sozialen Dienste – Das Nationale Zentrum Frühe Hilfen«. Aus Kapazitätsgründen konnte dieser Beitrag leider nicht mehr aufgenommen werden. Wir danken Frau Sann sehr, dass er zum Download auf unserer website unter www.pfv.info > Bundesfachtagung 2007 zur Verfügung stehen kann.

Situation der Familien heute in Deutschland

Die vergessene Moderne: Familie heute[1]

Hans Bertram

Das Verschwinden der Kinder

Am 21. Januar 2006 teilte das Statistische Bundesamt mit, dass die Zahl der Lebendgeborenen von 706.000 Kindern im Jahr 2004 auf 680.000 bis 690.000 Kinder im Jahr 2005 zurückgegangen ist. 1997 wurden in Deutschland noch 812.000 Kinder geboren (Statistisches Bundesamt 2006a; 2006b). Dieser Rückgang der Geburtenzahlen in Deutschland ist im Wesentlichen auf die Entwicklung in Westdeutschland zurückzuführen, denn in den neuen Bundesländern haben sich die Geburtenraten inzwischen den Werten in den alten Bundesländern angenähert und auf diesem Niveau stabilisiert. Heute werden bei rund 82 Millionen Bewohnern in Deutschland genauso viele Kinder geboren wie 1989 allein in Westdeutschland mit etwa 65 Millionen Einwohnern. Dieser Geburtenrückgang ist einmalig in Europa. Nach den Daten des Statistischen Jahrbuchs von Europa (Eurostat 2004: 48) zeigt der Vergleich der Altersjahrgänge, dass 1.000 im Jahr 1961 geborene Frauen in Deutschland noch 1.630 Kinder zur Welt brachten, während dieselbe Anzahl sechs Jahre später geborener Frauen nur noch 1.460 Kinder bekam. Vergleichbare Länder wie Frankreich zeigen für diese Geburtsjahrgänge eine konstante Geburtenrate um zwei Kinder oder, wie Finnland, Schweden und das Vereinigte Königreich, eine Geburtenrate um 1.900 Kinder pro 1.000 Frauen. Wenn sich diese Entwicklung in Deutschland nicht nur als eine kurzfristige Schwankung erweist, sondern als stabiler Trend fortsetzt, dann ist bei einer durchschnittlichen Abnahme der geborenen Kinder von etwa drei Prozent pro Jahr leicht auszurechnen, wann das letzte Kind in Deutschland geboren wird.

Für die Annahme, dass es sich hier möglicherweise um einen Trend handelt, der in dieser Form bisher in den anderen europäischen Ländern entweder noch nicht aufgetreten ist oder sich zumindest nicht so ausgeprägt zeigt, spricht die Tatsache, dass sich in Deutschland die jungen Männer durchschnittlich weit unter 1,7 Kinder und sich die jungen Frauen bis zum 35. Lebensjahr 2,1 Kinder wünschen (Biedenkopf et al. 2005: 8, 55). Demgegenüber liegen die Wunschvorstellungen zur Kinderzahl in den anderen europäischen Ländern deutlich höher. Der Wunsch nach mehr Kindern ist dabei ausgerechnet in denjenigen europäischen Ländern, in denen viele Kinder geboren werden, und bei denjenigen Menschen, die bereits Kinder haben, viel ausgeprägter als in Deutschland, wo geringe Kinderzahlen mit einem reduzierten Kinderwunsch korrespondieren. Zudem scheint es sich um eine sehr schnell verlaufende Entwicklung zu handeln, denn der Geburtenrückgang von

---

1 Überarbeitete Fassung eines Vortrags anlässlich des 80. Geburtstages von Hans-Jochen Vogel auf einer Veranstaltung des Bundespräsidenten und der Friedrich-Ebert-Stiftung am 17.02.2006. Erstveröffentlichung in: Friedrich-Ebert-Stiftung (Hrsg.) (2006): Familie im Wandel – eine Herausforderung für die Rechtspolitik. Berlin, S. 23-64. Sowie in der Zeitschrift für Kindschaftsrecht und Jugendhilfe 6/2006 und in: Baer, S.; Lepperhoff, J. (Hrsg.) (2007): Gleichberechtigte Familien? Wissenschaftliche Diagnosen und politische Perspektiven. Bielefeld, S. 18-43

1.630 auf 1.460 Kinder innerhalb von sechs Geburtsjahren ist beachtlich. Dieser Prozess ist in jenen Gegenden besonders deutlich spürbar, die traditionellerweise hohe Geburtenraten aufwiesen. So wurden 1991 im Unterallgäu-Kreis (Bayern) noch 1.800 Kinder auf 1.000 Frauen im gebährfähigen Alter geboren, 2002 waren es nur noch 1.640 Kinder. Dieselbe Entwicklung ist aber auch in den bisher geburtenstarken Regionen Cloppenburg (Niedersachsen), Borken (Westfalen) oder Biberach (Baden-Württemberg) zu beobachten. Die niedrigste Geburtenrate aller deutschen Kreise hat Würzburg in Bayern mit 1.031 Kindern; Eichsfeld in Thüringen und Güstrow in Mecklenburg-Vorpommern haben die niedrigen Geburtenraten vieler westdeutscher Städte inzwischen weit hinter sich gelassen (BMFSFJ 2006: 336f.).

Dieser Geburtenrückgang ist für den Finanzminister ein kurzfristiger Gewinn, weil die Differenz zwischen 812.000 Geburten und 680.000 Geburten eine jährliche Einsparung von 260 Millionen Euro Kindergeld bedeutet. Wäre die Geburtenrate stabil geblieben, müssten heute zwei Milliarden Euro mehr Kindergeld aufgewendet werden. Angesichts dieser Summen erweckt die aktuelle Debatte um die Summe von 460 Millionen Euro für Kinderbetreuung den Eindruck, dass manche an der Diskussion Beteiligten die Dramatik der Situation nicht wirklich begriffen haben.

Frankreich ist es gelungen, seine Geburtenrate zu stabilisieren; es hat bei vergleichbaren ökonomischen Schwierigkeiten und Problemen mit der Erfüllung des Maastricht-Vertrages die Beihilfen für die Anstellung einer amtlich zugelassenen Kleinkindbetreuerin und die Beihilfe für die Kinderbetreuung zu Hause zwischen 1994 und 2002 von 800 Millionen Euro auf 2,2 Milliarden Euro gesteigert. Zudem haben die Franzosen noch zusätzlich das Erziehungsgeld von knapp einer Milliarde auf drei Milliarden erhöht und planen es, ähnlich wie Deutschland, einkommensabhängig umzugestalten (Fagnani 2005). Nur am Rande sei vermerkt, dass die Betreuung von Kindern zwischen drei und sechs Jahren in Frankreich ohnehin kostenfrei ist, so dass die oben erwähnten Mittel allein für Kinder unter drei Jahren zur Verfügung stehen. Die Ganztagesschule ist in Frankreich kein Thema, weil sie dort seit Langem etabliert ist.

Das französische Beispiel bestätigt die Annahme vieler international renommierter Demografen, dass der richtige Politik-Mix aus ausreichender Infrastruktur, sinnvoller Zeitpolitik und staatlichen Transferleistungen zumindest zur Stabilisierung der Geburtenraten beitragen kann (McDonald, Evans 2003; Castles 2002). Nicht nur mit Blick auf Frankreich, sondern auch in anderen Ländern mit etwas anderen politischen Systemen und Traditionen, wie etwa Finnland oder Schweden, wird deutlich, dass ein solcher Politik-Mix offenkundig das demografische Verhalten der jeweiligen Bevölkerung beeinflusst. Angesichts des eingangs skizzierten Verschwindens der Kinder in Deutschland will ich mir die Frage vorlegen, warum sich Deutschland so schwer tut, den Entwicklungen anderer Länder zu folgen, und die Prioritätensetzung im Bereich von Familie und Kindern so anders angeht als andere europäische Länder.

Ich möchte hier die These darlegen, dass Deutschland im Bereich der Familie, der Gleichstellungspolitik zwischen Mann und Frau und der Förderung der kindlichen Entwicklung anders als in der Ökonomie noch nicht die erforderlichen Konsequenzen aus der Entwicklung hin zu einer wissensbasierten Dienstleistungsgesellschaft in einer globalisierten Wirtschaft gezogen hat. Es ist bisher nicht gelungen, diese Veränderungsprozesse in eine Politik für Kinder, Eltern und Familien zu übersetzen, die nicht nur die Zukunft der Kinder und damit die Zukunft der Gesellschaft sichert, sondern auch die Zukunft von Ehe und Familie. Ich halte die beschriebene demografische Entwicklung auch für ein Ergebnis der (falschen) Hoffnung, der private

Lebensbereich und damit die Entwicklung von Familien und das Aufwachsen von Kindern würden von diesen globalen Entwicklungen nicht berührt.

Die Entwicklung von der Industrie- zur Dienstleistungsgesellschaft

Zwischen 1960 und 1970 waren fast 50 Prozent der Beschäftigten in der industriellen Produktion tätig (Bertram 1997: 23). 30 Jahre später sind es nur noch 30 Prozent, und damit liegt die Quote der Industriebeschäftigten unter dem Niveau von 1880, dem Beginn der amtlichen Statistik in Deutschland. Parallel dazu hat die Beschäftigung im Bereich der Dienstleistungen, des Handels und des Verkehrs zugenommen. Dieser Wandel bedeutet nicht, dass in diesen neuen Bereichen nicht auch für die Industrie gearbeitet wird, sondern vor allem, dass die Nachfrage nach Wissens-Arbeitern, das heißt nach flexibleren und vielfältig einsetzbaren Mitarbeitern, die nicht an ein starres Zeitkorsett gebunden sind, sondern sich kurzfristig auf die Wünsche der Kunden einstellen können, deutlich gestiegen ist. Neben technischem Wissen, Sprachen und kommunikativen Fähigkeiten wird nicht mehr erwartet, dass eine Aufgabe den Beruf, die Berufung und die Lebensperspektive prägt; vielmehr stellt heutzutage ein hohes Maß an Anpassungsfähigkeit an neue Situationen das wesentliche Merkmal beruflicher Qualifikationen dar.

Auf diese Veränderungen haben Deutschland und die anderen europäischen Länder insbesondere mit einem starken Ausbau der weiterführenden qualifizierten Ausbildungen im akademischen Bereich wie aber auch in allen anderen Bereichen reagiert. Ziel ist, dass auf Dauer etwa 40 Prozent der Bevölkerung eine akademische Qualifikation und der Rest eine hoch qualifizierte Ausbildung in vielen der ganz neuen Facharbeiterberufe erwerben. Die Modernisierung dieses ökonomischen Bereichs, der Ausbildungsgänge und der Forschung sind auch heute noch große Vorhaben, und man kann mit Fug und Recht sagen, dass in vielen Regionen in Deutschland bereits entsprechende Strukturen geschaffen wurden. Während unsere Gesellschaft viel Energie darauf verwendet, diese Modernisierung und die damit verbundenen Konsequenzen für Bildung und Ausbildung und die Entwicklung der Berufsstrukturen zu reflektieren, wird relativ wenig über die Folgen etwa für das Zusammenleben in Familien oder Nachbarschaften nachgedacht. Und dies, obwohl die Fürsorge für andere, die Bereitschaft, Kinder aufzuziehen und für ältere, eventuell pflegebedürftige Angehörige zu sorgen oder sich in der Nachbarschaft zu engagieren, ein wesentliches Element jeder wirtschaftlichen Entwicklung darstellt, weil auf Dauer keine ökonomische Entwicklung in einer Gesellschaft ohne Humankapital und Humanressourcen eine Zukunftschance hat.

Das hängt sicher auch damit zusammen, dass die dominanten ökonomischen Theorien, die gegenwärtig die Basis vieler politischer Entscheidungen bilden, solche Faktoren mehr oder minder ausblenden oder auf den Altruismus von Eltern und Kindern spekulieren, wenn sie dieses ganze Thema nicht ohnehin als eine Privatangelegenheit der Menschen oder gar nur der Frauen interpretieren. Das soziale Kapital in Gestalt der Fürsorge für Kinder oder andere stellt ein ebenso knappes, wenn nicht sogar rareres Gut dar als Bildung oder ökonomisches Kapital. Während es im Modernisierungsprozess der Wirtschaft allen bewusst war, dass Bildungskapital und ökonomisches Kapital sorgsam zu behandeln sind, wurde unterstellt, dass sich die Fürsorge für Kinder und die Fürsorge für andere quasi von selbst reproduzieren. Das Familienmodell der Industriegesellschaft in Form der modernen Kleinfamilie, bestehend aus einem Ehepaar mit seinen Kindern in einem gemeinsamen Haushalt, wurde als natürliche Ordnung menschlichen Lebens betrachtet. Zwar wissen wir heute, dass sich diese Familienform zumindest in Nordeuropa schon im 15. und 16. Jahrhundert nachweisen lässt, also bereits sehr lange existiert. Aber ihre spezifische Struktur mit der außerhäuslichen Erwerbstätigkeit des Mannes, der häuslichen Orientierung und der Zuschreibung der Kompetenz für die Erziehung der Kinder an die Frau sowie dem Zusammenleben in einer gemeinsamen, vom Arbeitsplatz getrennten Wohnung stellt eine Entwicklung des späten 19. Jahrhunderts dar, die schon damals wissenschaftlich wie politisch hoch umstritten war. Noch 1946 kritisierte René König sowohl diese Aufgabenteilung wie die Trennung der Familie von ihrer Lebensumwelt mit der außergewöhnlichen Begründung, dass eine Gemeinschaft, die ausschließlich auf der Basis von persönlichen Gefühlen existiere und mit der Gesellschaft nur über die Rolle eines ihrer Mitglieder verknüpft sei, als außerordentlich gefährdet gelten müsse (König 1946). Es ist nicht uninteressant, dass zu Beginn des dramatischen Umbruchs in Deutschland von der Industriegesellschaft zur postindustriellen Gesellschaft auch die Modernisierung der Familie intensiv diskutiert wurde. Damals ging es nicht nur um die Frage, wie junge Frauen mehr für Bildung, Ausbildung und Berufstätigkeit zu motivieren wären, sondern auch darum, wie denn angesichts einer veränderten Stellung der Frau in der Gesellschaft mit eigenem Erwerbseinkommen die Vereinbarkeit von Familie und Beruf verbessert werden könnte. Es gab damals eine eingehende Diskussion um Tagesmütter, angestoßen von der damaligen Familienministerin Katharina Focke. Auf der Basis des Zweiten Familienberichts (BMJFG 1975) kam es zu erbitterten Debatten darüber, ob und inwieweit Kinder im Kindergarten gut aufgehoben seien. Im Rückblick auf diese Debatte ist allerdings festzustellen, dass die Frage der Vereinbarkeit und der neuen Integration der Frau in das Erwerbsleben grundsätzlich als eine Privatangelegenheit der Familie betrachtet wurde. Zudem hatte sich diese Privatangelegenheit den angeblich so rationalen und wichtigen ökonomischen Entwicklungen unterzuordnen mit dem Effekt, dass die Bundesrepublik heute eine sehr effiziente Wirtschaftsstruktur entwickelt hat, die sie von einem Exporterfolg zum nächsten führt, ökonomisch gesprochen jedoch die Humanressourcen und das Humankapital in dieser Gesellschaft zunehmend knapp werden.

Unter diesen Bedingungen ist es nur als erstaunlich zu bezeichnen, dass das konservative Rechtssystem die notwendigen Veränderungen in Ehe und Familie immer wieder aufgegriffen und vorangetrieben hat, während die Beharrungskräfte im Bildungssystem, insbesondere in der Schule, aber auch in der Wirtschaft sowie in der Tarifpolitik einschließlich der Zeitpolitik viel ausgeprägter waren. Die Eherechtsreform von 1976, die die gleichberechtigte Entscheidung über die Gestaltung und Aufgabenverteilung innerhalb des ehelichen Lebens regelte, das Zerrüttungsprinzip bei der Scheidung und die Familiengerichte einführte, war ebenso wie das Gesetz zur Neuregelung der elterlichen Sorge der Versuch, über die Gestaltung des Rechts die Gleichberechtigung und damit die gleiche Partizipation von Mann und Frau in den unterschiedlichen Bereichen der Gesellschaft zu ermöglichen. Im Recht der elterlichen Sorge wurde die Basis dafür gelegt, dass sich Kinder in der Wissensgesellschaft entsprechend ihren Neigungen und Begabungen individuell entwickeln können sollten.

Bis heute sind diese Vorgaben des Rechtssystems für eine gleichberechtigte Entscheidung von Mann und Frau über ihre Aufgabenverteilung in Beruf und Familie sowie die möglichst frühe und möglichst gute Förderung kindlicher Begabung in Deutschland nicht umgesetzt worden. Stellvertretend für die umfassenden Konsequenzen dieser vergessenen Modernisierung sollen im Folgenden nur einige Punkte angesprochen werden, die gesellschaftlich noch einer Lösung harren. In einigen Fällen werden wiederum rechtliche Auseinandersetzungen und Diskurse eine Rolle spielen.

Zur Modernisierung der Vaterrolle

Wenn wir heute über den Wandel und die Entwicklung familiärer Lebensformen sprechen, neigen wir dazu, dies als ein Problem der gewandelten Mutter- und Frauenrolle zu interpretieren. Die Debatte um die Vereinbarkeit von Familie und Beruf wird als ein Frauenproblem interpretiert, selbst wenn empirische Untersuchungen zeigen, dass Väter aus ihrer Sicht über ähnliche Vereinbarkeitsprobleme berichten wie Mütter. Der amerikanische Väterforscher John Gillis spricht in diesem Kontext von dem unsichtbaren Dilemma der Väter, die sich für eine aktive Vaterrolle entscheiden. So berichten in seinen empirischen Studien ebenso viele Väter wie Mütter, nämlich 70 Prozent, über Konflikte zwischen Beruf und Familie. Er weist allerdings auch darauf hin, dass wir einen solchen Konflikt nur bei berufstätigen Müttern unterstellen, während wir bei berufstätigen Vätern annehmen, diese Rolle sei selbstverständlich konfliktfrei (Gillis 1996).

Diese asymmetrische Betrachtungsweise ist gut nachvollziehbar, weil in der Familie der 1950er und 1960er Jahre sowohl in den USA wie auch in Deutschland die Rolle des Vaters im Wesentlichen darin gesehen wurde, die ökonomische Basis der Familie als Haupternährer zu sichern. Väter wurden als Erzieher ihrer Kinder nicht wahrgenommen und haben sich möglicherweise auch tatsächlich nicht um die Erziehung ihrer Kinder gekümmert. Die Fortschreibung jener tradierten Denkstrukturen in die Gegenwart führt zu der Einschätzung, dass die Ernährerrolle in Bezug auf die Familie eine konfliktreiche sei und zudem in dem Umfang überflüssig werde, wie die Mütter die ökonomische Basis der Familie mit sichern.

Bei einer Längsschnittbetrachtung des Engagements der Väter in Haushalt und Familie kam die familienwissenschaftliche Forschungsstelle des Statistischen Landesamtes Baden-Württemberg zu dem Ergebnis, dass heute Männer im Haushalt etwa 16 Stunden pro Woche arbeiten, während Frauen etwa 37 Stunden mit Hausarbeit verbringen. Nach diesen Untersuchungen wenden Männer durchschnittlich 10 Prozent ihrer täglichen Zeit für die Kinderbetreuung und 16 Prozent für weitere Hausarbeiten auf, Frauen hingegen etwa 15 Prozent für die Kinderbetreuung und 23 Prozent für weitere Hausarbeiten. Bei Männern nimmt der Beruf, bei Frauen die Hausarbeit mehr Zeit ein, jedoch scheint die gesamte zeitliche Belastung von Männern und Frauen relativ ähnlich zu sein (Statistisches Landesamt Baden-Württemberg 2004: 139ff.). Diese Form der Aufgabenverteilung zwischen Mann und Frau entspricht aber nicht unbedingt dem Wunsch der Väter; vielmehr würden nach einer Befragung der Zeitschrift Eltern (Institut für Demoskopie Allensbach 2006) vor allem jüngere Väter gern mehr Zeit für ihre Familie haben. Sie leiden ähnlich wie amerikanische Väter unter dem Zielkonflikt zwischen Beruf und Familie. Im Gegensatz zur öffentlichen Wahrnehmung sind Paare in Deutschland außerdem auch durch ihre Arbeitszeit extrem belastet. So weist die Luxemburg Income Study für Deutschland 43 Prozent Paare mit mehr als 80 Arbeitsstunden pro Woche aus (Jacobs, Gerson 2004: 134).

Obwohl also ein neues männliches Selbstbild aufscheint und die mangelnde Vereinbarkeit von Familie und Beruf auch für Männer zunehmend als Konflikt wahrgenommen wird, bleibt dies weitgehend ohne Auswirkungen auf die Berufstätigkeit der Väter.

Die englische Forscherin Catherine Hakim hat in mehreren vergleichenden Studien europäischer Länder gezeigt, dass sich Frauen und Mütter hinsichtlich ihrer Vorstellungen, wie das Leben zu gestalten sei, deutlich voneinander unterscheiden: Eine Mehrheit der Frauen von rund 70 Prozent wünscht sich eine adaptive Kombination von Beruf und Familie, und jeweils 10 bis 15 Prozent sind entweder sehr hausfrauen- oder sehr berufsorientiert (Hakim 2000; 2003). Das gilt auch für Deutschland. Hervorzuheben ist in diesem Zusammenhang, dass ähnlich wie in England in den deutschen Untersuchungen ungefähr ein Drittel der Männer angibt, sich auch ein adaptives Lebensmodell vorstellen zu können (Bertram et al. 2005: 30). Es stellt sich deshalb die Frage, warum Männer solche Lebensmodelle nicht realisieren. Darauf gibt es aus der persönlichen Sicht der Betroffenen zwei relativ klare Antworten, die allerdings durch Familien- und Gleichstellungspolitik beeinflusst werden können.

Ein junges Paar mit Kindern, bei dem die Frau unter 35 Jahre alt ist, verfügt über ein durchschnittliches Pro-Kopf-Einkommen von etwa 1.000 Euro (Eggen 2004). Dabei ist dieses Pro-Kopf-Einkommen nach der neuen OECD-Skala berechnet, die die erste Person mit dem Faktor 1, die zweite mit 0,5 und die dritte mit 0,3 gewichtet. Das Haushalts-Nettoeinkommen einer solchen Familie liegt bei etwa 1.700 bis 1.800 Euro. Nur Alleinerziehende haben ein noch geringeres Pro-Kopf-Einkommen zur Verfügung, wobei sich ein entsprechender Vergleich schwierig gestaltet, weil möglicherweise der getrennt lebende Partner zum Unterhalt der Alleinerziehenden beiträgt. Es gibt in dieser Altersgruppe auch keinen Einkommensunterschied zwischen nichtehelichen Lebensgemeinschaften und Ehepaaren, wenn Kinder vorhanden sind. Sind keine Kinder vorhanden, erhöht sich das Pro-Kopf-Einkommen sowohl der nichtehelichen Lebensgemeinschaften wie der Ehepaare auf 1.400 Euro. Beim Vergleich der Altersgruppen ist festzuhalten, dass es junge Familien mit Kindern sind, die als Gruppe das geringste Pro-Kopf-Einkommen in der gesamten Bevölkerung aufweisen, denn selbst Rentnerhaushalte stehen ökonomisch besser da als Familien mit Kleinkindern. Da wir zudem wissen, dass junge Männer in der Regel bei gleicher Arbeitszeit mehr verdienen als junge Frauen, gibt es schon ökonomische Gründe dafür, an dem traditionellen Modell geschlechtlicher Arbeitsteilung festzuhalten, weil ein Euro bei einem geringen Einkommen deutlich mehr ins Gewicht fällt als bei einem hohen Einkommen. Daraus folgt eindeutig, dass nur eine verstärkte Gleichstellungspolitik für Männer und Frauen, die sich auch gleiche Einkommenschancen von Männern und Frauen zum Ziel setzt, dazu führt, dass Entscheidungen hinsichtlich der Arbeitsverteilung innerhalb der Familie nicht allein durch ökonomische Zwänge bestimmt werden.

Daneben sollte gerade in Deutschland nicht übersehen werden, dass unsere Berufswelt als eine männlich dominierte Welt nach altem Muster es den Vätern nicht leicht macht, ein alternatives Modell zwischen Beruf und Familie zu leben. Väter artikulieren selbst die Befürchtung, Vorgesetzte und Kollegen würden solche Lebensvorstellungen nicht akzeptieren. Daher ist es sinnvoll, das Elterngeld zwischen Vätern und Müttern aufzuteilen. Dadurch wird die Rechtsstellung des Mannes auch gegenüber seinen Kollegen und dem Betrieb gestärkt: Das Elterngeld nicht in Anspruch zu nehmen, würde einen Verzicht darstellen – das ist in der Regel ein für alle Beteiligten objektiv nachvollziehbares Argument. Allerdings ist zu überlegen, dabei Eltern wie in anderen Ländern auch die Möglichkeit einzuräumen, einen Teil dieser Zeit als Familienzeit gemeinsam zu nutzen, was sich beispielsweise sowohl in Finnland als auch in Frankreich großer Beliebtheit erfreut.

Allerdings sind nicht nur solche äußeren Gründe wie Einkommensunterschiede oder eine wenig väterfreundliche Arbeitswelt, sondern auch Aushandlungsprozesse innerhalb der Paargemeinschaft für die Ausgestaltung der familiären Arbeitsteilung verantwortlich. Nach den Untersuchungen von Jean-Claude Kaufmann (1995) handelt es sich dabei um sehr subtile Prozesse unterschiedlichster Art bei Männern und Frauen, die zu einer Retraditionalisierung beitragen können. Ob der Verweis auf eine individuelle Lösung eine grundsätzliche Überforderung der Paare darstellt und eher darauf zu setzen ist, durch eine geschlechtersensible Erziehung vor allem in der Schule und eine stärkere Berücksichtigung von Fürsorglichkeit auch in der Männerrolle Änderungen in der gesamten Gesellschaft langfristig durchzusetzen, sei dahingestellt.

Wenn wir nicht über eine neue Vaterrolle nachdenken und diese neue Vaterrolle auch als gesellschaftliches Leitbild, ähnlich wie die traditionelle Vaterrolle, positiv besetzen, wird sich mit Sicherheit ein Trend fortsetzen, der sich gegenwärtig schon deutlich abzeichnet. Demnach bringt die geringe Wertschätzung, die heute der Vaterrolle entgegengebracht wird, junge Männer eben nicht dazu, an dieser Rolle festzuhalten, sondern scheint eher dazu zu führen, dass die Konzentration auf Beruf und Freizeit die Suche nach Partnerschaft und die Bereitschaft zu Kindern ersetzt. Nach den Daten des Mikrozensus führen heute mehr junge Männer als junge Frauen ein Leben ohne Kinder, und wenn die Daten zu Kinderwünschen aus verschiedenen Untersuchungen einigermaßen verlässlich sind, ist davon auszugehen, dass ein zunehmend höherer Anteil von jungen Männern das Leben in zölibatären Gemeinschaften im Beruf und in der Freizeit dem Leben in Partnerschaft und Familie vorzieht (Biedenkopf et al. 2005: 54f., 74; Bertram et al. 2005: 14f., 21).

Diese Lebensmodelle sind natürlich aus der Sicht der Wirtschaft außerordentlich praktisch, weil solche Männer problemlos mobil und rund um die Uhr einsetzbar sind. Es ist allerdings zu fragen, ob in Zukunft die Männerrolle die des flexiblen und beruflich hoch engagierten Singles sein soll. Die Alternative hierzu besteht in einer postindustriellen Gesellschaft, in der traditionelle Rollenstrukturen nicht überdauern können, in der Schaffung von politischen Rahmenbedingungen, die es zulassen, die Vaterrolle und die Berufsrolle in einer solch attraktiven Weise miteinander zu verknüpfen, dass Kinder auch bei jungen Männern zunehmend wieder Teil der eigenen Lebensoptionen werden. Ohne eine solche Modernisierung werden die beobachtbaren Tendenzen der zunehmenden Kinder- und Partnerlosigkeit von Männern ein stabiler Tatbestand werden. Für eine solche Weiterentwicklung der Männerrolle ist wiederum eine Gleichheitspolitik für Männer und Frauen eine notwendige Voraussetzung und muss deshalb ein Fundament jeder Familienpolitik sein.

Zur Modernisierung der Frauenrolle

Bis heute wird in der Politik wie in der Wissenschaft der Wandel der Männerrolle und die Bedeutung von Fürsorge für andere als Teil der männlichen Lebensrolle allenfalls dann diskutiert, wenn es um die Bedeutung des Zivildienstes geht. Daher gibt es nur wenige Arbeiten zum Wandel der Männer- und Väterrolle, hingegen ist die Literatur zum Wandel der Frauenrolle unübersehbar. Auch die Frage der Vereinbarkeit unterschiedlicher Lebensentwürfe von Partnerschaft, dem Zusammenleben mit Kindern und der Berufstätigkeit ist ein altes und viel diskutiertes Thema. Viele dieser Erkenntnisse sind jedoch schlicht theoretisch geblieben und haben kaum gesellschaftliche Konsequenzen nach sich gezogen. Elisabeth Pfeil, eine bekannte Soziologin aus Hamburg, untersuchte schon in den späten 1950er Jahren für die Deutsche Forschungsgemeinschaft die Probleme und Perspektiven berufstätiger Mütter (Pfeil 1961), und auch Helge Pross skizzierte in den 1970er Jahren ein sehr genaues Bild der Hausfrauen und Mütter wie auch der erwerbstätigen Frauen mit ihren jeweiligen Lebensvorstellungen (Pross 1976).

Pfeil (1961) wies nach, dass Mütter mit Kindern immer schon gearbeitet haben; allerdings galt dies in früheren Zeiten nicht unbedingt als Problem, weil viele dieser Mütter als mithelfende Familienangehörige Berufstätigkeit und

Fürsorge für Kinder im Hausverbund sehr gut vereinbaren konnten. Wir haben 1995 in einer großen repräsentativen Umfrage über 4.000 65- bis 80-Jährige danach gefragt, wie viele von ihnen bis zu ihrem 15. Lebensjahr zumindest zeitweise eine berufstätige Mutter hatten. In jeder Altersgruppe lag der betreffende Anteil bei mindestens 50 Prozent (Maydell et al. 1996). Das entspricht in etwa den Ergebnissen von Pfeil (1961), die einen Anteil von 33 Prozent ermittelte. Der Unterschied ist darauf zurückzuführen, dass Mütter auch schon damals eher diskontinuierlich beschäftigt waren. Auch die Beobachtung von Pfeil, dass nicht die Erwerbstätigkeit selbst das Problem sei, sondern die zunehmende außerhäusliche Erwerbsarbeit mit der damit verbundenen Schwierigkeit, unterschiedliche Lebensbereiche miteinander in Einklang zu bringen, ist eine Einsicht, die sich bis heute gehalten hat.

Betrachtet man Zahlen zu den Geburtenraten unterschiedlicher weiblicher Berufsgruppen aus dem Mikrozensus 2000 unter diesem Aspekt, so findet man bei Frauen in den traditionellen Berufen, wie etwa bei den Landwirtinnen, Kinderpflegerinnen, Gärtnerinnen oder Erzieherinnen, deutlich mehr Kinder als bei Frauen in moderneren Berufen, wie Bankfachfrauen, Ärztinnen, Kosmetikerinnen, oder in Führungspositionen generell. Sie weisen meist eine sehr geringe Kinderzahl auf, die weit von dem bundesdeutschen Durchschnitt von 1,3 bis 1,4 Kinder pro Frau entfernt ist.

Ein großer Teil des Geburtenrückgangs ist vermutlich dadurch zu erklären, dass viele junge Frauen zwar aufgrund ihrer Qualifikation in der Lage waren, in diese Berufsfelder einzudringen und sich darin zu etablieren, diese Berufsfelder aber keine Rücksicht auf andere Lebensoptionen kannten. Diese Situation hat sich seit den frühen 1990er Jahren verschärft, weil ausgerechnet Frauen und Mütter die höchsten Zuwachsraten im Bereich der flexiblen Arbeitszeiten aufweisen, sich aber diese flexiblen Arbeitszeiten häufig auf das Wochenende oder den Abend konzentrieren, wo auch ein noch so gut ausgebautes Betreuungssystem kaum wirksame Unterstützung leisten kann. Entgegen der vielfach geäußerten öffentlichen Meinung, die Deutschen arbeiteten zu wenig, zeigen internationale Vergleiche, dass Deutschland nach den USA weit vor allen nordeuropäischen Ländern die höchste Anzahl von Paaren kennt, die 80 oder gar mehr als 100 Stunden pro Woche arbeiten. Etwa 40 Prozent aller deutschen Paare geben in der Luxemburg Income Study eine wöchentliche Arbeitszeit von mehr als 80 Stunden an (und 8 Prozent mehr als 100 Stunden pro Woche); in Schweden sind es hingegen nur 12 Prozent der Paare (Jacobs, Gerson 2004: 134). Selbst wenn solche Befragungsdaten nicht die Präzision von Zeitbudgetstudien haben, machen sie doch deutlich, dass die 50 Jahre alte Einsicht von Elisabeth Pfeil, nicht die Berufstätigkeit als solche, sondern vor allem die Zeitorganisation der außerhäuslichen Erwerbstätigkeit sei das Problem, heute immer noch gültig ist. Aktuelle Pläne zur weiteren Ausdehnung und Flexibilisierung der Arbeitszeiten unter anderem im öffentlichen Dienst werden die Situation in Zukunft vermutlich noch verschärfen.

Auch ein genauer Blick auf die demografische Entwicklung in der DDR hätte uns deutlich machen können, dass die Organisation von Zeit selbst bei ausgebauter Infrastruktur für Kinder ein ganz zentrales Problem bei der Vereinbarkeit unterschiedlicher Lebensbereiche darstellt. Denn die DDR hatte zwar die entsprechende Infrastruktur geschaffen, gleichzeitig aber auch die Teilzeittätigkeit deutlich reduziert. Als Konsequenz dieser Politik war zumindest die Kinderlosigkeit weniger verbreitet als in Westdeutschland, dennoch wurden insgesamt kaum mehr als zwei Kinder pro Frau geboren. In Finnland oder Schweden mit einer viel flexibleren Zeitstruktur haben ähnlich wie in Frankreich fast 30 Prozent der Frauen drei und mehr Kinder. Dabei gilt zumindest für Finnland, dass die Mehrzahl der Mütter mit drei Kindern auch dann arbeitet, wenn die Kinder noch sehr klein sind. Das funktioniert eben nur dann, wenn flexible Zeitstrukturen und die Infrastruktur so aufeinander bezogen sind, dass sich die unterschiedlichen Interessen von Beruf, Familie und Kindern aufeinander abstimmen lassen.

Erst in der letzten Legislaturperiode hat sich Deutschland dazu durchringen können, einen Rechtsanspruch auf Teilzeittätigkeit festzuschreiben. Möglicherweise hätte eine Lektüre von Elisabeth Pfeil in den 1960er Jahren schon zu der Erkenntnis führen können, dass die Zeitorganisation eine zentrale Variable im Leben mit Kindern ist. Unsere Berufswelt ist jedenfalls noch weit davon entfernt zu akzeptieren, dass die Bedürfnisse von Kindern möglicherweise genauso wichtig sind wie der Wunsch eines Vorgesetzten, seine Mitarbeiter und Mitarbeiterinnen zu einem bestimmten Zeitpunkt zur Verfügung zu haben. Wir sollten uns jedenfalls nicht wundern, wenn die Geburtenraten weiter sinken, solange die Frage der Zeitorganisation im Alltag von Familien nicht anders und besser geregelt wird. Hier ist der öffentliche Dienst als Arbeitgeber besonders gefordert, aber auch alle privaten Arbeitgeber. Außerdem muss sich der Gesetzgeber fragen, ob er nicht durch die enge Bindung der sozialen Sicherung an die Vollerwerbstätigkeit einen Wandel der Arbeitszeitorganisation behindert. Das Gleiche gilt in Bezug auf die Urlaubs- und Feiertagsregelungen, die eine lange wöchentliche Arbeitszeit im internationalen Vergleich erzwingen. Hohe wöchentliche Arbeitszeiten mit langen Urlaubsphasen ermöglichen zwar wunderbare Freizeitplanungen, sind aber wenig kinder- und familienfreundlich. Für ein Leben mit Kindern sind kürzere tägliche Arbeitszeiten bei weniger Feiertagen und Urlaubstagen angemessener. Denn Kinder lassen sich nicht wie Fahrräder oder andere Freizeitmaterialien in den Keller stellen, sondern bedürfen der täglichen Zuwendung.

Die enormen Investitionen der Eltern und der Gesellschaft in das Humankapital der Kinder haben dazu geführt, dass Mädchen in Bezug auf Bildung aufgeholt haben und dass Frauen mittlerweile auch in vielen Bereichen der Wirtschaft und des öffentlichen Lebens an verantwortlicher Stelle tätig sind. Doch obwohl diese Entwicklung von allen mehr oder minder begrüßt wird, sind in Deutschland die Bedingungen, dieses Humankapital im Erwerbsleben einzusetzen und sich gleichzeitig für Partnerschaft und Kinder zu entscheiden und dann auch für Kinder da zu sein, besonders ungünstig. Das hängt wesentlich damit zusammen, dass wir es bis heute nicht geschafft haben, die von Bismarck gesetzte Dreiteilung des Lebensverlaufs (Ausbildung, Erwerbsarbeit, Rente) in ein Modell des Erwerbs-Lebenszyklus zu überführen, wie dies gegenwärtig die Europäische Union anstrebt. In diesem Modell können verschiedene Lebensphasen mit unterschiedlichen Aufgaben individuell miteinander kombiniert werden, ohne dass aus dem Wechsel zwischen unterschiedlichen Lebensbereichen Nachteile für den jeweils anderen Lebensbereich erwachsen (Kommission der Europäischen Gemeinschaften 2005).

Wie die Kommission »Familie und demographischer Wandel« herausgearbeitet hat, sind die Niederlande vermutlich das erste Land, das ein solches Modell auch in die gesellschaftliche Realität zu übertragen versucht: Durch Lebensarbeitszeitkonten wird die Möglichkeit geschaffen, die Berufstätigkeit immer wieder zu unterbrechen, um sich anderen gesellschaftlich wichtigen Tätigkeiten, wie Fortbildung oder Familie, widmen zu können (Biedenkopf et al. 2005). Auf diese Weise wird nicht mehr eine Dreiteilung des Lebensverlaufs gelebt, sondern eine Vielfalt im Lebensverlauf konstruiert. Zu den Haupthindernissen für ein solches Modell gehört in Deutschland das traditionale Ausbildungssystem, das abweichend von vielen europäischen Ländern mit dem Berufssystem so verknüpft ist, dass die erste Ausbildung nicht nur den Einstieg in das Berufsleben determiniert, sondern darüber hinaus die Chancen für die gesamte weitere Karriere bestimmt. Als Konsequenz dieser Konstruktion dauert die erste Ausbildung in Deutschland relativ lange, und der Berufseinstieg ist extrem schwierig, weil damit die entscheidende Weichenstellung für den weiteren beruflichen Lebensweg verbunden ist. Dazu ein Beispiel aus dem öffentlichen Bereich: Ein junges Mädchen, das nach dem Realschulabschluss eine Ausbildung zur Erzieherin absolviert hat, kann im Anschluss daran nicht Altenpflegerin werden, es sei denn, sie fängt eine vollständig neue Ausbildung an, weil die Kompetenzen und Fähigkeiten, die sie als Erzieherin erworben hat, im Heilberuf der Altenpflegerin nicht gelten. Demgegenüber wäre es durchaus denkbar, dass die junge Erzieherin nach fünf bis acht Jahren Tätigkeit einen Bachelor-Abschluss Education erwirbt und dann als Grundschullehrerin arbeitet, um nach weiteren fünf bis acht Jahren erneut eine Ausbildung zu machen und als Gymnasiallehrerin tätig zu werden. Hieran könnte sich wiederum ein Studium mit einer Promotion anschließen. Solche Berufsbiografien scheinen in Deutschland faktisch ausgeschlossen, da unser Ausbildungssystem nur die Erstausbildung kennt, ein kontinuierliches Lernen im Wechsel mit anderen Lebensphasen sich jedoch bisher kaum realisieren lässt.

Menschen, die eine Zeitlang aus dem Erwerbsleben ausscheiden, werden in Deutschland auf allen Ebenen benachteiligt. Sie können in der Regel allenfalls hoffen, wieder in ihre bisherige Position einsteigen zu können, weitergehende Karriereperspektiven sind ihnen meist verschlossen. Ein zeitweiser Ausstieg aus dem Erwerbsleben ist hierzulande bisher ein reines Frauen-Lebensmuster mit der Konsequenz, dass die Männer in Entscheidungsfunktionen in den meisten gesellschaftlichen Bereichen sich andere berufliche Lebensmuster gar nicht vorstellen können. In den Niederlanden arbeiten heute immerhin etwa 20 Prozent der Männer Teilzeit, weil dort Vollzeit-Erwerbstätigkeit und soziale Sicherungssysteme wenigstens teilweise entkoppelt sind. Wenn es uns nicht gelingt, neue Lebensverläufe zu organisieren, die andere Kombinationen von Beruf und Familie im Lebensverlauf zulassen, dann wird vermutlich eintreten, was die US-Amerikanerin Arlie Hochschild als zunehmende Vermarktung von Liebe und Fürsorge bezeichnet. Wenn der Beruf in der Gesellschaft allein dominiert und sich die Familie und die anderen Lebensbereiche dem Berufsleben unterzuordnen haben, bleibt die Fürsorge für andere Menschen letztlich auf der Strecke und kann nur noch über den Markt reguliert werden (Hochschild 2003a; 2003b). Das sind fundamentale gesellschaftliche Wertentscheidungen, und man sollte die Gefahr nicht unterschätzen, dass sich solche Tendenzen auch in Deutschland durchsetzen.

Die mangelnde Modernisierung von Männer- und Frauenrollen in unserer Gesellschaft ist in ihren Konsequenzen für die demografische Entwicklung jedenfalls dann evident, wenn in internationalen Zeitstudien (Craig 2003) geprüft wird, wie andere Länder eine Work-Life-Balance realisieren. Denn ausgerechnet die Länder mit einer expliziten Politik der Geschlechtergleichheit haben höhere Geburtenraten als Deutschland. Dieses Modernisierungsdefizit führt inzwischen aber auch zu erheblichen ökonomischen Belastungen des Staates und höhlt auf Dauer das Subsidiaritätsprinzip familiärer Beziehungen aus. Wir gehen davon aus, dass ein junges Paar, das heiratet und sich für Kinder entscheidet, ökonomisch füreinander und für die Kinder einsteht. In ganz Europa entscheiden sich in der Regel die jungen Frauen nach der Geburt eines Kindes dazu, Erziehungszeit in Anspruch zu nehmen, in den nordeuropäischen Ländern genauso wie in Frankreich oder Großbritannien. Sogar die Quoten der Frauen, die vor dem dritten Lebensjahr des Kindes in den Beruf zurückkehren, sind nicht sehr unterschiedlich, wie der Siebte Familienbericht zeigt (BMFSFJ 2006: 28). Die gemeinsame Verantwortlichkeit für das gemeinsame Kind, und zwar auch in ökonomischer Hinsicht, steht für die jungen Paare vermutlich nicht ernsthaft in Frage. Allerdings bedeutet die Entscheidung, für die Kinderbetreuung eine Auszeit zu nehmen, wesentlich vom Einkommen des jeweiligen Partners zu leben und damit ökonomische Unabhängigkeit und Selbstständigkeit aufzugeben. Wenn sich Männer und Frauen zu gleichen Teilen entschieden, für Kinder zu sorgen, wäre das kein Problem. In vielen Gesellschaften sind es jedoch zu 99 Prozent Frauen, die für eine bestimmte Zeit zu Hause bleiben. Für junge Frauen, die sich gerade beruflich etabliert haben, ist ebenso wie für die Männer das eigene Einkommen auch Ausdruck einer bestimmten gesellschaftlichen Wertschätzung, das deutlich macht, dass man auf eigenen, unabhängigen Füßen steht. Deshalb fällt es ihnen verständlicherweise schwer, die gewonnene ökonomische Selbstständigkeit gegen eine finanzielle Abhängigkeit vom Mann einzutauschen.

Die nordeuropäischen Länder haben das einkommensabhängige Elterngeld nicht aus demografischen Gründen eingeführt, sondern aus Gründen der Gleichberechtigung. Sie wollten deutlich machen, dass die Bereitschaft, für eine bestimmte Zeit ausschließlich die Fürsorge für Kinder zu übernehmen, aus gesellschaftlicher Sicht genauso wichtig und bedeutungsvoll ist wie der persönliche berufliche Einsatz. Deutschland begibt sich gerade erst auf diesen Weg, hat aber momentan ein Anreizsystem geschaffen, das es ökonomisch attraktiver macht, nicht zu arbeiten und nicht mit einem Mann zusammenzuleben, weil der Staat zumindest in den ersten zwei Jahren über Sozialleistungen ein Einkommen sicherstellt, welches das Medianeinkommen von jungen Frauen mit 30 Jahren erreicht oder sogar übersteigt. Wir neigen oft dazu, die Abhängigkeit von Kindern von der Sozialhilfe als Ausdruck mangelnder Arbeitsmarktchancen der Eltern zu interpretieren. In vergleichenden Untersuchungen lässt sich jedoch gut zeigen, dass in deutschen Städten mit gleich hoher Arbeitslosigkeit sehr unterschiedliche Risiken bestehen, von Sozialhilfe abhängig zu sein, und diese Variation wird im Wesentlichen durch die unterschiedlichen Lebensformen hervorgerufen. Ein einkommensabhängiges Elterngeld, wenn es so ausgestaltet wird wie in Nordeuropa, wird vermutlich dazu beitragen, dass diese Zahlen deutlich zurückgehen werden und möglicherweise nordeuropäisches Niveau erreichen, das ungefähr ein Drittel des deutschen Niveaus beträgt (BMFSFJ 2006: 350).

Ein einkommensabhängiges Elterngeld wird, zumindest solange die Kinder sehr klein sind, voraussichtlich sowohl unter Gesichtspunkten der Gleichberechtigung wie auch der Verhinderung von relativer Kinderarmut eine positive Wirkung entfalten. Problematisch ist allerdings, dass der Staat bei steigender Erwerbstätigkeit der Frauen und Mütter sich zunehmend statt des (Ehe-)Mannes dann als Haupteinkommensquelle etabliert, wenn einer der Partner arbeitslos ist. Vergleicht man in Deutschland die Entwicklung der staatlichen Leistungen für Frauen, so leben in den neuen Bundesländern heute rund 46 Prozent der Frauen aller Altersgruppen von staatlichen Transfereinkommen und nur 18 Prozent, vermutlich vor allem Kinder und Jugendliche, von Unterhaltsleistungen durch Angehörige. Im früheren Bundesgebiet liegt die Quote der staatlichen Transfereinkommen für alle Frauen 2003 bei nur 28,5 Prozent, aber wir sollten uns nicht der Illusion hingeben, dass es bei diesen Zahlen bleibt.

Wie sich aus den Daten des Mikrozensus ergibt, lebten 1985 in dem wirtschaftlich sehr entwickelten Bundesland Baden-Württemberg 21 Prozent aller Frauen von staatlichen Transfereinkommen und rund 47 Prozent von Unterhaltszahlungen Angehöriger, meist des Ehemannes; 2003 finanzierten sich aber schon 26 Prozent von staatlichen Transfereinkommen und nur noch 40 Prozent vom Einkommen des Ehemannes, obwohl die Frauen-Erwerbsquote inzwischen von 32 auf 33,5 Prozent gestiegen ist.

Ähnliche Entwicklungen lassen sich insbesondere für Bayern, Hessen und Nordrhein-Westfalen, aber auch für die anderen Bundesländer konstatieren. Noch deutlicher wird diese Entwicklung bei der Altersgruppe der 35- bis 45-jährigen Frauen; der zentrale Unterschied zwischen den alten und den neuen Bundesländern liegt darin, dass 2003 in den alten Bundesländern mit allerdings deutlich abnehmender Tendenz noch etwa ein Drittel aller Frauen vom Einkommen des Ehemannes lebt und nur 4 bis 6 Prozent von staatlichen Transferleistungen, der Rest bestreitet den eigenen Lebensunterhalt durch Erwerbsarbeit. In den neuen Bundesländern einschließlich Berlins liegt der Unterhalt durch Angehörige in dieser Altersgruppe bei 10 Prozent in Berlin und in allen anderen östlichen Bundesländern zwischen 3 und 4 Prozent.

Das klassische Subsidiaritätsprinzip und seine Umsetzung im deutschen Recht ging davon aus, dass es, entgegen der Eherechtsreform von 1976, eine geschlechtsspezifische Aufgabenverteilung zwischen Mann und Frau innerhalb von Ehe und Familie gibt mit der Konsequenz, dass diejenigen, die sich für den Haushalt und die Familie entscheiden, ökonomisch vom (Ehe)Partner abhängig sind. Wenn meine Interpretation richtig ist, dass junge Frauen auch ökonomisch auf eigenen Füßen stehen wollen, dann brauchen wir auch neue Überlegungen, wie wir das Subsidiaritätsprinzip des wechselseitigen füreinander Einstehens auch politisch und ökonomisch so interpretieren, dass es aus der Sicht der betroffenen Menschen ein attraktives Lebensmodell darstellt. Wenn uns das nicht gelingt, lassen sich zwei Entwicklungen relativ leicht vorhersehen. Zum einen werden vor allem junge Männer es zunehmend vermeiden zu heiraten, um sich den damit verbundenen ökonomischen Verpflichtungen zu entziehen. Zum anderen werden die Kinderzahlen weiter sinken, weil aus der Sicht der jungen Frauen die Fürsorge für Kinder nach dem derzeitigen Modell immer die ökonomische Abhängigkeit vom (Ehe-)Mann bedeutet.

Eine Lösung für dieses Problem liegt möglicherweise in dem bereits erwähnten, innerhalb der Europäischen Union zurzeit intensiv diskutierten Modell des Erwerbs-Lebenszyklus. Ein großer Fortschritt wäre sicherlich schon erreicht, wenn es gelänge, Phasen aus dem weiblichen Kontext etwas stärker auch in den männlichen Lebenskontext zu integrieren; die jetzt eingeführten Vätermonate sind nur ein erster Schritt auf einem langen Weg zu einer Neukonstruktion der Lebensverläufe von Männern und Frauen.

Die Wahrscheinlichkeit einer Entscheidung für ein Kind steigt dann, wenn in einer Gesellschaft auch neue Formen der Männerrolle gelebt werden können und die Männer diese dann auch innerhalb der Familie realisieren. Zudem korrespondiert eine hohe Frauen- und Müttererwerbsquote mit einer hohen Fertilitätsrate. Craig (2003) zieht aus diesen Ergebnissen den Schluss, dass eine hohe Geschlechtergleichheit und die Vereinbarkeit von Familie und Beruf eine wichtige Voraussetzung für die Realisierung des Kinderwunsches darstellt. Die Entscheidung für Kinder hängt also weniger davon ab, was die Zukunft in Bezug auf Kinder erwarten lässt, sondern offenkundig davon, wie die eigenen Lebensbedingungen für die Realisierung verschiedener Lebensoptionen aktuell eingeschätzt werden. Diese Ergebnisse decken sich mit den Befunden von Klein und Eckhard (2005), dass junge Menschen mit Kinderwunsch sich im Lauf des jungen Erwachsenenalters auch tatsächlich für Kinder entscheiden, sofern diese Option in ihre eigene Lebensplanung hineinpasst.

Als ein erstes Resümee ist festzuhalten, dass eine nachhaltige Familienpolitik, die dafür Sorge tragen will, dass die nachwachsende Generation sich in ihrem Erwachsenenleben auf der Basis eigener Optionen für Kinder und Familie entscheiden kann, nur dann erfolgreich sein kann, wenn eine Modernisierung der Vater- und Mutterrolle im Sinne einer Gleichberechtigungspolitik und die Vereinbarkeit von

Familie und Beruf auch akzeptiert werden. Hieraus ergibt sich die Frage, wie in einer solchen modernisierten Rolle der Eltern die Kinder noch jene Aufmerksamkeit und Zuwendung finden können, die die Voraussetzungen für eine positive persönliche Entwicklung darstellen.

Zur Modernisierung der Kinderrolle

Die Diskussion der letzten Jahre hat dazu beigetragen, Kinder nicht mehr als unfertige Erwachsene zu betrachten, die durch die Erwachsenen, insbesondere die Eltern, zu erziehen sind. Vielmehr hat sich die Erkenntnis durchgesetzt, dass Kinder von Anfang an Entdecker ihrer Lebensumwelt sind, die sie auch aktiv mitgestalten. Diese alte Einsicht der Kinderpsychologie, von Jean Piaget (1930) schon Anfang des 20. Jahrhunderts formuliert, ist für die Entwicklung von Kindern in einer Wissensgesellschaft von viel größerer Bedeutung als in der Industriegesellschaft. Dort waren für die relativ wenigen Positionen in Forschung, Entwicklung, Produktionssteuerung und Verwaltung mit einem hohen Anteil an höchst qualifizierter Ausbildung immer hinreichend Personen vorhanden. In einer Wissensgesellschaft ist die Ressource Wissen ein knapper Rohstoff, der ebenso vorsichtig und nachhaltig behandelt werden muss wie alle anderen Rohstoffe. Eine Gesellschaft, in der, wie in Deutschland in den 1960er Jahren, mehr als ein Drittel der jungen Leute die damalige Hauptschule ohne Abschluss verließ, um gleich als angelernte Arbeitskräfte tätig zu werden, ging mit dem Können und Vermögen dieser jungen Leute relativ verschwenderisch um. Heute betonen wir viel stärker, dass es auf jedes einzelne Kind ankommt und wir alles daran setzen müssen, dass jedes Kind die Chance bekommt, seine Fähigkeit, die Wirklichkeit zu entdecken, auch angemessen zu entwickeln.

Diese Einsicht ist heute Allgemeingut; dennoch weigern wir uns bisher, ähnlich wie bei der Diskussion um die Männer- und Frauenrolle, darüber nachzudenken, welche Konsequenzen sich daraus für den Bildungsauftrag von Kindern in modernen Gesellschaften ergeben. Das lässt sich am besten an der Organisation der Zeit von Kindern verdeutlichen. Seit Jahrhunderten gehen wir davon aus, dass kleine Kinder bis zum dritten Lebensjahr keiner wirklichen Förderung bedürfen, sondern dass die Zuneigung und emotionale Bindung zu den Eltern als wichtiges und zentrales Element der kindlichen Entwicklung in diesem Lebensalter völlig ausreichen. Obwohl seit den 1970er Jahren über die Bedeutung des Kindergartens für die kindliche Entwicklung und seinen Bildungsauftrag debattiert wird, finden sich entsprechende gesetzliche Hinweise erst in der Jugendhilfereform von 1990/91, wobei der Rechtsanspruch auf einen Kindergartenplatz erst vor knapp zehn Jahren realisiert wurde. Die vorschulische Lebensphase wird bis heute so interpretiert und zumeist auch so gestaltet, wie sie im 19. Jahrhundert entworfen wurde. Zu Beginn des 19. Jahrhunderts lag die Erziehung auch von kleinen Kindern im Wesentlichen in der Hand von Männern und Vätern. Mit der Entdeckung der Kindheit im Verlauf des 19. Jahrhunderts wurde die Fürsorge für Kinder zunehmend zur Alleinzuständigkeit der Mutter und Hausfrau in der vom Berufsleben und der sonstigen Welt getrennten Familie erklärt. Die Vormittagsschule bis zum 14. Lebensjahr entsprach den landwirtschaftlichen Produktionsbedingungen des agrarisch geprägten Preußens, das schon früh auf die Schule gesetzt hatte, aber sicherstellen wollte, dass die Kinder am Nachmittag in der Landwirtschaft mitarbeiten können. Ab dem 14. Lebensjahr war dann der Meister für die Entwicklung der beruflichen Qualifikation von Kindern und Jugendlichen zuständig.

Bis heute haben wir eigentlich sehr wenig an diesem kindlichen Lebensrhythmus geändert, der den landwirtschaftlichen Produktionsbedingungen des 18. und 19. Jahrhunderts entsprach und den Vorstellungen bürgerlichen Familienlebens des 19. Jahrhunderts folgte. Das ist umso erstaunlicher, als wie bereits erwähnt schon in den 40er Jahren des 20. Jahrhunderts René König als ein der Familienkritik gänzlich unverdächtiger Wissenschaftler eine solche Familienkonstruktion als höchst fragil einschätzte und alle Elemente der Desintegration der Familie und ihrer Mitglieder in die Gesellschaft aufzeigte. Denn die Mutter war in diesem Familienmodell nur über die Rolle des Vaters mit der Gesellschaft verbunden, während das Kind bis zum sechsten Lebensjahr allein im familiären Kontext lebte und auch in der Vormittags-Grundschule kaum mit anderen gesellschaftlichen Bereichen in Kontakt kam.

Es ist schwer nachvollziehbar, warum ausgerechnet Deutschland, die Schweiz und Österreich so lange an diesen Konstruktionen der Zeitorganisation von Kindern festgehalten haben. Denn die internationale Bindungsforschung zu diesem Thema hat längst gezeigt, dass eine stabile Eltern-Kind-Beziehung, die außerordentlich wichtige und positive Effekte für die kindliche Entwicklung im gesamten Lebensverlauf hat, nicht davon abhängt, dass Mutter und Kind – ohne den berufstätigen Vater – den größten Teil des Tages zusammen sind. Vielmehr ist für stabile Beziehungen vor allem entscheidend, wie die Eltern in der Zeit, die sie mit ihren Kindern verbringen, mit ihren Kindern kommunizieren und interagieren. Unter einer bindungstheoretischen Perspektive ist die heute praktizierte Arbeitsteilung zwischen dem voll erwerbstätigen Vater und der möglicherweise nicht erwerbstätigen Mutter geradezu kontraproduktiv, weil dieses Modell die Chancen des Vaters, entsprechende Bindungen zu seinen Kindern zu entwickeln, eher einschränkt.

Die amerikanische Akademie der Wissenschaften hat 2000 den Bericht einer Kommission zu Forschungsergebnissen über kindliche Entwicklung und Kinderbetreuung publiziert; diese decken sich im Wesentlichen mit den Befunden, die das amerikanische Nationale Institut für kindliche Entwicklung jüngst auf der Basis der größten Längsschnittstudie von Kindern in Betreuungseinrichtungen veröffentlicht hat (NICHD 2005). Offenbar ist der Einfluss der Eltern auf die kindliche Entwicklung in den meisten Fällen unabhängig von der Dauer und vom Beginn der Betreuung in Einrichtungen. Eltern bleiben unter fast allen Bedingungen für die Kinder der wichtigste Bezugspunkt in ihrer eigenen Entwicklung. Kinder profitieren aber davon, wenn sie neben den stabilen Beziehungen zum Elternhaus auch in einer verlässlichen Umwelt mit anderen Personen interagieren können und ihr Entdeckungsdrang gefördert wird. Eine solche verlässliche Umwelt für Kinder heißt aber nicht, dass Kinder zur Betreuung in beliebig viele unterschiedliche Einrichtungen neben dem Elternhaus gegeben werden sollten, sondern dass die Umwelten, in denen sich Kinder entwickeln, auch begrenzt werden müssen.

Für die meisten Kinder stehen heute neben dem Elternhaus jedoch eher heterogene und auch segregierte Umwelten zur Verfügung. Nicht umsonst spricht die Sozialisationsforschung von der »Verinselung« der Kindheit in den Städten. Kinder laufen nicht nur einen Ort wie den Kindergarten oder die Schule an, sondern haben oft an einem einzigen Tag mit einer Vielzahl unterschiedlicher Personen in unterschiedlichen Funktionen zu tun. Ein in sich konsistenter Lebenszusammenhang in wenigen verlässlichen Lebensumwelten (hierzu Bronfenbrenner 1979; 1981) wird ersetzt durch eine Fülle höchst ausdifferenzierter unterschiedlicher Bezugspunkte, die in keiner Beziehung zueinander stehen – mit Ausnahme vielleicht der Mutter, die das Kind zu diesen unterschiedlichen Bezugspunkten fährt. Diese Entwicklung wird durch die jetzt vorhersehbare demografische Entwicklung vermutlich verschärft werden. Je weniger Kinder in einer Gemeinschaft, ob im Dorf oder in der Stadt, aufwachsen, umso größer ist die Gefahr der Verinselung dieser Kinder, weil diese sich entsprechend ihrer unterschiedlichen Interessen an höchst unterschiedlichen Orten aufhalten und Beziehungen zu anderen Kindern oder zu Bezugspersonen außerhalb der Familie deshalb zunehmend erschwert werden.

Es ist daher weniger die Frage, ob Kinder in Betreuungseinrichtungen ihren Eltern entfremdet werden – diese Gefahr ist nach internationalen Untersuchungen als gering einzuschätzen. Die zentrale Frage lautet vielmehr, ob es in der modernen Wissensgesellschaft gelingt, die kindlichen Lebenswelten so zu gestalten, dass neben der Familie auch die anderen Umwelten die gleiche Verlässlichkeit aufweisen. Dabei dürfen diese kindlichen Lebenswelten nicht verinselt sein, sondern müssen untereinander vernetzt werden. Die Handlungsperspektive muss sich zudem am Ziel einer bestmöglichen Entwicklung und Förderung der Kinder orientieren und nicht daran, was aus Sicht der Erwachsenen bequem und funktional erscheint.

Unter dieser Perspektive lassen sich beim Vergleich der europäischen Entwicklungen zwei Strategien unterscheiden. Auf der einen Seite steht das französische Modell, wo der Staat die kindliche Entwicklung unter staatlicher Aufsicht spätestens ab dem dritten Lebensjahr wesentlich auf der Basis eigener Erziehungs- und Bildungspläne bestimmt. Auf der anderen Seite ist das nordeuropäische Modell zu sehen, das wie Finnland eine Vorschulpflicht erst ab dem sechsten Lebensjahr kennt, aber durch eine attraktive und differenzierte Infrastruktur im Vorschulbereich auf kommunaler Ebene jene Verlässlichkeit der Lebensumwelt für Kinder herzustellen versucht, die es Kindern und Eltern ermöglicht, an einem Ort neben dem Elternhaus die kindliche Entwicklung und Erziehung aktiv zu fördern. Auch der Schulbereich ist in Nordeuropa und insbesondere in Finnland kommunal und dezentral organisiert mit einer großen Vielfalt sehr unterschiedlicher Angebote, die sich deutlich von dem zentral und klar gegliederten französischen System abheben.

Der Unterschied beider Modelle zur deutschen Situation ist evident. Sowohl in Frankreich wie in Finnland ist die zeitliche Arbeitsteilung zwischen Elternhaus und Betreuungseinrichtungen viel stärker auf die Bedürfnisse der Vereinbarkeit von Familie und Beruf ausgerichtet als in Deutschland, das in diesem Punkt noch der Gesellschaft des 19. Jahrhunderts entspricht. Gleichzeitig stellen beide Systeme sicher, dass die Kinder nicht im frühen Alter mit vielen unterschiedlichen Personen kommunizieren, sondern dass es eine klare Konzentration auf wenige Orte neben dem Elternhaus gibt. Als weiterer Unterschied kann nicht genug hervorgehoben werden, dass in beiden Systemen die für die erzieherischen Berufe erforderlichen Qualifikationen in den einzelnen Stufen der verschiedenen Bildungs, Erziehungs- und Betreuungseinrichtungen viel näher beieinander liegen als gegenwärtig in Deutschland, was die OECD zu erheblicher Kritik an der Bundesrepublik veranlasst hat (OECD 2001).

Die hier vorgetragenen Argumente dürften deutlich gemacht haben, dass eine Modernisierung von Vater- und Mutterrolle notwendigerweise auch eine Modernisierung der Kinderrolle in einer Wissensgesellschaft erforderlich macht. Daher ist auch die traditionelle Zeitaufteilung zwischen Elternhaus, Schule und Betreuungseinrichtungen entsprechend den Modellen der anderen europäischen Länder neu zu organisieren, weil nur so der Modernisierungsrückstand gegenüber dem europäischen Ausland aufgeholt werden kann. Auch wird damit eine individuelle Förderung der einzelnen Kinder eher als bisher ermöglicht. Alle internationalen Vergleichsstudien zeigen nämlich, dass diese Förderung primär vom Engagement und den Fähigkeiten des Elternhauses abhängt und die Kompensationsmöglichkeiten anderer Einrichtungen derzeit überhaupt nicht genutzt werden.

In den Erziehungswissenschaften gibt es eine lebendige Diskussion darüber, wie die inneren Strukturen von Bildungs-

und Betreuungseinrichtungen in Zukunft aussehen könnten. Als Nicht-Erziehungswissenschaftler werde ich mich in diese Diskussion nicht einmischen, glaube aber, dass das ein langer Entwicklungsprozess ist, der von allen Beteiligten ein hohes Maß an Toleranz und gemeinsamer Arbeit voraussetzt, weil sich in einem solchen Prozess nicht nur die Rollen von Vater, Mutter und Kindern ändern, sondern notwendigerweise auch das Selbstverständnis der in Erziehungsberufen Tätigen. Denn es ist leicht nachzuvollziehen, dass in einer Schule, in der die Kinder sieben bis acht Stunden pro Tag verbringen, die traditionelle Lehrerrolle keinen Bestand mehr haben wird, so wie auch die traditionelle Vater- und Mutterrolle keinen Bestand mehr hat. In einer Halbtagsschule wird der Erfolg des pädagogischen Tuns an den erreichten Schulleistungen der Schüler gemessen. Auch wenn in einer Ganztagsschule die Schuleistungen weiterhin eine Rolle spielen, so tritt doch neben diese sehr kognitiv orientierte Leistungsbetrachtung die Frage, ob und inwieweit die soziale und emotionale Entwicklung der Kinder im schulischen Kontext in angemessener Weise gefördert werden kann. Natürlich achten auch heute Lehrerinnen und Lehrer darauf, dass sich die Kinder in ihren Unterrichtsstunden wohl fühlen, weil das eine wichtige Voraussetzung für ein gutes Lernklima ist, nur spielen diese schulinternen Strategien des pädagogischen Personals in der öffentlichen Wahrnehmung derzeit keine Rolle. Hingegen bekommen sie in einer Ganztagsschule eine ganz andere Bedeutung. Die Ganztagsschule wird neben dem Elternhaus und neben den Freunden in der Nachbarschaft zu einem dritten Ort der verlässlichen Beziehungen von Kindern und damit für deren Entwicklung wichtiger als bisher die Vormittagsschule.

In vielen europäischen Ländern hat sich die Personalstruktur innerhalb der Schulen stärker ausdifferenziert, als das in Deutschland der Fall ist. Arbeitsteilig organisierte Teams, denen Professionelle aus den Bereichen Sozialarbeit, Psychologie, Pädagogik und möglicherweise auch aus technischen Berufen angehören, befördern in der Schule gemeinsam mit den Eltern die Entwicklung der Kinder. Im finnischen System, das weder das Sitzenbleiben noch die Ausdifferenzierung nach Sonderschulen und anderen Einrichtungen kennt, bekommen zeitweise bis zu 17 Prozent der Schüler und Schülerinnen eine zusätzliche spezielle Diagnostik und Betreuung, um ihre individuellen Kompetenzen und Fähigkeiten zu entwickeln. Mit Sicherheit wird in Zukunft die Rolle von Lehrerinnen und Lehrern in einem solchen Team und im längeren Tagesverlauf anders aussehen als heute.

Das Gleiche gilt auch für das Verhältnis von Schule und Umwelt. Denn die Schule tritt als Tagesschule mit vielen anderen Einrichtungen, die sich am Nachmittag um Kinder gekümmert haben, in Konkurrenz. Hier müssen neue Wege gefunden werden, um das bürgerschaftliche Engagement, das sich in diesen Bereichen entwickelt hat, angemessen in den Tagesablauf von Kindern zu integrieren. Gegenwärtig werden in Deutschland verschiedene Schulorganisationsmodelle diskutiert: integrative Modelle, in denen die Lehrerinnen und Lehrer häufig den ganzen Schulalltag strukturieren und nicht nur die Hausaufgaben mit den Kindern erledigen, sondern auch Arbeitsgemeinschaften zwischen den Unterrichtseinheiten anbieten, oder Modelle, bei denen nach dem Unterricht andere Betreuungspersonen den Alltag organisieren. Unabhängig von der Frage, welches Modell sich durchsetzen wird, können wir von anderen Ländern etwas Wichtiges lernen. Wie auch viele deutsche Kinderärzte betonen, setzt die Verlängerung des Schulalltags für Kinder ein anderes Verständnis vom Rhythmus des Lernens voraus, als wir es gewohnt sind. Heute gehen wir in der Vormittagsschule davon aus, dass Kinder von 8 bis 13 Uhr voll konzentrationsfähig sind und Erholungsphasen, Nichtstun, Trödeln und Austoben mit der Schule wenig bis nichts zu tun haben. Der Zeitrhythmus der Vormittagsschule nimmt auf den Biorhythmus von Kindern ebenso wenig Rücksicht, wie die Frage von Zeitorganisation kein Thema des schulischen Alltags ist. In einer Tagesschule sind jedoch auch der Umgang mit Zeit und Muße sowie die Reflexion über die individuellen Phasen besonderer Leistungsfähigkeit wesentliche Bestandteile des schulischen Alltags, wenn sie nicht nur eine Verlängerung der Vormittagsschule sein soll. Um den Erwartungen und Ansprüchen von Seiten der Eltern gerecht zu werden, wird sich eine Tagesschule auch mit der Frage auseinandersetzen müssen, wie sie individuelles Lernen und die Differenzierung im Klassenverband neu organisiert, denn wenn das individuelle Lernen weiterhin allein dem Elternhaus überlassen bleibt, werden zusätzliche Möglichkeiten der Förderung von Kindern verschenkt. Die Modernisierung der Kinderrolle wird sich wie auch die Modernisierung von Vater- und Mutterrolle also wesentlich über die Neuorganisation von Zeit vollziehen müssen.

Abschließend will ich auf die demografische Ausgangsfrage zurückkommen. In den meisten Regionen in der Bundesrepublik wird die Geburtenrate wohl niedrig bleiben. Ein ausdifferenziertes Angebot für die kindliche Entwicklung in einer solchen Gesellschaft wird mit Sicherheit aus einer Mischung von wohnortnahen Betreuungseinrichtungen und größeren Standorten schulischer Angebote bestehen. Eine solche Struktur ist nur dann denkbar, wenn es auf Dauer ein flächendeckendes Angebot an Tagesschulen gibt. Denn ausdifferenzierte Schulangebote setzen eine Personalstruktur voraus, die nur ab einer bestimmten Größe zu erreichen ist. Schon im Interesse der betroffenen Kinder wird es in einer Gesellschaft mit wenig Kindern sinnvoll sein, diesen wenigen Kindern im Laufe eines Tages nicht an verschiedenen Orten Lernangebote zu machen, sondern diese so zu konzentrieren, dass die Kinder ihre Lebensumwelt als klar strukturiert und einheitlich erleben können. Dafür sind Ganztagsschulen eine unerlässliche Voraussetzung.

Literatur

Bertram, H. (1997): Familie leben. Gütersloh

Bertram, H.; Rösler, W.; Ehlert, N. (2005): Nachhaltige Familienpolitik. Zukunftssicherung durch einen Dreiklang von Zeitpolitik, finanzieller Transferpolitik und Infrastrukturpolitik. Gutachten im Auftrag des Bundesministeriums für Familie, Senioren, Frauen und Jugend. Berlin: BMFSFJ. Auch verfügbar unter www.bmfsfj.de/Redaktion BMFSFJ/Broschuerenstelle/Pdf-Anlagen/Bertram-Gutachten-Nachhaltige-Familienpolitik,property=pdf.pdf (Download 29.05.2007)

Biedenkopf, K.; Bertram, H.; Käßmann, M.; Kirchhof, P.; Niejahr, E.; Sinn, H.-W.; Willekens, F. (2005): Starke Familie. Bericht der Kommission »Familie und demographischer Wandel«. Im Auftrag der Robert-Bosch-Stiftung. Stuttgart: Robert Bosch Stiftung. Auch verfügbar unter www.bosch-stiftung.de/content/language1/downloads/starke_familie.pdf (Download 05.06.2007)

Bronfenbrenner, U. (1979): Contexts of child rearing: problems and prospects. American Psychologist (34): 844-850

Bronfenbrenner, U. (1981): Die Ökologie der menschlichen Entwicklung. Stuttgart

BMJFG (Bundesministerium für Jugend, Familie und Gesundheit) (1975): Zweiter Familienbericht. Familie und Sozialisation. Leistungen und Leistungsgrenzen der Familie hinsichtlich der Erziehungs- und Bildungsprozesse der jungen Generation. Bonn: BMJFG. Drucksache 7/3502

BMFSFJ (Bundesministerium für Familie, Senioren, Frauen und Jugend) (2006): Familie zwischen Flexibilität und Verlässlichkeit. Perspektiven für eine lebenslaufbezogene Familienpolitik. Siebter Familienbericht. Berlin: BMFSFJ. Drucksache 16/1360

Castles, F. G. (2002): The three facts about fertility. Family Matters 63: 22-27

Craig, L. (2003): The time cost of children: across-national comparison of the interaction between time use and fertility rate. University of Hannover, Department of Economics

Eggen, B. (2004): Ökonomische Situation der Familien in Deutschland. Expertise für den 7. Familienbericht. Stuttgart

Eurostat (2004): Jahrbuch 2004. Der statistische Wegweiser durch Europa. Daten aus den Jahren 1992-2002. Luxemburg: Amt für amtliche Veröffentlichungen der Europäischen Gemeinschaften

Fagnani, J. (2005): Familienpolitik in Frankreich – Vorteile und Nachteile. Expertise für den 7. Familienbericht

Gillis, J. (1996): Making time for family: the invention of family time(s) and the reinvention of family history. Journal of Family History (21) 1: 4-21

Hakim, C. (2000): Work-lifestyle choices in the 21st century: preference theory. Oxford

Hakim, C. (2003): Competing family models, competing social policies. Paper presented to the annual conference of the Australian Institute for Family Studies, Sydney 12 march 2003. Verfügbar unter www.aifs.gov.au/institute/afrc8/hakim.pdf (Download 05.06.2007)

Hochschild, A. R. (2003a): The managed heart: commercialization of human feeling. Twentieth anniversary edition. Berkeley

Hochschild, A. R. (2003b): The commercialization of intimate life: notes from home and work. Berkeley

Institut für Demoskopie Allensbach (2006): Familien-Analyse 2005. Umfrage des Instituts für Demoskopie in Allensbach im Auftrag der Zeitschrift Eltern. München

Jacobs, J. A.; Gerson, K. (2004): The time divide. Work, family, and gender inequality. Cambridge, Mass. Harvard

Kaufmann, J.-C. (1995): Schmutzige Wäsche: zur ehelichen Konstruktion von Alltag. Konstanz

Klein, T.; Eckhard, J. (2005): Bildungsbezogene Unterschiede des Kinderwunsches und des generativen Verhaltens. Eine kritische Analyse der Opportunitätskostenhypothese. In: Steinbach, A. (Hrsg.): Generatives Verhalten und Generationenbeziehungen. Festschrift für Bernhard Nauck zum 60. Geburtstag, S. 151-174. Wiesbaden

Kommission der Europäischen Gemeinschaften (2005): Grünbuch »Angesichts des demografischen Wandels – eine neue Solidarität zwischen den Generationen«. Brüssel

König, R. (1946): Materialien zur Soziologie der Moderne. Bern

Maydell, B. v.; Boecken, W.; Heine, W.; Neumann, D.; Pawelzig, J.; Schmähl, W.; Wank, R. (Hrsg.) (1996): Die Umwandlung der Arbeits- und Sozialordnung. Berichte der Kommission für die Erforschung des sozialen und politischen Wandels in den neuen Bundesländern e.V., Bd. 6. Opladen

McDonald, P.; Evans, A. (2003): Negotiating the life course: changes in individual and family transitions. Melbourne

NICHD (National Institute of Child Health and Human Development) (2005): The NICHD Study of Early Child Care and Youth Development. Washington: NICHD

OECD (Organisation for Economic Co-operation and Development) (2001): Employment outlook. Paris: OECD

Pfeil, E. (1961): Die Berufstätigkeit von Müttern. Eine empirisch-soziologische Erhebung an 900 Müttern aus vollständigen Familien. Tübingen

Piaget, J. (1930): The child's conception of physical causality. London

Pross, H. (1976): Die Wirklichkeit der Hausfrau. Reinbek

Statistisches Bundesamt (2006a): Deutschland 1946 bis 2005. Zusammenfassende Übersichten. Verfügbar unter www.destatis.de/themen/d/thm_bevoelk.php (Download am 04.06.2007)

Statistisches Bundesamt (2006b): Geburtenentwicklung in Deutschland im langfristigen Vergleich. Pressemitteilung vom 17.03.2006. Verfügbar unter www.destatis.de/presse/deutsch/pm2006/p1220023.htm (Download am 12.06.2007)

Statistisches Landesamt Baden-Württemberg (2004): Familienbericht 2004. Teil 1: Familien in Baden-Württemberg. Stuttgart: Statistisches Landesamt

Gedeihen trotz widriger Umstände!? – Förderung von Resilienz bei armen Kindern und Jugendlichen

Uta Meier-Gräwe

Einleitung

Auf den ersten Blick mag der Titel dieses Beitrags als eine Provokation erscheinen. Ist es angesichts von hoher Erwerbslosigkeit, der sich weiter öffnenden Schere zwischen Arm und Reich (Eggen 2004; ZUMA 2005) und einer überproportionalen Betroffenheit von Kindern durch Armutslagen in Deutschland überhaupt legitim, mit einem Blickwinkel an die Analyse der Lebenssituation von armen Kindern und Jugendlichen heranzugehen, der nach einem gedeihlichen Aufwachsen trotz benachteiligter Lebensumstände fragt? Wird damit nicht von vornherein auf eine politische Skandalierung der Armuts- und Ungleichheitsproblematik verzichtet, einem Kurieren an Symptomen das Wort geredet? Hat Laucht womöglich recht, wenn er darin kaum mehr sieht als einen »semantischen Trick«? (Laucht 1999, S. 305)

Wer über eine längere Berufspraxis mit Kindern und Jugendlichen verfügt, die in armen und prekären Lebensverhältnissen aufwachsen, wird immer auch die Erfahrung machen, dass aus sozial benachteiligten Kindern keineswegs zwangsläufig problembehaftete, instabile Erwachsene werden, sondern dass bestimmte Risikofaktoren in ihrer Wirkung durch günstige Bedingungen abgemildert, in einigen Fällen sogar eliminiert werden können. Somit zeigt die Alltagserfahrung von Erzieherinnen, Sozialarbeitern oder Quartiersmanagerinnen, dass zwischen Risikofaktoren und faktischem Sozialisationsverlauf bei Kindern und Jugendlichen keineswegs ein deterministischer Zusammenhang besteht. Vielmehr erweist sich immer auch der Kontext als entscheidend, in dem arme Kinder und Jugendliche aufwachsen – also ihr familiäres Umfeld, aber auch Kindergarten und Schule sowie andere Gelegenheitsstrukturen (oder -barrieren) in ihrem Sozialraum. Die zentrale These dieses Beitrags lautet, dass es für die Entwicklung präventiver Konzepte und nachhaltiger praxisbezogener Instrumentarien bedeutsam ist, nicht nur eine Defizitanalyse vorzunehmen, sondern auch die Schutzfaktoren für ein gedeihliches Aufwachsen von Kindern und Jugendlichen zu kennen und zu befördern, nicht nur Problemkonstellationen zu beschreiben, sondern gleichermaßen die vorhandenen Ressourcen und potentiell schützenden Systeme zu identifizieren. Die Frage, was arme Kinder und Jugendliche widerstandsfähig macht, läuft gerade nicht auf ein »Sich-Abfinden« mit den gegebenen Strukturen und Verhältnissen hinaus, sondern provoziert deren politische (Um-) Gestaltung.

Was ist Resilienz und wie wird sie erforscht?

Der Begriff Resilienz wird im allgemeinen als psychische Widerstandsfähigkeit von Menschen gegenüber biologischen, psychologischen und psychosozialen Entwicklungsrisiken definiert und umfasst zugleich seine Fähigkeiten, mit Belastungen und Stressoren erfolgreich umzugehen. Ein resilientes Individuum kann bestimmte Risiken und Belastungen zwar nicht beseitigen, es gelingt ihm aber, diese aktiv und selbstwirksam zu bewältigen.

Die Resilienzforschung hat sich seit den 1980er Jahren international zu einer prominenten Forschungsrichtung entwickelt. Sie distanziert sich betont von der zuvor über viele Dekaden gängigen Theorie und Praxis, den Fokus der Aufmerksamkeit fast ausschließlich auf biologische, psychologische und soziale Risikofaktoren zu richten und diese stets im Zusammenhang mit den Lebensgeschichten von Individuen zu analysieren, die unter anhaltenden Verhaltensdefiziten oder schweren affektiven Störungen leiden. Emmy E. Werner (2006, S. 28) betont zurecht, dass dieser rückwärts gewandte Ansatz den Eindruck vermittelt hat, als ob sich ein Kind zwangsläufig schlecht entwickelt, wenn es traumatischen Erlebnissen, der psychischen Erkrankung eines Elternteils, elterlichem Alkoholismus oder chronischem Unfriede in der Herkunftsfamilie ausgesetzt war. Stattdessen untersucht die Resilienzforschung nicht nur das Leben der »Opfer« der gegebenen Verhältnisse, sondern richtet ihr Erkenntnisinteresse gleichermaßen auf das Leben derjenigen Personen, die belastende Lebenslagen gut überstanden haben. In aufwendigen Längsschnittanalysen, in denen Individuen von der Kindheit bis ins Erwachsenenalter kontinuierlich untersucht wurden, wurde der Nachweis erbracht, dass sich eine durchaus beachtliche Anzahl der Kinder, die erheblichen Stressoren und Risiken ausgesetzt waren, bis zum Erwachsenenalter zu stabilen und zufriedenen Persönlichkeiten entwickelt haben. Damit eröffnet das Resilienzparadigma neue Perspektiven: Es wird nach den Schutzfaktoren gefragt, die erklären, warum die Entwicklung einer relativ großen Anzahl von Kindern nachweislich positiv, stabil oder doch zumindest unauffällig verläuft, obwohl sie unter schwierigen Bedingungen aufwachsen. Was macht Kinder widerstandsfähig? Wie gelingt es ihnen, Stress- und Problemsituationen aktiv zu bewältigen? Wie hängen Schutz- und Risikofaktoren zusammen?

Zu den anerkannten Pionierinnen der Resilienzforschung gehören Emmy E. Werner und Ruth Smith. Sie haben in einer bahnbrechenden Längsschnittstudie auf der hawaiischen Insel Kauai insgesamt 698 Kinder, die alle im Jahre 1955 geboren wurden und verschiedenen Ethnien angehören, im Hinblick darauf untersucht, wie sich unterschiedliche biologische und psychosoziale Risikofaktoren, belastende Lebensereignisse und Schutzfaktoren auf die Untersuchungspersonen bis in ihr Erwachsenenalter ausgewirkt haben (Werner, Smith 1992). Sie entdeckten, dass sich eine beachtliche Zahl der Mädchen und Jungen trotz erheblicher Belastungen und widrigster Lebensumstände zu gesunden, kompetenten und fürsorglichen Erwachsenen entwickelten. Das Faszinierende dieser Studie besteht bis heute darin, dass es erstmals gelang, eine Vielzahl von Faktoren und Merkmalen zu identifizieren, die diese positive Entwicklung ausgelöst oder mitbedingt hatten, so dass die Verwundbarkeit der Untersuchungspersonen nachweislich eingedämmt werden konnte. Die Ergebnisse dieser Längsschnittstudie, die inzwischen auch durch weitere Analysen bestätigt worden sind, zeigen, dass protektive Faktoren sowohl beim Individuum selbst als auch in seiner Umwelt liegen, vor allem aber im Zusammenspiel zwischen Person und Umwelt zu suchen und zu finden sind. Sie lenkten ihre Aufmerksamkeit von den schon hinlänglich erforschten Risikofaktoren zu den Schutzfaktoren und legten dadurch den Grundstein für ein schlüssiges Gesamtkonzept von Risiko- und Schutzfaktoren und dem Transaktionsprozess zwischen Person und Umwelt. Werner und Smith entdeckten drei Bündel von Schutzfaktoren, die resiliente Jungen und Mädchen, die ihre belastenden Lebensumstände gut überwunden hatten, von ihren stark gefährdeten, verwundbaren Altersgenossen und Altersgenossinnen unterscheiden.

Schutzfaktoren des Individuums: Schon in der Kindheit zeigten resiliente Kinder Persönlichkeitseigenschaften und ein Naturell, die bei den betreuenden Bezugspersonen positive Reaktionen hervorriefen. Mütter beschrieben diese

Kinder als tendenziell aktiv, anschmiegsam, freundlich und »pflegeleicht«. Auch von unabhängigen Beobachtern waren sie im Alter von zwei Jahren als angenehm, fröhlich, aufgeschlossen und gesellig beschrieben worden. Sie waren in ihrer sprachlichen und motorischen Entwicklung weiter als die Vergleichsgruppe der gefährdeten, nicht resilienten Kinder. Im Alter von zehn Jahren erreichten sie bessere Testergebnisse bei der Lösung von alltagspraktischen Problemen. Außerdem hatten sie die Gabe, auf sich stolz sein zu können, sich bei Bedarf Hilfe zu holen und anderen bei Bedarf zu helfen. Im fortgeschrittenen Jugendalter waren ihre schulischen und beruflichen Pläne realistischer und ihre Erwartungen an ihr künftiges Leben höher als die ihrer Altersgenossen und Altersgenossinnen, die mit den belastenden Problemen nicht fertig geworden sind.

Schutzfaktoren der Familie: Die in die Längsschnittstudie einbezogenen Kinder, die mit ihren widrigen Lebensumständen fertig wurden, hatten schon früh die Gelegenheit, eine enge Bindung zu mindestens einer kompetenten, emotional stabilen Person zu entwickeln, die auf kindliche Bedürfnisse sensibel einging. Ein Großteil dieser Zuwendung kam von Personen aus dem engeren Umfeld wie zum Beispiel der Großmutter, älteren Geschwistern, Tanten und Onkeln. Resiliente Kinder erwiesen sich als besonders geschickt darin, sich solche »Ersatzeltern« zu suchen. Resiliente Jungen kamen häufig aus Familien, die Strukturen und Regeln aufwiesen, wo eine männliche Person als Identifikationsmodell existiert hat und in denen sie ermuntert wurden, ihre Gefühle zu zeigen. Resiliente Mädchen kamen meistens aus Familien, in denen ihre Unabhängigkeit unterstützt wurde und wo weibliche verlässliche Bezugspersonen Unterstützung und Zuwendung gaben.

Schutzfaktoren im Umfeld: Resiliente Jugendliche konnten sich im allgemeinen auf Ältere und Gleichaltrige im Umfeld verlassen, wenn sie emotionale Unterstützung oder Rat benötigten. Oft waren der Lieblingslehrer, die Lieblingslehrerin, Jugendleiter, die Eltern eines Freundes oder einer Freundin, der Pfarrer oder Mitglieder einer kirchlichen Gruppe in der Rolle einer positiven und verfügbaren Identifikationsfigur.

In den Folgestudien konnte belegt werden, dass sich die meisten der »schwierigen« Jugendlichen bis zum Erreichen des mittleren Erwachsenenalters von 32 bis 40 Jahren erholt hatten. Sie befanden sich in stabilen Ehen und Anstellungen und gaben an, mit ihrer Partnerschaft, ihren Kindern und ihrem Leben zufrieden zu sein. Dabei waren bestimmte Wendepunkte für positive Veränderungen ausschlaggebend: eine kontinuierliche oder nachholende Ausbildung, berufliche Fertigkeiten, die Männer beim Militärdienst erlangt hatten, eine stabile Partnerschaft, die Genesung von einer lebensbedrohlichen Krankheit oder auch die Hinwendung zu einer Kirchengemeinde. Es zeigte sich, »dass die Eröffnung von Chancen in der dritten und vierten Lebensdekade bei den meisten Personen, die im Jugendalter psychische Probleme gehabt hatten, zu dauerhaften positiven Veränderungen führte« (Werner 2006, S. 33).

Haushaltswissenschaftlich-ganzheitliche Armutsstudien und was daraus für die Resilienzförderung von Kindern und Jugendlichen folgt

Die Notwendigkeit einer umfassenden Resilienzförderung von Kindern und Jugendlichen bei gleichzeitiger Stärkung der elterlichen Versorgungs-, Erziehungs- und Beziehungskompetenzen wird auch durch Ergebnisse eines unter meiner Leitung stehenden qualitativen Forschungsprojekts zur Armutsprävention gestützt. Das Projekt hat den Titel: »Armutsprävention und Milderung defizitärer Lebenslagen durch Stärkung von Haushaltsführungskompetenzen« und wurde zwischen 1999 und 2003 durchgeführt.

Ziel des anwendungsbezogenen Forschungsprojekts war es zum einen, auf der Grundlage eines haushaltswissenschaftlichen Konzepts den Lebensalltag von armen Haushalten umfassend und differenziert am Universitätsstandort Gießen zu untersuchen. Zum anderen ging es darum, den »Wissenstransfer« der gewonnenen und typisierten Ergebnisse in die Praxis der Bildungs-, Beratungs- und Betreuungsarbeit »vor Ort« zu organisieren und auf Dauer zu stellen. Diese Zielstellung wurde zugleich mit der Intention verknüpft, Initiativen zur Armutsprävention und Armutsbekämpfung auch an anderen Standorten zu unterstützen, zu multiplizieren und auf eine wissenschaftliche Basis zu stellen.

Aus dieser »mehrdimensionalen« Zielstellung heraus wurde von Beginn an auf eine gute Öffentlichkeitsarbeit, auf eine lebendige Kommunikation und die Einbeziehung von relevanten kommunalen Akteuren fokussiert, in deren Verantwortungsbereich die Gestaltung örtlicher Arbeits- und Lebensbedingungen von Haushalten in armen und prekären Lebenslagen fällt. Aus diesem Grund wurden zunächst leitfadenorientierte Interviews mit ausgewählten Experten und Expertinnen wie Sozialplanern, Sozialarbeitern, Frauenbeauftragten, Kindergärtnerinnen, Schuldnerberatern, Familienbildnerinnen, Pfarrern, Jugend- und Sozialamtsleitern geführt. Diese Vorgehensweise erwies sich als ausgesprochen produktiv: Wir konnten für dieses Vorhaben Verständnis und Kooperationsbereitschaft von Anfang an erreichen, die Expertise der genannten Professionellen im alltäglichen Umgang mit unserer Zielgruppe der Haushalte in armen und prekären Lebenslagen nutzen und auf diesem Wege außerdem den Zugang zu diesen Zielgruppen leichter erschließen. Es folgten danach 22 Einzelfallstudien von ausgewählten Familienhaushalten, die mit der Methode der mikrosozialökonomisch, ressourcen- und lebenslagenorientiert verfahrenden Haushaltsanalyse durchgeführt worden sind. Gegenstand waren: a) die haushaltsinternen Ressourcen einschließlich Bildung und Gesundheit, Konsumtivsachvermögen und Nutzungsrechte, das finanzielle Vermögen und bestehende Verbindlichkeiten, b) haushaltsexterne Ressourcen wie private Netzwerke, Infrastruktur am Wohnstandort, c) verwirklichte Ziele/Ansprüche und genutzte Handlungsspielräume wie der Umgang mit Geld als Ausdruck der Nutzung finanzieller Ressourcen und der Umgang mit Zeit als Ausdruck des Umgangs mit zeitlichen Ressourcen und schließlich d) die Geschichte des Haushalts und seine Zukunftswünsche.

Es wurden ausführliche leitfadengestützte Interviews mit Familienhaushalten geführt, deren komplexe Lebens- und Haushaltsführung entlang von 12 Indikatoren für Armut bzw. prekäre Lebenslagen beurteilt und typisiert wurde[1]:

Überwiegend handelte es sich um alleinerziehende Mütter im Alter zwischen 25 und 54 Jahren mit ihren minderjährigen Kindern, aber auch um Paare mit Kindern. Das Projekt war betont gendersensibel angelegt, in dem es die Arbeit des Alltags, also Hausarbeit, Fürsorge- und Familienarbeit zum Thema gemacht hat, die in der öffentlichen Wahrnehmung in Deutschland immer noch weitgehend unbeachtet bleibt und als selbstverständlich vorausgesetzt wird.

Aufgrund der theoriegeleiteten Analyse des Familienalltags war es nicht nur möglich, den untersuchten Haushalten konkrete Handlungsalternativen aufzuzeigen, um ihre Lebenssituation zu verbessern. Vielmehr konnte aus dem differenzierten Datenmaterial idealtypisch eine Armutstypo-

1 Es handelt sich um die Indikatoren: Äquivalenzeinkommen, Anteil Erwerbseinkommen, Mietbelastung, Wohnungsgröße, zeitliche Situation, Bildung, Gesundheit, psychosoziale Situation, institutionelles Netzwerk, familiales Netzwerk, sonstiges Netzwerk (Freunde, Bekannte, Nachbarn) sowie Alltagskompetenzen.

logie generiert werden, die im Prinzip für die gesamte Population der Haushalte in armen und prekären Lebenslagen in Deutschland charakteristisch ist und demnach auch eine hohe Anwendungsrelevanz für Kommunen unterschiedlicher Gemeindegröße besitzt.

Im Ergebnis der vergleichenden Analyse von 12 Lebenslagenindikatoren ergab sich eine haushaltsbezogene Armutstypologie, der alle untersuchten Haushalte analytisch eindeutig zugeordnet werden konnten. Das steht nicht im Widerspruch zu der Tatsache, dass sich bestimmte Charakteristika eines Typs durchaus auch bei einem anderen finden lassen und umgekehrt:

Die verwalteten Armen (Typ1)

Dieser Armutstyp ist durch das soziale Phänomen einer generationsübergreifenden Armut charakterisiert. Seine RepräsentantInnen verfügen über vielfältige und langjährige Erfahrungen und Routinen im Umgang mit Armut, aber auch mit den Behörden und Institutionen, die – verwaltungstechnisch gesehen – für diverse Probleme von verstetigter Armut zuständig sind. Umgekehrt sind diese Haushalte in den entsprechenden Einrichtungen seit langem bekannt.

Ohne institutionelle Netzwerke gelingt die Alltagsbewältigung kaum noch. Typisch sind regelmäßige Kontakte zum Allgemeinen Sozialen Dienst (ASD) oder zu VertreterInnen der sozialpädagogischen bzw. haushaltsbezogenen Familienhilfe, um die Eltern-Kind-Beziehungen zu stabilisieren oder die Grundversorgung des Haushalts zu gewährleisten.

Charakteristisch sind vergleichsweise niedrige Alltagskompetenzen und eine eher geringe Erwerbsorientierung. Man trifft auf das Phänomen »entglittener« Zeitstrukturen; es bereitet oftmals schon Mühe, zwei bis drei Termine pro Woche zu koordinieren.

Als Eltern sind die Erwachsenen weder mental noch alltagspraktisch in der Lage, ihren Kindern Daseinskompetenzen wie Bindungs- und Konfliktfähigkeit, Durchhaltevermögen, emotionale Stabilität oder haushälterische Grundkompetenzen zu vermitteln. Selbst bei gutem Willen besteht eine ausgeprägte Hilflosigkeit, den Kindern zu einem Schulerfolg zu verhelfen, was angesichts der problematischen elterlichen »Schul- und Ausbildungskarrieren« kaum überraschen kann.

Unterstützungsbedarfe für Kinder, die in diesem Haushaltstyp aufwachsen:

Erste Priorität in der Arbeit mit diesen Familienhaushalten hat die Gewährleistung von Wohl und Gesundheit der Kinder. Es geht dabei in einigen Fällen schlicht und einfach um lebensrettende Maßnahmen. Vernachlässigung, mitunter auch körperliche und sexuelle Gewalt führen dazu, dass Kinder vorübergehend oder auf Dauer aus der Familie heraus genommen und in Pflegefamilien oder in Heimen untergebracht werden. Interventionen dieser Art oder die Kombination aus Fremdunterbringung und ambulanten Maßnahmen der Jugendhilfe müssen aufeinander abgestimmt werden. Jugendhilfe hat für diese Form der Krisenintervention vielfältige Maßnahmen entwickelt, die in der Regel auch zum Einsatz kommen. Demgegenüber besteht ein großer, bisher keineswegs gedeckter Handlungsbedarf im Bereich der systematischen Armutsprävention, um diese Kinder vor dauerhaften und massiven Benachteiligungen in den Bereichen Wohnen, Bildung und Gesundheit zu schützen, ihre Resilienz zu stärken und den Teufelskreis der intergenerationellen Weitergabe von Armut zu durchbrechen. Hier sind armutspräventive Maßnahmen einer sensiblen Kinder- und Jugendarbeit von der gezielten Frühförderung über eine verlässliche Begleitung und Unterstützung dieser Kinder in der Schulzeit bis hin zu einem gelingenden Ausbildungsabschluss von Nöten.

Die erschöpften EinzelkämpferInnen (Typ 2)

Typ 2 umfasst sowohl alleinerziehende Eltern als auch Paare mit Kindern. Er zeichnet sich durch eine überproportionale Arbeitsbelastung im Familien- und Berufsalltag aus, ohne jedoch in Berufen wie Bürokauffrau oder Verwaltungsangestellter im einfachen öffentlichen Dienst ein Einkommen oberhalb des sozio-kulturellen Existenzminimums zu erreichen (»Working poor«). Neben einer hohen Arbeitsbeanspruchung führen Krankheiten und deren Folgen, oft verbunden mit der Erfahrung, auch von offizieller Seite »damit allein gelassen« zu werden, zu chronischen Erschöpfungszuständen. Es handelt sich um Haushalte, die den Alltag für sich und ihre Kinder mit den vergleichsweise niedrigsten Äquivalenzeinkommen bewältigen müssen.

Armutslagen treten in der Regel als Folge eines »kritischen« Lebensereignisses wie Trennung bzw. Scheidung auf, aber auch als Folge der Geburt eines (weiteren) Kindes. Der Umgang mit Armut ist selten als generationsübergreifendes Erfahrung vorhanden, ebenso wenig der Umgang mit den zuständigen Ämtern und Einrichtungen der Kinder- und Jugendhilfe.

Unterstützungsbedarfe für Kinder, die in diesem Haushaltstyp aufwachsen:

Auffällig ist das Defizit an institutionellen Hilfen, die auf die Bedarfslagen der »erschöpften EinzelkämpferInnen« und ihrer Kinder abgestimmt sind: Entweder erhalten diese Kinder keinerlei Unterstützung, weil sie keine auffälligen Probleme im Sinne des KJHG zeigen, oder den verantwortungsvollen Müttern werden völlig unangemessene Angebote (»Fremdunterbringung der Kinder«) unterbreitet, wie sie für die »verwalteten Armen« möglicherweise angezeigt wären. Ihre Kinder bleiben eher unauffällig, so dass sie von durchaus notwendigen materiellen Hilfen und/oder Angeboten zur Entfaltung ihrer Talente und Fähigkeiten im Sinne von Chancen- und Bildungsgerechtigkeit nicht profitieren. Was weitgehend fehlt, sind resilienzstärkende Settings für Kinder und deren Mütter, die eine Alltagsbewältigung unterstützen.

Familiale Netzwerke erweisen sich bei diesem Armutstyp häufig weniger als Ressource denn als zusätzliche Verpflichtung, etwa, wenn die allein Erziehenden neben ihren eigenen Kindern noch ihre Mütter mit versorgen, die an beginnender Demenz oder an psychischen Problemen leiden. Damit geraten die Mütter unter hohen Zeitdruck und Stress, was sich auf die Mutter-Kind-Beziehung teilweise belastend auswirkt.

Wenn die RepräsentantInnen dieses Typs infolge eigener Erwerbstätigkeit ergänzende Sozialhilfe oder andere Sozialleistungen wie Befreiung von Rundfunkgebühren oder Wohngeld beantragen, ist ein deutlich höherer Verwaltungsaufwand erforderlich als in Haushalten, die überwiegend von Sozialhilfe leben. Jede noch so geringfügige Einkommensänderung muss bei allen Geld gebenden Stellen angezeigt werden. Auch durch diesen »bürokratischen Ämterdschungel« verstärkt sich der Zeitdruck: sie verzichten am Ende auf das eigentlich dringend benötigte Geld, um den Alltag mit ihren Kindern zu bewältigen oder die Motivation, erwerbstätig zu bleiben, wird nicht unterstützt, sondern konterkariert. Von einem passgerechten Angebot kann auch dann nicht gesprochen werden, wenn einer alleinerziehenden Akademikerin, die sich wenige Monate nach einer Zwillingsgeburt völlig erschöpft mit der Bitte um unterstützende häusliche Betreuung für ihre Kinder an das Sozialamt wendet, weil ihre beiden Kinder aufgrund einer Lebensmittelallergie kaum schlafen und untergewichtig sind, der Vorschlag unterbreitet wird, die Kinder in eine Pflegefamilie zu geben. Oft fehlt es auch schlicht an Aufklärung und Information, etwa wenn Mütter nach einer Scheidung in zu kleine Wohnungen umziehen, um den Mietpreis überhaupt zahlen zu können und ihnen nicht mitgeteilt wird, dass sie bis zu einer bestimmten Wohnungsgröße Anspruch auf ergänzendes Wohngeld haben. Mitunter könnte ihnen dann ein Umzug erspart und das soziale Umfeld erhalten bleiben.

Mütter (und Väter) diesen Typs benötigen außerdem gezielte resilienzstärkende Hilfearrangements, um ihre Ausbildung beenden oder ihre Erwerbstätigkeit fortsetzen zu können; dazu gehören nicht zuletzt verlässliche, qualitativ hochwertige und bezahlbare Angebote zur Betreuung, Bildung und Erziehung ihrer Kinder, aber auch eine sensible Begleitung und professionelle Unterstützung der Kinder selbst, etwa bei Entwicklungsverzögerungen und bei auftretenden psychischen Problemen. Auch bei diesem Typ wäre ein koordiniertes Vorgehen zwischen verschiedenen Hilfesystemen dringend geboten. Andernfalls besteht die Gefahr, dass die überforderten und gesundheitlich erschöpften Bezugspersonen ihren Kindern nicht mehr gerecht werden können und schlimmstenfalls sogar als Erziehungsberechtigte infolge von Krankheit ausfallen.

Die ambivalenten JongleurInnen (Typ 3)

Bei den RepräsentantInnen diesen Typs handelt es sich um Menschen, die zwar familienbiographisch zumindest durch sequentielle Erfahrungen mit Armut geprägt sind, die aber objektiv betrachtet durchaus Handlungsoptionen besaßen, ihre Lebenssituation entweder zu verbessern oder zu ihrem Nachteil zu verändern.

Psychologisch begründbare ambivalente Persönlichkeitsstrukturen münden in Verhaltensweisen, die üblicherweise als unvernünftig bezeichnet werden. Es werden hohe Kredite aufgenommen, ohne in hinreichendem Maße die damit verbundenen finanziellen Verpflichtungen zu bedenken, die das für die Zukunft nach sich zieht. Es dominieren Verhaltensmuster, diese Konsequenzen zu verdrängen oder man setzt auf das Prinzip »Hoffnung«, dass sich schon alles zum Guten wenden werde. Auffällig ist des Weiteren, dass trotz einer bestehenden Überschuldung des Haushalts keine Hilfe bei der Schuldnerberatung gesucht wird, obwohl die Überschuldungssituation teilweise bereits hoffnungslos unübersichtlich und psychisch durchaus als belastend empfunden wird.

Es werden vergleichsweise teure Wohnungen angemietet, die allerdings voraussetzen, dass der befristete Arbeitsplatz in einen unbefristeten verlängert wird oder dass sich eine andere Erwerbsmöglichkeit eröffnet, was jedoch mit einem erheblichen Risiko behaftet ist. Ausbildungen werden kurz vor dem Berufsabschluss abgebrochen, ohne sich zu vergegenwärtigen, dass sich damit die Bedingungen auf einen Einstieg in das Erwerbsleben massiv verschlechtern.

Unterstützungsbedarfe für Kinder, die in diesem Haushaltstyp aufwachsen:

Beratungsprozesse mit den Müttern und Vätern diesen Typs müssen darauf ausgerichtet sein, gemeinsam mit den Betroffenen solche Beratungsziele zu entwickeln, die von ihnen mitgetragen und mitverantwortet werden. Hilfeplanung schließt dabei die Berücksichtigung von psychologischen Ressourcen und Grenzen der Ratsuchenden gleichermaßen ein. Kinder, die unter diesen Herkunftsbedingungen aufwachsen, erleben Erwachsene, die oft ein hohes Anspruchsniveau haben, häufig aber nicht mit Geld umgehen können. Problemverdrängung ist eine hier häufig anzutreffende, aber kaum erfolgreiche Alltagsbewältigungsstrategie. Sie sind besonders empfänglich für Werbebotschaften, versuchen durch demonstrativen Konsum ihre Zugehörigkeit zu bestimmten gesellschaftlichen Gruppen zu erreichen und übernehmen sich dabei finanziell.

Infolgedessen bestehen auch bei den Kindern häufig ausgeprägte Konsumwünsche, aber auch vielfältige Probleme und Sorgen, denn das Spannungsverhältnis zwischen Anspruch und Realität im Elternhaus, eine häufig gegebene oder drohende Überschuldung belastet auch die Kinder. Das kann sich in mangelnder Konzentrationsfähigkeit, Schulschwänzen, Aggressivität etc. äußern. Auch hier ist ein ebenso spezifisches wie koordiniertes Angebot an Hilfen und resilienzfördernder Unterstützung gefragt, das die häusliche Situation entsprechend berücksichtigt und ohne sozialpsychologische Professionen kaum denkbar ist. Das hohe Ausmaß von Überschuldungen, wie es bei Typ 3 vergleichsweise häufig anzutreffen ist, wäre ohne entsprechende Kreditvergabepraktiken und Botschaften wie »Lebe heute, zahle später« seitens einschlägiger Finanzdienstleistungsunternehmen nicht möglich. Im Sinne einer vorausschauenden Schadensbegrenzung muss hier dringend über rechtzeitig einsetzende Barrieren nachgedacht werden.

Die vernetzten Aktiven (Typ 4)

Das hervorstechende Charakteristikum der vernetzten Aktiven besteht in ihrem Eingebundensein in ein unterstützendes familiales Netzwerk und/oder in ihrer Fähigkeit, institutionelle Hilfen selbstbewusst und aktiv in ihren Alltag zu integrieren.

Darunter befinden sich allein erziehende Mütter, die studieren oder ein Studium absolviert haben. Obwohl sie, insbesondere durch das Verhalten der Kindesväter schwere persönliche Enttäuschungen verkraften mussten, zeigen sie als Sozialhilfe beziehende Mütter ein gewisses Selbstbewusstsein und sind in der Lage, ihre Situation nicht als individuelles Versagen zu deuten, sondern mit einem gewissen Selbstbewusstsein den Alltag mit ihren Kindern bestmöglich zu gestalten. Sie nehmen die Sozialhilfe als ein ihnen zustehendes Grundrecht in Anspruch und loten die Möglichkeiten, die die Sozialgesetze zur Verbesserung ihrer Lebenssituation bietet, kenntnisreich aus.

Über die gängigen Hilfen der Sozial- und Jugendhilfe hinaus mobilisieren sie, wenn es erforderlich wird, auch andere kommunale AkteurInnen, darunter Frauenbeauftragte oder KommunalpolitikerInnen, wenn sie auf den einschlägigen Verwaltungswegen scheitern.

Unterstützung durch die familialen Netzwerke erfolgt in Form von direkten monetären Transfers (zum Beispiel monatliche Geldzahlungen durch die Eltern) oder durch indirekte Unterstützungsleistungen (zum Beispiel durch die Mitbenutzung eines Pkw, ohne für mehr als die Benzinkosten aufkommen zu müssen). Darüber hinaus übernehmen die Großeltern teilweise verlässlich und regelmäßig die Betreuung der Kinder oder helfen tatkräftig bei der Wohnungsrenovierung.

Diese familialen Netze sind im Grunde kaum zu ersetzen. Der Alltag der RepräsentantInnen des Typs 4 ist zwar ebenso wie die der verwalteten Armen, der erschöpften EinzelkämpferInnen und der ambivalenten JongleurInnen durch eine Vielzahl von Problemen gekennzeichnet, die sie aber aufgrund der ermutigenden und verlässlichen Unterstützung durch familiale Bezugspersonen sowie über die Mobilisierung von institutionellen Hilfen vergleichsweise gut bewältigen. Hinzu kommt, dass es sich um resiliente Persönlichkeiten mit Selbstbewusstsein und einem hohen Energiepotenzial handelt, die vielfältige Daseins- und Alltagskompetenzen besitzen und überdies häufig das Glück hatten, selbst in einem unterstützenden und gedeihlichen Umfeld aufgewachsen zu sein.

Gleichwohl bleibt festzustellen, dass die monetären Spielräume in diesen Familienhaushalten überwiegend so eng bemessen sind, dass der Ausfall einer einzigen familialen Netzwerkperson – etwa durch Krankheit oder Tod – das bestehende Arrangement der Alltagsbewältigung in prekärer Lebenslage sofort bedrohlich gefährdet.

Unterstützungsbedarfe für Kinder, die in diesem Haushaltstyp aufwachsen:

Kindbezogene Hilfen für Typ 4 können sich dezidiert auf die facettenreichen Kompetenzen der Erwachsenen beziehen und ihre vielfältigen Ressourcen einbinden. Weil die Kinder aus diesen Herkunftsfamilien unter sehr bescheidenen materiellen Verhältnissen aufwachsen, sind auch hier gezielte Angebote zu ihrer Förderung und Bildung ein notwendiger Beitrag zu Herstellung von Chancen- und Bildungsgerechtigkeit (etwa eine Beitragsermäßigung oder -befreiung, um an einem Ausflug der Kita teilnehmen zu können oder Zugang zur Musikschule zu erhalten). Generell benötigen gerade auch Mütter und Väter diesen Typs gezielte Unterstützungsarrangements, vor allem verlässliche und qualitativ hochwertige Angebote zur Kinderbetreuung für alle Altersgruppen, um einer Erwerbstätigkeit nachgehen zu können oder um ihre Ausbildung fortzusetzen und erfolgreich zu beenden.

Die Untersuchungsergebnisse veranschaulichen, dass es nicht »die« Haushalte in armen und prekären Lebenslagen gibt, sondern typische, aber sehr unterschiedliche Konstellationen von Armut und prekärem Wohlstand mit einem je spezifischen Hilfe- und Beratungsbedarf, der in den herkömmlichen Hilfesystemen bisher keineswegs hinreichend befriedigt wird und schon gar nicht unter Einbeziehung der Ressourcen dieser Haushalte. Diese Praxis konterkariert den Grundsatz der Sozialen Arbeit von der »Hilfe zur Selbsthilfe« oder den viel zitierten Leitsatz vom aktivierenden Sozialstaat. Damit wird auch die Entwicklung und Stärkung von Bewältigungskompetenzen bei Kindern und ihren Eltern eher behindert als gefördert.

Differenzierte und vernetzte Hilfen zur Armutsprävention als grundlegender Beitrag zur Resilienzförderung bei benachteiligten Kindern

Kinder, die unter Bedingungen von Armut oder prekärem Wohlstand aufwachsen, brauchen vielfältige Förder- und Bildungsangebote und verlässliche Bezugspersonen, auch jenseits ihrer Herkunftsfamilie. Sie benötigen Bildungsinstitutionen, die sie viel früher als bisher individuell und ganzheitlich fördern sowie Unterschiede beim Erwerb von Bildung abbauen. In solchen Maßnahmen stecken erhebliche Potentiale zur Stärkung von Resilienz bei Kindern und Jugendlichen. Dazu gehören neben dem Ausbau von qualifizierter Betreuung für Kleinstkinder und ihrer Frühförderung die Verbesserung der Bildungschancen in Kindergarten und Schule. Ein deutlich höherer Stellenwert muss vor allem die verstärkte individuelle Förderung und Begleitung in Primar- und Sekundarstufe erhalten. Gleichermaßen wichtig ist es, auf eine viel zu frühe Selektion in verschiedene Schulformen und auf das Wiederholen von Klassenstufen zu verzichten.

Eine resilienzfördernde Bildungs- und Kommunalpolitik setzt auf eine frühe Förderung aller Kinder, eine kostenlose Kindertagesbetreuung und eine verpflichtende Vorschule von hoher Qualität und mit zumindest fachhochschulqualifizierten ErzieherInnen, welche die Lernfähigkeit der Kinder mit stimmigen und überprüften pädagogischen Konzepten unterstützen. Hier liegt einer der Schlüssel für die wirksame Förderung von Kindern aus benachteiligten Herkunftsverhältnissen, vorausgesetzt, Eltern und Kinder werden durch diverse Angebote der aufsuchenden und anleitende Familienhilfe und -beratung bereits nach der Geburt von Kindern unterstützt und durch passgenaue Angebote entlastet. Das Grundschulsystem und die Sekundarstufen sollten zusätzlich auf ein ganztägiges Modell der Gemeinschaftsschulen umgestellt werden, in dem die Kinder wie in den meisten europäischen Ländern mit guten Bildungsresultaten nach ihren individuellen Begabungen gefördert werden. Es geht um Schulstrukturen, die differenzierte Angebote mit vielen Wahlmöglichkeiten, kleine Klassen und einheitlich hohe Bildungsstandards für alle Begabungsstufen offerieren. Zwecks Ausbildung von sozialer Kompetenz ist schließlich ein intelligenter Umgang mit kultureller Differenz gefragt, anstatt die Abschottung unterschiedlicher Milieus und Lebenslagen weiter zu forcieren und bereits am Ende der Grundschulzeit zu besiegeln.

Bereits in den 1970er Jahren gab es in der fachpolitischen Diskussion eine wissenschaftlich-konzeptionell begründete Präferenz für Ansätze der psychosozialen Prävention bei Kindern. Beratung und Hilfe sollte in einer entsprechenden Infrastruktur professionell sicher gestellt werden. Auf diese Weise war intendiert, Krisen und Konflikte im Vorfeld einer Problemeskalation zu bearbeiten, so dass die Trennung von Kind und Eltern bzw. von seinem sozialen Umfeld vermieden werden konnte. In der Konsequenz kam es zum Ausbau von Frühförderzentren und gemeinwesenorientierten Beratungsstellen, die konzeptionell neueste Erkenntnisse der Entwicklungspsychologie und Pädagogik aufnahmen und dezidiert den Zielen von Prävention und Kooperation folgten.

Kontrastiert man den fachpolitisch hohen Stellenwert von präventiven Arbeitsformen mit der heutigen Situation, so fällt eine erhebliche Diskrepanz zwischen Anspruch und sozialer Beratungs- und Hilfepraxis auf. Zwar gehören präventive Ansätze nach wie vor in das Repertoire sozialpsychologischer Dienste als Option. Ihr faktischer Bedeutungsgehalt ist jedoch gegenüber kurativ-interventionistischen Arbeitsformen marginal. Diese Randständigkeit von Prävention steht vor dem Hintergrund des tiefgreifenden Strukturwandels von Kindheit und Familie in einem auffälligen Gegensatz zu den Bedarfslagen; etwa in den Kindertagesstätten. Zahlreiche Umfragen unter Erzieherinnen haben gezeigt, dass die Belastung des Kita-Alltags durch verhaltensauffällige Kinder inzwischen von den Befragten als das größte Problem in ihrem Berufsleben beklagt wird. Der Bedarf an praktischer und präventiver Unterstützung ist in den Kitas offensichtlich so groß, dass Erzieherinnen vielfach das Gefühl haben, weder ihrem pädagogischen Basisauftrag noch den betroffenen Kindern gerecht werden können. Diese Diskrepanz verstärkt sich im Grundschulalter der Kinder und läuft in der chronisch unterfinanzierten und bildungspolitisch vernachlässigten Schulform der Hauptschule offensichtlich immer öfter aus dem Ruder, wie es unter anderem die viel diskutierten Ereignisse an der Rütli-Schule in Berlin zeigen.

Folglich braucht es eine präventiv angelegte und sozialräumlich orientierte Kooperation zwischen sozialpädagogischen, sozialpsychologischen, aber auch familienbezogenen gesundheitlichen und hauswirtschaftlichen Diensten, um Kinder und ihre Eltern so früh wie möglich zu erreichen und beim Aufwachsen zu begleiten. Es geht dabei weniger um die Etablierung neuer Dienste und Hilfsangebote als vielmehr um ihre verstärkte passgenaue Ausrichtung an den veränderten Lebens- und Problemlagen von Kindern und ihrem häuslichen Umfeld sowie um eine strukturell bessere Vernetzung und Abstimmung der bestehenden Infrastrukturen vor Ort. Die Möglichkeiten für kooperative und interdisziplinäre Ansätze im Sozialraum werden bislang allerdings nur unzureichend erschlossen. Es überwiegt ein Herangehen, bei dem Kita, Schule, Familienbildung und Jugendhilfe ihre je »eigene« Perspektive von (Armuts)-prävention oder Bildungsgerechtigkeit entwickeln.

Wie groß der Handlungsbedarf in dieser Hinsicht ist, verdeutlichen die drei nachfolgenden Beispiele:

1. Die Kooperation zwischen Erziehungsberatungsstelle und Kindertageseinrichtungen war bisher auf den Einzellfall fixiert. »...ErzieherInnen versuchen, selbst mit auffälligen Kindern fertig zu werden und Eltern mit Problemen zu beraten...(und) fühlen sich durch die vielen auffälligen Kinder überfordert und überlastet... Die MitarbeiterInnen der psychosozialen Dienste warten in ihren Sprechzimmern auf Klienten und werden meist mit »schweren« Fällen konfrontiert. So arbeiten zwei »stark voneinander abgegrenzte Systeme« defensiv nebeneinander her und tun sich schwer mit ihrem Auftrag, effektiv und rechtzeitig auf Behinderungen, Entwicklungserzögerungen und Verhaltensauffälligkeiten bei Kindern zu reagieren« (Pellander et al. 2003, S. 37).

2. Trotz der Verpflichtungen zu Schuleingangs- und Reihenuntersuchungen wird etwa ein Drittel der Kinder nach der dritten Vorsorgeuntersuchung keinem Arzt mehr vorgestellt, so dass sich unter Umständen unerkannt bestimmte Behinderungen entwickeln können, welche die Bildungs- und Lebenschancen dieser Kinder dauerhaft beeinträchtigen. Hier fehlt es an Konsequenzen, die sich in einer dringend notwendigen Kooperation zwischen niedergelassenen Ärzten, Kinderkrippe, Beratungsstelle und Gesundheitsamt etc. niederschlagen müsste (VfK 2005, S. 286).

3. Bei einer Untersuchung von Kindern in Berlin-Spandau, die sich in einer Förderungsmaßnahme befanden, wurde festgestellt, dass viele lernbehindert oder gar geistig behindert waren und folglich durch die gut gemeinte Fördermaßnahme gestresst und überfordert wurden. Hier stellt sich die Frage nach einer angemessenen Problemdiagnose und der dafür erforderlichen Kooperation zwischen medizinischen und sozialpsychologischen Diensten (Fegert 2005, S. 210).

Auch die seit 1997 vom Institut für Sozialarbeit und Sozialpädagogik längsschnittlich erforschten Lebenslage und Zukunftschancen von (armen) Kindern bestätigen eindrucksvoll, dass sich Armut von frühester Kindheit an zeigt und in langfristigen Wirkungen manifestiert. Arme Kinder sind nachweislich beeinträchtigt, was ihre materielle Situation, ihre soziale Integration und ihre Bildungschancen betrifft. Diese ebenfalls durch PISA und jüngst in PISA-E belegte Erkenntnis zeigt sich keineswegs erst bei den Fünfzehnjährigen, sondern bereits bei den sechsjährigen Kindern. Im Zeitverlauf betrachtet, ist diese Entwicklung das Resultat eines Sozialisationsprozesses, der schon in der Kitazeit – so die Langzeitstudie – erkennbar wird und sich in der Grundschulzeit massiv verstärkt (Holz et al. 2005). Dieser Prozess kumuliert dann durch die soziale Selektion im dreigliedrigen Schulsystem weiter: Auf diese Weise produziert die bundesdeutsche Gesellschaft in zunehmendem Maße »Kellerkinder« (Klaus Klemm), die ohne oder mit abgewertetem Hauptschulabschluss auf den Arbeitsmarkt treten und dort zunehmend ohne Chance auf eine existenzsichernde Berufsperspektive sind. Der Vergleich mit den Entwicklungschancen nicht armer Kinder zeigt gleichwohl, dass Beeinträchtigungen und Auffälligkeiten von Kindern frühzeitig und dauerhaft vermeidbar sind. Das setzt allerdings eine Politik und Praxis aller gesellschaftlichen Akteure voraus, die passgenauen Präventionsstrategien, beginnend mit der Schwangerschaft und der gezielten Frühförderung der Kinder ab ihrer Geburt uneingeschränkte Priorität einräumt. Vornehmlich sind es Betreuungs-, Bildungs- und Hilfesysteme, die mit ihren Konzepten und

Hilfsangeboten auf den Tatbestand reagieren müssen, dass in der bundesdeutschen Gesellschaft eine stetig wachsende Zahl von Kindern heranwächst, deren Eltern selbst zeitlebens keinen beruflichen Abschluss erlangen mit allen Konsequenzen, die daraus für die Lebens- und Bildungschancen dieser Kinder erwachsen. Vielfältige Projekte und Modellversuche, wie sie vor Ort erprobt werden, um diesen Entwicklungen wirkungsvoll und frühzeitig zu begegnen, gilt es in die Regelpraxis zu übertragen und durch adäquate politische Rahmenbedingungen auf allen föderativen Ebenen zu flankieren. Schließlich gilt es das Bewusstsein darüber zu schärfen, dass die Schaffung von resilienzfördernden Kontextbedingungen immer auch eine Zukunftsinvestition darstellen.

Kooperatives und interdisziplinäres Arbeiten als erklärtes Ziel einer stärkeren öffentlichen und professionellen Verantwortlichkeit für Kinder und deren Eltern meint in diesem Zusammenhang mehr als die Abstimmung der Zusammenarbeit verschiedener Dienste unter Beibehaltung einer selbst definierten Zuständigkeit und auch mehr als die Regelung von Schnittstellen und Zuständigkeiten. Es geht ebenso um die gegenseitige Anerkennung der Vielfältigkeit und Wertschätzung der je anderen Fachlichkeit und zwar »auf gleicher Augenhöhe« und um die gemeinsame eindeutige Klärung der zu bearbeitenden Problematik. An die Stelle des Abarbeitens von Vorgaben hätte die Entwicklung von bedarfs- und passgenauen Konzepten zu treten bei Berücksichtigung der jeweiligen Kontextbedingungen vor Ort. Zugleich ist es erforderlich, Erfolgsbewertungen und Qualifizierungsmaßnahmen gemeinsam vorzunehmen.

Ziel dieser Strategie muss es sein, eine stabile kindheits- und familienbegleitende Präventionskette aus professionellen Hilfen, semiprofessioneller Unterstützung und ergänzender Laienkompetenz (z.B. Vorleseprojekte in Kitas durch ehrenamtlich tätige SeniorInnen) zu knüpfen.

Nachfolgend werden Maßnahmen benannt, die resilienzfördernde Effekte haben, indem sie wesentlich zu einer frühen Förderung und Bildung von Kindern aus Familien in armen und prekären Lebenslagen beitragen können und durch Bund, Länder und Kommunen voranzubringen sind. Dabei kommt es immer wieder darauf an, den je spezifischen Hilfebedarf, aber auch die vorhanden Stärken der betreffenden Familie auszuloten.

- Hausbesuche und aufsuchende Familienhilfen nach der Geburt eines Kindes
  Dadurch sollen Mütter und Väter im Übergang zur Elternschaft systematisch erreicht, begleitet und gestärkt werden. Hebammen, Kinderärzte, Mütterpflegerinnen und Familienhelferinnen übernehmen diese Funktionen und kooperieren mit bestehenden Diensten und Hilfesystemen vor Ort. Dieses koordinierte Vorgehen zielt auch darauf ab, dass bei Säuglingen und Kleinkindern bestehende Förderbedarfe möglichst frühzeitig erkannt und entsprechende Maßnahmen eingeleitet werden können.
- Bildungs- und Kursangebote für junge Eltern
  Solche Angebote sind niedrigschwellig zu konzipieren und an geeigneten Orten bzw. Institutionen wie an bestehenden Gesundheitsdiensten etc. anzusiedeln. Vertrauenspersonen wie Pfarrer, Ausländerbeauftragte, Vertreter von Jugend-, Sozial- und Gesundheitsämtern übernehmen diese Aufgabe, über bestehende Angebote immer wieder zu informieren und zu ihrer Inanspruchnahme zu ermutigen. Wiederkehrende Initiativen sind gefragt und als eine professionelle Aufgabe verschiedenster Akteure zu betrachten, die zur Förderung von Resilienz bei Kindern und Jugendlichen beitragen.
- Erhöhung der Nutzung von Vorsorge- und Reihenuntersuchungen
  Mütter werden bereits während der Schwangerschaft über Notwendigkeit und Vorteile der regelmäßigen Inanspruchnahme von Vorsorgeuntersuchungen aufgeklärt

und durch Einladungs- und Erinnerungsschreiben, die gegebenenfalls mehrsprachig abzufassen sind, aufgefordert, im Interesse ihrer Kinder diese Termine einzuhalten. Wenn diese Strategie ohne Erfolg bleibt, erfolgt eine aufsuchende Beratung durch MitarbeiterInnen des öffentlichen Gesundheitsdienstes oder des Jugendamts bzw. durch Personen, die die betreffenden Eltern in der ersten Lebensphase ihres Kindes professionell begleitet haben.

- Weiterentwicklung von Kindertagesstätten zu Familienzentren nach dem Vorbild der englischen Early-Exellence-Centres

  Insbesondere in belasteten Stadtteilen ist gerade die Kita ein Ort, an dem Eltern ohne stigmatisiert zu werden, andere Eltern treffen können und ihnen Erzieherinnen bei vielen Fragen der Alltagsorganisation und Alltagsbewältigung beratend zur Seite stehen. Da Erzieherinnen des Kita in der Regel einen guten Einblick in die Lebensverhältnisse der ihnen anvertrauten Kinder haben, bietet es sich an, Eltern an diesem Ort Bildungsangebote zu Fragen der Kindererziehung, der Haushaltsführung, der Ernährung und Gesundheit bereitzustellen, um entsprechende Kompetenzen zu stärken und die Eltern selbst aus ihrer Isolation herauszuholen. Diese Angebote sollten aber auch für all jene Eltern und deren Kinder zugänglich sein, die keine Kindertagesstätte besuchen und vorhandenen Hilfsangebote vor Ort nicht nutzen. Das kann durch eine verbindliche Kooperation mit den im Stadtteil vorhandenen sozialen und familienbezogenen Diensten erreicht werden und zielt auf die Entfaltung einer Kultur des »Aufeinander-Achtens«.

- Aufbau und Vernetzung von sozialräumlichen Hilfesystemen

  Obwohl es in der Fachöffentlichkeit einen breiten Konsens über die Notwendigkeit zur Kooperation zwischen verschiedenen Diensten gibt, scheitert diese Bestrebung in der Realität sehr oft an versäultem Verwaltungshandeln, einer ressortgebundenen Finanzierung von Projekten oder auch schon an der Befürchtung, das eigene Profil oder gar die Existenzberechtigung zu verlieren. Deshalb ist es dringend erforderlich, einen Verständigungs- und Kooperationsprozess entlang der Leitfrage zu entwickeln, wie Kindern und ihren Eltern in benachteiligten Lebenslagen eine bestmögliche und individuelle Unterstützung im Sozialraum gewährt werden kann. Dieser Prozess erfordert klare und verbindliche Regeln der Kooperation zwischen allen Beteiligten mit dem Ziel, ein integriertes Gesamtkonzept der kurzen Wege zu entwickeln, in dem die vor Ort bestehenden Angebote bedarfsorientiert aufeinander bezogen und keinesfalls konkurrierende Angebote vorgehalten werden.

- Qualifizierung und Weiterbildung von Fachkräften

  Aufgrund der vielfältigen neuen Anforderungen an die professionelle Begleitung von frühkindlicher Förderung und Bildung von Kindern aus benachteiligten Herkunftsmilieus ergeben sich schließlich Konsequenzen für die Qualifizierung und die Weiterbildung der in diesem Prozess zusammenwirkenden Fachkräfte. So ist ihre Sensibilisierung und die Vermittlung von Kenntnissen über gesellschaftliche Strukturveränderungen (Armutsentwicklung, Strukturwandel von Familie und Kindheit) ebenso erforderlich wie der Zugang zu neuesten Ergebnissen der neurobiologischen, entwicklungspsychologischen und Resilienz-Forschung. Schließlich erfordert auch die Kooperation mit semiprofessionellen MitarbeiterInnen und Laien bzw. die Zusammenarbeit mit VertreterInnen anderer Hilfesysteme eine hoch professionelle Arbeit, die auf eine entsprechende Qualifizierung fußt.

Fazit

Es wurde deutlich, dass es nicht »die« Haushalte in armen und prekären Lebenslagen gibt, sondern typische, aber sehr unterschiedliche Konstellationen von Armut, verstanden als messbarer »prekärer Wohlstand« mit einem jeweils ganz spezifischen Hilfe- und Beratungsbedarf, der in den herkömmlichen Hilfesystemen bisher keineswegs hinreichend gegeben ist und schon gar nicht unter Einbeziehung der Ressourcen dieser Haushalte und ihrer Mitglieder, was den Grundsatz der Sozialen Arbeit »Hilfe zur Selbsthilfe« konterkariert.

Das Projekt hat begründet nachweisen können, dass einer familien- und haushaltsbezogenen Bildung, die sich an den Alltagsproblemen und den lebensnotwendigen Bedarfslagen von Kindern und Erwachsenen, kranken und pflegebedürftigen Familienangehörigen entlang des Lebensverlauf orientiert, der Vorbereitung der jungen Generation auf das Erwerbsleben nicht nachstehen darf.

Im Gegenteil: Die Vermittlung von Daseinskompetenzen für die komplexe Alltagsgestaltung im Rahmen einer haushalts- und familienorientierten Bildung und Beratung für beide Geschlechter ist neben einer guten Schulbildung und beruflichen Qualifizierung nachweislich ein entscheidender Beitrag zur primären bzw. sekundären Armutsprävention, indem ein kompetenter Umgang mit Belastungen und Stressoren erlernt werden kann. Bildung in diesem weit gefassten Sinne fördert die Bedingungen zur Stärkung von Resilienz bei Kindern und Jugendlichen in armen und prekären Lebenslagen und ermöglicht eine aktive Lebensbewältigung entlang ihrer Biographie. Hier brauchen Eltern und Kinder entsprechende Angebote und Lernfelder, die sich auf ihre konkrete Lebenswelt beziehen. Um diese Dimension der Alltagsversorgung müssen schulische, aber auch sozialpädagogische Hilfs- und Unterstützungsangebote in Deutschland erweitert werden. Die Ergebnisse dieses haushaltswissenschaftlichen Armutsprojekts legen eine entsprechende Konsequenz nahe: Die derzeit vorherrschende Trennung von hauswirtschaftlichen, pädagogischen und psychologischen Dienstleistungen in der Praxis der sozialen Arbeit zur Unterstützung von Familienhaushalten in armen und prekären Lebenslagen müssen dringend zugunsten von ganzheitlichen und nachhaltigen Verbundlösungen zur Daseinsvorsorge abgelöst werden. Das bedeutet Kooperation und Vernetzung aller Professionen und Ehrenamtlichen mit dem Ziel, Hilfs- und Unterstützungsangebote »aus einer Hand« bereitzustellen, die zudem die vorhandenen mentalen und alltagsrelevanten Ressourcen der Betroffenen in dringend benötigte alltagsunterstützende Dienste einbinden.

Insgesamt zeigt sich, dass Präventionskonzepte und anvisierte Maßnahmen ihrer Umsetzung mit dem Ziel, Kinder und ihre Eltern dabei zu unterstützen, Widerstandkräfte zu entwickeln und Bewältigungskompetenzen aufzubauen, von den Erkenntnissen der Resilienzforschung in vielfältiger Hinsicht profitieren können. Bei aller Bedeutung, die dabei der persönlichen Disposition von Kindern und ihren Eltern zukommt, greift eine lediglich auf das Kind und/oder die Eltern zentrierte Perspektive zu kurz. Es sind ebenso die im Sozialraum angesiedelten Institutionen, die als strukturgebende und resilienzfördernde oder -behindernde Instanzen wirken, aber auch Erzieherinnen oder Lehrer, die als emotional stützende Bezugspersonen eine wichtige resilienzstärkende Rolle einnehmen können oder aber dabei versagen. »Es stellt sich somit nicht nur die Frage, wie man das jeweilige Kind, sondern vor allem auch wie man sein Umfeld fit machen kann.« (Lanfranchi 2006, S. 128) So ist es bei gravierenden Belastungen, etwa im Haushalt einer alleinerziehenden Migrantin, deren Aufenthaltsbewilligung abgelaufen ist, bei Langzeitarbeitslosigkeit eines alkoholabhängigen Familienvaters oder bei Personen mit Foltertrauma wenig zielführend, allein auf die Aktivierung von elterlichen Ressourcen zu setzen. Vielmehr ist hier gleichermaßen die professionelle Aktivierung außerfamilialer Mediatoren im Umfeld gefragt. Es geht um die Schaffung eines organisatorischen Rahmens, der alle Kinder stärkt, nicht um die Erzieherin oder den Lehrer als Einzelkämpfer(in) für einzelne Kinder in einem ansonsten »neutralen« Umfeld. Das beginnt nicht erst in der Schule, sondern muss so früh wie möglich einsetzen. Benachteiligte Kinder und ihre Eltern von Anfang an heranzuführen an resilienzstärkende Angebote ist nicht zu verwechseln mit der Verstaatlichung der elterlichen Erziehungs- und Bildungsverantwortung. Vielmehr geht es im Sinne einer systemischen Verkoppelung von familialer Lebenswelt und öffentlichem Sozialraum um neue Erziehungs- und Bildungspartnerschaften, die wertschätzend, unterstützend und aktivierend vorgehen. Gerade für benachteiligte Kinder exzellente Bedingungen zu schaffen, die ein gedeihliches Aufwachsen ermöglichen, ist eine der großen Herausforderungen für alle professionellen Vertreter im öffentlichen Raum. Beispielgebend sind hier die seit 1997 bestehenden Early Excellence Centers in Großbritannien, die für Kinder und Eltern in der Kindertagestätte selbst niedrigschwellig vielfältige Angebote der Elternbildung, der Beratung und Vernetzung zu anderen Hilfen vorhalten und inzwischen auch in Deutschland erprobt werden (Wustmann 2004, S. 144). Resilienz entsteht in emotional sicheren Begegnungen und Beziehungen, die gerade arme Kinder und ihre Eltern oft gleichermaßen nötig haben. Wenn familienergänzende Einrichtungen wie Kindergarten, Schule oder Jugendzentrum und ihr Personal Kindern und ihren Eltern in belastenden Lebenssituationen so etwas wie eine »strukturelle zweite Heimat« (Lanfranchi 2006, S. 135) bieten, erweisen sie sich als wichtiger Schutzfaktor. Dagegen sind diese Einrichtungen für arme Kinder und Familien ein Risiko, wenn früh selektiert wird, fachliche Qualitätsstandards nicht eingehalten werden und der politische Wille für eine entsprechende Prioritätensetzung bei Investitionen fehlt.

Verwendete und weiterführende Literatur:

Ahnert, L. (2003): Frühe Kindheit: Bindungs- und Bildungsgrundlagen. In: Frühe Kindheit. Die ersten sechs Jahre, Heft 5, S. 9-12

Chassè, K. A.; Zander, M.; Rasch, K. (2003): Meine Familie ist arm. Wie Kinder im Grundschulalter Armut erleben und bewältigen. Leske und Budrich. Opladen

Eggen, B. (2004): Ökonomische Situation der Familien in Deutschland. Expertise für den 7. Familienbericht der Bundesregierung, Stuttgart

Holz, G. et al (2005): Zukunftschancen für Kinder. Wirkung von Armut bis zum Ende der Grundschulzeit. Endbericht der 3. AWO-ISS-Studie. Bonn, Berlin, Frankfurt

Klocke, A. (1998): Reproduktion sozialer Ungleichheit in der Generationenfolge. In: Berger, P. A., Vester, M. (Hrsg.): Alte Ungleichheiten – Neue Spaltungen, Opladen, S. 211-251

Lanfranchi, A. (2006): Resilienzförderung von Kindern bei Migration und Flucht. In: Welter-Enderlin, R.; Hildenbrand, B. (Hrsg.): Resilienz – Gedeihen trotz widriger Umstände. Heidelberg

Lange, A.; Lauterbach, W.; Becker, R. (2002): Armut und Bildungschancen. In: Butterwegge, C.; Klundt, M. (Hrsg.): Kinderarmut und Generationengerechtigkeit, S. 153-170

Laucht, M. et al (1999): Was wird aus Risikokindern? Ergebnisse der Mannheimer Längsschnittstudie im Überblick. In: Opp, G.; Fingerle, M.; Freytag, A. (Hrsg.): Was Kinder stärkt: Erziehung zwischen Risiko und Resilienz. München, S. 71-93

Ludwig, M.; Leisering, L.; Buhr, P. (1995): Armut verstehen. Betrachtungen vor dem Hintergrund der Bremer Langzeitstudie. In: Aus Politik und Zeitgeschichte, Jg. 1995, B. 31-95, S. 24-34

Mayr-Kleffel, V. (1991): Frauen und ihre sozialen Netzwerke. Opladen

Meier, U.; Preuße, H.; Sunnus, E. (2003): Steckbriefe von Armut. Haushalte in prekären Lebenslagen. Wiesbaden

Pellander, F. (2003): ERIK – Zusammenarbeit hilft vorbeugen. In: AWO Bezirksverband Niederrhein (Hrsg.): Kleine Kinder Große Chancen. Initiativen und Netzwerke zur Armutsprävention bei Kindern und Familien, S. 36-58

Schlevogt, V.; Nowak, I. (2003): Mo.Ki – Monheim für Kinder. In: AWO Bezirksverband Niederrhein (Hrsg.): Kleine Kinder Große Chancen. Initiativen und Netzwerke zur Armutsprävention bei Kindern und Familien, S. 25-33

Spangenberg, N. (1994): Mitten in der erregendsten Fülle machtlos entbehren zu müssen. Die Auswirkung von Armut auf die familiäre Situation. In: psychosozial, 17. Jg., H. 3, S. 71-85

VfK – Verein für Kommunalwissenschaft e.V. (2005): Wer steuert die Kinder- und Jugendhilfepolitik? Ein Streitgespräch zwischen Fachexperten. In: Verändertes Kinder- und Jugendhilferecht und seine Auswirkungen auf die Praxis. Berlin, S. 274-289

Werner, E. E.; Smith, R. S. (1992): Overcoming the odds: High risk children from birth to adulthood. Ithaca, New York

Werner, E. E. (2006): Wenn Menschen trotz widriger Umstände gedeihen – und was man daraus lernen kann. In: Welter-Enderlin, R.; Hildenbrand, B. (Hrsg.): Resilienz – Gedeihen trotz widriger Umstände. Heidelberg

Wustmann, C. (2004): Resilienz. Widerstandsfähigkeit von Kindern in Tageseinrichtungen fördern. Weinheim, Basel

Zimmermann, G. H. (2000): Ansätze zur Operationalisierung von Armut und Unterverorgung im Kindes- und Jugendalter. In: Butterwegge, C. (Hrsg.): Kinderarmut in Deutschland. Frankfurt a.M.

ZUMA – Zentrum für Umfragen, Methoden und Analysen (2005): Relative Armut und Konzentration von Einkommen deutlich gestiegen. In: ISI, 33, S. 1-6

Kindeswohl und Kindeswohlgefährdung Anmerkungen aus kinderrechtlicher Sicht

Jörg Maywald

Vor dem Hintergrund spektakulärer Fälle von Misshandlung und Vernachlässigung ist es zu einer neuen Diskussion über den Umgang mit Kindeswohlgefährdung gekommen. Gesetzliche Veränderungen haben stattgefunden (Einfügung des § 8 a in das SGB VIII) oder sind in Vorbereitung (Änderung des § 1666 BGB). Fachliches Handeln soll das Wohl der Kinder stärker im Blick haben und die Bürgerinnen und Bürger werden aufgefordert, besser hinzuschauen, wenn es einem Kind schlecht geht.

Bei all diesen Diskussionen wird zumeist stillschweigend vorausgesetzt, dass schon gewusst wird, was denn unter dem Begriff Kindeswohl verstanden werden muss. Das Gegenteil ist jedoch der Fall: Kaum ein Begriff ist so umstritten, so sehr von Werturteilen und dem historisch-kulturellen Kontext abhängig wie eben der des Kindeswohls. In rechtlicher Perspektive ist das Kindeswohl die zentrale Norm und der wichtigste Bezugspunkt im Bereich des Kindschafts- und Familienrechts. Andererseits – und darin zeigt sich ein unvermeidbares Dilemma – steht an keiner Stelle irgendeines Gesetzes, was unter dem Begriff Kindeswohl eigentlich zu verstehen ist. Juristisch handelt es sich hierbei um einen so genannten unbestimmten Rechtsbegriff, der sich einer allgemeinen Definition entzieht und daher der Interpretation im Einzelfall bedarf. Um eine solche auf den Einzelfall bezogene Auslegung vorzunehmen, sind Jurist(inn)en regelmäßig auf außerjuristische Erkenntnisse insbesondere aus den Medizin- und Sozialwissenschaften angewiesen.

Das so genannte Kindeswohl ist vermutlich der am meisten strapazierte und zugleich am heftigsten umstrittene Begriff, wenn es darum geht, Entscheidungen für Kinder und mit Kindern zu treffen und zu begründen. Was wann und unter welchen Umständen im wohlverstandenen Interesse eines Kindes oder Jugendlichen liegt, darüber gehen die Meinungen bei Jurist(inn)en, Mediziner(inn)en, Psycholog(inn)en, Pädagog(inn)en, Sozialarbeiter(inne)n und nicht zuletzt bei Eltern häufig auseinander. Als Konstante im zumeist dissonanten Konzert der unterschiedlichen Positionen kann allenfalls ausgemacht werden, dass die Kinder und Jugendlichen selbst zu der Frage, was in ihrem besten Interesse liegt, oft nicht einmal gehört werden.

Dieser Beitrag versucht, den Begriff des Kindeswohls aus kinderrechtlicher Sicht in den Blick zu nehmen. Dabei sollen u. a. folgende Fragen beantworten werden: Welche rechtlichen Bezüge gibt es? Wie ist »Kindeswohl« begrifflich zu fassen, vielleicht sogar zu definieren? In welchem Verhältnis steht das Wohl zum Willen des Kindes und zu den Rechten der Eltern? Was ist unter Kindeswohlgefährdung zu verstehen?

Begriffliche Orientierungen

Der im deutschsprachigen Raum gebräuchliche Begriff des Kindeswohls findet seine angelsächsische Entsprechung in den beiden Begriffen »wellbeing of the child« (Wohlsein des Kindes) bzw. »best interests of the child« (beste Interessen des Kindes). Die entsprechenden frankophonen Begriffe lauten »bien-être de l'enfant« bzw. »l'interêt supérieur de l'enfant«.

Während der Begriff des »wellbeing« vor allem im Zusammenhang mit gesundheitlichem Wohl bzw. Wohlbefinden benutzt wird, findet der Begriff der »best interests« überwiegend im rechtlichen Kontext Verwendung. Entsprechend lautet die offizielle von der Weltgesundheitsorganisation (WHO) seit 1946 gebräuchliche Definition von Gesundheit unter Verwendung des Begriffs »wellbeing« wie folgt: »Health is a state of complete physical, mental and social well-being and not merely the absence of disease or infirmity« (Gesundheit ist ein Zustand vollkommenen körperlichen, geistigen und sozialen Wohlseins und nicht die bloße Abwesenheit von Krankheit oder Gebrechen). Im englischsprachigen Original der UN-Kinderrechtskonvention ist demgegenüber in der Regel von den »best interests of the child« die Rede, was dann in der deutschen Fassung mit dem Begriff Kindeswohl übersetzt wird.

Im Begriff des Wohlseins fließen subjektive (Wohlbefinden) und objektive Aspekte (feststellbare Tatsachen guten Befindens) zusammen. Demgegenüber rückt der Begriff der »besten Interessen« die geäußerten Interessen (den Willen) und die objektiven (wohlverstandenen) Interessen in den Mittelpunkt.

Da die deutsche Sprache zwischen den Konzepten des »wellbeing of the child« und der »best interests of the child« nicht differenziert, sondern zumeist beide Begriffe mit »Kindeswohl« übersetzt, vereint dieser hoch verdichtete Begriff in sich sowohl die subjektiven Aspekte des Willens und der Befindlichkeit des Kindes als auch die objektiven kindlichen Interessen und den Zustand des Kindes.

Mehrfach existieren Versuche, den Begriff des Kindeswohls näher zu definieren. Besonders einflussreich wurden die Veröffentlichungen des interdisziplinären Autorentrios Joseph Goldstein (Jurist, Politikwissenschaftler und Psychoanalytiker), Anna Freud (Psychoanalytikerin) und Albert J. Solnit (Arzt für Kinderheilkunde und Psychiatrie). In ihren drei Bänden »Jenseits des Kindeswohls«, »Diesseits des Kindeswohls« und »Wohl des Kindes« entwickelten sie Empfehlungen für die Unterbringung von Kindern nach hoch strittigen Trennungen oder Scheidungen der Eltern und im Zusammenhang mit Verlassen, Gewalt, Vernachlässigung oder sexuellen Missbrauch durch sorgeverantwortliche Personen.

Als allgemeine Richtlinie für die Kindesunterbringung schlagen sie vor, »statt vom »Wohle des Kindes« von der »am wenigsten schädlichen Alternative zum Schutz von Wachstum und Entwicklung des Kindes« zu sprechen. (...) Die am wenigsten schädliche Alternative ist danach die Unterbringung und die Verfahrensweise, die – unter Berücksichtigung des kindlichen Zeitgefühls und auf der eingeschränkten Grundlage kurzfristiger Prognosen – die Chance des Kindes erhöhen, erwünscht zu sein, und die es ermöglichen, dass das Kind eine dauerhafte Beziehung mit wenigstens einem Erwachsenen eingeht, der seine psychologische Elternperson ist oder werden wird« (Goldstein, Freud, Solnit 1974, S. 49).

Obwohl die Autor(inn)en ihren Vorschlag ausdrücklich auf diejenigen Fälle beziehen, in denen Kinder bereits Opfer ihrer sozialen Umweltbedingungen wurden und bei denen daher die Anstrengungen darauf gerichtet sein müssen, sie vor weiteren Schäden (sekundärer Traumatisierung) zu schützen, hat die Formel von der »am wenigsten schädlichen Alternative« vielfach Eingang in die allgemeine Praxis von Entscheidungen mit Bezug zu Kindern gefunden. Bisweilen wird der Begriff der »am wenigsten schädlichen

Alternative« sogar als generelle Definition für den nur schwer handhabbaren Begriff des Kindeswohls verwendet.

Tatsächlich bietet der Hinweis auf mehrere Alternativen, von denen die für das Kind jeweils am wenigsten schädliche zu wählen sei, beträchtliche Vorteile, wird dadurch doch deutlich, dass (1) jede das Kindeswohl betreffende Entscheidung prinzipiell uneindeutig, d.h. mit nicht sicher abschätzbaren Risiken und Nebenwirkungen behaftet ist, und dass daher (2) eine bewusste Abwägung zwischen den zur Verfügung stehenden Alternativen zu erfolgen hat.

Allerdings – und darin liegt eine bedeutsame Schwäche dieser Definition – fehlt ihr ein normativer Bezug, durch den deutlich werden würde, was Kinder haben sollten bzw. was ihnen zusteht. Da nur von den jeweils aktuell bestehenden Alternativen ausgegangen wird, kann nicht erkennbar werden, welche Aspekte des kindlichen Wohls vernachlässigt werden (müssen), da bessere Alternativen (noch) nicht bestehen oder in der zur Verfügung stehenden Zeit nicht geschaffen werden können. Mit anderen Worten: Das in dem Begriff des Kindeswohls liegende Gebot der Optimierung bleibt definitionsgemäß außer Betracht.

Ein weiterer definitorischer Versuch stammt von dem Rechtspsychologen Harry Dettenborn, der vorschlägt, »unter familienrechtspsychologischem Aspekt als Kindeswohl die für die Persönlichkeitsentwicklung eines Kindes oder Jugendlichen günstige Relation zwischen seiner Bedürfnislage und seinen Lebensbedingungen zu verstehen« (Dettenborn 2001, S. 49). Erklärend wird hinzugefügt, dass Bedürfnisse »im Sinne von postulierten bzw. zugeschriebenen, insofern »objektiven« Entwicklungserfordernissen, also mehr im Sinne von Bedarf verstanden« (ebd.) werden sollen. Als günstig wird eine Situation angesehen, in der »die Lebensbedingungen die Befriedigung der Bedürfnisse insoweit ermöglichen, dass die sozialen und altersmäßigen Durchschnittserwartungen an körperliche, seelische und geistige Entwicklung erfüllt werden« (ebd.).

Auch entsprechend dieser Definition geht es um Abwägungsprozesse, bei denen die für ein Kind günstigen von weniger günstigen Alternativen unterschieden werden müssen, in diesem Fall nicht negativ abgrenzend (am wenigsten schädlich), sondern positiv (entsprechend der Bedürfnislage des Kindes) formuliert. Ein normativer Bezug ist insoweit enthalten, als in der Erläuterung auf »objektive« Entwicklungserfordernisse rekurriert wird, obwohl nicht zu erwarten ist, dass darüber (z.B. in der Wissenschaft) jemals Einigung zu erzielen sein dürfte. Problematisch erscheint der Hinweis auf die »sozialen und altersmäßigen Durchschnittserwartungen«, da auf diese Weise die vom Durchschnitt abweichenden, besonderen und einzigartigen Bedürfnisse jedes Kindes nicht berücksichtigt werden können.

Zusammenfassend kann festgestellt werden, dass die Stärken der diskutierten Definitionen des Begriffs Kindeswohl darin liegen, angesichts der Komplexität der dem Begriff Kindeswohl zugrunde liegenden Fragen der Versuchung einer vorschnellen und leicht angreifbaren Festlegung auf positive Kriterien widerstanden zu haben und stattdessen auf der Notwendigkeit einer sorgfältigen Abwägung im Einzelfall zu bestehen. Dem steht als Schwäche gegenüber, dass das Fehlen eines anerkannten normativen Bezugs verhindert, in den Blick zu rücken, was Kindern jenseits bereits bestehender Alternativen (eigentlich) zusteht. Ein dem Begriff des Kindeswohls innewohnendes Optimierungsgebot, also die Verpflichtung, eine an den Zielvorgaben orientierte jeweils (noch) bessere Alternative zu schaffen, bleibt außen vor.

Bevor im Rahmen dieses Beitrags eine eigene Arbeitsdefinition des Begriffs Kindeswohl vorgestellt wird, sollen daher die in Frage kommenden normativen Grundlagen erörtert werden. Dies betrifft einerseits die in der internationalen, europäischen und deutschen Gesetzgebung enthaltene Normierung des Kindeswohls, andererseits die zur Verfügung stehenden Vorschläge einer Konzeptualisierung von Grundbedürfnissen (Basic Needs) von Kindern.

Das Kindeswohl in der UN-Kinderrechtskonvention

Das Kindeswohl (best interests of the child) gehört zu den zentralen Begriffen der UN-Kinderrechtskonvention. In Art. 3 Abs. 1 der Konvention heißt es: »Bei allen Maßnahmen, die Kinder betreffen, gleichviel ob sie von öffentlichen oder privaten Einrichtungen der sozialen Fürsorge, Gerichten, Verwaltungsbehörden oder Gesetzgebungsorganen getroffen werden, ist das Wohl des Kindes ein Gesichtspunkt, der vorrangig zu berücksichtigen ist.«

Das Prinzip des Vorrangs des Kindeswohls ist bereits in der Vorgängerin der UN-Kinderrechtskonvention, der »Deklaration über die Rechte des Kindes« vom 20. November 1959 enthalten, wo es entsprechend heißt: »The child shall enjoy special protection, and shall be given opportunities and facilities, by law and by other means, to enable him to develop physically, mentally, morally, spiritually and socially in a healthy and normal manner and in conditions of freedom and dignity. In the enactment of laws for this purpose, the best interests of the child shall be the paramount consideration« (Principle 2). Die hier gewählte Formulierung des Kindeswohls als »the paramount consideration«, also »dem obersten Gesichtspunkt«, geht sogar über die Formulierung des Konventionstextes (das Kindeswohl als »ein vorrangiger Gesichtspunkt«) hinaus, beschränkt sich dort allerdings auf den Bereich der Gesetzgebung, während sich der Vorrang des Kindeswohls gemäß der Konvention auf sämtliche Kinder betreffende Entscheidungen bezieht.

Die Reichweite des Kindeswohlvorrangs nach Art. 3 Abs. 1 der Konvention ist umfassend und bezieht sich ausdrücklich auf »alle Maßnahmen, die Kinder betreffen, gleichviel ob sie von öffentlichen oder privaten Einrichtungen der sozialen Fürsorge, Gerichten, Verwaltungsbehörden oder Gesetzgebungsorganen getroffen werden«. Damit sind nicht nur gesetzgeberische Akte, sondern sämtliche administrativen Maßnahmen sowohl staatlicher als auch privater bzw. frei-gemeinnütziger Institutionen einbezogen, unabhängig davon, ob sich diese Maßnahmen auf ein einzelnes Kind oder auf eine Gruppe von Kindern beziehen.

Eine nähere begriffliche Bestimmung dessen, was unter dem Kindeswohl zu verstehen ist, hat der für die Interpretation der UN-Kinderrechtskonvention maßgebliche UN-Ausschuss für die Rechte des Kindes bisher nicht gegeben. Der Ausschuss hat jedoch wiederholt deutlich gemacht, dass sämtliche Bestimmungen der Konvention in einem inneren Zusammenhang stehen und als Einheit betrachtet werden müssen. Dies gilt insbesondere für die vier so genannten allgemeinen Prinzipien, zu denen neben dem Vorrang des Kindeswohls gemäß Art. 3 Abs. 1 die Art. 2 (Diskriminierungsverbot), Art. 6 (Recht auf Leben) und Art. 12 (Berücksichtigung des Kindeswillens) gehören.

Das Kindeswohl in der EU-Grundrechtecharta

Die EU-Grundrechtecharta greift wesentliche Formulierungen der UN-Kinderrechtskonvention auf. In Art. 24 (Rechte des Kindes) heißt es: »(1) Kinder haben Anspruch auf den Schutz und die Fürsorge, die für ihr Wohlergehen notwendig sind. Sie können ihre Meinung frei äußern. Ihre Meinung wird in den Angelegenheiten, die sie betreffen, in einer ihrem Alter und ihrem Reifegrad entsprechenden Weise berücksichtigt. (2) Bei allen Kinder betreffenden Maßnahmen öffentlicher oder privater Einrichtungen muss das Wohl des Kindes eine vorrangige Erwägung sein. (3) Jedes Kind hat Anspruch auf regelmäßige persönliche Beziehungen und direkte Kontakte zu beiden Elternteilen, es sei denn, dies steht seinem Wohl entgegen.«

In Art. 24 Abs. 1 sind die Rechte der Kinder auf den Schutz- und die Fürsorge niedergelegt, »die für ihr Wohlergehen notwendig sind«. Mit dem Bezug auf das Wohlergehen (wellbeing) werden Schutz und Fürsorge hier in die Nähe eines gesundheitlichen Verständnisses von Wohl(sein) gerückt. Art. 24 Abs. 2 wiederholt in fast wörtlicher Formulierung das Vorrangprinzip des Kindeswohls gemäß Art. 3 Abs. 1 der UN-Kinderrechtskonvention. An dieser Stelle wird das Kindeswohl im Sinne der besten Interessen (best interests) des Kindes formuliert.

Art. 24 Abs. 3 schließlich benennt den Anspruch des Kindes auf regelmäßige persönliche Beziehungen und direkte Kontakte zu beiden Elternteilen, »es sei denn, dies steht seinem Wohl entgegen«. In Anlehnung an Art. 9 Abs. 3 der UN-Kinderrechtskonvention wird davon ausgegangen, dass ein Umgang des Kindes mit seinen beiden Eltern in der Regel dem Wohl des Kindes entspricht.

Das Kindeswohl im deutschen Recht

(1) Grundgesetz: Im Grundgesetz ist vom Kindeswohl explizit nicht die Rede. Artikel 6 Absatz 2 spricht lediglich vom Recht der Eltern und der zuvörderst ihnen obliegenden Pflicht, ihre Kinder zu pflegen und zu erziehen. Allerdings gehört es zur gefestigten Rechtsprechung des Bundesverfassungsgerichts, dass das Kind selbst Träger subjektiver Rechte ist, nämlich »ein Wesen mit eigener Menschenwürde und dem eigenen Recht auf Entfaltung seiner Persönlichkeit im Sinne der Art. 1 Abs. 1 und Art. 2 Abs. 1 GG« (BVerfGE 24, 119). Daraus folgt, dass Recht und Pflicht der Eltern an die Persönlichkeitsrechte des Kindes gebunden sind. Den Maßstab der elterlichen Handlungen und Unterlassungen bildet das Kindeswohl, insbesondere wenn es um die Lösung von Konflikten geht. Dabei geht das Bundesverfassungsgericht davon aus, dass »in aller Regel Eltern das Wohl des Kindes mehr am Herzen liegt als irgendeiner anderen Person oder Institution« (BVerfGE 59, 360, 376).

Wenn jedoch die Eltern die Menschenwürde des Kindes nicht respektieren und seine Persönlichkeitsrechte grob missachten, dann – so das Bundesverfassungsgericht – »muss der Staat wachen und notfalls das Kind, das sich noch nicht selbst zu schützen vermag, davor bewahren, dass seine Entwicklung durch den Missbrauch der elterlichen Rechte oder eine Vernachlässigung Schaden leidet. In diesem Sinne bildet das Wohl des Kindes den Richtpunkt für den Auftrag des Staates gemäß Art. 6 Abs. 2 GG« (BVerfGE 24, 119).

(2) Bürgerliches Gesetzbuch: Im Kindschafts- und Familienrecht des Bürgerlichen Gesetzbuchs (BGB) gehört der Begriff Kindeswohl zu den zentralen Regelungsanliegen. Auf den wenigen Seiten des mit »Elterliche Sorge« überschriebenen Fünften Titels des Vierten Buchs (Familienrecht) im BGB wird allein mehr als zwanzig Mal der Begriff des Kindeswohls angeführt.

Gemäß § 1666 BGB stellt eine Gefährdung des Kindeswohls die zentrale Begründungsnorm und daher das Einfallstor dar für einen legitimen Eingriff des Staates in das grundgesetzlich verbürgte Elternrecht. Der Begriff des Kindeswohls ist daher der Schlüsselbegriff im Spannungsfeld von Elternrecht und staatlichem Wächteramt und das zentrale Instrument zur Auslegung von Kindesinteressen. In § 1697 a BGB wird das Kindeswohl sogar zum allgemeinen Prinzip familienrichterlicher Entscheidungen erhoben. Denn dort heißt es: »Soweit nicht anderes bestimmt ist, trifft das Gericht in Verfahren über die in diesem Titel geregelten Angelegenheiten diejenige Entscheidung, die unter Berücksichtigung der tatsächlichen Gegebenheiten und Möglichkeiten sowie der berechtigten Interessen der Beteiligten dem Wohl des Kindes am besten entspricht.«

Nähere Hinweise zum Inhalt des Kindeswohls sind im Bürgerlichen Gesetzbuch lediglich an zwei Stellen zu finden. In § 1666 Abs. 1 ist davon die Rede, dass das »körperliche, geistige oder seelische Wohl« des Kindes gefährdet sein kann. Damit ist deutlich gemacht, dass nicht allein die körperliche Unversehrtheit Bestandteil des Kindeswohls ist, sondern dass die geistigen und seelischen Dimensionen des Wohls in gleicher Weise einbezogen sind und berücksichtigt werden müssen.

Eine weitere nähere Bestimmung des Kindeswohls findet sich in § 1626 Abs. 3 BGB. Dort heißt es: »Zum Wohl des Kindes gehört in der Regel der Umgang mit beiden Elternteilen. Gleiches gilt für den Umgang mit anderen Personen, zu denen das Kind Bindungen besitzt, wenn ihre Aufrechterhaltung für seine Entwicklung förderlich ist.« Mit diesen Formulierungen wird anerkannt, dass Kinder – wie Menschen überhaupt – Beziehungswesen sind. Das Wohl des Kindes wird folgerichtig in Zusammenhang gebracht mit den Beziehungen des Kindes zu seinen wichtigsten Bindungspersonen.

(3) Kinder- und Jugendhilfegesetz: Auch im Sozialrecht ist das Wohl des Kindes weit oben angesiedelt. In § 1 Abs. 3 des Kinder- und Jugendhilfegesetzes (SGB VIII) heißt es u.a., dass »Jugendhilfe (...) Kinder und Jugendliche vor Gefahren für ihr Wohl schützen (soll)«. Der Schutzauftrag bei Kindeswohlgefährdung wird näher konkretisiert in dem 2005 neu in das SGB VIII eingeführten § 8a. Gemäß § 27 Abs. 1 SGB VIII haben Personensorgeberechtigte bei der Erziehung eines Kindes oder eines Jugendlichen Anspruch auf Hilfe zur Erziehung, »wenn eine dem Wohl des Kindes oder des Jugendlichen entsprechende Erziehung nicht gewährleistet ist und die Hilfe für seine Entwicklung geeignet und notwendig ist«. Weitere ausdrückliche Bezüge auf das Kindeswohl finden sich in den §§ 38 (Vermittlung bei der Ausübung der Personensorge), 42 (Inobhutnahme von Kindern und Jugendlichen) und 44 (Erlaubnis zur Vollzeitpflege).

Grundbedürfnisse von Kindern

Der US-amerikanische Psychologe Abraham H. Maslow entwickelte 1958 das Modell einer Bedürfnishierarchie, das seitdem zumeist in Form einer Bedürfnispyramide bekannt wurde. Das Modell unterscheidet fünf Stufen, darunter (von unten nach oben) (1) die körperlichen Grundbedürfnisse wie Atmung, Wärme, Nahrung, Schlaf und Sexualität, (2) das Bedürfnis nach ausreichender Sicherheit (u.a. körperliche Unversehrtheit, Gesundheit, ethische bzw. religiöse Orientierungen, Gesetze und Riten sowie Lebensplanung, (3) das Bedürfnis nach sozialen Beziehungen (u.a. im Rahmen von Familie, Partnerschaft, Freundeskreis, Nachbarschaft und gesellschaftlichen Kontakten), (4) das Bedürfnis nach sozialer Anerkennung u.a. durch Status, Wohlstand, Geld, Macht, Auszeichnungen sowie (5) das Bedürfnis nach Selbstverwirklichung z.B. durch individuelle Talententfaltung, Altruismus, künstlerische Betätigung oder Welterklärung. Maslow zufolge versucht der Mensch zunächst, die Bedürfnisse der unteren Stufen zu befriedigen, bevor die nächsten Stufen für ihn Bedeutung erlangen. Eine solche hierarchisierte Auflistung der Bedürfnisse ist allerdings unter menschen- und kinderrechtlichen Gesichtspunkten kritisch zu betrachten, weil dadurch nahe gelegt wird, dass bestimmte Bedürfnisse weniger wichtig seien als andere.

Ein erster Versuch einer Konkretisierung spezifisch kindlicher Bedürfnisse ist in der Kindeswohl-Trilogie von Goldstein, Freud und Solnit (1974, 1982, 1988) zu finden. Zu den grundlegenden Bedürfnissen rechnen sie Nahrung, Schutz und Pflege, intellektuelle Anregungen und Hilfe beim Verstehen der Innen- und Außenwelt. Außerdem brauche das Kind Menschen, die seine positiven Gefühle empfangen und erwidern und sich seine negativen Äußerungen und Hassregungen gefallen lassen. Sein Selbstgefühl und seine Selbstsicherheit im späteren Leben bleibe abhängig von seiner Stellung innerhalb der Familie, d.h. von dem Gefühl geschätzt, anerkannt und als vollwertiges Familienmitglied betrachtet zu werden. Ein aktueller Vorschlag, einen Katalog von Grundbedürfnissen (Basic Needs) zu definieren, stammt von dem amerikanischen Kinderarzt T. Berry Brazelton und dem Kinderpsychiater Stanley I. Greenspan. In ihrem Beitrag »Die sieben Grundbedürfnisse von Kindern« (2002; im Original: The Irreducible Needs of Children) kommen sie zu folgender Auflistung:

(1) Das Bedürfnis nach beständigen liebevollen Beziehungen

Damit Kinder Vertrauen und Mitgefühl entwickeln können, benötigen sie eine einfühlsame und fürsorgliche Betreuung. Jedes Kind braucht mindestens eine erwachsene Person – besser zwei oder drei –, zu der es gehört und die das Kind so annimmt, wie es ist.

(2) Das Bedürfnis nach körperlicher Unversehrtheit und Sicherheit

Von Geburt an brauchen Kinder eine gesunde Ernährung und angemessene Gesundheitsfürsorge. Dazu gehören ausreichend Ruhe, aber auch Bewegung, medizinische Vorsorge (Vorsorgeuntersuchungen, Impfungen, Zahnpflege) und die fachgerechte Behandlung auftretender Krankheiten.

(3) Das Bedürfnis nach individuellen Erfahrungen

Jedes Kind ist einzigartig und will mit seinen Eigenarten akzeptiert und wertgeschätzt werden. Kinder kommen nicht nur mit unterschiedlichem Aussehen und anderen körperlichen Unterschieden zur Welt. Je besser es gelingt, den Kindern diejenigen Erfahrungen zu vermitteln, die ihren besonderen Eigenschaften entgegenkommen, desto größer ist die Chance, dass sie zu körperlich, seelisch und geistig gesunden Menschen heranwachsen.

(4) Das Bedürfnis nach entwicklungsgerechten Erfahrungen

Mit wachsendem Alter müssen Kinder eine Reihe von Entwicklungsstufen bewältigen. Auf jeder dieser Stufen erwerben sie Grundbausteine der Intelligenz, Moral, seelischen Gesundheit und geistigen Leistungsfähigkeit. Kinder meistern diese Entwicklungsaufgaben in sehr unterschiedlichem Tempo. Der Versuch, das Kind anzutreiben, kann die Entwicklung insgesamt hemmen. Wenn Kinder zu früh in erwachsene Verantwortlichkeiten gedrängt werden, können sie nachhaltigen Schaden nehmen. Auch übermäßige Behütung und Verwöhnung kann Kindern Schaden zufügen. Stolpersteine müssen von ihnen in beschützten Rahmenbedingungen selbständig überwunden werden.

(5) Das Bedürfnis nach Grenzen und Strukturen

Damit Kinder Freiräume erobern und sich gefahrlos entwickeln können, brauchen sie sinnvolle Begrenzungen und Regeln. Wohlwollende erzieherische Grenzsetzung fordert die Kinder auf liebevolle Weise und fördert beim Kind die Entwicklung innerer Strukturen. Grenzen müssen auf Zuwendung und Fürsorge, nicht auf Angst und Strafe aufbauen.

(6) Das Bedürfnis nach stabilen und unterstützenden Gemeinschaften

Mit zunehmendem Alter gewinnt die Gruppe der Gleichaltrigen immer mehr die dominierende Bedeutung für Persönlichkeitsentwicklung und Selbstwert der Kinder und Jugendlichen. Die Entwicklung von Freundschaften ist eine wichtige Basis für das soziale Lernen. Dies alles trägt zur Entwicklung sozialer Verantwortlichkeit bei, die wiederum die Voraussetzung für eigene spätere Elternschaft darstellt.

Negative Einflüsse von Seiten der Gleichaltrigengruppe, häufige Wechsel von Kindertageseinrichtung und Schule, oder wiederholte Verluste von Freundschaften können demgegenüber nachhaltige Wirkungen auf Selbstwert und Identität ausüben. Die Eltern, aber auch andere Erwachsene im Umfeld des Kindes sind aufgerufen, faire, durchschaubare und respektvolle nachbarschaftliche Verhältnisse zu schaffen

(7) Das Bedürfnis nach einer sicheren Zukunft für die Menschheit

Immer mehr hängt das Wohl jedes einzelnen Kindes mit dem Wohl aller Kinder dieser Welt zusammen. Die Erwachsenen gestalten die Rahmenbedingungen für die nächste Generation. Weltweite Politik, Wirtschaft, Kultur und Gesellschaft tragen hier eine bisher nicht eingelöste Verantwortung. Ob Kinder und Jugendliche diese Welt als gestaltbares Ordnungsgefüge oder unheimliches Chaos erleben, wird an der Entwicklung ihrer Persönlichkeiten liegen, welche die Eltern und alle anderen Erwachsenen mit ihren eigenen Persönlichkeiten mitzugestalten geholfen haben.

Kindeswohl: eine Arbeitsdefinition

»Ein Kindschaftsrecht, das sich der Ambivalenz aller Beteuerungen, das Kindeswohl wahren zu wollen, ebenso bewusst ist wie der Notwendigkeit, seine Anforderungen in Kenntnis der Familiendynamik formulieren zu müssen, hat keine Wahl: es kann den unendlich diffizilen und komplexen Sachverhalten, die es zu regeln gilt, nur durch Bestimmungen gerecht werden, die ihrerseits durch zunehmende Komplexität gekennzeichnet sind« (Goldstein, Freud, Solnit 1982).

Der Begriff des Kindeswohls ist das zentrale Instrument zur Auslegung von Kindesinteressen, sowohl in Bezug auf ein einzelnes Kind als auch Kinder als Gruppe betreffend. Eine nähere begriffliche Bestimmung muss daher so präzise und trennscharf wie möglich und zugleich ausreichend flexibel sein, um der Kontextgebundenheit und Komplexität jedes Einzelfalls zu genügen.

Die folgenden vier Elemente sollten Bestandteil einer Definition sein:

(1) Orientierung an den Grundrechten aller Kinder als normative, beinahe universell anerkannte Bezugspunkte für das, was jedem Kind zusteht, auch wenn unvermeidbar ist, dass die in den Kinderrechten enthaltenen Versprechen immer nur näherungsweise eingelöst werden (können);

(2) Orientierung an den Grundbedürfnissen von Kindern als empirische Beschreibungen dessen, was für eine normale kindliche Entwicklung im Sinne anerkannter Standards unabdingbar ist;

(3) Gebot der Abwägung als Ausdruck der Erkenntnis, dass Kinder betreffende Entscheidungen prinzipiell mit Risiken behaftet sind und daher versucht werden muss, die für das Kind jeweils günstigste Handlungsalternative zu wählen;

(4) Prozessorientierung als Hinweis auf die Tatsache, dass Kinder betreffende Entscheidungen aufgrund ihrer starken Kontextabhängigkeit einer laufenden Überprüfung und gegebenenfalls Revision bedürfen.

Vor diesem Hintergrund wird folgende Arbeitsdefinition vorgeschlagen:

Ein am Wohl des Kindes ausgerichtetes Handeln ist dasjenige, welches die an den Grundrechten und Grundbedürfnissen von Kindern orientierte, für das Kind jeweils günstigste Handlungsalternative wählt.

Kindeswohl und Kindeswille

Ein an den Grundrechten des Kindes orientiertes Verständnis des Kindeswohls schließt die Berücksichtigung des Kindeswillens ein. Bezugspunkt dafür ist das in Art. 12 Abs. 1 der UN-Kinderrechtskonvention niedergelegte Recht des Kindes auf Beteiligung an allen es betreffenden Entscheidungen. Entsprechende Regelungen in der deutschen Gesetzgebung sehen eine Beteiligung des Kindes an es betreffenden Angelegenheiten im Rahmen der Familie (§ 1626 Abs. 2 BGB) bzw. im Rahmen von Hilfeplanung (§ 36 Abs. 1 SGB VIII) vor. In zivilrechtlichen Kindesschutzverfahren erfolgt die Beteiligung des Kindes durch persönliche Anhörung (§ 50b FGG) bzw. durch die Bestellung eines Verfahrenspflegers (§ 50 FGG) in den dafür vorgesehenen Fällen (vgl. Zitelmann 2001, S. 145 ff.).

Das Recht des Kindes auf Beteiligung nach Artikel 12 Abs. 1 der UN-Kinderrechtskonvention ist nicht an eine Altersgrenze gebunden und gilt für alle Kinder ohne jede Diskriminierung. Besondere Herausforderungen ergeben sich im Falle junger, der Sprache noch nicht mächtiger Kinder sowie bei Kindern mit besonderen Bedürfnissen zum Beispiel aufgrund von Krankheit, Behinderung, Migrations- oder Gewalterfahrung. Hier sind besondere (u.a. empathische) Fähigkeiten der verantwortlichen Erwachsenen notwendig, um auch diese Kinder angemessen an den sie betreffenden Entscheidungen zu beteiligen. Die Verpflichtung zur Beteiligung des Kindes bezieht sich auf alle Kinder berührenden Angelegenheiten auf allen Ebenen: Familie, Kindergarten, Schule und Freizeiteinrichtungen gehören ebenso dazu wie Medien, Einrichtungen der Jugendhilfe oder des Gesundheitsbereichs (z.B. Heime, Pflegefamilien, Krankenhäuser), Familiengerichte, Jugendgerichtsbarkeit und Asylverfahren, sowie Entscheidungen im gesellschaftlichen und politischen Bereich auf lokaler, regionaler und (inter-)nationaler Ebene.

Die Berücksichtigung des Kindeswillens als bedeutsamer Teilaspekt des Kindeswohls bedeutet nicht, dass die Entscheidung durch den kindlichen Willen (allein) bestimmt wird. Nicht eine das Kind in zahlreichen Fällen überfordernde Selbstbestimmung ist Ziel der Beteiligung des Kindes. Vielmehr soll sichergestellt werden, die Sichtweise des Kindes als Betroffener in Entscheidungsprozessen angmessen zu berücksichtigen. Die Verpflichtung der verantwortlichen Erwachsenen (insbesondere der Eltern), das Kind bei der Ausübung seiner anerkannten Rechte zu leiten, bleibt davon unberührt.

Auch im richterlichen Zusammenhang hat sich der kindliche Wille im Konfliktfall dem Kindeswohl unterzuordnen. »Der Kindeswille als Ausdruck des »subjektiven Kindesinteresses« bleibt Gesichtspunkt im Rahmen des übergeordneten Entscheidungsmaßstabs Kindeswohl, d.h. des »wohlverstandenen Kindesinteresses«. Dem gemäß muss die Verträglichkeit der vom Kind gewünschten Lösung mit seinem »Wohl« geprüft werden. Der Kindeswille bindet das Gericht nicht. Die »wohlverstandenen Kindesinteressen« können es rechtfertigen, auch von einem grundsätzlich nachvollziehbaren Kindeswillen abzuweichen« (Staudinger-Coester § 1671, Rz. 234).

Der Vorrang des Kindeswohls als Verfahrensleitlinie

Das Gebot der vorrangigen Berücksichtigung des Kindeswohls bei allen Kinder betreffenden Entscheidungen gemäß Artikel 3 Absatz 1 ist in erster Linie als Verfahrensrecht zu verstehen. Dies bedeutet, dass in sämtlichen Bereichen, in denen Entscheidungen mit Bezug zu Kindern getroffen werden – unabhängig davon, ob dies zum Beispiel die Kinder- und Jugendhilfe, den Bildung- oder Gesundheitsbereich, das Baurecht, die Verkehrplanung oder das Ausländer- und Asylrecht betrifft – die Entscheidungsverfahren so gestaltet sein müssen, dass das Kindeswohl als ein vorrangiger Gesichtspunkt berücksichtigt wird. Ein solches, den Interessen von Kindern gerecht werdendes, Verfahren erfordert zwei Verfahrensschritte.

Erster Verfahrensschritt: In einem ersten Verfahrensschritt muss erwogen werden, welche positiven und negativen Implikationen eine anstehende Entscheidung für ein Kind bzw. für eine Gruppe von Kindern hat. Bei einer solchen Beurteilung sind unabhängige Expert(inn)en ebenso einzubeziehen wie die betroffenen Kinder selbst bzw. deren Vertreter(innen).

Zweiter Verfahrensschritt: Anschließend müssen in einem zweiten Verfahrensschritt die auf das Kindeswohl bezogenen Erwägungen vorrangig berücksichtigt werden. Dies bedeutet nicht, dass diese Erwägungen in jedem Fall absoluten Vorrang genießen müssen, da im Einzelfall auch andere Interessen trotz des mit Vorrang zu berücksichtigenden Kindeswohls im Ergebnis höher zu bewerten sein können.

Jede mangelnde Beachtung eines dieser beiden Schritte kommt einer Verletzung des Vorrangprinzips gleich, stellt einen Verfahrensfehler dar, führt dazu, dass das Verfahren anfechtbar ist.

Kindeswohl und Elternverantwortung

Viele Erwachsene – auch Eltern und Pädagogen – äußern Vorbehalte gegenüber einem Vorrang des Kindeswohls und der Anerkennung kindlicher Rechte. Häufig wird damit die Vorstellung verbunden, Kindern sei es nunmehr erlaubt, den Erwachsenen auf dem Kopf herumzutanzen. »Die meisten Kinder dürfen doch heute bereits viel zu viel, und nun sollen sie auch noch Rechte bekommen«, so und ähnlich lauten die besorgten Kommentare.

Bei näherem Hinsehen allerdings stellt sich diese Auffassung als ein Missverständnis heraus. Zwar ist die Anerkennung des Kindes als Träger eigener Rechte tatsächlich Ausdruck für einen tief greifenden Wandel im Verhältnis der Erwachsenen zu den Kindern. Hier zeigt sich der Übergang zu einem neuen Generationenverhältnis. An die Stelle der Unterordnung des Kindes unter den Willen und die Macht der Eltern tritt eine Beziehung auf der Basis gleicher Grundrechte, in der die Würde und die Rechte des Kindes neben denen der Erwachsenen einen selbstverständlichen Platz einnehmen.

Andererseits jedoch hat dieser Perspektivenwechsel nicht zur Folge, tatsächlich bestehende Unterschiede zwischen Erwachsenen und Kindern einfach einzuebnen: Kinder sind eben keine kleinen Erwachsenen. Auf Grund ihres Alters, auf Grund ihrer sich entwickelnden körperlichen und geistigen Fähigkeiten brauchen Kinder ein Recht auf Kindheit, auf einen Schon- und Spielraum, in dem Verantwortlichkeit wachsen und eingeübt werden kann.

In dieser Spannung zwischen Gleichheit auf der einen – Kinder sind genauso Menschen – und Differenz auf der anderen Seite – Kinder haben altersbedingte spezifische Bedürfnisse – liegt das besondere Verhältnis zwischen Erwachsenen und Kindern. Das Elternrecht ist daher ausschließlich als pflichtgebundenes, treuhänderisches Recht zu verstehen, das seine Grenze am Wohl des Kindes findet.

Das im Grundgesetz Art. 6 Abs. 2 verbürgte Elternrecht ist das einzige Grundrecht, das als fremdnütziges Recht ausschließlich zugunsten eines Dritten, nämlich des Kindes, ausgeübt werden muss. Elternrecht heißt daher vor allem Elternverantwortung. Diese Verantwortung beinhaltet das Recht und die Pflicht der Eltern, »das Kind bei der Ausübung (seiner) anerkannten Rechte in einer seiner Entwicklung entsprechenden Weise angemessen zu leiten und zu führen« (Art. 5 der UN-Kinderrechtskonvention). Eine Orientierung an den Kinderrechten stärkt insofern die Elternverantwortung und bindet diese zugleich an eine verlässliche Werteordnung.

Aus der Subjektstellung des Kindes folgt daher weder, dass sich die Erwachsenen zu Lasten der Kinder vor der sie treffenden Verantwortung drücken könnten, noch dass jeder Wunsch des Kindes Befehl wäre. Vielmehr macht es gerade das Entscheidende dieses Aushandlungsprozesses aus, dass sich im zwischenmenschlich fairen Austausch herausfiltern lässt, welche Interessen Geltung verdienen und welchen Anteil an Verantwortung jeder zutragen hat.

Darüber hinaus – und dieser Aspekt wird noch zu wenig beachtet – liegt eine auf den Kinderrechten basierende Erziehung auch im elterlichen Interesse. Eltern nämlich, wenn sie die Rechte ihrer Kinder achten, haben eine signifikant höhere Chance, später im Alter, wenn sie selbst einmal Unterstützung und Pflege benötigen, von ihren dann erwachsenen Kindern würdevoll behandelt zu werden.

Gefährdung des Kindeswohls

Die Verwirklichung des Kindeswohls kann und muss auf zweierlei Weise erfolgen, nämlich durch die positive Förderung des Kindes sowie durch den Schutz des Kindes vor Gefahren für sein Wohl (vgl. Wiesner 2006, S. 9). In § 1 Abs. 3 des Kinder- und Jugendhilfegesetzes (SGB VIII) sind beide Wege als Aufgabe der Kinder- und Jugendhilfe formuliert. Dort heißt es, dass Jugendhilfe »junge Menschen in ihrer individuellen und sozialen Entwicklung fördern« (§ 1 Abs. 3, 1.) und »Kinder und Jugendliche vor Gefahren für ihr Wohl schützen« soll.

Nach den Vorgaben des Grundgesetzes (Art. 6 Abs. 2 Satz 1 GG) sind Förderung des Kindes und Schutz des Kindes vor Gefahren in erster Linie Aufgabe der Eltern, da – so eine Entscheidung des Bundesverfassungsgerichts – »Eltern in aller Regel das Wohl des Kindes mehr am Herzen liegt als irgendeiner anderen Person oder Institution« (BVerfGE 59, 360, 376).

Wenn das Wohl eines Kindes jedoch gefährdet ist und die Eltern nicht gewillt oder in der Lage sind, eine solche Gefährdung abzuwenden, muss der Staat in die Bresche springen und das Kind schützen. Entsprechend ist in Art. 6 Abs. 2 Satz 2 GG das Wächteramt der staatlichen Gemeinschaft niedergelegt.

Aufgrund der Vorrangstellung der Eltern in punkto Erziehung ist die staatliche Gemeinschaft jedoch nicht bei jeder Nachlässigkeit oder bei jedem Versagen der Eltern berechtigt und verpflichtet, in das Elternrecht einzugreifen. Das elterliche Fehlverhalten muss vielmehr ein solches Ausmaß erreichen, dass das Kind in seinem körperlichen, geistigen oder seelischen Wohl nachhaltig gefährdet wird. Aufgabe der das Wächteramt ausübenden Institutionen ist es daher festzustellen, ob es sich um eine bloße Nicht-Gewährleistung des Kindeswohls handelt, welche die Eltern gemäß § 27 SGB Abs. 1 SGB VIII zur Inanspruchnahme von Hilfe zur Erziehung berechtigt aber nicht verpflichtet, oder ob eine Gefährdung des Kindes vorliegt. Der Begriff der Kindeswohlgefährdung ist insofern einerseits »Legitimationsgrundlage für staatliche Eingriffe und soll gleichzeitig als sachlicher Maßstab dienen, an dem sich gerichtliche Maßnahmen festmachen lassen« (Schone 2006, S. 112 sowie den folgenden Beitrag von G. Schindler).

Gemäß einer Entscheidung des Bundesgerichtshofs wird der Begriff der Gefährdung definiert als »eine gegenwärtige, in einem solchen Maße vorhandene Gefahr, dass sich bei der weiteren Entwicklung eine erhebliche Schädigung mit ziemlicher Sicherheit voraussehen lässt« (BGH FamRZ 1956, 350). Den Fachleuten aus Medizin, Psychologie, Sozialpädagogik etc. bleibt überlassen, die in dieser Definition enthaltenen unbestimmten Rechtsbegriffe (»erhebliche Schädigung« bzw. »ziemliche Sicherheit«) anhand valider Kriterien zu operationalisieren.

Entsprechende Kriterienkataloge liegen in Deutschland z.B. in Form des Stuttgarter Kinderschutzbogens oder des vom Berliner Kinderschutz-Zentrum vorgelegten Risikoeinschätzungsverfahrens inzwischen vor, bedürfen jedoch weiterer Überprüfung und Überarbeitung (vgl. Kindler 2006 und hier S. 176ff.).

Durch die Aufnahme des § 8a und weiterer Neuregelungen in das Kinder- und Jugendhilfegesetz (SGB VIII) im Rahmen des Kinder- und Jugendhilfeerweiterungsgesetzes (KICK) ist der Schutzauftrag bei Kindeswohlgefährdung des Jugendamts und von Einrichtungen und Diensten der Jugendhilfe konkretisiert und erweitert worden (vgl. dazu die Beiträge von Münder, Textor und Hilliger in diesem Buch). Neben einer Präzisierung der Verfahrensabläufe wurde dem Jugendamt erstmals ein ausdrückliches Recht auf Informationsbeschaffung eingeräumt (§ 62 Abs. 3 Nr. 2. d) SGB VIII). Außerdem muss das Jugendamt nach der neuen Regelung auch in den Fällen das Familiengericht anrufen, »wenn die Personensorgeberechtigten oder die Erziehungsberechtigten nicht bereit oder in der Lage sind, bei der Abschätzung des Gefährdungsrisikos mitzuwirken« (§ 8a Abs. 3 Satz 1 SGB VIII). Schließlich wurde das Jugendamt erstmals berechtigt und verpflichtet, dann, wenn für das Kind eine dringende Gefahr besteht und die Entscheidung des Familiengerichts nicht abgewartet werden kann, das Kind auch aus dem elterlichen Haushalt heraus in Obhut zu nehmen (§ 8a Abs. 3 Satz 2 SGB VIII).

Insgesamt ist durch die erfolgten Neuregelungen das doppelte Mandat der Kinder- und Jugendhilfe von Hilfe einerseits und Kontrolle andererseits stärker konturiert worden. Das Recht des Kindes auf Schutz vor Gefahren auch gegenüber seinen eigenen Eltern wurde gestärkt. Ein reines Dienstleistungsverständnis der Kinder- und Jugendhilfe den Eltern gegenüber ist nun noch weniger als zuvor haltbar. Das Jugendamt und mit ihm die freien Träger haben nunmehr die Pflicht, selbst die Gefährdung einzuschätzen und selbst tätig zu werden. Bei alledem bleibt weiterhin zu beachten: »Eingriffe in die elterliche Sorge dürfen nur vom Gericht vorgenommen werden und auch nur im Rahmen der gesetzlichen Voraussetzungen der §§ 1666 und 1666a BGB. Alles andere, also jedes andere Verfahren, das nicht alsbald entweder in einen Konsens mit den Eltern oder in ein familiengerichtliches Verfahren überführt würde, wäre ein Verstoß gegen Artikel 6 GG und vom Wächteramt des Staates nicht mehr gedeckt« (Peschel-Gutzeit 2007, S. 37).

Literatur

Brazelton, T. B.; Greenspan, S. (2002): Die sieben Grundbedürfnisse von Kindern. Stuttgart

Dettenborn, H. (2001): Kindeswohl und Kindeswille. München

Goldstein, J.; Freud, A.; Solnit, A. J. (1974): Jenseits des Kindeswohls. Frankfurt/M.

Goldstein, J.; Freud, A.; Solnit, A. J. (1982): Diesseits des Kindeswohls. Frankfurt/M.

Goldstein, J.; Freud, A.; Solnit, A. J. (1988): Das Wohl des Kindes. Frankfurt/M.

Kindler, H.; Lillig, S. (1970): Der Schutzauftrag der Jugendhilfe unter besonderer Berücksichtigung von Gegenstand und Verfahren zur Risikoeinschätzung. In: Jordan, Erwin (Hrsg.): Kindeswohlgefährdung. Rechtliche Neuregelungen und Konsequenzen für den Schutzauftrag der Kinder- und Jugendhilfe. Weinheim, München

Korczak, J. (1970): Das Recht des Kindes auf Achtung. Göttingen

Liebel, Manfred: Wozu Kinderrechte. Weinheim und München 2007.

Maslow, A. A. (2002): Motivation und Persönlichkeit. Reinbek

Peschel-Gutzeit, L. M.: Das Kind als Träger eigener Recht. Der lange Weg zur gewaltfreien Erziehung. In: Frühe Kindheit 2/2001, S. 4-7

Peschel-Gutzeit, L. M.: Wächteramt heute. In: Frühe Kindheit 4/2007, S. 32-37

Schone, R. (2006): Die Sicherung des Kindeswohls im Spannungsfeld von Prävention und Schutzauftrag. In: Jordan, E. (Hrsg.): Kindeswohlgefährdung. Rechtliche Neuregelungen und Konsequenzen für den Schutzauftrag der Kinder- und Jugendhilfe. Weinheim, München

Simitis, S. et al. (1979): Kindeswohl. Eine interdisziplinäre Untersuchung über seine Verwirklichung in der vormundschaftsgerichtlichen Praxis. Frankfurt/M.

Staudinger, J. v. (2000): Kommentar zum Bürgerlichen Gesetzbuch. 4. Buch Familienrecht §§ 1638-1683. 13. Bearbeitung. Berlin

UNICEF (Hrsg.) (2002): Implementation Handbook for the Convention on the Rights of the Child (2. völlig überarbeitete Auflage). Genf

Vereinte Nationen (1989): Übereinkommen über die Rechte des Kindes. New York

Wiesner, R. (2006): Die Verbesserung des Schutzes von Kindern und Jugendlichen vor Gefahren für ihr Wohl durch das Kinder- und Jugendhilfeweiterentwicklungsgesetz (KICK). In: Jordan, E. (Hrsg.): Kindeswohlgefährdung. Rechtliche Neuregelungen und Konsequenzen für den Schutzauftrag der Kinder- und Jugendhilfe. Weinheim, München

Zitelmann, M. (2001): Kindeswohl und Kindeswille im Spannungsfeld von Pädagogik und Recht. Münster

5. Schutzauftrag bei Kindeswohlgefährdung

Die Mehrzahl der Leistungen der Kinder- und Jugendhilfe werden aufgrund einer freiwilligen Inanspruchnahme durch Eltern gewährt. Es gehört jedoch zu den Aufgaben des staatlichen Wächteramts, Kindeswohlgefährdungen gerade dann zu verhindern, wenn die Eltern nicht bereit oder in der Lage sind, (präventive) Hilfen anzunehmen. In diesem Fall ist es entscheidend, die Gefährdung eines Kindes möglichst frühzeitig wahrzunehmen und ihr angemessen zu begegnen. Als »Schutzauftrag bei Kindeswohlgefährdung« wird diese Aufgabe in § 8a SGB VIII geregelt.

Demnach sind gewichtige Anhaltspunkte für eine Kindeswohlgefährdung der Anlass, eine Gefährdungseinschätzung des Kindes im Zusammenwirken mehrerer Fachkräfte unter Einbeziehung des Kindes und seiner Eltern vorzunehmen. Bestätigt sich in diesem Rahmen die Gefährdung, so sind den Eltern geeignete Hilfen zur Abwendung der Gefährdung anzubieten. Dabei ist auf die gesamte Palette der Leistungs- und Unterstützungsangebote der Kinder- und Jugendhilfe zurückzugreifen.

Die direkte Verpflichtung von Fachkräften, den Schutzauftrag solchermaßen wahrzunehmen, richtet sich an diejenigen, die bei Trägern der öffentlichen Jugendhilfe tätig sind. Fachkräfte der Kinder- und Jugendhilfe sind aber darüber hinaus auch bei Trägern von Einrichtungen und Diensten tätig, die Leistungen nach dem SGB VIII erbringen, ohne Träger der öffentlichen Jugendhilfe zu sein. Das Gesetz bestimmt hier, dass zwischen den Trägern dieser Einrichtungen und Dienste und den Trägern der öffentlichen Jugendhilfe Vereinbarungen abzuschließen sind, die zu einer entsprechenden Wahrnehmung des Schutzauftrags verpflichten (§ 8a Abs. 2 SGB VIII). Das gilt insbesondere auch für kreisangehörige Gemeinden und Gemeindeverbände als Träger von Kindertageseinrichtungen (ausführliche Erläuterungen hierzu im folgenden Kapitel).

INDIA
Asterix

Auftrag für Kitas im Kinderschutz

Die Bedeutung der Kindertagesstätten für den Kinderschutz

Andreas Hilliger

Allgemeine Aufgaben und Prävention

Der Schutz der Kinder vor Vernachlässigung, Misshandlung oder sexuellem Missbrauch hat richtigerweise eine sehr hohe Priorität in unserer Gesellschaft. Um die Rolle der Kindertagesstätten im Zusammenhang mit dem Kinderschutz näher zu bestimmen, sind zwei Konstellationen zu unterscheiden:

- Unter einem präventiven Gesichtspunkt geht es darum, möglichst zu verhindern, dass Kinder Vernachlässigungen, Misshandlungen oder sexuellem Missbrauch ausgesetzt werden.
- Bei der Krisenintervention ist bereits eine Gefährdung des Kindes gegeben. Es gilt, das Kind zu schützen und für das Kind eine langfristig sichere Lebensumwelt zu schaffen.

Zweifellos hat die Kindertagesbetreuung im Rahmen der Prävention die wichtigeren, zumindest aber die zahlreicheren Aufgaben.

Das Spektrum dessen, was der Prävention und damit der Verhinderung von Kinderschutzfällen dient, ist sehr breit und zum Teil sehr unspezifisch. Die materielle Lebenssituation der Familie gehört ebenso dazu wie die gesundheitliche Entwicklung, die Erziehungskompetenz der Eltern, die Fähigkeit des Kindes, mit schwierigen Konstellationen im Elternhaus umzugehen, die Strategien der Alltagsbewältigung und die Intensität sozialer Einbindung oder auch Kontrolle. Die politische Diskussion hat sich in der letzten Zeit auf die Bedeutung der regelmäßigen gesundheitlichen Früherkennungsuntersuchungen (die sog. »U's«) konzentriert und in vielen Ländern wird daran gearbeitet, den Grad der Inanspruchnahme zu erhöhen. Welchen Effekt das für den Kinderschutz haben wird, lässt sich gegenwärtig noch nicht richtig einschätzen. Ohne Zweifel ist es sinnvoll, wenn die Teilnahmequote an den Früherkennungsuntersuchungen gesteigert wird, da hiermit insgesamt die Beachtung der gesundheitlichen Entwicklung gesteigert wird und es der gesundheitlichen Förderung der Kinder dienen kann. Aber nach den bisherigen Erfahrungen der Jugendämter in Brandenburg haben bisher diese Untersuchungen bei der Identifizierung von Kindesmisshandlungen und -vernachlässigungen kaum eine Rolle gespielt. Zweifel sind zudem angebracht, ob eine nur auf einen Punkt setzende Strategie erfolgversprechend ist. Prävention erfordert mehr als die Unterstützung bei der gesundheitlichen Entwicklung.

Präventive Wirkungen von Kindertagesbetreuung

Eine präventive Wirkung kann auch die Inanspruchnahme von Kindertagesstätten erfüllen. Das heißt nicht, dass die Kinder die keine Kita besuchen gefährdet wären, genauso wenig wie die Nichtwahrnehmung der Früherkennungsuntersuchungen unmittelbar auf eine Gefährdung hinweist. Eine Studie in einigen Landkreisen Brandenburgs zeigte, dass die Gründe für die Nichtinanspruchnahme von

Kindertagesbetreuung sehr vielfältig sind[1] und wir sollten vermeiden, die »Hauskinder« oder ihre Eltern zu stigmatisieren. Dennoch bleibt festzustellen: Der Kitabesuch führt zu einem Kontakt der Kinder zu sozialpädagogischen Fachkräften, er schafft Sozialkontakte sowohl der Kinder untereinander als auch der Eltern zu anderen Eltern und zu den Erziehern, was bei Risikofamilien vermutlich nicht zuletzt wegen der damit verbundenen sozialen Kontrolle gefährdungsmindernd wirkt.

Prävention ist auch eine Wirkung guter pädagogischer Arbeit in der Kindertagesstätte. Die Förderung der Entwicklung der Kinder und die Identifizierung von und Unterstützung bei spezifischen Entwicklungsverzögerungen stärkt die Kinder und dient damit der Prävention, denn »starke« Kinder sind weniger gefährdet. Sie entwickeln das, was in der neueren Literatur als Resilienz bezeichnet wird und zudem können sie – so ist zu hoffen – sich besser gegen Übergriffe von Erwachsenen wehren.

Präventiv wirkt auch der Kontakt zwischen den Eltern untereinander wie auch zu den Erzieherinnen und Erziehern in den Kindertagesstätten. Wer Vertrauen zu seinem Gegenüber hat und darüber reden kann, was beim Zusammenleben mit dem Kind nervt und zu Überanstrengungssituationen führt, wird – so ist zu vermuten – seltener gewalttätig, als jemand, der diese Möglichkeiten nicht hat. Dieser Gedanke geht davon aus, dass die Eltern selbst ein Gefühl für die Überforderung, Mangelversorgung oder auch Gewalttätigkeit gegen ihre Kinder haben und Bereitschaft haben, sich helfen zu lassen. In vielen Fällen mit einer Gefahr der Kindervernachlässigung und -misshandlung kann man davon ausgehen. Allerdings gibt es auch Eltern, die keine Bereitschaft erkennen lassen, ihre Probleme zu erkennen und sie zu kommunizieren; in diesen Fällen wird der Sozialkontakt durch die Kita wenig bewirken.

Der Prävention dient es auch, wenn eine Vernetzung des Hilfesystems mit dem Ziel einer Verbesserung des Kinderschutzes erfolgt. Zu den Partnern in einem Netz zur Stärkung des Kinderschutzes gehören Ärzte, Fachkräfte des Jugendamtes, Lehrer, Polizisten, Hebammen, Familienrichter ebenso wie die Erzieherinnen und Erzieher aus Kindertagesstätten oder die Fachkräfte der Erziehungsberatung. Eine solche Vernetzung im Rahmen von regelmäßigen Arbeitsgemeinschaften zum Kinderschutz fördert das Bewusstsein für die Gefährdung der Entwicklung der Kinder und verhindert die beim Kinderschutz häufiger festzustellenden Verdrängungstendenzen. Die Vernetzungen können auch helfen, präventives Vorgehen gezielt abzustimmen. Die Brandenburger Landesregierung hat dazu gemeinsam mit den kommunalen Spitzenverbänden Empfehlungen herausgegeben, die davon ausgehen, dass die Grundlage jeder Kooperation die Kenntnis der Handlungsbedingungen der Kooperationspartner ist und eine fallunabhängige Kooperationsstruktur auch in Krisenfällen die Zusammenarbeit und damit die Hilfe für das betroffene Kind erleichtert.[2]

Kitas als wichtige Orte für den Kinderschutz

Kitas sind die Orte, in denen die meisten Eltern erstmals mit professionellen Pädagogen zusammentreffen und wirken somit prägend für zukünftige Begegnungen. Eine positive Beziehung zu diesen Profis kann ermutigend wirken, auch andere professionelle Hilfe zu suchen und anzu-

1 IFK (2005): Struktur und Gründe des Verzichts auf Kindertagesbetreuung in Brandenburg. Fehlefanz www.mbjs.brandenburg.de/sixcms/list.php?template=onlinebibliothek&_rubrik=H*
2 http://www.mbjs.brandenburg.de/sixcms/detail.php/lbm1.c.353690.de

nehmen. Zudem bietet der alltägliche Kontakt erhebliche Chancen auch für den Kinderschutz. Selbstverständlich können keine Beratungsgespräche zwischen Tür und Angel geführt werden; aber schon die Erfahrung, Verständnis zu finden, kleine Tipps und Hilfen zu erhalten, kann eine wertvolle Unterstützung in latent krisenhaften Situationen sein.

Inzwischen wächst allgemein die Wertschätzung von niedrigschwelligen Unterstützungs- und Bildungsangeboten und Kindertageseinrichtungen wie auch Jugendämter sollten diese sich hier bietende Chance intensiver als bisher nutzten. Das können Kitas zumeist nicht mit der Regelausstattung leisten, aber sie können in der Regel ein Ort sein, an dem solche Angebote angebunden sind oder sie können als Einrichtungen selber solche Angebote vorhalten, wenn die entsprechenden Ressourcen zur Verfügung gestellt werden. Interessante Ansätze in diesem Zusammenhang bilden die Eltern-Kind-Zentren, die neben der Förderung der Entwicklung der Kinder die Stärkung der Erziehungskompetenz der Eltern in den Mittelpunkt stellen.

Zur alltäglichen pädagogischen Arbeit der Kitas gehört es, die Entwicklung der Kinder kontinuierlich zu beobachten. Die eine Form der Beobachtung, wir nennen sie hier »Bildungsbeobachtung«, ist eine unverzichtbare Grundlage einer Bildungsförderung, die an den Interessen und Themen der Kinder ansetzt. (Die Beobachtungsinstrumentarien von Infans oder die Bildungs- und Lerngeschichten wären hier beispielhaft zu nennen.) Die andere Form der Beobachtung ist eher eine Risikoabschätzung; sie soll sicherstellen, dass die Entwicklung der Kinder (innerhalb der normalen Spannweiten) unauffällig und unproblematisch abläuft. Bei dieser Beobachtung stehen Entwicklungsverzögerungen oder mögliche Störungen im Fokus der Aufmerksamkeit. (Die Grenzsteine der Entwicklung oder auch der BEK, über die hier in diesem Buch berichtet werden, gehören in die letztere Kategorie.) Unter Kinderschutzaspekten sind Beobachtungen, die mögliche Risiken oder Gefährdungen des Kindes feststellen können, von großer Bedeutung, um überhaupt auf mögliche Auffälligkeiten reagieren zu können.

Bei der Betrachtung von Gefährdungen der kindlichen Entwicklung sind die Misshandlungen von den Vernachlässigungen zu unterscheiden. Misshandlungsspuren sind häufig sichtbar und erfordern je nach Intensität der Verletzung ein Gespräch mit den Eltern, ein Vorstellen bei einem Arzt oder die Einschaltung des Jugendamtes, um weitere Misshandlungen zu verhindern. Schwieriger ist es bei einem Verdacht auf sexuellen Missbrauch, bei dem es in jedem Fall vor vertiefenden Gesprächen oder vor eigenen Klärungsversuchen erforderlich ist, Spezialisten einzubeziehen, um Fehleinschätzungen zu vermeiden.

Häufiger in der Kitapraxis anzutreffen, aber deshalb nicht einfacher im Umgang, ist ein Verdacht auf Vernachlässigung. Wann ist etwas übelriechende Kleidung ein Anhaltspunkt? Ab wann wird eine Erklärung der Eltern auffällig, sie hätten verschlafen? Wie oft müssen Erzieherinnen feststellen, dass die Kinder nicht gefrühstückt haben, bis sie besorgt sind? Wie oft kann einem die Alkoholfahne beim Abholen der Kinder entgegengeweht kommen, bevor man etwas sagen muss? Wie bewertet man Hinweise auf eine emotional wenig stabile Bindung zwischen Eltern und Kind? Diese und ähnliche Fragen stellen sich häufig im Umgang mit Vernachlässigungen und auch hier gibt es wieder einmal keine eindeutigen Rezepte, gibt es keine eindeutigen Schwellenwerte zwischen Unauffälligkeit und Risikolage.

In jedem Fall hilft ein regelmäßiger Austausch mit Kolleginnen und Kollegen über die Beobachtungen und Einschätzungen und es ist sinnvoll, solche Beobachtungen zu dokumentieren. Unser Hang, über Unangenehmes hinwegzusehen und zu bagatellisieren, kann so unter Kontrolle gebracht werden und man kann sich besser darüber im Klaren werden, ob es sich um untypische Häufungen von Auffälligkeiten oder um nur punktuelle Beobachtungen handelt.

Einschätzungen werden aber noch sicherer und Handlungen rationaler und professioneller, wenn sich Erzieherinnen mit Kollegen, insbesondere auch mit Fachkräften austauschen können, die über spezielle Qualifikationen für die Problemlagen verfügen. Hier haben auch die bei der Prävention erwähnten Arbeitsgemeinschaften für den Kinderschutz eine wichtige Funktion. Eine solche Vernetzung dient insbesondere der Handlungssicherheit in den Krisenfällen. Wenn die verschiedenen Akteure des Kinderschutzes sich untereinander kennen und ihre Handlungs- und Reaktionsweisen einschätzen können, ist es leichter möglich, auch in Krisenfällen Rat einzuholen und ggf. gemeinsam über den Umgang mit dem Problem zu beraten und gezielter vorzugehen.

Die Kita nimmt deshalb so eine wichtige Rolle beim Kinderschutz ein, weil die Fachkräfte die Kinder und die Eltern in der Regel sehr gut kennen, denn ein effektiver Kinderschutz braucht das Wissen von den konkreten Lebensumständen des Kindes. Dies ist keine Aufforderung zum Aushorchen oder für ein allgegenwärtiges Misstrauen Eltern gegenüber. Allerdings ist es die Aufforderung, liebevoll aufmerksam zu sein für das, was ein Kind braucht, und auch den Alltag außerhalb der Kindertagesstätte, in der Familie, als zentralen Teil des kindlichen Lebens zu betrachten, der die pädagogische Fachkraft etwas angeht. Es geht nicht darum, mit dem Blick für überall lauernde Gefahren Daten und Einschätzungen über Familien zu sammeln, sondern darum, sich für das Kind zu interessieren. Verdichten sich Risikohinweise, muss zuerst im Team darüber entschieden werden, wie damit weiter umgegangen wird; ob, wie und wann die Eltern direkt angesprochen werden, ob z.B. auch ein Besuch bei dem Kind möglich ist und ob ggf. das Jugendamt eingeschaltet wird.

Einen Aspekt zeigen die Kinderschutzfälle relativ deutlich: Es ist als Risikofaktor zu bewerten, wenn Kinder, bei denen es Verdachtsmomente gibt, unvermittelt aus der Kindertagesstätte abgemeldet werden. Dann ist es im Interesse des Kinderschutzes sinnvoll, wenn sich die Erzieherin und die Kitaleiterin bei den Eltern dafür einsetzen würden, dass der Besuch fortgesetzt wird. Sind diese Bemühungen nicht erfolgreich, sollte bei einem möglicherweise auch nur unspezifischen Verdacht auf Kindesvernachlässigung oder -misshandlung das Jugendamt eingeschaltet und über die Abmeldung und die Beobachtungen im Vorfeld informiert werden.

Datenschutz und Kinderschutz

Dabei, wie auch bei anderen Meldungen an das Jugendamt, wird häufig die Frage des Datenschutzes thematisiert. Der Datenschutz, von Pädagogen zuweilen als starres, unsinniges Regelgerüst verstanden, ist tatsächlich eine wichtige Grundlage für gute Jugendhilfeleistungen, weil die sensible Behandlung von Informationen, die man im Vertrauen erlangt hat, die Grundlage für das Fortbestehen von Vertrauen ist. Kinder- und Jugendhilfe ist in der Regel darauf angewiesen, dass beide Seiten kooperieren – und Kooperation auf der Basis von Misstrauen ist selten tragfähig. Daher hat der Datenschutz auch so eine hohe Priorität im SGB VIII zugewiesen bekommen und kann nicht gegen den Kinderschutz ausgespielt werden.

In letzter Zeit wird er in der öffentlichen Diskussion jedoch häufig als ein Problem angesehen, das effektiven Kinderschutz verhindert. Dies ist so pauschal nicht zutreffend. Dazu stellt die Jugend- und Familienministerkonferenz gemeinsam mit den kommunalen Spitzenverbänden in einem gemeinsamen Papier, das im Mai 2007 verabschiedet wurde, fest: »Der im Interesse des Kindeswohls erforderliche

Informationsaustausch ... darf nicht an datenschutzrechtlichen Hürden scheitern, sondern ist ... sicherzustellen, insofern gilt: Kinderschutz geht vor Datenschutz. Zugleich gilt aber auch, dass der Datenschutz eine wesentliche Voraussetzung für einen erfolgreichen Hilfeprozess ist, weil er die dafür notwendige Vertrauensbeziehung schafft und ermöglicht, dass sich Familien mit ihren Problemen an die sozialpädagogischen Fachkräfte wenden. Insofern hat der spezielle kinder- und jugendhilferechtliche Datenschutz eine die Förderung des Kindeswohls unterstützende Funktion.«

Ich meine, dass nicht die gesetzlichen Regelungen zum Datenschutz das Problem sind, es entstehen aber immer wieder Probleme bei der Anwendung des Datenschutzes. Gelegentlich entsteht dabei der Eindruck, er wird als Legitimation für Fehlverhalten oder Nichtstun genannt. Dagegen ist festzuhalten, dass der Sozialdatenschutz nach den §§ 61 – 68 SGB VIII dem Auftrag der Jugendhilfe dient, die Eltern zu beraten und eine vertrauensvolle Beziehung als Grundlage für die Hilfe herzustellen. Der Datenschutz dient nicht dem Schutz von Eltern, die ihr Elternrecht missbrauchen und ihre Kinder misshandeln oder vernachlässigen. Es ist erforderlich, dass auch die Kitas die Grundzüge des Datenschutzes kennen:

- Informationen sind grundsätzlich bei den Betroffenen einzuholen.
- Wenn der Schutz eines Kindes es erfordert, Informationen bei anderen einzuholen, ist das nach § 62 Abs. 3 SGB VIII zulässig.
- Ohne Mitwirkung der Betroffenen ist die Erhebung auch dann möglich, wenn deren Einbeziehung die Hilfe erheblich erschwert (§ 62 Abs. 2 Nr. 4).
- Grundsätzlich gilt, dass Informationen nur zu dem Zweck verwendet und übermittelt werden dürfen, für den sie erhoben worden sind. Mit Zustimmung der Betroffenen ist das auch darüber hinausgehend möglich.
- Die Weitergabe von Informationen ist zulässig zur Abschätzung des Gefährdungsrisikos, allerdings müssen die Informationen dann in der Regel anonymisiert werden.
- An das Familien- oder Vormundschaftsgericht können Informationen weitergegeben werden, wenn dies für eine gerichtliche Entscheidung im Zusammenhang mit einer Gefährdung des Wohls eines Kindes erforderlich ist.

Im Übrigen ist auch der Datenschutz nicht die oberste Richtschnur allen Handelns in der Jugendhilfe und damit in den Kindertagesstätten. Er ist wichtig, um eine helfende Beziehung entwickeln zu können. Diese helfende Beziehung aber und der Schutz der Kinder vor Misshandlungen und Vernachlässigung stehen im Mittelpunkt des Auftrags der Jugendhilfe und stellen damit sehr hohe Rechtsgüter dar. In den Fällen, wo möglicherweise die Bestimmungen über den Datenschutz in einen Konflikt mit den Bestimmungen über den Kinderschutz geraten, ist eine Rechtsgüterabwägung vorzunehmen, das heißt, man muss prüfen, was in der konkreten Situation wichtiger ist. In begründeten Kinderschutzfällen wird diese Prüfung regelmäßig zugunsten des Kinderschutzes ausfallen, was allerdings die Beteiligten nicht davon entlastet, sich um eine Lösung mit den Betroffenen zu bemühen. Nur wenn das nicht geht, kann davon ausgegangen werden, dass das Schutzinteresse des Kindes höher zu bewerten ist, als der Datenschutz.

Vereinbarungen nach § 8a SGB VIII

Zu den rechtlichen Aspekten, die beim Kinderschutz von Kindertagesstätten zu beachten sind, gehört auch die mit der Einfügung des § 8a in das SGB VIII aufgenommene Verpflichtung der Jugendämter, mit den Trägern von Einrichtungen und Diensten, Vereinbarungen zum Schutzauftrag abzuschließen. In der Praxis ist diese gesetzliche Vorgabe noch nicht mit allen Trägern umgesetzt und es scheint insbesondere im Kindertagesstättenbereich etwas schwierig zu sein, zu einem Abschluss der Vereinbarungen zu kommen. Dies hat vermutlich vier Gründe:

- Kitas wollen nicht mit zusätzlichen Aufgaben überfrachtet werden. Der Erwartungshorizont an diese Einrichtungen ist in den letzten Jahren bereits im Zusammenhang mit dem Bildungsauftrag und der Elternarbeit erheblich gewachsen.
- Einigen Trägern der Kitas ist diese traditionelle Aufgabe der Jugendhilfe eher fremd, da sie sich aus anderen Traditionen heraus engagieren (z. B. kirchliche Kinderarbeit, Daseinsvorsorge der Kommune).
- Die Verhandlungen über die Vereinbarungen werden häufig nicht wie Vertragsverhandlungen geführt, sondern den Trägern der Kitas werden vorgefertigte Muster zur Unterschrift vorgelegt.
- Zudem ist nicht immer klar, welche Verpflichtung das Jugendamt in diesem Zusammenhang einzugehen bereit ist. Den Einrichtungen werden Verpflichtungen übertragen und es bleibt zuweilen ungeregelt, dass die öffentliche Jugendhilfe für die Finanzierung der Hinzuziehung der »erfahrenen Fachkraft« dann einzustehen hat, wenn der freie Träger dazu nicht in der Lage ist.

Grundsätzlich ist zu der Bestimmung im § 8a Abs. 2 zu sagen, dass hiermit Jugendämter und Einrichtungen zu einer Aufgabe verpflichtet werden, die – genauer betrachtet – eigentlich zum beruflichen Selbstverständnis einer jeden Fachkraft gehören müsste, die mit Kindern arbeitet. Wenn man wahrnimmt, dass ein Kind gefährdet oder in Not ist, darf man nicht zur Tagesordnung übergehen. Man muss entweder selbst versuchen dem Kind zu helfen oder, wenn man sich dazu nicht in der Lage sieht, andere Stellen, in der Regel das Jugendamt informieren, damit von dort Hilfeprozesse in Gang gesetzt werden.

Dennoch hat die Verpflichtung, eine Vereinbarung zu schließen, positive Wirkungen. Erreicht wurde damit ein größeres Bewusstsein für den Kinderschutz und die eigene Verpflichtung hieran mitzuwirken. Es ist zu hoffen, dass diese Vereinbarungen nicht nur pro forma abgeschlossen werden, sondern genutzt werden, um den Umgang mit der Kinderschutzthematik weiter zu entwickeln und die Fachkräfte entsprechend zu qualifizieren. Sie sollte von den Trägern auch genutzt werden, die Erwartungen, die bei solchen Problemen an die Fachkräfte der Einrichtung gerichtet werden, gemeinsam mit den Fachkräften zu klären, und dabei zugleich auch die Grenzen zu bestimmen, wo Probleme nicht mehr intern behandelt werden können und die Einschaltung des Jugendamtes erforderlich ist. Diese Klärung sollte einhergehen mit der Abstimmung von Vorgehensweisen und Verfahren, denn es hat sich gezeigt, dass eine gewisse Verfahrenssicherheit erforderlich ist, um in den auch emotional schwierigen Situationen, die bei Kinderschutzfällen regelmäßig auftreten, adäquat zu handeln. Die Verfahrensklarheit bezieht sich auch auf die Zusammenarbeit mit dem Jugendamt in diesen Fällen und gute Vereinbarungen legen auch fest, welche Unterstützung das Jugendamt den Kitas in solchen Fällen geben kann. Es wäre sehr zu begrüßen, wenn alle drei Seiten, die Träger der Kitas, die Fachkräfte und das Jugendamt die Verpflichtung zum Abschluss eine Vereinbarung als eine Chance wahrnehmen würden, die Zusammenarbeit in Kinderschutzfällen zu klären und die jeweiligen Aufgaben abzustimmen. Dabei gilt dann auch die Regel, dass wirklich neue Aufgaben, die über die Verpflichtungen im Rahmen des beruflichen Selbstverständnisses hinausgehen, auch adäquat vom örtlichen Träger der öffentlichen Jugendhilfe finanziert werden müssen.

Kindesvernachlässigung, Kindesmissbrauch und Gewalt gegen Kinder rechtzeitig erkennen und angemessen reagieren

Martin R. Textor

Nach Schätzungen des Kinderschutzbundes werden mehr als 300.000 Kinder in Deutschland sexuell missbraucht. Davon sind auch Kleinkinder – sogar Babys – betroffen. Ferner werden schätzungsweise zwischen 250.000 und 500.000 der 0- bis 6-jährigen Kinder vernachlässigt. Über die Zahl körperlich oder psychisch misshandelter Kinder liegen mir keine Zahlen vor. In den letzten Jahren gab es aber viele Medienberichte über die Misshandlung von Säuglingen und Kleinkindern mit Todesfolge. Das ist natürlich nur die »Spitze des Eisbergs«.

Jede Erzieherin kann deshalb fest damit rechnen, dass sie während ihrer Berufstätigkeit mit vernachlässigten, misshandelten oder sexuell missbrauchten Kindern konfrontiert werden wird. Es ist somit wichtig zu wissen, wie sie sich in solchen Situationen verhalten sollte.

Juristische Grundlagen

Rechtlich betrachtet ist der zentrale Begriff in diesem Kontext das sog. Kindeswohl. Dieses umfasst zwei Aspekte:

1. Die positive Förderung der Entwicklung des Kindes und dessen Erziehung zu einer eigenverantwortlichen und gemeinschaftsfähigen Persönlichkeit.
2. Der Schutz des Kindes vor Gefahren für sein Wohl.

Bei Vernachlässigung, sexuellem Missbrauch und Gewalt gegen Kinder handelt es sich um eine Kindeswohlgefährdung. Dieser Begriff entstammt dem Kindschaftsrecht des Bürgerlichen Gesetzbuches (BGB). Er findet sich dort in verschiedenen Regelungen, insbesondere in § 1666 Abs. 1 BGB. Danach kann »das körperliche, geistige oder seelische Wohl des Kindes durch missbräuchliche Ausübung der elterlichen Sorge, durch Vernachlässigung des Kindes, durch unverschuldetes Versagen der Eltern oder durch das Verhalten eines Dritten gefährdet« werden.

Generell lassen sich folgende Formen der Kindeswohlgefährdung unterscheiden:

1. Vernachlässigung, also die andauernde oder wiederholte Unterlassung fürsorglichen Handelns der Eltern oder von ihnen beauftragter Betreuungspersonen, was zu erheblichen Beeinträchtigungen der physischen und/ oder psychischen Entwicklung des Kindes führt oder mit einem entsprechend hohen Risiko verbunden ist. Zumeist werden körperliche Vernachlässigung (z.B. unzureichende Ernährung, dreckige Kleidung, mangelnde Sauberkeit), erzieherische Vernachlässigung (z.B. Mangel an stimulierenden Erfahrungen, fehlende erzieherische Einflussnahme, keine Beachtung eines erheblichen Förderbedarfs), emotionale Vernachlässigung (z.B. Mangel an Wärme in der Beziehung zum Kind, fehlende Reaktion auf emotionale Signale des Kindes) und unzureichende Beaufsichtigung (z.B. Kind bleibt längere Zeit alleine) unterschieden.
2. Psychische Misshandlung: Durch wiederholte Verhaltensmuster, wie z.B. feindselige Ablehnung, Demüti-

gung, Beschämen oder Terrorisieren, wird dem Kind zu verstehen gegeben, dass es wertlos, ungewollt und ungeliebt ist.

3. Physische Misshandlung: Es wird körperlicher Zwang bzw. Gewalt eingesetzt, oft verbunden mit einer Verletzung des Kindes. Eine bei Babys und Unter-Dreijährigen häufig auftretende Form ist auch das sog. Schütteltrauma.
4. Sexueller Missbrauch: Es werden sexuelle Handlungen an oder vor einem Kind vorgenommen, wobei das Verhalten bzw. eine etwaige aktive Beteiligung des jeweiligen Kindes für den Straftatbestand unerheblich sind. Als sexueller Missbrauch gelten auch Handlungen ohne Körperkontakt wie z.B. exhibitionistische Handlungen vor Kindern oder die Anleitung zur Masturbation.
5. Weitere Formen der missbräuchlichen Ausübung der elterlichen Sorge: Dies sind z.B. das Verweigern einer objektiv gebotenen ärztliche Behandlung, das Anhalten zum Betteln, das Unterbinden bzw. die unzureichende Sicherstellung des Schulbesuchs, das Zulassen von Drogenkonsum oder ein übermäßig autoritärer bzw. überfürsorglicher Erziehungsstil, der zu einer Abschottung des Kindes nach außen oder zu einer völligen seelischen Abhängigkeit führt, verbunden mit Entwicklungsrückständen oder psychosomatischen Krankheiten.
6. Das unverschuldete Versagen der Eltern: Dies kann z.B. durch deren Inhaftierung oder dauerhafte Hospitalisierung bedingt sein oder aufgrund von Suchterkrankungen, psychischen Störungen (Psychosen, Persönlichkeitsdefizite usw.) oder ausgeprägten geistigen bzw. körperlichen Behinderungen der Fall sein.
7. Gefährdung durch das Verhalten eines Dritten, die von den Personensorgeberechtigten nicht abgewehrt werden kann: Hier geht es z.B. um die Gefährdung durch einen Lebenspartner, ältere Geschwister, Zuhälter, Drogenhändler oder ungeeignete Pflegepersonen.

Laut Art. 6 Abs. 2 Satz 1 des Grundgesetzes sind in erster Linie die Eltern im Rahmen ihrer elterlichen Sorge für die Förderung und Sicherung des Kindeswohls verantwortlich: »Pflege und Erziehung sind das natürliche Recht der Eltern und die zuvörderst ihnen obliegende Pflicht.« In Satz 2 heißt es dann, dass die staatliche Gemeinschaft über die Betätigung des Elternrechts wacht. Hier hat das sog. staatliche Wächteramt seine verfassungsrechtliche Grundlage. Dieser juristische Fachbegriff beschreibt nicht etwa die Aufgabe einer Behörde, sondern einen verfassungsrechtlichen Auftrag, der einer Konkretisierung durch einfaches Recht bedarf. Dies geschieht – bezogen auf unser Thema – vor allem im BGB und im SGB VIII:

1. Das Bürgerliche Gesetzbuch (BGB) regelt, wie bei Kindeswohlgefährdung in die elterliche Sorge eingegriffen werden kann. Die Bandbreite möglicher Entscheidungen reicht von bloßen Ge- und Verboten über die Ersetzung elterlicher Erklärungen bis hin zum (teilweisen) Entzug der elterlichen Sorge. Solche Entscheidungen können nur von den Familiengerichten gefällt werden.
2. Das Achte Buch Sozialgesetzbuch (SGB VIII) legt die Rechtsansprüche der Personensorgeberechtigten – in der Regel der Eltern – und ihrer Kinder auf personenbezogene soziale Dienstleistungen fest, die im Falle einer Kindeswohlgefährdung zu gewähren sind. Hierfür sind die Jugendämter zuständig, selbst wenn die Hilfen zu weiten Teilen in Kooperation mit freien Trägern erbracht werden.

Damit sind die beiden wichtigsten Akteure genannt, die bei einer Kindeswohlgefährdung aktiv werden: Familiengerichte und Jugendämter. So lange Jugendämter jedoch von einer Kooperation der Eltern bei der Gefahrenabwehr für das Kind ausgehen können, sind sie nicht auf die Unterstützung durch das Familiengericht angewiesen. Bedarf es aber sorgerechtlicher Maßnahmen, damit das Jugendamt dem Kind die fachlich geeignete und notwendige Hilfe leisten kann, so muss das Familiengericht die entsprechende Entscheidung fällen. Beide Seiten müssen hier im Sinne einer Verantwortungsgemeinschaft tätig werden und das sozialpädagogische Angebot des Jugendamtes mit der Autorität des Familiengerichts verknüpfen.

Die wichtigsten Regelungen zum Schutzauftrag des Jugendamtes bei Kindeswohlgefährdung befinden sich in § 8a SGB VIII, der erst durch das Kinder- und Jugendhilfeweiterentwicklungsgesetz (KICK) in das SGB VIII eingefügt wurde und zum 1. Oktober 2005 in Kraft trat. Der Paragraph lautet:

§ 8a Schutzauftrag bei Kindeswohlgefährdung

(1) Werden dem Jugendamt gewichtige Anhaltspunkte für die Gefährdung des Wohls eines Kindes oder Jugendlichen bekannt, so hat es das Gefährdungsrisiko im Zusammenwirken mehrerer Fachkräfte abzuschätzen. Dabei sind die Personensorgeberechtigten sowie das Kind oder der Jugendliche einzubeziehen, soweit hierdurch der wirksame Schutz des Kindes oder des Jugendlichen nicht in Frage gestellt wird. Hält das Jugendamt zur Abwendung der Gefährdung die Gewährung von Hilfen für geeignet und notwendig, so hat es diese den Personensorgeberechtigten oder den Erziehungsberechtigten anzubieten.

(2) In Vereinbarungen mit den Trägern und Einrichtungen, die Leistungen nach diesem Buch erbringen, ist sicherzustellen, dass deren Fachkräfte den Schutzauftrag nach Absatz 1 in entsprechender Weise wahrnehmen und bei der Abschätzung des Gefährdungsrisikos eine insoweit erfahrene Fachkraft hinzuziehen. Insbesondere ist die Verpflichtung aufzunehmen, dass die Fachkräfte bei den Personensorgeberechtigten auf die Inanspruchnahme von Hilfen hinwirken, wenn sie diese für erforderlich halten, und das Jugendamt informieren, falls die angenommenen Hilfen nicht ausreichend erscheinen, um die Gefährdung abzuwenden.

(3) Hält das Jugendamt das Tätigwerden des Familiengerichts für erforderlich, so hat es das Gericht anzurufen; dies gilt auch, wenn die Erziehungs- oder Personensorgeberechtigten nicht bereit oder in der Lage sind, bei der Abschätzung des Gefährdungsrisikos mitzuwirken. Besteht eine dringende Gefahr und kann die Entscheidung des Gerichts nicht abgewartet werden, so ist das Jugendamt verpflichtet, das Kind oder den Jugendlichen in Obhut zu nehmen.

(4) Soweit zur Abwendung der Gefährdung das Tätigwerden anderer Leistungsträger, der Einrichtungen der Gesundheitshilfe oder der Polizei notwendig ist, hat das Jugendamt auf die Inanspruchnahme durch die Personensorgeberechtigten hinzuwirken. Ist ein sofortiges Tätigwerden erforderlich und wirken die Personensorgeberechtigten nicht mit, so schaltet das Jugendamt die anderen zur Abwendung der Gefährdung zuständigen Stellen selbst ein.

Laut § 8a Abs. 1 SGB VIII muss das Jugendamt aktiv werden, wenn ihm gewichtige Anhaltspunkte für eine Kindeswohlgefährdung bekannt werden. Damit sind Hinweise – z.B. von Nachbarn, Erzieher/innen bzw. Lehrer/innen – auf Handlungen gegen Kinder und Jugendliche gemeint, die eine der vorgenannten Formen der Kindeswohlgefährdung vermuten lassen. Es kann sich aber auch um Informationen über Lebensumstände handeln, die das leibliche, geistige oder seelische Wohl des Kindes oder Jugendlichen beeinträchtigen.

Die Fachkraft, die solche Hinweise erhält, soll nicht von sich aus tätig werden und entscheiden, ob sie – bzw. das Jugendamt – tätig werden muss. Vielmehr hat die Risikoabschätzung in der Regel in einer Helferkonferenz zu erfolgen, wobei durch verwaltungsinterne Festlegungen vorab bestimmt wurde, welche Fachkräfte (namentlich) oder welche Organisationseinheiten (funktional) dem Gremium angehören. Die Abschätzung des Gefährdungsrisikos kann in besonders brisanten Fällen auch kurzfristig mittels eines Kriseninterventionsteams oder in einem akuten Notfall zumindest durch eine kollegiale Beratung mit einer weiteren erfahrenen Fachkraft erfolgen.

Als erfahrene Fachkräfte werden solche Mitarbeiter/innen bezeichnet, die eine einschlägige Berufsausbildung (z.B. Dipl.-Sozialpäd., Dipl.-Psych., Arzt) haben, durch entsprechende Fortbildung für die Tätigkeit qualifiziert wurden, Praxiserfahrung im Umgang mit traumatisierten Kindern und deren Eltern haben, gut mit anderen Diensten (z.B. Beratungsstellen, Gesundheitshilfe, Familiengericht, Polizei) kooperieren können und persönlich geeignet sind (z.B. Belastbarkeit, professionelle Distanz, Urteilsfähigkeit).

Die Helferkonferenz soll feststellen, ob es Anhaltspunkte für die Kindeswohlgefährdung im Erleben und Handeln des Kindes bzw. Jugendlichen und in traumatisierenden Lebensereignissen sowie in der Familiensituation, dem elterlichen Erziehungsverhalten, der Wohnsituation und dem sozialen Umfeld gibt. Bereits bei der ersten Risikoabschätzung wird beurteilt, ob ein unverzügliches Einschreiten notwendig ist, wobei auch das Alter, der Entwicklungsstand und der gesundheitliche Zustand des Kindes berücksichtigt werden. Es wird überprüft, ob im Hinblick auf die Dringlichkeit ein sofortiger Hausbesuch erforderlich ist, eine Inobhutnahme erfolgen muss, die Polizei bzw. Staatsanwaltschaft oder Gesundheitshilfe eingeschaltet werden sollte oder das Familiengericht anzurufen ist (vgl. § 8a Abs. 3, 4 SGB VIII). In vielen Fällen werden zur weiteren Abklärung noch Recherchen im Umfeld des Kindes vorgenommen. So kann ein Hausbesuch angemeldet werden – in manchen Fällen wird er aber auch unangemeldet durchgeführt, damit sich die Fachkräfte ein Bild über den Zustand des Kindes, seine Lebensbedingungen und Entwicklungsperspektiven machen können.

Werden nach der Risikoabschätzung Hilfen zur Erziehung zur Abwendung der Kindeswohlgefährdung oder andere Maßnahmen wie z.B. Gesundheitshilfe für erforderlich gehalten, wirkt das Jugendamt im Rahmen des Hilfeplanverfahrens (§36 SGB VIII) bei den Personensorgeberechtigten auf die Inanspruchnahme solcher Hilfen hin. Reichen diese Maßnahmen nicht aus oder sind die Eltern nicht in der Lage oder bereit, sie in Anspruch zu nehmen, wird das Familiengericht eingeschaltet (§8 a Abs. 3 SGB VIII).

Am erfolgversprechendsten ist, wenn die Erziehungsberechtigten kooperativ sind, den vorgeschlagenen Maßnahmen zustimmen und in der Lage sind, ein konkretes Schutzkonzept für das Kind mit festgelegten Vereinbarungen einzuhalten. Nur dann können tragfähige individuelle und familiale Veränderungen von den einzelnen Familienmitgliedern gewollt und eingeleitet werden, die dann von den anderen Familienmitgliedern akzeptiert werden. Die Fachkräfte können die notwendigen Veränderungen gemeinsam mit den Eltern festlegen, mit ihnen planen und dann Hilfen für die Umsetzung zur Verfügung stellen. Beispielsweise unterstützen sie die Personensorgeberechtigten in ihren individuellen und elterlichen Kompetenzen, leiten familienstabilisierende und/oder wirtschaftliche Hilfen ein und vermitteln einzel- oder gruppentherapeutische und heilpädagogische Maßnahmen für die betroffenen Kinder.

Psychologische Grundlagen

Wissenschaftliche Studien zur Kindeswohlgefährdung, z.B. die Auswertung familiengerichtlicher Verfahren oder von Jugendhilfefällen, haben gezeigt, dass Kleinkinder der Altersspanne von null bis drei Jahren sowie Kindergartenkinder bei den Fällen überrepräsentiert sind. Kleinkinder sind vor allem von Vernachlässigung und Misshandlung betroffen, während sexueller Missbrauch besonders häufig bei Kindern im Grundschulalter und in der mittleren Kindheit vermutet bzw. ermittelt wird. Mädchen werden sehr viel häufiger als Jungen sexuell missbraucht; diese werden etwas häufiger misshandelt. Kinder mit größeren Entwicklungsbeeinträchtigungen oder Behinderungen sind einem vergleichsweise etwas größeren Misshandlungs- bzw. Vernachlässigungsrisiko ausgesetzt. Ähnliches gilt bei stärker ausgeprägten frühkindlichen Verhaltensauffälligkeiten.

Eltern, die ein Kind misshandeln, vernachlässigen oder missbrauchen, weisen oft eine oder mehrere psychiatrisch relevante Störungen auf. Auch einige Persönlichkeitsmerkmale gelten als vorhersagekräftige Risikofaktoren: z.B. eine ausgeprägt negative Emotionalität, eine hohe Impulsivität, eine deutliche Neigung zu einem vermeidenden Bewältigungsstil im Umgang mit Problemen oder eine geringe persönliche Reife. Ein hoher Anteil der Eltern haben selbst belastende Erfahrungen mit häufigen Bindungsabbrüchen, Misshandlung, Vernachlässigung oder sexuellem Missbrauch in der eigenen Kindheit gemacht. Derartige belastende Kindheitserfahrungen können die Erziehungsfähigkeit von Eltern beeinträchtigen (z.B. wegen problematischer innerer Beziehungsmodelle, Schwierigkeiten im Umgang mit Ärger oder einer erhöhten Anfälligkeit für depressive Verstimmungen).

In vielen wissenschaftlichen Untersuchungen wurden z.B. folgende Merkmale des Erziehungsverhaltens dieser Eltern ermittelt: altersunangemessene Erwartungen, ein eingeschränktes Einfühlungsvermögen, überdurchschnittlich ausgeprägte Gefühle der Belastung durch das Kind – oft verbunden mit dem Eindruck der eigenen Hilflosigkeit –, feindselige Erklärungsmuster für auffällige Verhaltensweisen, ein negatives Bild des Kindes und die Verwendung harscher Formen der Bestrafung. Misshandelnde Eltern zeigen mehr negative, kritische und kontrollierende Verhaltensweisen, während vernachlässigende Eltern eher ein distanziertes, wenig engagiertes und wenig responsives Verhalten aufweisen.

Kindeswohlgefährdung tritt etwas häufiger in Familien auf, in denen die betroffenen Kinder nicht mit beiden leiblichen Elternteilen zusammenleben. Eine besonders negative Wirkung scheint von wiederholter Partnerschaftsgewalt auszugehen; sie wurde besonders häufig in Familien beobachtet, in denen Kinder misshandelt werden. Manche Familien sind durch ein geringeres Ausmaß an Selbstorganisation, einen schwach ausgeprägten Zusammenhalt, viele ungelöste Konflikte, eine große Stressbelastung und einen weniger offenen Gefühlsausdruck gekennzeichnet.

Als Auslöser für Misshandlungen werden oft bestimmte Verhaltensweisen des jeweiligen Kindes genannt, z.B. bei Babys ein anhaltendes Weinen oder die Verweigerung der Nahrungsaufnahme und bei Kindern im Kindergartenalter Autoritätskonflikte und Regelübertretungen. Sexueller Missbrauch tritt erstmalig vor allem in Situationen auf, in denen normale Aktivitäten wie z.B. Rollenspiele, das Baden oder das Zu-Bett-Bringen für Übergriffe genutzt werden können. Bei Vernachlässigung und psychischer Kindesmisshandlung spielen hingegen Ereignisse wie z.B. Partnerschaftskonflikte eine größere Rolle. Zu einer Kindeswohlgefährdung kommt es häufiger, wenn die Eltern Alkohol konsumiert haben oder unter akutem Stress stehen.

Was sind nun die Folgen einer Kindeswohlgefährdung für die betroffenen Kinder? Bei Vernachlässigung steigt das Unfallrisiko, kann es zu gesundheitlichen Schädigungen kommen, treten gehäuft Verzögerungen im körperlichen Wachstum und Rückstände in der motorischen Entwicklung auf, verläuft oft die sozioemotionale Entwicklung problematischer und werden überdurchschnittlich oft internalisierende Formen von Verhaltensauffälligkeiten entwickelt. Häufig werden schlechtere kognitive und schulische Leistungen erbracht, was z.B. zur Klassenwiederholung oder zur Überweisung an Förderschulen führen kann. Im Jugendalter und im frühen Erwachsenenalter besteht ein hohes Risiko einer psychiatrisch relevanten Erkrankung bzw. spezifischer Störungen wie depressiver Erkrankungen, Suizidalität und Suchtkrankheiten. Nur ein sehr kleiner Teil der in ihrer Kindheit vernachlässigten Personen scheint sich normal zu entwickeln.

Auch Menschen, die als Kinder psychisch misshandelt wurden, weisen häufiger psychiatrische Erkrankungen wie depressive Störungen auf. Zudem sind sie in Einrichtungen der Jugendhilfe bzw. des Jugendstrafvollzugs überrepräsentiert. Das Ausmaß der Beeinträchtigung der sozioemotionalen Entwicklung scheint etwas größer zu sein als bei Menschen, die als Kinder »nur« physisch misshandelt wurden. Misshandelte Kinder erbringen im Durchschnitt schlechtere kognitive und schulische Leistungen, sind aber in dieser Hinsicht nicht so stark benachteiligt wie vernachlässigte Kinder. Hingegen treten bei ihnen externalisierende Verhaltensauffälligkeiten (z.B. Aggressivität, Unruhe) häufiger auf; aber auch von Bindungsstörungen, depressiven Erkrankungen, Suizidversuchen und posttraumatischen Belastungsstörungen wird berichtet.

Auch sexuell missbrauchte Kinder zeigen als Gruppe deutlich mehr Belastungssymptome und Verhaltensauffälligkeiten. Dazu gehören internalisierende Formen wie Angst, Albträume oder Depressionen und externalisierende Formen wie Aggressivität, Hyperaktivität oder Delinquenz. Ferner werden häufig ein unangebrachtes Sexualverhalten, ein selbstverletzendes Verhalten, psychosomatische Beschwerden und posttraumatische Belastungsstörungen beobachtet. Manchmal leiden sexuell missbrauchte Kinder unter Unterleibsschmerzen, Verletzungen im Genitalbereich, Infektionen oder Geschlechtskrankheiten. Auch ihre kognitive, schulische und soziale Entwicklung wird häufig in Mitleidenschaft gezogen.

Zum Schutzauftrag von Erzieher/innen

Laut § 8a Abs. 2 SGB VIII soll das Jugendamt Vereinbarungen mit den Trägern und Einrichtungen abschließen, die Leistungen der Kinder- und Jugendhilfe anbieten. Durch diese Vereinbarungen soll sichergestellt werden, dass deren Fachkräfte bei der Erfüllung des Schutzauftrages nach § 8a Abs. 2 SGB VIII ihren Möglichkeiten und ihrem Rahmen entsprechend mitwirken und mit den Mitarbeiter/innen des Jugendamtes zusammenarbeiten.

Viele Trägerverbände und Landesjugendämter haben Empfehlungen für solche Vereinbarungen veröffentlicht. Auf den Seiten des Instituts für Soziale Arbeit findet sich eine Übersicht solcher Empfehlungen und weiterführende Literatur (www.kindesschutz.de/Externes/externes.html).
Solche Vereinbarungen sollten auch mit den Trägern von Kindertagesstätten abgeschlossen werden, da diese Leistungen nach den §§ 22 ff. SGB VIII anbieten. Die dort tätigen Erzieher/innen, Kinderpfleger/innen und sonstigen Beschäftigten verfügen aber nicht über die zuvor beschriebenen Qualifikationen einer »erfahrenen Fachkraft«, so dass sie nicht das Gefährdungsrisiko abschätzen, bei den Personensorgeberechtigten auf die Inanspruchnahme von Hilfen hinwirken und beurteilen können, ob die angenom-

menen Hilfen ausreichend sind oder ob das Jugendamt eingeschaltet werden muss (§ 8a Abs. 2 SGB VIII).

Dennoch ist auch in Kindertageseinrichtungen darauf zu achten, dass gewichtige Anhaltspunkte eines konkreten Gefährdungsrisikos für Kinder oder Jugendliche erkannt und die notwendigen weiteren Schritte eingeleitet werden. In der Empfehlung des Bayerischen Landesjugendamtes sind z.B. eine Reihe von Hinweisen enthalten, wie Erzieher/innen, Kinderpfleger/innen oder sonst wie qualifizierte Fachkräfte den Schutzauftrag nach § 8a SGB VIII erfüllen sollten. Diese Hinweise sind für die Erziehungskräfte in allen Bundesländern orientierend, auch wenn die konkreten Gesetzesbezüge oder Auftragsbeschreibungen unterschiedlich sind:

1. Sie sind gesetzlich verpflichtet, die ihnen anvertrauten Kinder vor Gefahren für ihr Wohl zu schützen (z.B. § 1 Abs. 3 Nr. 3 SGB VIII; § 3 Abs. 1 AVBayKiBiG).
2. Dementsprechend sollten sie gewichtige Anhaltspunkte für eine Kindeswohlgefährdung (s.u.) kennen.
3. Auf diese gewichtigen Anhaltspunkte sollten die Fachkräfte bei den ihnen anvertrauten Kindern achten, insbesondere wenn sie deren Entwicklung beobachten – eine Pflicht, die sich z.B. aus § 1 Abs. 2 AVBayKiBiG in Verbindung mit dem Bayerischen Bildungs- und Erziehungsplan ergibt (Bayerisches Staatsministerium für Arbeit und Sozialordnung, Familie und Frauen/Staatsinstitut für Frühpädagogik München 2006, S. 464-466). Falls sie Beobachtungsbögen, Checklisten u.Ä. verwenden, sollten diese alle wichtigen Anhaltspunkte für eine Kindeswohlgefährdung beinhalten (vgl. § 5 der Vereinbarung).
4. Sobald die Fachkräfte im Einzelfall gewichtige Anhaltspunkte für eine Kindeswohlgefährdung wahrgenommen haben, sollten sie sofort die Leitung ihrer Kindertageseinrichtung verständigen. Zusammen mit ihr und anderen Kolleg/innen, die den jeweiligen Einzelfall kennen, besprechen sie, ob die gewichtigen Anhaltspunkte wirklich gegeben sind. Dazu mag es notwendig sein, dass das Kind längere Zeit systematisch beobachtet wird – möglichst von zwei oder mehr Personen.
5. Werden die gewichtigen Anhaltspunkte nicht entkräftet, schalten die Erzieher/innen (bzw. die Leitung ihrer Kindertageseinrichtung) eine »erfahrene Fachkraft« ein. Dies kann ein/e Mitarbeiter/in des Jugendamtes, einer Erziehungsberatungsstelle oder einer anderen Einrichtung sein, die entsprechend qualifiziert ist. Dann erfolgt die Abschätzung des Gefährdungsrisikos laut § 8a Abs. 1 und 2 SGB VIII.
6. Bestätigt sich der Verdacht und werden Jugendhilfeleistungen für erforderlich gehalten, können letztere von dem Träger der Kindertageseinrichtung erbracht werden. Ist also beispielsweise der Träger ein Diözesan-Caritasverband, erfolgte die Abschätzung des Gefährdungsrisikos mit Hilfe dessen Familienberatungsstelle und wird eine Erziehungsberatung für notwendig erachtet, kann diese durch eine Beratungsstelle des Caritasverbandes erfolgen. Kommt es zu keiner Inanspruchnahme der Leistung durch die Eltern, kann der Träger die jeweilige Jugendhilfeleistung nicht erbringen oder sind andere Maßnahmen notwendig, muss der Träger unverzüglich das Jugendamt verständigen (vgl. §§ 3, 4 der Vereinbarung). Dieses übernimmt dann die Verantwortung für den Fall.
7. Die Fachkräfte sind verpflichtet, den jeweiligen Fall genau zu dokumentieren, also den Verlauf ab Beginn der Beobachtung von gewichtigen Anhaltspunkten für eine Kindeswohlgefährdung Schritt für Schritt schriftlich und für Dritte nachvollziehbar niederzulegen (vgl. § 9 der Vereinbarung).

Gewichtige Anhaltspunkte für eine Kindeswohlgefährdung

Was sind nun die gewichtigen Anhaltspunkte für eine Kindeswohlgefährdung, auf die Erzieher/innen, Kinderpfleger/innen oder sonst wie qualifizierte Fachkräfte in Kindertageseinrichtungen achten sollten? Sie werden in den »Empfehlungen zur Umsetzung des Schutzauftrags nach § 8a SGB VIII« des Bayerischen Landesjugendamtes (2006) wie folgt definiert:

Gewichtige Anhaltspunkte

Anhaltspunkte beim Kind oder Jugendlichen

1. Nicht plausibel erklärbare sichtbare Verletzungen (auch Selbstverletzungen)?
2. Körperliche oder seelische Krankheitssymptome (z.B. Einnässen, Ängste, Zwänge...)?
3. Unzureichende Flüssigkeits- oder Nahrungszufuhr?
4. Fehlende, aber notwendige ärztliche Vorsorge und Behandlung?
5. Zuführung die Gesundheit gefährdender Substanzen?
6. Für das Lebensalter mangelnde Aufsicht?
7. Hygienemängel (z.B. Körperpflege, Kleidung...)?
8. Unbekannter Aufenthalt (z.B. Weglaufen, Streunen...)?
9. Fortgesetzte unentschuldigte Schulversäumnisse oder fortgesetztes unentschuldigtes Fernbleiben von der Tageseinrichtung?
10. Gesetzesverstöße?

Anhaltspunkte in Familie und Lebensumfeld

11. Gewalttätigkeiten in der Familie?
12. Sexuelle oder kriminelle Ausbeutung des Kindes oder Jugendlichen?
13. Eltern psychisch oder suchtkrank, körperlich oder geistig beeinträchtigt?
14. Familie in finanzieller bzw. materieller Notlage?
15. Desolate Wohnsituation (z.B. Vermüllung, Wohnfläche, Obdachlosigkeit...)?
16. Traumatisierende Lebensereignisse (z.B. Verlust eines Angehörigen, Unglück...)?
17. Erziehungsverhalten und Entwicklungsförderung durch Eltern schädigend?
18. Soziale Isolierung der Familie?
19. Desorientierendes soziales Milieu bzw. desorientierende soziale Abhängigkeiten?

Anhaltspunkte zur Mitwirkungsbereitschaft und -fähigkeit

20. Kindeswohlgefährdung durch Erziehungs- oder Personensorgeberechtigte nicht abwendbar?
21. Fehlende Problemeinsicht?
22. Unzureichende Kooperationsbereitschaft?
23. Mangelnde Bereitschaft, Hilfe anzunehmen?
24. Bisherige Unterstützungsversuche unzureichend?
25. Frühere Sorgerechtsvorfälle?

Selbstverständlich ist diese Liste nicht als abschließend zu betrachten. So sollten die Fachkräfte z.B. auch auf die im ersten Teil des Artikels genannten Charakteristika der verschiedenen Formen der Kindeswohlgefährdung, auf die bei betroffenen Kindern möglicherweise auftretenden Symptome und auf die skizzierten problematischen Familiensituationen achten.

Datenschutz

Noch eine Anmerkung zum Datenschutz: Eine Kindeswohlgefährdung ist ein so schwerwiegender Tatbestand, dass der Datenschutz hinter dem konkreten Schutzbedürfnis eines betroffenen Kindes zurückstehen muss. Erzieher/innen können also alle Daten an die Kolleg/innen, den Träger, die einzuschaltenden erfahrenen Fachkräfte, das Jugendamt usw. weitergeben, die zur Sicherstellung des Schutzauftrags erforderlich sind. Allerdings dürfen sie nicht von sich aus ohne Wissen der Eltern Nachforschungen bei Dritten (z.B. Nachbarn) betreiben. Reichen die ihnen vorliegenden Daten nicht aus, um trotz gewichtiger Anhaltspunkte die vermutete Kindeswohlgefährdung zu belegen, ist dennoch das Jugendamt zu verständigen, da es berechtigt ist, z.B. durch Hausbesuche oder Nachforschungen bei Dritten weitere Informationen zu erheben.

Bei Sozialdaten, die Erzieher/innen zum Zweck persönlicher und erzieherischer Hilfe anvertraut worden sind, ist hingegen bis zu einem gewissen Grade Vertraulichkeit geboten. Sie müssen aber auf jeden Fall weitergegeben werden, wenn ein Tätigwerden des Familiengerichts erforderlich ist oder wenn eine gravierende Gefährdungssituation besteht, die eine Inobhutnahme des Kindes oder ein Eingreifen z.B. der Polizei notwendig macht (vgl. § 8a Abs. 3 bzw. 4 SGB VIII, § 65 Abs. 1 Satz 1 Nrn. 2 und 4 SGB VIII, § 34 StGB).

Zum Umgang mit den betroffenen Kindern und ihren Eltern

Eltern, die ein Kind misshandelt, vernachlässigt oder sexuell missbraucht haben, lösen bei Erzieher/innen zunächst Ablehnung, Abscheu und Wut aus. Schließlich kennen sie das Kind, lieben es auf gewisse Weise, und können sich so überhaupt nicht vorstellen, wie man ihm dergleichen antun konnte. In dieser Situation kann es hilfreich sein, sich vorzustellen, in welch problematischen Lebens- bzw. Familiensituationen viele dieser Eltern leben, dass sie oft unter psychischen Störungen und Suchtkrankheiten leiden und dass sie häufig selbst in ihrer Kindheit Opfer von Gewalt und sexuellem Missbrauch waren (s.o.). Damit soll ihr Verhalten nicht entschuldigt werden, aber es wird zumindest deutlich, dass viele dieser Eltern beratungs- und hilfebedürftige Personen sind, die nun nach dem Bekanntwerden ihres Handelns (hoffentlich) die notwendige Unterstützung durch das Jugendamt und/oder andere psychosoziale Dienste erhalten. Außerdem sollten die Erzieher/innen bedenken, dass vernachlässigte, misshandelte und sexuell missbrauchte Kleinkinder trotz der Demütigungen und Verletzungen ihre Eltern lieben und Angst haben, sie zu verlieren.

Wenn die Kindeswohlgefährdung von den Erzieher/innen gemeldet wurde, ist anschließend oft das Verhältnis zu den Eltern gestört. In vielen Fällen ändert sich dies aber innerhalb einiger Wochen, wenn die Eltern erkennen, dass durch die Hilfen des Jugendamtes bzw. anderer psychosozialer Dienste sich die persönliche Situation entspannt und sich die Familienverhältnisse verbessern. Selbst wenn ein sexueller Missbrauch gemeldet wurde, mag dies den nicht beteiligten Elternteil entlasten, da er froh ist, dass nun endlich der Missbrauch aufgedeckt wurde und dem Kind geholfen wird. Dadurch werden die Ängste und Schuldgefühle des Elternteils gemildert. In anderen Fällen dauert es jedoch längere Zeit, bis eine neue Vertrauensbasis zwischen Erzieher/innen und Eltern entsteht.

Insbesondere die Lebenswelt von Eltern, die ihre Kinder vernachlässigen, unterscheidet sich möglicherweise sehr von der einer Erzieherin. Deshalb sollten eigene sowie gesellschaftliche Normen, Maßstäbe und Selbstverständlichkeiten reflektiert werden – sie gelten oft nicht für diese Familien. Zuhören, Wahrnehmen und Verstehen sind unerlässlich, um sich in die Lebensrealität der jeweiligen Familie einfühlen und eine gemeinsame Sprache finden zu können. So entsteht eine Vertrauensbasis bzw. wird erhalten, die Erzieher/innen vor allem dazu nutzen sollten, einen regelmäßigen – möglichst ganztägigen – Besuch der Kindertageseinrichtung durch das jeweilige Kind zu erreichen. Prinzipiell ist es nicht Aufgabe von Erzieher/innen, Eltern, die ein Kind misshandelt, vernachlässigt oder sexuell missbraucht haben, intensiv zu beraten und zu unterstützen. Dazu fehlen sowohl die Zeit als auch die notwendigen beraterischen und therapeutischen Qualifikationen. Die für diese Familien notwendigen Angebote – z.B. Familienhilfe, Krisenberatung, Familienberatung bzw. -therapie, Sozialpädagogische Familienhilfe, Erziehungsbeistandschaft – können nur das Jugendamt und/oder spezialisierte psychosoziale Dienste zur Verfügung stellen. Gelegentlich werden Erzieher/innen in die Hilfeplanung und eventuell auch in die Maßnahmen eingebunden. Ansonsten können sie nur unterstützend tätig werden, indem sie diese Eltern nicht anders als andere Eltern behandeln, sie in die Elternschaft zu integrieren versuchen – also z.B. gezielt zu Angeboten im Rahmen der Elternarbeit einladen –, mit ihnen möglichst mehr als die im Bayerischen Bildungs- und Erziehungsplan vorgesehenen zwei Entwicklungsgespräche pro Jahr führen (Bayerisches Staatsministerium für Arbeit und Sozialordnung, Familie und Frauen/Staatsinstitut für Frühpädagogik München 2006, S. 445) und ihnen in einem sehr begrenzten Rahmen für Beratungsgespräche zur Verfügung stehen, die sich aber vor allem auf das betreute Kind beziehen sollten.

Dasselbe gilt bezüglich der betroffenen Kinder: Misshandelte, vernachlässigte und sexuell missbrauchte Kinder benötigen Hilfs- und Unterstützungsangebote, die weit über das hinausgehen, was Erzieher/innen leisten können. Dazu gehören z.B. Kinderpsychotherapie und – bei etwas älteren Kindern – soziale Gruppenarbeit.

Selbstverständlich haben die betroffenen Kinder besondere Bedürfnisse und brauchen in größerem Maße als andere Kinder die Zeit und die erzieherische bzw. heilpädagogische Kompetenz der Erzieher/innen. Beispielsweise können sie auf folgende Weise unterstützt werden:

- Kinder, die körperlich, psychisch oder sexuell misshandelt werden, schreiben sich besonders im jüngeren Alter selbst die Schuld an der Misshandlung zu, weil sie denken, sie seien böse oder nicht gut genug. Erzieher/innen können »ein Ohr« für solche Schuldgefühle entwickeln, auf sie eingehen und den Kindern helfen, ein positives Selbstbild und Selbstwertgefühle zu entwickeln.

- Vernachlässigte Kinder sind häufig entweder mimisch und gestisch regungslos und sprechen wenig oder sie sind distanzlos und laufen fortwährend hinter der Fachkraft her. So ist es relativ schwer, mit ihnen zu interagieren. Erzieher/innen sollten diese Kinder besonders gut beobachten, da sie oft in einem oder in mehreren Bereichen entwicklungsverzögert sind. Ist dies der Fall, ist zu prüfen, ob die Entwicklungsrückstände durch eine intensive (heilpädagogische) Förderung durch das Kindergartenpersonal ausgeglichen werden können oder ob weitergehende Maßnahmen notwendig sind (z.B. Einschaltung einer Frühförderstelle oder eines mobilen sonderpädagogischen Dienstes). Sind die Kinder unterernährt und ungepflegt, sollten sie zumindest im Kindergarten genügend Essen bekommen und zur Körperpflege angeleitet werden. Vereinzelt ist es sinnvoll, für sie saubere Kleidung bereitzuhalten (z.B. Spenden anderer Eltern), sodass sie sich umziehen können. Sehr stille, isolierte, deprimiert wirkende Kinder benötigen Unterstützung bei der Integration in die Kindergruppe.

- Bei misshandelten Kindern ist hingegen mehr auf die Verhaltenskontrolle zu achten, da sie oft aggressiv und gewalttätig sind. Treten bei ihnen Ängste, Albträume, Schlafstörungen, Depressionen usw. auf, benötigen sie eine entsprechende emotionale Unterstützung durch die Erzieher/innen. Manchmal ist es aber schwer, mit ihnen in Kontakt zu kommen, insbesondere wenn sie Bindungsstörungen aufweisen oder emotionslos wirken bzw. reagieren. Auf Entwicklungsverzögerungen, z.B. im kognitiven und sprachlichen Bereich, sollte geachtet werden.

- Sexuell missbrauchte Kinder werden von sich aus selten über ihre Situation sprechen, da sie über einen längeren Zeitraum psychischen Druck aushalten mussten und beispielsweise immer noch befürchten, sie könnten ins Heim kommen oder ihr Haustier könnte getötet werden. Erzieher/innen sollten hier sehr sensibel sein und die Kinder nicht drängen, etwas zu sagen. Stattdessen sollten sie vor allem für die Gefühle und Stimmungen der Kinder empfänglich sein und auf eventuelle Ängste, Depressionen, Albträume und psychosomatische Beschwerden einfühlsam eingehen. Bei anderen sexuell missbrauchten Kindern, die sehr aggressiv sind, sich oft ausziehen oder ein unangemessenes Interesse an den Geschlechtsteilen anderer Kinder zeigen, ist hingegen eine entsprechende Verhaltenskontrolle wichtig. Bei all diesen Kindern ist auch auf Entwicklungsverzögerungen zu achten.

Grundsätzlich benötigen alle Kinder, die körperlich, psychisch oder sexuell misshandelt wurden, eine besonders enge Beziehung zur Erzieherin, in der sie Wärme (Körperkontakt), Zuneigung, Verständnis, Feinfühligkeit, Trost, Stressreduktion usw. erfahren. Deshalb sollte möglichst oft das Gespräch mit ihnen alleine gesucht werden, sodass sichere Bindungen entstehen können. Dadurch können Erzieher/innen diesen Kindern wahrscheinlich am besten helfen...

Literatur

Bayerisches Landesjugendamt: Empfehlungen zur Umsetzung des Schutzauftrags nach § 8a SGB VIII. Vom Landesjugendhilfeausschuss auf seiner 104. Sitzung am 15.03.2006 beschlossen. http://www.blja.bayern.de/Textoffice/FachlicheEmpfehlungen/Empfehlungen%20zur%20Umsetzung%20des%20Schutzauftrags%20nach%20%A7%208a%20SGB%20VIII.pdf

Bayerisches Staatsministerium für Arbeit und Sozialordnung, Familie und Frauen/Staatsinstitut für Frühpädagogik München (Hrsg.): Der Bayerische Bildungs- und Erziehungsplan für Kinder in Tageseinrichtungen bis zur Einschulung. Weinheim, Basel

Quelle

Dieses Kapitel erschien in einer etwas anderen Fassung in KinderTageseinrichtungen aktuell, KiTa BY 2007, 19, S. 182-185 und S. 204-207. Nachdruck mit Genehmigung der Wolters Kluwer Deutschland GmbH.

Vereinbarung zwischen den Trägern der öffentlichen Jugendhilfe und den Trägern von Einrichtungen und Diensten nach § 8a SGB VIII

Johannes Münder

Allgemeines

Die Schaffung des § 8a SGB VIII, insbesondere die in § 8a Abs. 2 SGB VIII angesprochene Vereinbarung zwischen den Trägern der öffentlichen Jugendhilfe (dem Jugendamt) und den Trägern von Einrichtungen und Diensten, haben zu ausführlichen Diskussionen in der Kinder- und Jugendhilfe geführt. Hierbei sind auch Bedenken z.T. grundsätzlicher Art laut geworden, etwa derart, dass die Bestimmung des § 8a Abs. 2 SGB VIII eine Umgehung des sg. Subsidiaritätsprinzips sei und damit eine Beschneidung der Autonomie freier Träger mit sich bringe, oder dass hierdurch auch eine Aufgabenzuweisung für Kinderschutzaufgaben an private, nicht staatliche Träger stattfinde. Über solche Bedenken wurde z.T. mit dem Argument hinweggegangen, dass der Kinderschutz eine gemeinsame Aufgabe aller in der Jugendhilfe Tätigen sei. In solcher Pauschalität erscheinen die Diskussionen wenig differenziert, sie weisen jedoch darauf hin, dass hier ein von den Beteiligten zu bearbeitendes Handlungsfeld liegt. Dem Rechtsgedanken des § 8a Abs. 2 SGB VIII wird man nur dann gerecht werden, wenn man die Regelung versteht als Basis für eine Kooperation zwischen Trägern der öffentlichen Jugendhilfe und den privaten, freien Anbietern. Inhaltlich wird auch nur im Rahmen konsensualer kooperativ abgestimmter Regelungen eine effektive Sicherung des Kindesschutzes möglich sein. Mit den folgenden Vorschlägen für eine Vereinbarung soll diese Basis für Kooperation genutzt werden.

Damit ist nicht zu verkennen, dass bei den Beteiligten z.T. unterschiedliche Interessenslagen bestehen, häufig auch in Abhängigkeit von den unterschiedlichen Arbeitsfeldern (z.B. Interesse an niederschwelligen Angeboten, Schutz der Beziehungen zu den Klienten einerseits und Interesse an effektiver Wahrnehmung des staatlichen Wächteramts durch möglichst umfangreiche Informationen andererseits). Gerade die Rechtsform der »Vereinbarungen« kann hier die geeignete Basis dafür sein, dass derartige unterschiedliche Interessen aufeinander abgestimmt werden, denn »Vereinbarung« bedeutet nicht einseitige Festlegung oder gar einseitiges Diktat, sondern Ergebnis von Verhandlungen gleichberechtigter Partner.

Nicht zu übersehen ist, dass es örtlich durchaus faktisch Ungleichheiten zwischen den Trägern der öffentlichen Jugendhilfe, den (Sozial-)Leistungsträgem und den freien (gemeinnützigen oder gewerblichen) Trägern als Leistungsanbieter geben kann, was (wohl vornehmlich die Träger der öffentlichen Jugendhilfe) dazu veranlassen könnte, bestimmte Vertragsinhalte durchsetzen zu wollen. Dies kann auch zu rechtlichen Konflikten führen. Je nach dem Ort der rechtlichen Regelung (s.u.) sind für derartige rechtliche Auseinandersetzungen unterschiedliche rechtliche Konfliktregelungen vorhanden:

- Wird eine Vereinbarung nach § 8a Abs. 2 SGB VIII in die Vereinbarungen nach §§ 78a ff. SGB VIII eingebettet und ist (in der Regel der freie) Träger mit dem Inhalt nicht einverstanden, so führt der Weg der rechtlichen

Auseinandersetzung zu der Schiedsstelle nach § 78g SGB VIII, die – sofern keine Einigung zwischen den Parteien zu Stande kommt – eine Entscheidung darüber trifft, ob der verlangte Inhalt rechtlich zulässig ist.

- Werden die Vereinbarungen nach § 8a Abs. 2 SGB VIII in andere vertragliche Regelungen auf der Rechtsgrundlage des § 77 SGB VIII eingebettet, oder gibt es nur Vereinbarungen nach § 8a Abs. 2 SGB VIII, die dann auch in der Regelungsstruktur den Vereinbarungen nach § 77 SGBVIII entsprechen, so steht im Konfliktfall der Weg zu den Verwaltungsgerichten offen, die dann ebenfalls eine Überprüfung der Zulässigkeit der angestrebten Regelung vornehmen.
- Werden Vereinbarungen nach § 8a Abs. 2 SGB VIII mit einer Förderungsfinanzierung nach § 74 SGB VIII verbunden und in diesem Zusammenhang der Abschluss einer bestimmten Vereinbarung zur Voraussetzung einer Förderung gemacht, steht ebenfalls der Weg zu den Verwaltungsgerichten offen (dies ist allerdings nur für gemeinnützige Träger relevant, da nur bei diesen eine Förderung nach § 74 SGB VIII möglich ist).
- Schließlich ist denkbar, dass bei Einrichtungen, die unter § 45 SGB VIII fallen, und deswegen einer Erlaubnis bedürfen, die Erlaubniserteilung von dem Abschluss einer Vereinbarung mit einem bestimmten Inhalt abhängig gemacht wird; auch hier steht als rechtlicher Konfliktlösungsweg der Weg zu den Verwaltungsgerichten offen.

Interessen

Während so die Interessen öffentlicher Träger der Jugendhilfe und der Träger von Einrichtungen und Diensten im Rahmen der konsensualen Vereinbarungen berücksichtigt werden können, gilt es, die Interessen der Personen zu berücksichtigen, die an diesem Aushandlungsprozess nicht beteiligt sind. Dies sind in erster Linie die betroffenen Kinder, Jugendlichen und Eltern. Hier muss sichergestellt werden, dass keine Vereinbarungen geschlossen werden, die die Rechte der Leistungsberechtigten beschneiden oder einschränken. Dies gilt nicht nur für die – in diesem Zusammenhang immer wieder angesprochenen – Datenschutzbestimmungen, sondern viel grundsätzlicher dahingehend, dass die potenziell Betroffenen nicht Gegenstand (Objekt) der Vereinbarungen sein können, sondern das »Objekt« der Vereinbarung nur das zu sichernde Kindeswohl ist. Von daher ist es sinnvoll und angezeigt, die für die Betroffenen wesentlichen Elemente der Vereinbarung diesen in geeigneter Form zugänglich zu machen und sie hierüber aktiv zu informieren.

Ort der Regelung

Das Gesetz selbst sagt nichts dazu aus, wo und an welcher Stelle die entsprechenden Vereinbarungen nach § 8a Abs. 2 SGB VIII zu treffen sind. Insofern ist es rechtlich möglich, dies in unterschiedlicher Weise zu tun. Als Orte für die Regelungen bieten sich dort, wo Vereinbarungen nach § 78a ff. SGB VIII abgeschlossen werden, diese Vereinbarungen an, denn Teile der zu treffenden Vereinbarung nach § 8a Abs. 2 SGB VIII enthalten sowohl Leistungs- wie Qualitätssicherungselemente.

Dort wo Vereinbarungen nach §§ 78a ff. SGB VIII nicht abgeschlossen werden, liegen oft Vereinbarungen auf der Basis des § 77 SGB VIII vor (z.B. über Fachleistungsstunden im ambulanten Bereich); hier können diese Vereinbarungen der entsprechende Ort der Regelungen sein.

Wenn die Finanzierung der Leistungserbringung privater Anbieter über Zuwendungen nach § 74 SGB VIII stattfindet, ist es möglich im Rahmen der Zuwendungen entsprechende Vereinbarungen zu schließen. Empfehlenswert ist es dann, Zuwendungen nicht in Form (einseitiger) Verwaltungsakte zu vergeben, sondern hierzu (zweiseitige) öffentlich-rechtliche Vereinbarungen abzuschließen, so dass im Rahmen dieser Vereinbarungen dann auch Vereinbarungen nach § 8a Abs. 2 SGB VIII möglich sind.

Grundsätzlich ist es aber auch möglich, losgelöst von all diesen in Frage kommenden Bezugspunkten, besondere Vereinbarungen nach § 8a Abs. 2 SGB VIII abzuschließen. Eine unabhängig von den Rechtsgrundlagen der jeweils konkret erbrachten Leistungen abgeschlossene Vereinbarung nach § 8a Abs. 2 SGB VIII empfiehlt sich besonders dann, wenn (wie im Späteren dann auch vorgeschlagen) differenziert wird zwischen einer allgemeinen Generalvereinbarung und besonderen hilfespezifischen Vereinbarungen: hier wäre die allgemeine Generalvereinbarung ein eigenständiges Regelungswerk, während bei den hilfespezifischen Vereinbarungen eine Anknüpfung an die vorgenannten Bezugspunkte möglich wäre.

Partner der Regelung

Auch zu den Vertragspartnern sagt § 8a Abs. 2 SGB VIII wenig, er benennt nur die Träger von Einrichtungen und Diensten. Eine Definition der Einrichtungen und Dienste findet sich im SGB VIII nicht. Unter Bezugnahme auf den sich mit der gleichen inhaltlichen Materie befassenden § 75 SGB XII sind unter Einrichtungen stationäre und teilstationäre Einrichtungen zu verstehen, also Einrichtungen, in denen Leistungsberechtigte leben und die erforderlichen Hilfen erhalten bzw. (bei teilstationären Einrichtungen) in denen die Leistungsberechtigten nur für einen Teil des Tages leben. Dienste sind Angebote, die der ambulanten Förderung und Unterstützung von Berechtigten dienen. Da die Regelung des § 8a SGB VIII für beide Bereiche gilt, ist eine scharfe Abgrenzung zwischen Einrichtungen und Diensten nicht erforderlich. Jede Einrichtung, jeder Dienst hat einen Träger. Dies ist eine natürliche oder juristische Person. Weitere Anforderungen an den Trägerbegriff stellt das Gesetz nicht, insbesondere muss es sich nicht (wie etwa bei dem Begriff anerkannte Träger) um gemeinnützige Träger handeln, es können auch privatgewerbliche Träger sein. Demgemäß ist auch mit natürlichen Personen eine Vereinbarung abzuschließen, wenn diese natürliche Person Träger von Einrichtungen und Diensten ist. Ein Abschluss mit natürlichen Personen scheidet dann aus, wenn es sich nicht um Einrichtungen und Dienste handelt (wie z.B. bei Pflegepersonen nach § 33 SGB VIII).

Das der andere Vertragspartner der Träger der öffentlichen örtlichen Jugendhilfe (das Jugendamt) ist, wird in § 8a Abs. 2 SGB VIII nicht ausdrücklich angesprochen, ergibt sich jedoch aus dem Sachzusammenhang des § 8a Abs. 1 SGB VIII. Damit aber ist noch nichts darüber ausgesagt, welcher öffentliche Träger Vertragspartner ist, z.B. in Situationen, in denen eine Einrichtung von mehreren öffentlichen Trägern in Anspruch genommen wird, ebenso wenig wie für den Fall, dass eine Einrichtung unterschiedliche Angebote erbringt und somit unterschiedliche Rechtsgrundlagen für die bisher bestehenden (Leistungs-, Qualitätsentwicklungs- und Entgeltvereinbarungen) existieren. Sofern es sich um hilfespezifische Vereinbarungen handelt, empfiehlt es sich in Anlehnung an die Vorgaben der §§ 78a ff. SGB VIII Lösungen hinsichtlich der Vertragspartner zu finden. Die Tatsache, dass der Gesetzgeber hier keine ausdrückliche Lösung vorschreibt, ermöglicht es der Praxis in solchen Fällen auf der Basis einer kooperativen Absprache zwischen den Trägern der Jugendhilfe zu praktisch handhabbaren und der Sache angemessenen Lösungen zu kommen, etwa dadurch, dass dann, wenn mehrere öffentliche Träger als Vertragspartner grundsätzlich in Frage kommen, sich diese darüber verständigen, wer als Vertragspartner auftritt.

Generalvereinbarung – hilfespezifische Vereinbarung

§ 8a Abs. 2 SGB VIII trifft nur die generelle Aussage, dass Vereinbarungen mit Trägern von Einrichtungen und Diensten abzuschließen sind, die Leistungen nach diesem Buch erbringen. Damit ist hinsichtlich des Sachgegenstandes das gesamte 2. Kapitel über die Leistungen der Jugendhilfe angesprochen, also von der allgemeinen Forderung der Hilfe zur Erziehung in der Familie bis zur Hilfe für junge Volljährige[1]. Ob Vereinbarungen nach § 8a Abs. 2 SGB VIII so umfassend sein können, dass sie dieses gesamte Spektrum abdecken, erscheint fraglich. Grundsätzlich wäre dies möglich, der Charakter einer solchen Vereinbarung müsste allerdings so allgemein sein, dass er keine bereichsspezifischen, hilfespezifischen Aussagen mehr treffen könnte.

Im Folgenden wird der Vorschlag gemacht, eine allgemeine Generalvereinbarung (als eine Art Rahmenvereinbarung) und bereichsspezifische Hilfevereinbarungen abzuschließen. Dies ergibt sich nicht rechtlich zwingend aus § 8a Abs. 2 SGB VIII, erscheint jedoch der Sache nach angemessen, insbesondere wenn man den § 8a Abs. 2 SGB VIII als ein Angebot für kooperative Absprachen zwischen öffentlichen und freien Trägern versteht und nicht als eine Norm (miss-)interpretiert, die einer gegenseitigen Claim-Abgrenzung dient.

Eine solche Aufteilung in Generalvereinbarung und bereichsspezifische Vereinbarungen ermöglicht es, in den bereichsspezifischen Vereinbarungen konkretisiert die Aspekte aufzunehmen, die für die einzelnen Arbeitsfelder der Kinder- und Jugendhilfe von Bedeutung sind.

Insgesamt sind in die Vereinbarungen nach § 8a Abs. 2 SGB VIII folgende Inhalte aufzunehmen:

1 Wahrnehmung des Schutzauftrags nach Abs. 1 in entsprechender Weise: das beinhaltet – sofern nicht im Folgenden gesondert angesprochen – insbesondere die Abschätzung des Gefährdungsrisikos
(a) Einbeziehung von Personensorgeberechtigten, Kindern und Jugendlichen (soweit hierdurch nicht der wirksame Schutz in Frage gestellt wird)
2 Hinzuziehung einer erfahrenen Fachkraft
3 Hinwirken auf die Inanspruchnahme von Hilfen
4 ggf. Information des Jugendamts

Von diesen vier generellen Anforderungen ist wohl die Beurteilung dessen, was »gewichtige Anhaltspunkte« sind, die dann zu einer Abschätzung des Gefährdungsrisikos führen, die fachlich anspruchsvollste und herausfordernste Aufgabe. Diese Aufgabe wird auch nach den unterschiedlichen Arbeitsfeldern der Kinder- und Jugendhilfe unterschiedlich fachlich zu bearbeiten sein: es wird die Entwicklung entsprechender fachlicher Standards für die unterschiedlichen Felder bedürfen, denn die gewichtigen Anhaltspunkte und die dann vorzunehmende Einschätzung des Gefährdungsrisikos wird sich im Bereich niederschwelliger Angebote (z.B. Beratung oder gar offene Jugendarbeit) anders stellen als im Bereich umfassender Hilfen zur Erziehung (wie etwa außerfamiliale Unterbringung) und dies wird wiederum Unterschiede aufweisen zu der Situation in den regelhaften Angeboten etwa der Kindertagesbetreuung. Demgemäß werden die fachlich-inhaltlichen Aussagen hierzu bereichsspezifisch vorzunehmen sein. In der allgemeinen Generalvereinbarung könnte insofern sinnvoller Weise nur die allgemeine gesetzlich Regelung verweisend aufgenommen werden; im Übrigen müsste

---

1 Nicht angesprochen werden allerdings wegen des Begriffes »Leistungen« die Inobhutnahme nach § 42 SGB VIII, wenngleich diese in § 42 Abs. 1 Nr. 1 SGB VIII auf jeden Fall von einem Leistungskonzept ausgeht.

dann auf die arbeitsfeldspezifischen Regelungen verwiesen werden. Was die Einbeziehung von Personensorgeberechtigten, Kindern und Jugendlichen anbelangt, so wird sich dies sicherlich auch arbeitsfeldspezifisch unterschiedlich stellen (man denke nur an die Unterschiede zwischen offener Arbeit und der Situation der Fremdunterbringung von Jugendlichen). Da es sich hierbei aber um einen generellen und stets zu berücksichtigenden Aspekt handelt, würde es sich empfehlen, dies in die Generalvereinbarung aufzunehmen. Hinsichtlich der Hinzuziehung einer erfahrenen Fachkraft empfiehlt sich ebenfalls eine Regelung in der Generalvereinbarung, insbesondere dahingehend, was unter dem Aspekt des Schutzauftrags bei Kindeswohlgefährdung konsensual unter »erfahrener Fachkraft« zu verstehen ist. In diesem Zusammenhang können dann auch Aussagen darüber getroffen werden, inwiefern die Träger der Einrichtungen und Dienste über erfahrene Fachkräfte selbst verfügen, bzw. welche Wege und Zugänge möglich sind, um eine (externe) erfahrene Fachkraft hinzuzuziehen.

Die in § 8a Abs. 2 Satz 2 SGB VIII angesprochene Hinwirkungsverpflichtung auf die Inanspruchnahme von Hilfen ist wiederum eine grundsätzliche Angelegenheit, so dass der entsprechende Ort von Ausführungen hierzu die Generalvereinbarung sein kann. Das Hinwirken auf die Inanspruchnahme von Hilfen, wird sich darüber hinaus aber bereichsspezifisch z.T. sehr unterschiedlich darstellen, nicht zuletzt deswegen, weil in den verschiedenen Arbeitsfeldern der Kinder- und Jugendhilfe unterschiedliche methodische Arbeitsansätze verfolgt werden und das Hinwirken auf die Inanspruchnahme von Hilfen in diese unterschiedlichen Settings eingebettet werden muss. Das würde für das Verhältnis von Generalvereinbarung zu bereichsspezifischer Vereinbarung bedeuten, dass der Grundsatz in der Generalvereinbarung aufgenommen werden kann, während Einzelheiten den bereichsspezifischen Vereinbarungen vorbehalten sind.

Die schließlich angesprochene Information des Jugendamts in den Fällen, in denen (angenommene[2]) Hilfen nicht ausreichend sind, bezieht sich in erster Linie darauf, welche Wege und Verfahren im kooperativen Zusammenwirken für eine Information sinnvoll sind. Das ist in erster Linie eine fachliche Herausforderung an den Träger der öffentlichen Jugendhilfe, seine Verfahren so zu gestalten, dass verlässliche Informationswege und fachlich kompetenter Umgang mit den Informationen sichergestellt ist. Dies gilt für alle Informationen, die den Träger der öffentlichen Jugendhilfe erreichen. Insofern bietet sich die Generalvereinbarung für eine entsprechende Regelung an.

Bezogen auf § 8a Abs. 2 SGB VIII sind damit die notwendigen Inhalte einer Vereinbarung angesprochen. Da Vereinbarungen zwischen Trägern der öffentlichen Jugendhilfe und Trägern von Einrichtungen und Diensten jedoch auch im Zusammenhang der nach § 72a SGB VIII angesprochenen persönlichen Eignung von Bedeutung sind (§ 72a Satz 3 SGB VIII) und da darüber hinaus ein enger sachlicher Bezug mit der Regelung des § 8a SGB VIII besteht, empfiehlt es sich, im Rahmen der Vereinbarung nach § 8a Abs. 2 SGB VIII ggf. auch Vereinbarungen nach § 72a Abs. 3 SGB VIII zu treffen.

Darüber hinaus enthält § 61 Abs. 3 SGB VIII (schon immer) die Formulierung, dass bei der Inanspruchnahme von Einrichtungen und Diensten der Träger der freien Jugendhilfe

2 Der Gesetzeswortlaut spricht über die Information nur im Zusammenhang falls »angenommene Hilfen« nicht ausreichend erscheinen. Von der Intention des Gesetzgebers ist jedoch auch die Situation mit zu berücksichtigen, dass eine Hilfe überhaupt nicht angenommen wurde und deswegen die Gefahr nicht abgewandt werden kann.

der Schutz der personenbezogenen Daten bei Erhebung und Verwendung »in entsprechender Weise« gewährleistet werden muss durch den Träger der öffentlichen Jugendhilfe. Sinnvollerweise geschieht dies ebenfalls im Rahmen von Vereinbarungen. Und da auch hier oft ein wichtiger Bezug zu dem in § 8a SGB VIII angesprochenen Schutzauftrag bei Kindeswohlgefährdung gegeben ist, kann es u.U. sinnvoll sein, Regelungen dazu ebenfalls in die in § 8a Abs. 2 SGB VIII vorgesehenen Vereinbarungen mit aufzunehmen.

Evaluation von Vereinbarungen

Mit den Vereinbarungen nach § 8a Abs. 2 SGB VIII wird Neuland betreten. Dies gilt auch für den im Folgenden gemachten Vorschlag. Deswegen erscheint es notwendig, dann, wenn genügend Kenntnisse und Erfahrungen mit Vereinbarungen vorliegen, diese auszuwerten, um auf der Basis solcher Erkenntnisse verbesserte Vorschläge machen zu können. Sinnvoll erscheint eine solche Bestandsaufnahme und Auswertung von Vereinbarungen etwa Ende 2006/Anfang 2007.

Entsprechend diesen Ausführungen nun im Folgenden ein Vorschlag zu der angesprochenen Generalvereinbarung.

Generelle Vereinbarung zwischen dem Träger der öffentlichen Jugendhilfe (im Folgenden: Jugendamt) und dem Träger von Einrichtungen und Diensten (im Folgenden: Träger) gemäß § 8a Abs. 2 SGB VIII

Vorbemerkung: Diese Vereinbarung gilt für alle von dem Träger in seinen Einrichtungen und Diensten angebotenen Leistungen nach dem SGB VIII, ggf. darüber hinausgehende hilfespezifische Vereinbarungen bleiben den arbeitsfeldbezogenen Vereinbarungen vorbehalten.

§ 1 Aufgaben des Jugendamts und des Trägers

1 Das Jugendamt hat die Verantwortung für die Sicherstellung der Leistungen und Aufgaben des SGB VIII. Dazu gehört die Wahrnehmung des staatlichen Wächteramts und die Realisierung des Schutzauftrags für Kinder und Jugendliche bei der Gefährdung ihres Wohls. Sofern Kinder und Jugendliche Leistungen in Einrichtungen und Diensten des Trägers erhalten, wird diese Aufgabe des Jugendamts u.a. durch den Abschluss dieser Vereinbarung wahrgenommen.

2 Der Träger erbringt Leistungen gegenüber Eltern, Kindern und Jugendlichen selbstständig auf der Basis entsprechender Vereinbarungen mit diesen. Die Leistungserbringung dient der Förderung der Entwicklung und der Erziehung zu eigenverantwortlicher und gemeinschaftsfähiger Persönlichkeit der jungen Menschen. Dazu gehört auch, Kinder und Jugendliche vor Gefahr für ihr Wohl zu schützen. Diese Aufgabe wird vom Träger u.a. durch den Abschluss dieser Vereinbarung wahrgenommen.

3 Die Sicherung des Wohls der Kinder und Jugendlichen in den Fällen, in denen diese Leistungen in Einrichtungen und Diensten des Trägers erhalten, kann nur auf der Basis eines kooperativen Zusammenwirkens zwischen Jugendamt und Trägern gelingen. Die dafür notwendige Basis liefert diese Vereinbarung.

§ 2 Gewichtige Anhaltspunkte für eine Gefährdung und Risikoeinschätzung

1 Die in § 8a SGB VIII angesprochenen gewichtigen Anhaltspunkte für eine Gefährdung des Wohls des Kindes oder Jugendlichen sind aufgrund der verschiedenen Arbeitsfelder des Trägers, der entsprechenden Kenntnisse der Mitarbeiter und der fachlichen Erkenntnisse unterschiedlich. Eine ggf. notwendige Benennung sol-

cher gewichtigen Anhaltspunkte erfolgt deswegen arbeitsfeldbezogen.

2 Unabhängig von diesen ggf. notwendigen arbeitsfeldbezogenen Differenzierungen findet beim Träger, wenn eine Mitarbeiterin gewichtige Anhaltspunkte für eine Gefährdung des Wohls des Minderjährigen erkennt, folgendes Verfahren Anwendung:

a) Die entsprechende Mitarbeiterin informiert die Leitungskraft der Einrichtung bzw. des Dienstes.

b) Gemeinsam mit der Leitungskraft findet auf der Basis der von der Mitarbeiterin genannten Anhaltspunkte eine Einschätzung statt, ob ggf. gewichtige Anhaltspunkte für eine Gefährdung des Wohls des Minderjährigen vorliegen.

c) Kommen die Fachkräfte hierbei zu dem Ergebnis, dass gewichtige Anhaltspunkte vorliegen können, wird eine hinsichtlich der Kindeswohlgefährdung erfahrene Fachkraft hinzugezogen.

3 Erfahrene Fachkraft in diesem Sinne ist eine Person, die aufgrund ihrer spezifischen Qualifikation (insbesondere entsprechende Fortbildungen) eine Kinderschutzfachkraft ist oder besondere Erfahrungen in der Arbeit mit Kindeswohlgefährdungssituationen hat. Der Träger verfügt selbst über derartige Fachkräfte, die er in den in Abs. 2 genannten Situationen einsetzen kann.
(Alternativ zu Satz 2): Dem Träger stehen entsprechende Fachkräfte nicht (nicht in hinreichendem Umfang) zur Verfügung. Das Jugendamt benennt fallunabhängig dem Träger entsprechende geeignete Fachkräfte. Der Träger klärt mit solchen Fachkräften ab, wie die Verfügbarkeit und der Einsatz in den in Abs. 2 genannten Fällen möglich ist.

4 Gemeinsam mit der erfahrenen Fachkraft nehmen die betroffene Mitarbeiterin und die Leitungskraft eine Risikoeinschätzung vor und erarbeiten Vorschläge, welche erforderlichen und geeigneten Hilfen angezeigt sind, um das Gefährdungsrisiko abzuwenden.

5 Bei der Einschaltung der erfahrenen Fachkraft werden die datenschutzrechtlichen Bestimmungen, insbesondere § 64 Abs. 2 SGB VIII, beachtet.

§ 3 Einbeziehung von Personensorgeberechtigten, Kindern und Jugendlichen – Hinwirken auf die Inanspruchnahme von Hilfen

1 Auf der Basis und bezogen auf den nach § 2 Abs. 4 erarbeiteten Schutzplan erfolgt eine Einbeziehung der Personensorgeberechtigten, soweit hierdurch der wirksame Schutz des Kindes oder des Jugendlichen nicht in Frage gestellt wird. Die Kontaktaufnahme erfolgt durch den Träger.

2 Je nach Alter des Kindes wird dieses einbezogen, ab Vollendung des 3. Lebensjahres erfolgt grundsätzlich eine Einbeziehung, wenn nicht dadurch der wirksame Schutz des Kindes in Frage gestellt wird.

3 Ergibt sich aus den Kontakten zu diesen Personen die Notwendigkeit, dass zur Sicherung des Kindeswohls Hilfen in Anspruch genommen werden, so werden den Personensorgeberechtigten Wege und Möglichkeiten für die Inanspruchnahme solcher Hilfen aufgezeigt und angeboten. Nehmen die Personensorgeberechtigten entsprechende geeignete und notwendige Hilfe in Anspruch, so soll dies auf der Basis nachvollziehbarer Absprachen mit den Personensorgeberechtigten insbesondere zu dem Inhalt der Hilfen, zum Umfang und zu den zeitlichen Perspektiven geschehen.

4 Der Träger vergewissert sich, dass die vereinbarten Hilfen in Anspruch genommen werden und dass dadurch der Kindeswohlgefährdung wirksam begegnet werden kann.

§ 4 Information des Jugendamts

1 Erscheint dem Träger die von den Personensorgeberechtigten angenommene Hilfe als nicht ausreichend, wird von den Personensorgeberechtigten keine Hilfe angenommen oder kann sich der Träger nicht Gewissheit darüber verschaffen, ob durch die mit den Personensorgeberechtigten vereinbarten Hilfen der Kindeswohlgefährdung begegnet werden kann, so informiert er den Personensorgeberechtigten darüber, dass eine Information des Jugendamts erfolgt.

2 Ist wegen den in Abs. 1 genannten Gründen eine Information des Jugendamts erforderlich, so erfolgt diese Information durch eine Leitungskraft des Trägers. Die Information an das Jugendamt enthält Aussagen zu den gewichtigen Anhaltspunkten für die Kindeswohlgefährdung, zu der mit einer erfahrenen Fachkraft vorgenommenen Risikoeinschätzung, zu den den Personensorgeberechtigten benannten Hilfen und dazu, inwiefern die erforderlichen Hilfen nicht, bzw. nicht ausreichend angenommen wurden.

3 Die Übermittlung der Informationen an das Jugendamt enthält regelmäßig personenbezogene Daten, ggf. auch Informationen, die den besonderen Vertrauensschutz des § 65 SGB VIII unterliegen können. Deswegen ist eine Weitergabe der Informationen an das Jugendamt grundsätzlich nur mit Einwilligung der Betroffenen möglich. Aufgrund der nach dieser Vereinbarung vorgenommenen sorgfältigen Risikoabschätzung hinsichtlich gewichtiger Anhaltspunkte für eine Gefährdung des Wohls des Kindes oder Jugendlichen ist eine Informationsweitergabe an das Jugendamt ohne Einwilligung der Betroffenen rechtlich regelmäßig nach § 65 Abs. 1 Nr. 5 SGB VIII zulässig.

§ 5 Dringende Gefahr für das Wohl des Kindes oder Jugendlichen

1 Ist die Gefährdung des Wohls des Kindes oder Jugendlichen so aktuell, dass bei Durchführung der vereinbarten Abläufe mit großer Wahrscheinlichkeit das Wohl des Kindes oder des Jugendlichen nicht gesichert werden kann, so liegt ein Fall der dringenden Gefährdung des Wohls des Kindes vor. Dies gilt auch für die Fälle, in denen die Personensorgeberechtigten oder Erziehungsberechtigten nicht bereit oder in der Lage sind, bei der Abschätzung des Gefährdungsrisikos mitzuwirken.

2 In diesen Fällen ist eine unmittelbare Information des Jugendamts möglich. Ebenso ist eine direkte Anrufung des Familiengerichts durch den Träger möglich.

§ 6 Kooperation und Evaluation

1 Da eine dauerhafte fallunabhängige Sicherung des Wohls von Kindern und Jugendlichen nur möglich ist, wenn funktionierende Kooperationsbeziehungen bestehen und die Verfahrensabläufe für alle Beteiligten klar sind, erfolgt durch das Jugendamt eine Information des Trägers über den weiteren Verlauf in den Fällen der Kindeswohlgefährdung. Hierbei sind die datenschutzrechtlichen Vorgaben zu beachten.

2 Zwischen Jugendamt und Trägern erfolgt eine gemeinsame Auswertung der Fälle von Kindeswohlgefährdung, um eine Verbesserung der Risikoeinschätzung und Verfahrensabläufe zu erreichen.

3 Aufgrund der in diesem Zusammenhang gewonnenen Erkenntnisse erfolgt ggf. eine Überarbeitung dieser Vereinbarung.

Bildung stützt –
Bildung schützt

Ich folgte meinem Herzen oder: Wie ich lernte, die Familien meiner Kindergartenkinder in die Erziehung ihrer Kinder miteinzubeziehen

Nancy Hoenisch-Pomeroy[1]

Die Forschung über die Wirkung und den Einfluss elterlicher Beteiligung an der Erziehung ihrer Kinder[2] zeigt eine eindeutig positive Beziehung zwischen der elterlichen Beteiligung und der Leistung und Ergebnisse der Kinder. Diese Untersuchungen belegen die positiven Zusammenhänge zwischen elterlicher Beteiligung und kindlicher Kompetenz, Motivation, Aufmerksamkeit, Beharrlichkeit, Benehmen, Einstellung zum Lernen, Leselernen, und mathematischer Kompetenz. Forschung, die mit dem Perry Preschool Project[3] in Chicago 1962 beginnt und heute bis zur Arbeit am Harvard Family Research Center[4] reicht, weist überwältigend nach, dass die Beteiligung der Eltern am Lernen ihrer Kinder sich positiv auf die Erziehungsergebnisse wirkt. Außerdem zeigt diese Forschung, dass die Erfolge umso größer sind, je intensiver die Elternbeteiligung ist.[5] Diese Ergebnisse zeigen sich durchgängig für verschiedene Arten von Familienbeteiligung am Lernen des Kindes und auch für Kindern alle Altersstufen.

Wenn man die Forschung genauer anschaut, finden wir starke Hinweise, dass die wirkungsvollste Familienbeteiligung diejenige ist, bei der die Familien direkt mit den Kindern an Lernaktivitäten beteiligt sind.[6] Wenn Eltern vorlesen und gemeinsam mit den Kindern lesen, wenn Eltern sich an Bastelarbeiten beteiligen, wenn gemeinsame Hausaufgaben erledigt werden oder wenn Eltern sich um Aufgaben aus der Schule kümmern und den Kindern helfen, Anweisungen und Materialien zu verarbeiten, die von der Schule zur Verfügung gestellt worden sind: In allen sol-

1 Nancy hat diesen Beitrag in ihrem Deutsch geschrieben, das – von ihr gesprochen – so verständlich und eindrucksvoll ist, weil es mit der Person, mit ihrem Lachen und mit ihrem Charme verbunden ist. Aufgeschrieben fehlen diese Seiten und so mussten wir diesen Text für deutsche Leser leichter lesbar und verständlicher machen. Das war eine beständige Gratwanderung zwischen dem Versuch, das Original zu erhalten und ein verständliches Schriftdeutsch zu finden. Wir hoffen, dass wir nicht zu viel von Nancys Text geglättet haben. (D.D./L.P.)

2 Barnett, W.S et al,, Epstein, J., Henderson, A et al.

3 Barnett,W.S. et al

4 McWayne, C.M.

5 Jordan, C. et al., Epstein, J.

6 McWayne, C.M.

chen Fällen zeigt die Familienmitbeteiligung besonders eindrucksvolle Erfolge.

Diese umfangreichen Forschungsergebnisse sind ein sehr begründetes Beweismaterial für ein komplementäres Lernen, das zwischen der Schule, dem Zuhause und der Gemeinschaft stattfinden muss.[7] Erziehungs- und Bildungs-

einrichtungen hätten in den Eltern große Unterstützungsmöglichkeiten, sie könnten auf vielfältige Ressourcen zurückgreifen und hätten viele Helfer; sie verwerten aber für ihre Erziehungsbemühungen nur wenige davon.[8] Es ist unsere Aufgabe, das Beste für das Kind zu schaffen. Das ist der hippokratische Eid unseres Berufes. Deswegen dürfen wir uns nicht nur allein in der Verantwortung sehen, sondern uns als Partner der Eltern und der Gemeinschaft betrachten, mit denen wir diese Verantwortung teilen müssen.

Wenn ich nachdenke über meine Arbeit und meine Beziehungen zu den verschiedenen Familien mit ihren Kindern in den letzten 35 Jahren und wenn ich die Menge an Beweisen und Forschungsergebnissen betrachte, dann bekomme ich die Bestätigung dafür, das die Bemühungen um die Einbeziehung der Familien für die Kinder von großem Vorteil war. Gerade im Rückblick wird mir klar: Ich benötigte die Familienbeteiligung, um überhaupt eine vernünftige Erziehungsumgebung zu ermöglichen.

Damals, als junge Erzieherin, bin ich dabei nur meinem Herzen gefolgt; ich wollte das Beste für die Kinder ermöglichen. In den folgenden Jahren hat sich die Form der Einbeziehung der Eltern an die verschiedenen Familienbedürfnisse angepasst. Vielleicht ist es für andere Erzieherinnen interessant, die gewandelten Bedürfnisse der Familien und die daran angepassten Formen der Einbeziehung zu vergleichen.

Daher beschreibe ich auf den nächsten Seiten die verschiedenen Arten von Familienbeteiligung, die ich über die Jahre erprobt habe. Mein Interesse an der Partnerschaft von Familien und Schule ruht auf meinem festen Glauben – und nachdem ich viel darüber gelesen habe – auch dem Wissen, dass solche Partnerschaften für unsere Kinder und ihre akademische und soziale Entwicklung besonders ausschlaggebend sind. Mein Ziel ist es daher immer gewesen, die Entwicklung solcher Beziehungen zu unterstützen. Es gab nie ein Jahr ohne Familienbeteiligung – aber auch nie ein Jahr, in dem ich alle Familien erreichen konnte und in dem ich alles hätte realisieren können. Schließlich hatte ich selbst eine Familie zu versorgen.

7 Epstein, J., National Network of Partnership Schools, Harvard Family Research Project
8 Epstein, J.

Von Stolpersteinen zu Trittsteinen

Wie bin ich eigentlich über die Idee gestolpert, Partnerschaften mit den Eltern meiner Schützlinge zu fördern? Überhaupt, wie ist eine 22 jährige junge Lehrerin aus Amerika auf einer deutsch-amerikanischen Gemeinschaftsschule kurz nach dem Mauerbau in Berlin gelandet? Ich möchte davon erzählen, welche zufälligen Ereignisse diese wundervolle Partnerschaft inszenierten.

Die ersten zwanzig Jahre

Für mein Studium als Vorschullehrerin in Boston, Massachusetts, musste ich ein Praktikum machen und dabei auch die Notenverteilung an meine Kindergarten-Kinder mitmachen. Die Kommunikationen mit den Eltern geschah damals durch ein einmaliges Einführungs-Elterntreffen und sonst nur durch die Zeugnisse. Die Eltern der Kinder, die nicht gut in der Schule abschnitten, bekamen während des Jahres keine extra Betreuung, keine Unterstützung, keine Elternkonferenzen und keine Eltern-Kind-Hausaufgaben, damit die Kinder besser werden könnten. Es ist schrecklich: Wenn die Eltern an dem schulischen Leben ihrer Kinder nicht beteiligt sind, bekamen sie als einzige Mitteilung die vierteljährlichen Zeugnisse. Sie erhielten eine Karte mit einer Liste der Sachgebiete, in die jeweils in einem der fünf Felder eingetragen war: E=Excellent, O=Outstanding G=Good, I=Insufficient U=Unsatisfactory. Zum Schluss des Jahres gab es: P=Promoted und F=Failed, einfach eine Liste zum Abhaken und nicht ein persönliches Wort zum Kind und zu den Eltern.

Mir tat das so leid für die Kinder und auch für die Eltern, die ein Abschlusszeugnis mit lauter roten »U«'s und einen roten »F« bekamen. Wie gefühllos! In meiner kleiner Dorfschule, in die ich als Kind gegangen war, hatten die Lehrerinnen von uns fünf Geschwistern mindestens einmal monatlich meine Mutter angerufen. Wir und meine Mutter wussten damals genau, woran wir waren.

Schließlich, am Ende der Ausbildung, hatte ich meine Abschlussprüfung wohl gut bestanden. Aber beim Praktikum, erklärte mein Studienrat, da wäre etwas ... Ich wäre zu nah an bei den Kindern gewesen! Er meinte dies als Kritik!

Das war damals genug, um mich davon zu überzeugen, dass ich meinen Beruf ändern müsste; denn, wenn ich Kinder nicht auf meinem Schoss nehmen und ihr Haar kräuseln könnte, dann wollte ich lieber Künstlerin werden. Mit meinem Diplom in der Tasche und mit der Überzeugung, dass ich in dieser ungemütlichen Welt der rot umkreisten »F«s oder »P«s nie eine Lehrerin werden könnte, flog ich nach Italien und studierte Kunst.

Nach einem Jahr in Italien bin ich 1962 nach Berlin per Anhalter gefahren; ziemlich genau zu der Zeit, als der Stacheldraht der Teilung zu einer Mauer aus Beton wurde. Berlin war ein politischer Brennpunkt, wo ich gerne für eine Weile bleiben wollte, um Geld für eine Rückfahrkarte nach Amerika zu verdienen. Zufällig bin ich zur rechten Zeit am rechten Platz gewesen, denn gerade damals suchte die John F. Kennedy Schule (wie sie jetzt heißt) eine amerikanische Eingangsstufenlehrerin. Meine desolate finanzielle Lage überwog meine Abneigung, Lehrerin zu werden – und außerdem, so redete ich mir ein, würde es sich höchstens um zwei Jahre handeln.

Mit einem sehr geringen finanziellen Budget für meine Klasse ausgestattet, blätterte ich durch die Kataloge, um meinen Klassenraum einzurichten; aber erschwinglich waren nur kleine Bastelmaterialien und Tischspiele. Die Bauklötze waren winzig und nur dazu gedacht, damit auf den Tischen zu bauen. Ich stattete schließlich den Raum

nur als Übergangslösung aus und überlegte, wie ich das Nötigste selber herstellen konnte. Schließlich lag die Idee so nahe: »Ganz einfach, ich werde die Eltern meiner Kinder bitten, mit mir den Raum zu gestalten.«

Unser erster Elternabend fand in unserem Klassenraum statt. Am Nachmittag davor war mir schlecht vor Angst und ich hatte Magenverstimmung. Wie konnte eine 22-jährige junge Frau vor »Erwachsenen« auftreten? Sie wissen und verstehen viel mehr von dieser Welt als ich! Auch meine Kollegin aus der Klasse gegenüber, die ich um Rat gebeten hatte, schien ratlos zu sein und schrieb allerlei Anweisungen auf ihre Tafel. Ich hatte ein gutes College besucht, ich hatte ganz Vieles gelernt, ich wusste ziemlich genau, wie ich die Bedürfnisse meiner Kinder erfüllen konnte – aber kein Kurs hatte mich darauf vorbereitet, mit Eltern zu kommunizieren.

Merkwürdigerweise waren die Eltern sehr liebenswürdig. Vielleicht merkten sie die Echtheit, mit der ich ihre Kinder betreute. Und ich erkannte, dass ich mit Ihnen die Verantwortung für die Erziehung ihrer Kinder teile. Beide waren wir Partner, aber – wir hatten das stille Handikap – beide hatten wir keine Ahnung, wie wir diese Partnerschaft gestalten konnten, wie wir diese Aufgabe der Kindererziehung teilen sollen.

Und in den ersten peinlichen lautlosen Momenten leuchtete uns ein, dass wir in unbekanntes Territorium eintreten, dass keiner von uns wusste, was wir sagen sollten. Ein eindrucksvoller Moment für mich und von diesem Moment an habe ich mich daran gewagt, die Eltern zu beteiligen. Ich entschloss mich zu lernen, wie ich mit den Eltern meiner Kinder zusammenarbeiten könnte. In diesem Moment wurden die Stolpersteine ein bisschen zusammengerückt.

Die Eltern fanden meinen Vorschlag entzückend, den Klassenraum kindgerecht einzurichten und auszustatten. Projekte wurden entworfen, Materiallisten detailliert ausgearbeitet und mehrere Arbeitsabende vereinbart.

Schon der erste gemeinsame Bauabend erzeugte für mich, und ich denke auch für die Eltern, ein gegenseitiges Zutrauen. Wir gemeinsam, aus verschiedenen Nationalitäten und Kulturen, sägten und hämmerten, (fluchten über getroffene Finger) und lachten, Seite auf Seite. Und schließlich beschlossen wir, das nächste Treffen sollte in einer Kneipe stattfinden.

Bald folgten Einladungen zum Hausbesuch; und indem wir die Entwicklung und Fortschritte der Kinder zu Hause und in der Schule ausgetauscht und verglichen hatten, wurde eine wundervolle Brücke zwischen zu Hause und der Schule gebaut; für mich so etwas wie meine »Friedensbrücke« (so heißt die Berliner Luftbrücke in Amerika). Es war ein wundervolles Erlebnis, als junge Amerikanerin in die Häuser von deutschen Familien eingeladen zu werden und über die Kinder Beziehungen zu den Menschen in Berlin aufzubauen. (Meine Oma, die nicht sehr viel von den Deutschen gehalten hatte, war dagegen, dass ich nach Deutschland ging – geschweige denn nach Berlin! Als ich dann aber doch nach Berlin gekommen war, musste ich nach Tempelhof, um die Skulptur der Friedensbrücke zu sehen.)

Am Ende des zweiten Jahres gehörte zur Ausstattung des Klassenraumes ein komplettes Spielhaus mit Möbeln, vielen Verkleidungssachen, einer Werkbank, Wasser und ein Sandtisch, eine Naturwissenschaftsbank, ein Matheregal, bewegliche Trennwände (auch für Kasperletheater) und sogar vom Tischler angefertigte große Bauklötze (die die Eltern zusammen am Bastel-Elternabend glattgeschmirgelt hatten.

Ich habe mit dieser Arbeit, mit diesen Kindern und mit diesen Eltern so einen Spaß gehabt, dass ich mich entschloss, in Deutschland zu bleiben.

Und so vergingen die Jahre, mit jeder neue Gruppe Eltern, die untereinander die Beziehungen und den Klassenraum immer schöner ausgestattet hatten. Nachdem wir immer größere Objekte konstruiert hatten, fingen wir an, Lernmaterial, Mathe- und Frühlese-Spiele zu entwickeln und basteln. Das Buch »Workjobs« von Mary Baratta Lorton gab uns viele Anregungen. Ich sammelte die Materialien und schrieb Anregungen zur Gestaltung. Gelegentlich kamen die Eltern mit Kindern nachmittags in das Klassenzimmer und wir bastelten die Spiele zusammen. Öfter aber noch schickte ich die Materialien mit meinen Spielideen nach Hause und die Eltern mit ihren Kindern gestalteten sie dort.

Ich denke, dass diese gemeinsam mit den Eltern zu Hause gestalteten Spiele einen großen Einfluss auf den Lernerfolg und das Verhalten der Kinder hatten. Die Kinder waren immer stolz auf ihre Eltern und auf die Tatsache, dass sie etwas zur Gemeinschaft beigetragen hatten. Und ihr Selbstbewusstsein bekam einen großen Schub, wenn sie das selbstgebastelte Spiel einführen durften.

Unsere eng gestrickte Partnerschaft wirkte sichtbar – auch auf eine deutliche Verbesserung des Verhaltens der Kinder. Die Grenzen von zu Hause und unserer Klassengemeinschaft wurden deutlich geringer. Den Kindern ist es bewusst geworden, dass ihre Eltern und ich ein Team waren, dass wir sehr häufig miteinander über sie redeten und für sie sorgten. Weil die Eltern sehr oft bei uns in der Klasse mitmachten, übernahmen sie viele Verhaltensweisen und Erziehungsstrategien nach Hause. Eine Mutter erzählte mir einmal, dass sie, um ihr Kind zum Aufräumen zu motivieren, unser Putzlied gesungen hatte. Ärgerlich sagte das Kind, »Du darfst das nicht singen, das ist Nancy's Lied«. Durch solche Erlebnisse lernte ich eine andere Seite meiner Kinder und ihrer Eltern kennen, über ihr Leben miteinander zu Hause und auch über meinen Anteil an ihrem Leben.

Auf eine Wand in der Schule hatte ich eine Liste von Materialien gehängt, die wir für die verschiedenen Spielecken sammelten. Einmal traf ich an einem Wochenende auf dem Flohmarkt ein Elternehepaar, die neben mir die verschiedenen Stände durchwühlte. Sie erinnerten sich an meine Materialliste und bald suchten wir an den Ständen gemeinsam nach interessanten Requisiten für die Spielecken. Aus dieser zufälligen Begegnung entstand etwas

Dauerhaftes. Diese Mutter machte es sich zur Aufgabe, mich wöchentlich nach meiner Materialliste zu fragen und sie an die anderen Eltern weiter zu verteilen. So begann eine Versorgung der Klasse durch die Eltern und wir bekamen eine Fülle von Material: von Taschentüchern über Nägeln für die Werkbank bis zu Zucker und Mehl für die Küche.

Bald merkte ich, dass ich diese Aktivitäten durch einen Newsletter koordinieren konnte. Darauf schickte ich wöchentlich eine kurze Zusammenfassung unserer Aktivitäten und die besonderen Erfolge der Kinder, eine Danksagung für die viele Mitarbeit und noch eine Liste Materialien, die wir noch brauchten. Aus diesem kurzen Mitteilungsblatt wuchs eine regelrechte Zeitung mit Nachrichten über die einzelne Kinder und ihre Erfolge. Ich schrieb über die Bücher, die wir gelesen hatten, damit die Eltern sie in der Bücherei ausleihen konnten. Häufig schrieb ich auch über eine Aktivität, die die Eltern zu Hause mit ihren Kindern durchführen konnten. (z.B. aus der Naturwissenschaft: Zähle mal, wie viele Tropfen sich auf einem 10 Pfennig Stück sammeln können, ehe sie überfließen. Warum bleiben so viele Tropfen? ...)

Mein Klassenraum ist immer offen gewesen; Eltern waren jederzeit willkommen. Ein Kalender wurde beim Elternabend herumgereicht, damit sich Freiwillige für den nächsten Monat eintragen konnten, die vormittags in der Klasse mitarbeiten würden. Es war immer eine Freude, wenn Väter in die Klasse kamen. Die Werkbank war sonst nur offen, wenn ich Zeit hatte aufzupassen, denn seltsamerweise mochten die Mütter nicht mit Hammer und Säge mit den Kindern arbeiten.
Die Eltern spielten mit den Kindern, lasen Bücher vor und assistierten beim Malen, Basteln, Wasser- und Sandspiel. Für die Eltern hatte ich an der Wand jeder Spielecke kleine Hinweise angebracht, die ihnen die Regeln erklärten und wie sie den Kindern beim Spielen unterstützen konnten. So stand z.B. beim Einkaufsladen:

- Die Kinder könnten Einkaufszettel schreiben und es ist schön, wenn Sie sie dabei unterstützen, indem sie den Kindern helfen, die Wortlaute herauszufinden.
- Die Kinder könnten Preise auf die Gegenstände kleben. Bitte, weisen Sie die Kinder auf die Zahlenreihe an der Wand hin.
- Die Kinder könnten Spielgeld basteln.
- Beim Aufräumen gehören Verkaufsartikel in den großen Korb; das Geld bitte aus den Einkaufstaschen nehmen und wieder in die Kasse legen.

Ein Aufgabe der Freiwilligen war es auch, beim Saubermachen zu helfen. Manche blieben nach der Schule mit ihren Kindern da, um zu putzen. Wir hatten niemals Probleme, hilfreiche Hände zum Keksbacken zu finden oder Eltern, die uns auf Ausflügen begleiteten. Ich wurde regelrecht verwöhnt durch solche Elternmitbeteiligung.

Bücher haben wir geschenkt bekommen und bald hatten wir genug, auch Bücher auszuleihen, um sie mit nach Hause zu nehmen. Beim Elternabend zeigte ich den Eltern die Rolle der Vorleserin und wie wir die Kindern ermuntern, gut zuzuhören und die Geschichte nach zu erzählen. Ich bemühte mich auch den Eltern nahezubringen, welche verschiedenen Fähigkeiten und welches Wissen die Kinder beim Lesen erwerben, z.B.:

- Kann man über den Titel und den Autor sprechen.
- Wo fängt man eigentlich an zu lesen: von vorne nach hinten, von oben nach unten lesen…
- Was liest man, Bilder oder die Wörter?
- Es hilft mit dem »Lesefinger« auf die Wörter zu tippen und nicht auf Silben.
- Wie sie die phonetische Kenntnisse zu unterstützen können, die Anfangsbuchstaben hervorheben, Reime machen, usw.

Meine Möglichkeit, eine Eltern-Schule Partnerschaft zu ko-konstruieren, waren sehr durch die damaligen Zeiten beeinflusst. In den 70'er Jahren gab es einen gemeinsamen Respekt zwischen Eltern und Erziehern. Wir sprachen uns gegenseitig beim Vornamen an. Wir hatten gemeinsame Abendessen und informelle Treffen zuhause. Wir waren ein Team. Es war die Zeit der Kinderläden. Die Eltern haben die Verantwortung für die gemeinsame Erziehung ihrer Kinder aus der Hand des Staates übernommen. Mitbeteiligung an der Erziehung wurde von den Eltern als selbstverständlich angesehen und auch erwartet.

Meine zweiten zwanzig Jahre

Erster Abschnitt: Vorschule oder das Sprungbrett zu den »Stepping Stones«

Während der achtziger Jahren bin ich dann doch wieder nach Amerika zurückgekehrt und erlebte einen Kulturschock: – von der Millionenstadt Berlin in ein Dorf in Virginia, wo ich an der Quarles Elementary Schule, einer Vorschule, unterrichtete. Die Familien aus dieser Gegend waren meist Mittelschichtsfamilien. An meiner Philosophie, mit den Eltern eine Partnerschaft zu finden, hielt ich fest, – aber der Weg wurde sehr schwer. Auf einmal arbeitete ich mit Eltern, die wenig von Mitbeteiligung an der Erziehung verstanden.

Die Eltern meiner Kinder waren sehr beschäftigt, fleißig zu arbeiten und ihr zweites Auto und drittes Fernsehgerät zu kaufen. Sie gingen davon aus, dass die Erziehung ihrer Kinder vollständig die Aufgabe der Schule sei, – genauso, wie der Glaube ihrer Kinder die Aufgabe der Kirche sei. Ihre eigene Aufgabe schien es zu sein, die Kinder zu kleiden, zu füttern und zeitig ins Bett zu schicken – oh, vergessen habe ich, den Fernseher und Video-Spiele für deren Unterhaltung zu kaufen. Dabei sollten wir alle wissen, dass die Elternmitbeteiligung an der Erziehung des Kindes als einen Schlüssel zum Erfolg des Kindes anzusehen ist. Aber die Gesellschaft hat sich langsam gewandelt; sie ist mit Dingen statt Beziehungen beschäftigt. Die Menschen haben vergessen, dass die Mitbeteiligung der Familie an der Erziehung der Kinder ihnen die Botschaft gibt: »Ich sorge für dich, ich mache mir Gedanken über deine Freunde, deine Schule, und wie es wird, wenn du älter wirst.«

Auch in den ärmsten Familienverhältnissen können die Familien den Kindern diese Botschaft mitgeben und ihnen Verhaltungsweisen vorleben, wie: fleißig arbeiten, immer dein Bestes tun, einen Glauben haben, freie Zeit mit konstruktiven Aktivitäten füllen, Verantwortung zu Hause übernehmen, tatkräftig sein und unerschütterlich sein... Dann haben diese Kinder weitaus bessere Chance auf einen späteren Erfolg, als Kinder aus den reichsten Familien, die ihre Kindern in die Schule schicken und zu Hause vorm Fernsehen oder bei Videospielen alleine lassen. Ich weiß, das klingt sehr idealistisch – es ist aber nur resignativ, wenn man nur auf »die Verhältnisse« schaut. Sagt uns nicht gerade neuerdings auch die Resilienzforschung, welche Kraft in der Beziehung steckt, um auch widrige Umstände zu überwinden. Ich brauche für mich und für meine Arbeit jedenfalls den Glauben, dass die Kinder auch aus schlimmen Verhältnissen eine Chance haben, wenn die Erwachsenen rundherum sie ihnen geben.

Ich musste dabei gegen den Strom schwimmen, um meinen Sonderauftrag ausführen zu können. »Meinen Sonderauftrag« nenne ich es, weil ich etwas weitergeben musste: Ich war in den Genuss der Mitbeteiligung der Eltern in Deutschland gekommen und hatte die Vorteile einer vertrauten, respektierten Beziehung mit den Eltern erlebt.

»Gegen den Strom«, sage ich, weil die Schule diese Rolle als allein-verantwortlich für die Erziehung der Kinder angenommen hatte und auch so ausfüllen wollte. So wurde es sehr schwer, ohne die Unterstützung meiner Kollegen und der Schulleiterin, die Eltern mit hineinzuziehen und sie an der Erziehung der Kinder mitzubeteiligen.

Elterngarten

So wie ich an meinem allerersten Elternabend damals in Berlin angefangen hatte, musste ich auch jetzt neu anfangen und ich habe mich an eine neue Art von Elternmitbeteiligung heran gewagt. Zusammen mit meiner neuen Kollegin und Freundin, Jennifer, entschlossen wir uns, einen »Elterngarten« zu organisieren. Die Motivation der Eltern sollte von den Kindern erzeugt werden.

Jeden Tag sprach ich mit den Kindern über den Elterngarten – einen geplanten schönen gemeinsamen Abend, an dem die Kinder ihre Eltern mit in die Schule bringen und diesen alles im Klassenraum zeigen dürfen und an dem sie sogar ihre Eltern unterrichten werden. Ausnahmsweise durften sie die große dicke Kreide benutzen, um auf dem Teppich den Namen ihrer Eltern zu schreiben. Zwei Wochen vor dem Elterngarten haben wir angefangen, die Eltern für diesen Abend einzuladen, und täglich haben die Kinder die Erinnerungen nach Hause geschickt.

Snacks wurden mit den Kindern hergerichtet und endlich kam der große Elterngartenabend. Zwölf von den achtzehn Familien waren vertreten. Jennifers Klasse hatte einen ähnlichen Erfolg in der Elternteilnahme. Wir beide hielten einen kleinen Vortrag über die Vorteile der Mitbeteiligung an der Erziehung der Kinder. Endlich, das beste vom Abend, nachdem die Kinder unsere Morgenrituale vorgesungen hatten und den Namen von den Eltern auf

dem Boden geschrieben hatten, gingen sie in die Spielecken mit ihren Eltern und spielten gemeinsam.

Der Elterngarten zeigte mir noch, wer diese Eltern meiner Kinder eigentlich sind. Wie sie mit ihren Kindern umgehen. Können die Eltern noch spielen? Wer spielte mit seinen Kindern und wer konnte nur dabei sitzen und zuschauen?

Bei Nickis Vater bin ich einfach in das Spiel mit eingestiegen und motivierte ihn, sich auch zu engagieren. Nicki wollte eine Burg bauen und ich machte es den Vater vor, wie ich Nicki z.B. durch Fragen unterstützen und ermutigen konnte. »Wer wohnt in deiner Burg? Hat er ein Wohnzimmer? Wo ist das, komm, wir bauen es. Hat er ein Schlafzimmer? Wo? Ein Dach? Wo ist die Tür? Warum wohnt er in einer Burg? Hat er Feinde, der seine Burg wegnehmen will? Wie kann er das verhindern?« Und mit jeder Frage, mit jedem Baustein, näherten sich den Vater der Geschichte und auch dem Bau.

Ganz nebenbei ergab sich in einer Familie die Möglichkeit, dem Vater bewusst zu machen, wie stark er sein Kind

Vorschriften machte, wie es zu spielen hatte. Tommy war ganz unsicher und musste dauernd den Papa bitten, irgendetwas für ihn zu machen. Wenn er mal selber etwas machte und nicht sofort eine Lösung für ein Problem gefunden hatte, griff der Vater ein und löste es für das Kind. Ich fand eine Gelegenheit – bevor der Vater wieder einmal etwas für das Kind zusammenbaute – zu sagen, »Das kannst du bestimmt selber, Tommy, zeig das mal deinem Vater.«

Bei Tanja und ihren Eltern musste ich eingreifen, weil die Eltern zu sehr in Tanjas Schreibversuche eingriffen. Sie machten es vor, wie Tanja zu schreiben hatte, statt Tanja zu unterstützen, sich selber ihr Schriftstück zu gestalten. Ich kam dazu, als Tanja ihre Geschichte von oben nach unten schrieb und die Mutter gerade dabei war Tanja zu korrigieren. Die Mutter zögerte als sie mich bemerkte und ich fragte, »Na Tanja, du schreibst eine Geschichte; lies mal vor.« Da zuckte die Mutter zurück und lies Tanja fröhlich ihre Geschichte vorlesen. Als Tanja ihre Geschichte auf die Pinwand hängte, erklärte ich den Eltern, »Irgendwann wird Tanja merken, dass von links nach rechts geschrieben wird, und danach von oben nach unten. Wir möchten, dass sie die Erfahrung macht, ich kann das was ich denke und spreche, auch aufschreiben.«

Alle anwesenden Eltern und Kindern fanden den Abend erfolgreich und wollten eine Wiederholung. Jennifer und ich haben die fehlenden Eltern in den nächsten Tagen angerufen und von dem schönen Elterngartenabend gesprochen. Als wir dann in den nächsten Monaten diese Abende wiederholten, kamen fast alle Eltern sogar mehrere Male. Schließlich haben wir einen Telefon-Baum eingerichtet; eine Liste der Eltern, die der Reihe nach einander benachrichtigen sollten. So erreichte auch die fehlenden Eltern die Information, indem sie von den Eltern, die anwesend waren ermuntert wurden, das nächste Mal mitzumachen.

Der nächster Schritt: wöchentliche Anrufe nach Hause

Als ich bei einem Kind ein sehr positives Verhalten beobachtete, lobte ich das Verhalten. »Das war ja wunderbar, wie du Katje getröstet hast« und dann sagte ich ihr: »Deine Eltern rufe ich heute an, und erzähle ihnen das.« Später schickte ich dann den Eltern eine Email; und immer bat ich die Eltern, dass sie das Kind auch zuhause für das Verhalten loben sollten. Am folgenden Tag, vor den Kindern, fragte ich das Kind, »Na, was sagten Deine Eltern gestern zu Dir?«

Schließlich ging ich dazu über, sobald so etwas geschah, sofort die Eltern dieses Kindes anzurufen und ich lobte das Verhalten direkt vor das Kind und in der Hörweite von allen anderen. Auch den Eltern waren meine Gute-Botschafts-Annrufe sehr willkommen.

Viele Monaten lang rief ich die Eltern nur an, um etwas Positives und nie was Negatives mitzuteilen. Nach und nach sehnten die Kindern nach solchen Anrufen, und achteten mehr auf ihr Verhalten um solche »Lob-Anrufe« zu bekommen. So verbesserte sich auch ihr Verhalten in der Gruppe; es zeigte mir aber auch, wie sehr sie sich danach sehnten, dass ein Erwachsener etwas Positives an ihnen bemerkt und dies so wichtig, so »bemerkenswert« findet.

Für manche mag eine solche »direktive Pädagogik« sehr befremdlich klingen. Ich denke aber, dass viele Kinder sehr wenig Orientierung bekommen. Sie wissen nicht, was ihr Verhalten auslöst, was in einem anderen vorgeht, wenn sie freundlich oder aggressiv sind. Sie wissen nicht, was andere von ihnen brauchen und was sie beitragen, dass es ein schönes Leben in der Klasse oder in der Familie ist. Aber solche Botschaften müssen vom Herzen kommen; niemals dürfen sie die Kinder oder die Eltern beschämen.

Aber ich hatte nicht nur die Telefonnummern der Eltern, auch meine eigene Telefonnummer erhielten die Eltern mit der Bitte, nur zwischen 19-19:30 Uhr anzurufen. Wir hatten auch von denjenigen, die gerne Ihr Telefonnummer weitergeben wollten, eine Telefonliste unter den Eltern ausgeteilt.

Und dann noch: Hausbesuche

Die meisten Familien sind meinem Wunsch, sie zuhause zu besuchen, offen entgegengekommen. Dabei ist es wichtig, einen solchen Wunsch den Eltern auch zu begründen: »Ein Kind hat ganz verschiedene Verhaltensweisen in der Schule und zu Hause und zugunsten des Kindes sollten wir uns über diese Verhaltensweise austauschen.« Ich konnte die Familien überzeugen, dass ich nicht herumschnüffeln, sondern das Kind in seiner häuslichen Umgebung kennen lernen will.

Manche Eindrücke waren überraschend:
Auch in der sehr kleinen Wohnung von Susanne konnte ich ihren eigenen kleinen Bereich finden. Zwar war der Arbeitstisch klein, aber sie hatte einen eigenen Tisch und ein Regal für ihre Utensilien und eine kleine Privatecke, in die sie sich zurückziehen konnte. Zwar schienen ihre Eltern zu desinteressiert, um an einem Elternabend teilzunehmen, – aber eine lernfreundliche Umgebung zu Hause haben sie trotz aller Enge ermöglicht. Ich denke, diese Art der Unterstützung ist genauso, wenn nicht noch viel mehr wert für ihre Lernerfolge, wie Besuche auf Elternabenden. Es war wichtig, dass ich das gesehen habe.

In anderen Wohnungen bemerkte ich schon mit einem kurzen Blick vieles, mit dem Lernerfolge verhindern wurden. Manchmal gab es zu viel Medienspielzeug, z.B. einen Fernseher im Kinderzimmer, es gab viel Lärm und Störungen durch Geschwister. Manchmal gab es kein eigenes Schlafzimmer und das Kind kam erst zur Ruhe, wenn die Erwachsene schliefen.

Durch den Hausbesuch wurde die Angst oder die Hemmung vor der Erzieherin wie weggewischt. Plötzlich merkt das Kind, dass die Erzieherin auch ein Mensch ist. Sie lebt nicht nur in die Schule. Sie ist hier in meinem Zimmer, sie trinkt Tee mit uns und benutzt sogar unsere Toilette. Dies ist ein riesiger Schritt in Vertrauensaufbau – wir Erwachsenen verstehen dies häufig überhaupt nicht. Aber welche Erzieherin kennt nicht die Kinderfrage, wenn über Berufe geredet wird, was sie eigentlich arbeite.
In den Gesprächen mit den Eltern tauschten wir uns über die Stärken, die Bedürfnisse, den Lernstil des Kindes aus; wir sprachen über das, was die Eltern für das Kind erhoffen und was sie von der Schule erwarteten. Schließlich fragte ich die Eltern, was sie zu Hause tun könnten, um das Kind dabei zu unterstützen. Ich habe alles aufgeschrieben und ein Kopie den Eltern gegeben. Bei diesen Gespräch sprach ich auch über neueste Forschungen, die die Vorteile einer elterlichen Mitbeteiligung aufzeigten und wie sie sich eine solche Mitbeteiligung vorstellen könnten.

Durch die Hausbesuche wurde mir klar, dass auch diejenigen, die sonst auf meine Briefe und Telefonanrufe nie reagierten, die nie an Konferenzen oder Elternabenden teilgenommen hatten, in irgend einer Weise und auf ihre Art ein Interesse an der Erziehung ihres Kindes hatten.

Tinas Vater, der seine Frau zum ersten Elternabend gefahren hatte, stieg auf die Spielempore und schlief dort ein. Seine Frau entschuldigte ihn mit der Erklärung, er sei gegen seinen Willen mitgekommen, weil sie selbst nicht autofahren könne. Er selbst hatte eine schreckliche Abneigung der Schule gegenüber. Später, beim Hausbesuch, erklärte er mir, dass er jedesmal beim Betreten einer Schule einen schlechtes Geschmack im Mund bekomme. Die Angst, die er als Kind gespürt hatte, wirbelt von seinem Bauch hoch zum Mund.

Bei den Hausbesuchen haben mir die Eltern vieles anvertraut. Die Liste von Problemen war lang. Manche fühlten sich schuldig, dass sie wenig Zeit für ihre Kinder hatten und wollten wissen, wie sie das kompensieren könnten. Andere schilderte Probleme mit Geschwistern, manche jüngeren Ehepaare wollten meine Meinung über Ehezwistigkeiten erfahren. Diese Fragen habe ich aber immer abgewendet und ihnen eine Liste mit Familienberatern gegeben. Allzu persönlich mochte ich auch nicht sein.

Als genügend Vertrauen gewachsen war, haben wir uns über die Stärken und auch die Schwächen des Kindes – zu Hause und in der Schule – ausgetauscht. Wenn es Probleme mit einem Kind in der Schule gegeben hatte, die möglicherweise ihre Wurzeln in der Familie hatten, habe ich mit den Eltern darüber gesprochen und sie vorsichtig gefragt, ob sie irgendeine Idee über die Ursache hätten. Dabei habe ich nie mit Druck gefragt.

Der wöchentliche Newsletter, den ich in Deutschland noch mit lila Fingern auf einem Umdrucker herstellen musste, habe ich nun sauber auf einer Xeroxmaschine kopieren können. Das Format aber blieb dasselbe; eine kurze Zusammenfassung unserer Aktivitäten und insbesondere die Erfolge der Kinder, eine Liste Materialien, die noch nötig sind, das Buch, das ich gerade vorlese und dann noch einen Vorschlag für eine Aktivität, die die Eltern zu Hause mit ihren Kindern ausführen könnten.

Die Danksagung für die viele Mitarbeit, die noch in Berlin eine ständige Rubrik war, musste leider entfallen oder konnte nur gelegentlich etwas aufzählen. Diese Hilfe fehlte mir wirklich. Wir haben keinen monatliche Kalender mit Freiwilligen füllen können – aber sporadisch ist eine Mutter oder Vater mit in die Klasse gekommen. Manche lasen den Kindern vor, manche machten besondere Projekten mit, bastelten Indianerschmuck oder malten Blumentöpfe an. Ich vermisste meine deutschen Familienbeziehungen.

Zweiter Abschnitt: Auf Stepping Stones gelandet

Im Sommer 1998 wechselte ich dann von der Vorschule mit fünfjährigen Kindern zu »Stepping Stones«, einem Förderprogramm für vierjährige Kinder. Ich bekam aber nicht nur jüngere Kinder, sondern ich bekam vor allem Kinder, die bisher in ihrer Entwicklung zu kurz gekommen waren, und es war meine Aufgabe den Kinder zu helfen, in diesem Jahr aufzuholen, was für den erfolgreichen Start in der amerikanischen Vorschule nötig war.

Zum erstenmal hatte ich Familien, die gar kein Englisch sprachen. Wir mussten einen Übersetzer finden, aber tatsächlich brauchten wir nicht nur eine Übersetzerin, wir brauchten eine Kultur-Maklerin. Jemanden, die mit uns nicht nur die speziellen Bedürfnisse dieser Kinder, sondern auch noch meinen »Sonder-Auftrag«, an dem ich immer noch festhielt, (also die Elternbeteiligung fördern) verstan-

den hatte, und die bereit wäre, zwischen diesen Seiten zu vermitteln. Angelo, ein Kind aus meiner Klasse, hat eine bilinguale Mutter, die als Übersetzerin für eine Hebamme tätig war. Sie verstand beide Kulturen, konnte zwischen beiden Seiten vermitteln; und sie war sogar bereit, diese Rolle ohne Entgelt zu übernehmen. Welch ein Glück!

Meine damaliger Schulrat, John Capehart, erzählte mir, dass die ersten Eindrücke die entscheidendsten für die Eltern-Erzieher Beziehungen sind. Sie können eine Beziehung gut machen oder verderben. Beziehungen werden in den ersten sieben Sekunden geformt. Und auch wenn später negative Vorkommnisse auftauchen, werden die positiven nicht verdrängt. Umgekehrt, auch erste negative Eindrücke werden selbst mit größter Mühe nicht ungeschehen gemacht. In den ersten sieben Sekunden kann ein Kultur-Makler eine Beziehung aufbauen oder zerstören und darum ist es sehr wichtig, jemandem mit Sensibilität, aber auch mit Humor zu finden.

In diesem Jahre nahm ich vor, einen Hausbesuch zu arrangieren, sobald die neuen Klassenlisten verteilt wurden und ehe das Kind überhaupt in die Schule gekommen ist. Ich wollte schon vor Schulbeginn die Familien zu einer Partnerschaft inspirieren, denn ich hatte die Vermutung, dass diese Eltern noch schwieriger zu motivieren sein würden als meine Eltern aus der Vorschulklasse.
Zum Hausbesuch nahm ein Foto von mir in einem Papprahmen und vier Wachsmalkreiden mit. So konnte das Kind während des Besuches das Bild ausmalen und das Ergebnis und auch die Stifte behalten.

Ich fragte die Familie, was für Erziehungsziele sie für ihr Kind hätten. Diese Erwartungen definieren oft die Aktivitäten, die die Eltern für wichtig und nötig halten zur Förderung ihres Kindes und inwieweit sie bereit sind, in der Erziehung mitzubeteiligen. Danach versuchte ich herauszufinden, ob die Eltern meinten, sie seien dazu in der Lage ihrem Kind zu helfen. Für mich war wichtig herauszufinden, ob die Eltern zuversichtlich waren, dass ihr Kind auch fähig wäre, das Angebotene auch zu lernen. Diese beide Fragen ergaben die Grundlage für eine Partnerschaft, die wir gemeinsam aufzubauen haben, um das Kind zu fördern. Es war mein Ziel, dass die Eltern für sich und für das Kind ein gutes Gefühl haben, dass sie sich der Schwächen und Stärken des Kindes bewusst sind und wissen, dass es seine eigene Lernweise oder Lernstil besitzt.

Familien mit hohen, aber nicht unrealistischen Erwartungen an die Leistungen des Kindes haben einen positiven Einfluss. Waren die Erwartungen an ihr Kind zu niedrig, bemühte ich mich, ihre Zuversicht in den Erfolg des Kindes und in ihre Fähigkeit als Familie zur Unterstützung und Beteiligung an der Erziehung aufzubauen. Für diese Eltern ist es sehr wichtig einzusehen, dass es ihre Erwartungen sind, die in Erfüllung gehen werden; positiv wie negativ. Wenn sie zuversichtlich sind, könnten sie gewiss mit ihrem Kind einige Dinge erledigen: Sie könnten jeden Tag mit ihrem Kind über die Schule reden; ihm behilflich sein, für die Schule zu planen; sie könnten aufpassen, dass seine Aktivitäten nach der Schule konstruktiv sind. Sie können dem Kind vorlesen und mit ihm lesen; sie könnten seine

Fernsehzeit beschränken und zu Hause eine lernfreundliche Umgebung anbieten. Gemeinsam konnten wir die Erwartungen der Familie und der Schule in Übereinstimmung bringen und dem Kind so einen stabilen Rahmen geben.

Mir wurde dabei deutlich, dass manche dieser Familien einen großen Mangel an Struktur im Alltagsleben hatten. So sprachen wir über die einfachste Mittel, ihr Kind zu unterstützen; wir sprachen über eine strukturierte Tagesroutine, über gut gesetzte Grenzen und Regeln in der Familie, über eine vernünftige Zeit um ins Bett zu gehen. Wir sprachen darüber, Zeit für Ruhe, für nachdenkliche

Arbeit und für Bücherlesen einzuplanen; gemeinsam mit den Kindern Brett und Kartenspiele zu spielen, den Kindern Mitverantwortung für die Hausarbeit zu übertragen .... und für die Zeit, ein gemeinsames Abendmahl am Tisch zu genießen. Ich glaube, meine Eltern haben gemerkt, dass diese Hinweise aus meinem Herzen kamen und haben sie daher nicht als eine Übergriff oder Belehrung empfunden, sondern konnten sie als Vorschläge begrüßen.

Wir vereinbarten, dass ich viermal im Jahr ein Hausbesuch machen wurde, damit wir Zeit hatten, unsere Gedanken und Eindrücke über die Entwicklung des Kindes in der Schule wie auch zuhause miteinander zu teilen. In späteren Hausbesuchen habe ich dann auch angesprochen, wie das Kind seine Zeit außerhalb der Schule verbringt, denn es gibt einen großen Zusammenhang zwischen Freizeitaktivitäten und dem Schulerfolg. Wie könnten sie das Kind dabei unterstützen, vernünftigen Aktivitäten nachzugehen, und immer wieder deutete ich auf die Beziehung zwischen zuviel Fernsehen und Hyperaktivität hin und bemühte mich, dass die Kinder sich stattdessen gegenseitig besuchen sollten.

Ich frage die Eltern, ob sie zehn Minuten am Tag Zeit finden könnten, um allein mit ihrem Kind zu sein. Es ist erstaunlich, wie manche Eltern dieser Frage ausweichen und allerlei Entschuldigungen dafür finden, warum es nicht möglich sei. Dabei kann das Bedürfnis eines Kindes nach Zuwendung durch zehn Minuten intensiven und innigen Kontakts mit einem Elternteil erfüllt werden. Damit geben wir unseren Kindern eine wunderschöne Botschaft und ein Geschenk. Das Kind empfindet sich als wichtig genug für seine Eltern, wenn sie nur für es Zeit haben; auch wenn sie einfach ruhig dasitzen und warten, was das Kind sagen wird. Und wenn es nicht allzu seltsam ist, darf das Kind die gemeinsamen Aktivitäten auswählen.

Einfach das Kind streicheln, es umarmen, ihm vorlesen, mit ihm basteln oder nur nebeneinander stillsitzen – das gibt ihm Botschaft: »Mein Papa ist hier für mich alleine da«. Und wenn diese zehn Minuten jeden Tag wieder zur gleichen Zeit da sind, dann weiß das Kind schon vorher, dass es auch heute eine Zeit nur für ihn mit einem Elternteil geben wird, ohne Unterbrechung oder Störungen durch Geschwister oder anderes. Eine solche Routine, die in der frühen Kindheit eingeführt wird, schafft auch eine

Kommunikationsbasis für spätere Zeiten, wenn die Kinder z.B. Teenager sind. Sie können dann darauf zurückgreifen, um mit Eltern vielleicht über etwas Heikles zu sprechen. Obwohl vielleicht die meisten Familien nicht vollkommen verstanden haben, wie sie ihrem Kind mit Führung und Unterstützung helfen könnten, engagierten sie sich doch zunehmend in der Erziehung. Und schon die schlichte Ermunterung der Eltern ihrem Kind vorzulesen, bedeutete für das Kind merkliche Fortschritt in seinen Lesefähigkeiten. Für den Lernerfolg des Kindes und um ihm seine Lebenschancen zu eröffnen, stellen wir Pädagogen die Lernspiele bereit und zeigen den Familien, wie sie die mit ihren Kindern benutzen können. Wir ermutigen die Eltern zu einer Partnerschaft mit uns, um den Lernerfolg des Kindes zu unterstützen. Wir ermuntern sie uns anzurufen, wir rufen sie an, schicken Emails, geben Briefe, Zettel und Fotos mit, um diese Partnerschaft aufzubauen.

Allmählich teilten die Eltern mit mir die Meinung, die Erziehung der Kinder wäre eine gemeinsame Angelegenheit. Nun wurde ein tägliches Zeitungsblatt als Kommunikationsmittel nötig, damit ich Informationen verteilen, aber auch die Eltern weiterhin motivieren konnte. Die Zeitung gab auch der Kommunikation in der Familie eine neue Basis, denn häufig hatten sich die Eltern beschwert, dass auf die Frage an ihr Kind »Was hast du denn heute gemacht?« die Antwort kam »Nichts!«

Nun konnten sie gezielter fragen. Die Zeitung konnten die Eltern mit ihrem Kind zusammen lesen und dadurch erfahren, was alles gemacht wurde, welches Buch vorgelesen wurde, wovon es handelt ... Über besondere Ereignisse wurde berichtet, wie Katies Geburtstagsfeier oder wie sich Juans Schnecke durch die Salatblätter gefuttert hatte. Ich konnte um notwendige Materialien wie Garnrollen, Stoffreste oder etwas Rotes für die Sammelkisten bitten. Das Blatt enthielt ein Hinweis auf das nächste Elterntreffen und Hinweise für irgendeine Lernspielaktivität, die die Eltern gemeinsam mit dem Kind vorzunehmen konnten.

Diese Zeitung schrieb ich auf meinem Computer und verwendete dabei das gleiche Format, mit dem ich meine täglichen Pläne für den nächsten Tag im Voraus geschrieben hatte. Das vereinfachte die Arbeit sehr, denn ich konnte meine Planungsnotizen weiter verwenden. Zum Beispiel hatte ich bei der Planung ein Buch zum Vorlesen gezielt nach Fragen durchsucht, um den Inhalt für die Kinder besser zu verdeutlichen. Diese Fragen halfen dann auch in der

Zeitung, den Inhalt für die Eltern besser beschreiben. Beim Planen recherchierte ich die wichtigsten Worte auf hispanisch und konnte sie dann in meinem Tagesblatt verwenden. Jede Woche wählte ich für mich die nächsten Themen aus, die ich behandeln wollte, und diese Themen bestimmten die Bücherauswahl und die Bücher bestimmten die dazu passende Kunst, Musik und die naturwissenschaftlichen Aufgaben, Beobachtungen oder Experimente. Die Rubriken für die Behandlung der Themen blieben für die Planung und Tagesblatt gleich: soziale Ziele, das jeweilige Vorlesebuch, Mathespiel, Naturwissenschaftsspiel, Kunstaktivität, Musik, Elternmitbeteiligung, Besondere Ereignisse.... Alles war auf meinem Computer gespeichert und so war es einfach, die Planung zu einem tägliche Nachrichtenblatt umzuschreiben.

Es half den Eltern, dass ich ihnen auf einem Elternabend und auch bei Hausbesuchen vorgeführt hatte, wie sie dieses Zeitungsblatt mit den Kindern lesen und besprechen können. Viele Eltern waren darin sehr ungeübt. Sechs verschieden dekorierte Kästchen verdeutlichten sechs verschiedene Inhalte: Tagesverlauf mit besonderen Ereignissen, Inhalt eines Buches, Hinweise an Eltern, Materialwünsche, eine Aktivität, die zu Hause durchgeführt werden könnte und – jeweils wechselnd – ein bestimmtes Kind mit seinen Erlebnisse. Ich druckte dieses Tageblatt einmal für jede Familie aus und ehe es in einen Umschlag kam, klebte ich darauf einen Post-it Zettel mit »Hi there!« signiert, sodass die Eltern sehr einfach einen Kommentar oder Frage zurückschicken konnten.

Das klingt alles nach sehr viel Arbeit; aber in Wirklichkeit musste ich nur den freien Raum im Formblatt ausfüllen. Weil die Kinder für gut eine Stunde Mittagsschlaf hielten, hatte ich immer Zeit dieses Blatt umzuschreiben, zu kopieren und persönlich signiert auszuteilen. Manche Eltern haben diese Blätter in einem Leitzordner mit dem Kind zusammen geheftet. Das war ihr Schultagebuch. Ich habe diesen Aufwand nie bereut; im Gegenteil, die Motivation für die Eltern bewirkte, dass sich unsere Eltern von allen vier Stepping-Stones-Gruppen am meisten an den Elternveranstaltungen beteiligten.

Um die vielen Papiere, die nach Hause geschickt worden, auseinanderzuhalten, wurde das tägliche Zeitungsblatt auf weißes Papier kopiert. Andere Benachrichtigungen wurden auf andersfarbiges Papier kopiert: Allgemeine Information, z.B. Zeitplanänderungen, wurden auf grünes Papier kopiert. Einladungen, die eine Unterschrift benötigten, wurden auf rosa Papier kopiert und erhielten unten ein Teil zum Unterschreiben, abreißen und zurückschicken. So konnten Eltern mit einem Blick wissen, ob etwas sofort gelesen, unterschrieben und zurückgeschickt musste.

Meine hispanischen Sprachkenntnisse sind nicht ausreichend, um das Nachrichtenblatt auf hispanisch zu schreiben. So musste ich die Mithilfe von Angelos Mutter in Anspruch nehmen. Sie hat mir geholfen, in den hispanischen Familien ein Mitglied herauszufinden, das Englisch lesen konnte, z.B. Guilios und Anas ältere Schwester, und an diese wurde die Aufgabe vergeben, das Blatt mit dem Kind vorzulesen. Sie hat denen auch die Erlaubnis gegeben, falls sie Fragen haben, bei ihr anzurufen. Das verschiedenfarbige Papier erleichterte auch die Rückfragen an die Kulturmaklerin und mich. Wir konnten sofort fragen, um welcher Papierfarbe handelt es sich? Solche kleinen Hilfen sind wichtig, gerade wenn Familien nicht viel Übung mit Schrift haben.

An die Eltern mit Computerzugang wurden Emails mit Kinderbildern geschickt. Die Emailadressen wurden gleich auf der Telefonlisten mit eingetragen. So konnte ich Bilder von Viktors Bauklotzflughafen gleich an seinen Vater schicken. Das Bild habe ich mit den Satz von Viktor, »Ich baute ein Flugplatz.« beschriftet, ausgedruckt und auf der Wand gehängt. Die Bilder wurden dann später nach Hause geschickt.

Ich habe auch Workshops am spätem Nachmittags oder abends über verschieden Themen angeboten. Wir schauten zwei Serien Videos über Erziehung und effektive Elternschaft. Mathespiele bastelten wir gemeinsam mit Eltern und Kindern und die Materialien dafür habe ich zusammen bekommen durch Spenden und von Eltern. Weil die meisten Eltern aushäusig berufstätig sind und verschiedene Schicht- und Nachtdienste ausführen, sind abendliche Workshops für manchen unpraktisch. Also werden auch vormittags (Mitarbeit in der Klasse) wie nachmittags Workshops angeboten. Die Zeitplanung, um gemeinsam vier bis sechs Eltern zusammen zu bekommen war mühsam, aber es hat sich gelohnt. Außerdem kamen auch Großeltern, Tanten und Onkeln, denn auch sie haben für die Kinder gesorgt.

Manche Workshops, wie unser Mathespiel-Abend, waren sehr erfolgreich. Wir dokumentierten diesen Abend mit Notizen und digitalen Bildern und schickten diese an die Eltern, die nicht daran teilgenommen hatten. Plötzlich kamen Anfragungen nach einer Wiederholung. So wurde der nächste geplant, aber dieses mal entschieden wir, die Kinder sollten ihre Eltern motivieren mitzukommen. Wir ließen sie die Einladungen beschmücken und redeten jeden Tag davon, wie die Kinder ihre Eltern in die Schule mitbringen und Mathe unterrichten dürfen. Ihr Eltern sollten auf dem Boden sitzen und mitlernen. Die Kinder haben Popcorn für den Abend gemacht.

Als der »große Abend« gekommen war, kicherten die Kinder und waren voller Erwartung ihren Eltern Mathe beizubringen. Dann, nach einer Einführung der Brett- und Kartenspiele, wurde eine Person als Leiter jedem Spieltisch zugeteilt. Dessen Aufgabe es war, die Spielregeln der eigenen Spiele ausführlicher zu definieren. Ich habe ein paar Hinweise gegeben, z.B. dass vierjährige Kinder Schwierigkeiten haben Regeln zu befolgen, und wie wir sie beim Spiel unterstützen können. Wir teilten uns alle auf die verschiedene Spieltische auf und spielten gemeinsam Dominos, Hütchen und Kartenspiele. Und so wurde der »Elterngarten« wieder eingeführt. Wir haben monatlich von Oktober bis März solche Abende arrangiert. Die Kinder bekamen die Aufgabe, ihre Eltern mitzubringen. Manche verzweifelten Kinder teilten mir mit, dass keiner von ihrer Familie an jenem bestimmten Abend frei wäre und bat mich, eine andere Familie zu finden, die ihn mitbringen wurde. Er wollte den Abend gar nicht versäumen.

Ein Naturwissenschaftsabend hatte besonderen Spaß gemacht. Vier Tische wurden mit vier verschiedenen Aktivitäten versehen und die Eltern mit ihren Kindern wechselten sich an den Tischen ab. Eine Woche davor schrieb ich im Tagesblatt die Frage: Wer kann die beste »Ich-frage-mich-warum« Frage stellen? Diese eine Frage wollten wir mit Kindern in einem Abend stellen und lösen, z.B. »Ich frage mich was passiert, wenn wir rote und grüne Farbe zusammen mischen?« Diese Fragestellungsvorschlag hat die Gehirne der Eltern in Drehungen gebracht und wir alle hatten Spass, die vorgestellten Probleme an unserem Naturwissenschaftsabend zu lösen. Besonders gelacht haben wir beim Versuch, einen Luftballon mit einem Haarföhn aufzublasen. Über Monate hinweg haben die Kinder solche Fragen gestellt: Wo ist..? Wie macht das...? Was wäre wenn...? Wann tun...? usw. Junge Kinder und Naturwissenschaftler haben diese Lust am Fragen und diese Eigenschaft gemeinsam und wir Erwachsene haben selber gespürt, dass wir längst vergessen haben, Fragen über die Kuriosität[9] des Lebens und der Natur zu stellen.

9 Im englischen Wort »curious« = »eigenartig« aber auch »neugierig« – hört man noch die eigentliche Bedeutung des Begriffs. Kuriositäten sind also eigentlich nicht die verblüffende Jahrmarktsensationen, sondern das uns neugierig Machende. (D.D./L.P.)

Es war interessant die Eltern zu beobachten, wie sie mit ihren Kindern zusammen gespielt haben, und sie mit den (Mittelschicht-)Familien von meiner Vorschule zu vergleichen. Diese Familien jetzt, besonders die Väter, spielten viel ungehemmter mit ihren Kindern.

An einem Elternabend kamen wir zur Schule in Pyjamas verkleidet. Die Kinder hatten einen riesigen Spass, mich im Schlafanzug und Morgenmantel zu sehen und waren kaum zu bändigen. Als die Lampen ausgeschaltet waren und die Taschenlampen leuchteten, lagen sie dann auf ihre Kopfkissen und Decken auf dem Boden mit uns Erwachsenen. Zuerst las ich eine Geschichte vor. Danach lasen die Eltern ihrem Kind das ausgesuchtes Lieblingsbuch vor. Nach einem Betthupferl sind wir alle nach Hause in unsere eigenen Betten gegangen.

Als es einmal schwierig wurde, mehr als 6 Familien zum Elterngarten zu ziehen, servierte ich belegte Brötchen. Nach ein Paar Anrufen bekam ich von den beteiligten Eltern genügend Proviant, um einen Snack zu servieren.

Eine andere Sorte Elterntreffen wurde von einem Elternteil initiiert und auch mitorganisiert. Die Erfolge sind erstaunlich, wenn die Eltern ermächtigt[10] werden, solche Elterntreffen selber zu organisieren. Die Idee entstand in einem Gespräch über Deutschland, in dem mir Caitlins Mutter erzählte, dass ihr Vater aus Deutschland stammte. Sie freute sich, dass ich auch deutsche, hispanische und englische Lieder mit den Kinder singe und sie schlug vor, einen Kulturaustausch-Abend zu veranstalten. Ich selber war damit überfordert und fragte, ob sie selber diesen Event mitorganisieren würde. Wir entwickelten gemeinsam einen Plan, den ich mit meinen Kollegen diskutierte, und planten, dass ein Elternteil aus allen vier Gruppen die Spitze bilden sollten, um diese kulturelle Messe zu gestalten.

Nach vier Monaten war an einem wundervollen Sonnabend-Nachmittag eine kulturelle Messe entstanden. Elf Nationalitäten waren repräsentiert. Beim Eintritt wurde ein Foto geknipst und in einen »Reisepass« geklebt. An jedem Stand gab es von den Eltern vorbereitete ethnische Essensproben, Musik, Artifakte, Steingut und Keramik, Verkleidung und Bilder. Die mexikanische Gruppe hat kleine Maracas und Kastagnetten verschenkt und wir alle tanzten zur mexikanischer Musik. Über vierhundert Menschen waren gekommen, und dabei auch Familien aus unserer Nachbarschaft. Die Kinder brachten Großeltern, Tanten, Onkels und Cousinen mit und jeder Teilnehmer hat die Atmosphäre und das Miteinander genossen. Ich denke aber, dass ich mich am meisten amüsiert habe, weil ich sehr wenig Verantwortung für das Gelingen hatte.

Konferenzen

Wie die Beziehung Kind-Erziehungsperson von großer Bedeutung ist, genauso ist die Beziehung Eltern-Erziehungsperson-Erziehungsinstitut von großer Bedeutung. Eltern, die sich respektvoll und willkommen fühlen, sind bereitwilliger, sich mit zu beteiligen. Das gilt aber auch für die Pädagogen. Je mehr Respekt und Vertrauen sie von den Eltern bekommt, umso bereitwilliger ist sie, den Eltern entgegen zu kommen, sie gerne anzunehmen und ihre Beteiligung zu begrüßen. Und schließlich gilt: Wie ich von anderen Eltern, Kollegen und Schulleiter betrachtet, angesehen und behan-

10 Dieser Begriff klingt in Deutsch eigenartig, macht aber sehr viel deutlicher als »ermutigt«, worum es tatsächlich geht, um »Empowerment«. (D.D./L.P.)

delt werde, beeinflusst mich das auch. Ob wir als wertvolle Kraft, als Unterworfene oder als Hindernis betrachtet werden, wirkt sich enorm auf mich, und dann auf die Erfolge der Kinder aus, die in unserem Betreuung und Obhut sind. Daher ist es für den Arbeitserfolg und für die Kinder wichtig, dass wir uns alle, Kollegen und Eltern, uns um Respekt und vertrauensvolle Beziehungen bemühen. Diesem Zweck dienen auch die pädagogischen Konferenzen mit den Eltern, in denen wir die Weiterentwicklung des Kindes besprechen konnten. Im Zeitungsblatt veröffentlichte ich die Abende, die ich für Konferenzen bereitgehalten hatte und lud die Eltern dazu ein. Ich bat sie, ihrem Kind einen Zettel mitzuschicken oder einfach anzurufen, um einen Termin für eine Konferenz zu vereinbaren. Das Kind war immer mit eingeladen und die Geschwister auch, falls kein Babysitter vorhanden war, denn es gab immer eine Spielecke, in der sie sich mit Knete und Farbstiften ruhig beschäftigen konnten. Falls die Eltern innerhalb drei Monaten keinen Termin vereinbarten, habe ich mich bei ihnen um einen Termin bemüht – entweder bei ihnen zuhause oder in der Schule.

Während der Konferenzen fokussierte ich auf Vertrauensaufbau, aber auch auf die Zusammenarbeit bei der Erziehung des Kindes. Wichtig ist es die Familienbedürfnisse zu erkennen, zu respektieren und zu besprechen, und dabei für die soziale und kulturelle Unterschiede sensibel zu sein. Wichtig ist es, durch das Sitzarrangement Partnerschaft herzustellen. Wir trafen uns neben der Bilderwand voller Kinder- und Familienbilder und nach dem Anschauen bat ich um mehr Bilder. Es ist wichtig, mit einfachen Vokabeln und kurzen Sätze das Gespräch zu führen und versuchte ich, wenige erzieherische Wörter zu verwenden und ich bemühte mich, das Kind vom Blickwinkel der Eltern zu betrachten. Wenn es mir gelingt, ihnen wohlwollend gegenüber zu stehen und ihnen gegenüber Einfühlungsvermögen zu zeigen, ist eine Basis geschaffen.

Wie ich oben angemerkt habe, sind die ersten sieben Sekunden einer Begegnung die entscheidenden Sekunden, um einen positiven Eindruck zu formen, aber eine positive Beziehung mit sozialem Vertrauen als Grundlage dauert lebenslänglich. Meine Regel: »Folge deinem Herz!« bedeutet, immer den größtmöglichen Nutzen und die Vorteile des Kindes sowie auch seiner Eltern im Blick zu behalten. Wir müssen integer sein, ehrlich und Wort halten; wir müssen die Privatsphäre des Kindes und seiner Familie schützen und dürfen deren Probleme nicht außerhalb der Konferenz besprechen.

Neben den vielen freundlichen Familienkonferenzen kommt natürlich auch eine unangenehme Konferenz vor, bei der es »mulmig« wird. Sie haben meine Fassung, meine Professionalität und auch meine Geduld auf die Probe gestellt. Meist handelte es um ein Kind, das zerreißendes Verhalten gezeigt hatte oder es gab zu Hause unerwartete elterliche Sorgen oder Eltern hatten eine Beschwerde. In solchen Fällen habe ich ein Paar Tagen gewartet, ehe ich einen Termin vereinbart hatte und dann habe ich die Vorbereitungen angefangen.

Dazu durchsuchte ich mein Evaluierungsportfolio des Kindes nach Arbeitsexemplaren, die Erfolge und Misserfolge, Schwächen und Stärken zeigten. Dann habe ich das Kind und sein Verhalten zusammen mit einer Gruppe meiner Kinder und einer meiner Kolleginnen mit Fotoapparat und Notizen dokumentiert. Als Nächstes fragte ich die Schulpsychologe, ob sie das Kind beobachten und mir eine Dokumentation geben könnte. Dann habe ich meine Schulleiterin um Rat gebeten, die sich bereit erklärte dazu zu kommen, falls es nötig sein würde.

Während der Konferenz probierte ich (durch tiefes Ein- und Ausatmen), so ruhig und so warmherzig wie möglich zu sein. Dabei schrieb ich ein Protokoll, um die Konferenz zu steuern, und es half, mir bei der Sache zu bleiben. Dabei schrieb ich die Probleme und die möglichen Lösungen auf und machte anschließend für beide von uns eine Kopie. Im Gespräch bemühte ich mich, mögliche Kommunikationsmissverständnisse zu klären und ich war auf Ärger vorbereitet und es ist nicht nur einmal geschehen, dass die Eltern angestaute Gefühle herausließen, die sie lange mitgeschleppt hatten. Die Konferenz lief umso besser, je mehr es mir gelang gleichmäßig und tief zu atmen, meine Worte mit Gewicht zu sprechen und den Eltern die gleiche Freundlichkeit, Respekt und Berücksichtigung zu geben, die ich von ihnen erhoffte. Aber auch in meinem Alter klopfte mein Herz so laut, dass wir alle dazu tanzen konnten!

Es ist wichtig, aus den Eltern die mögliche Lösung herauszuholen und sie zu fragen, wie sie selbst die Probleme sehen. Andererseits versuchte ich natürlich voraus zu denken, eigene Entschlüsse und Vorschläge zu formulieren. So war ich darauf vorbereitet, eigenen Lösungsvorschläge zu machen. Manchmal ging es darum, die Gruppierung innerhalb unserer Klasse zu ändern oder eine weitere Beratung von unserer Schulpsychologin einzuholen.

Gerade wenn es Probleme gibt hilft es, die größte Stärke dieses Kind herauszufinden, um darauf eine mögliche Strategie aufzubauen, die das Kind unterstützten könnte. Vielleicht hatte das Kind einen besonderen Lernstil, eine künstlerische Neigung oder ein starkes Interesse, z.B. für Astronauten und den Weltraum. Vielleicht könnte damit, in Partnerschaft mit den Eltern, das Kind motiviert werden.

Zum Schluss einer Konferenz wurde eine nachfolgende Konferenz vereinbart. Damit wollten wir sicherstellen, dass die Verabredungen und Handlungsweisen auch tatsächlich durchgeführt wurden. Außerdem signalisierte das den Eltern, dass ich aufrichtig am dem Erfolg ihres Kindes interessiert bin und dass ich die Sache weiter verfolge bis zur Zufriedenheit aller. Zusätzlich gab es mir selber das Gefühl, dass ich an dem Thema bis zuletzt professionell beteiligt bin.

Zusammenfassung

Die Forschung zeigt es deutlich: Familienmitbeteiligung am Lernen des Kindes ist in Bezug auf Lernleistung sehr positiv. Außerdem zeigt die Forschung, dass je intensiver die Familien am Lernen des Kindes beteiligt sind, je vorteilhafter der erzielte Leistungseffekt ist. Dieses bleibt bestehen durch alle Typen der Familienmitbeteiligung in der Kindererziehung und für alle Typen und Alter des Kindes.

Wir alle kommen zusammen mit einem gemeinsamen Ziel, unsere Kinder zu unterstützen und zum Erfolg zu bringen. Familien und Schulen haben gemeinsam dieses Ziel, Kinder erfolgreich zu machen. Daher kann diese fast fünfzigjährige Forschung nur das bestätigen, was wir über diese Jahren mehr oder weniger schon immer praktiziert haben. Nur durch die sich wandelnden Zeiten und ihren Anspruch auf unsere immer weniger werdende freie Zeit neigen wir dazu, diese Kenntnisse unter den Teppich zu kehren. In den vielen Jahren mit den Eltern meiner Stepping-Stones-Kinder konnte ich nie das Eltern-Engagement, das ich in Deutschland genossen hatte, wiederholen oder erreichen. Es waren damals andere Zeiten und auch andere Erwartungen. Später hat es viel mehr Mühe gekostet, um auch weniger zu erreichen und trotzdem bin ich überzeugt, die Liebe und die respektvollen Bindungen, die dadurch entstanden sind, beeinflussten die Erfolge der Kinder in einer sehr positive Weise.

Die Bindung zwischen Eltern und Kind wird in Frage gestellt, wenn eine neue Bezugsperson in das Leben des Kindes tritt. Vielleicht denkt das Kind, die Eltern wären eifersüchtig, wenn es sich zu nah an diese neue Bezugsperson binden will. Hier hilft eine positive Eltern-Erziehungsperson-Beziehung sehr, um diese Kind-Erziehungsperson-Bindung zu ermöglichen. Meine Beziehungen zu den Eltern wurden nur durch das Kind aufgebaut, und wenn sie vertieft wurden, ist auch die Bindung zu dem Kind noch stärker geworden. In den Fällen, wo die Eltern Grenzen gezogen hatten und in einer sehr beschränkten Weise mit mir eine Beziehung eingingen, blieben auch die Beziehungen mit dem Kind etwas oberflächlich.

Ich habe durch meine Eltern-Beziehungen das ganze Kind kennen und sie lieben gelernt. Sonst wäre es nur die Hälfte gewesen, was ich in die Schule erlebt hatte – und das wäre leider nur die Hälfte der Geschichte. Ich hätte deshalb auch nur die Hälfte des Kindes gefördert. Ich denke oft an die vielen Möglichkeiten, die durch diese Unkenntnisse einfach verpasst wurden. Ich denke, mit ein bisschen extra Mühe habe ich den schulischen Erfolg des Kindes stark beeinflusst und habe selbst auch noch einen Reichtum an Eltern-Kind-Beziehungen in Erinnerung.

Literatur

Baker, A. J. L.; Piotrkowski, C. S.; Brooks-Gunn, J. (1999): The Home Instruction Program for Preschool Youngsters (HIPPY). The Future of Children, 9(9), 116-133

Barnett, W. S.; Young, J. W.; Schweinhart, L. J. (1998): How preschool education influences long-term cognitive development and school success: A causal model. In: Barnett, W. S.; Boocock, S. S. (Eds.): Early care and education for children in poverty. Promises, programs and long-term results, 167-184. New York

Bohan-Baker, M.; Little, P. (2002): The transition to kindergarten: A review of current research and promising practices to involve families. Cambridge, MA: Harvard Family Research Project

Brooks-Gunn, J.; Berlin, L. J.; Fuligni, A. S. (2000): Early childhood intervention programs: What about the family? In: Shonkoff, J.; Meisels, S. (Eds.): Handbook of early childhood intervention, 549-577. New York

Connell, C. M.; Prinz, R. J. (2002): The impact of child care and parent-child interactions on school readiness and social skills development for low-income African American children. Journal of School Psychology, 40(2), 177-193

Epstein, J. (2001): School, family, and Community Partnerships: Preparing Educators and Improving Schools. Boulder, CO

Farran, D. (2000): Another decade of intervention for children who are low income or disabled: What do we know now? In: Shonkoff, J.; Meisels, S. (Eds.): Handbook of early childhood intervention (2nd ed., 510-548). New York

Fergus-Morrison, E.; Rimm-Kaufman, S. E.; Pianta, R. C. (2003): A longitudinal study of mother-child interactions at school entry and social and academic outcomes in middle school. Journal of School Psychology, 41, 185-200

Gomby, D. S.; Culross, P. L.; Behrman, R. E. (1999): Home visiting: Recent program evaluations-analysis and recommendations. The Future of Children, 9(1), 4-26.

Harvard Family Research Project http://www.finenetwork.org/html

Henderson, A. (1987): The Evidence Continues to Grow: Parent Involvement Improves Student Achievement – An Annotated Bibliography, Columbia, MD: National Committee for Citizens in Education

Henderson, A.; Mapp, K. (2002): A New Wave of Evidence: The Impact of School, Family and Community Connections on Student Achievement, Austin, TX, Southwest Educational Development Laboratory

Jordan, C.; Snow, C. E.; Porche, M. V. (2000): Project EASE: The effect of a family literacy project on kindergarten students' early literacy skills. Reading Research Quarterly, 35(4), 524-546

Lonigan, C. J.; Whitehurst, G. J. (1998): Relative efficacy of parent and teacher involvement in a shared-reading intervention for preschool children from low-income backgrounds. Early Childhood Research Quarterly, 13(2), 263-290

Marcon, R. A. (1999): Positive relationships between parent-school involvement and public school inner-city preschoolers' development and academic performance. School Psychology Review, 28(3), 395-412

McWayne, D. M. (2004): Readiness: The Role of Family-School connections in Supporting Student Success in Early Childhood, Cambridge, MA, Harvard Family Research Project: A paper presented at the Family, school and community Connections Symposium: New Directions for Research, Practice and Evaluation, Dec. 2, 2004, Cambridge, MA

Miedel, W. T.; Reynolds, A. J. (1999): Parent involvement in early intervention for disadvantaged children: Does it matter? Journal of School Psychology, 37(4), 379-402

National Network of Partnership Schools Johns Hopkins University, www.csos.jhu.edu/p2000/html

Phillips, M.; Brooks-Gunn, J.; Duncan, G. J.; Klebanov, P.; Crane, J. (1998): Family background, parenting practices, and the black-white test score gap. In: Jencks, C.; Phillips, M. (Eds.): The black-white test score gap, 102-145. Washington, DC

Rimm-Kaufman, S. E.; Pianta, R. C. (1999): Patterns of family-school contact in preschool and kindergarten. School Psychology Review, 28(3), 426-438

Rimm-Kaufman, S. E.; Pianta, R. C. (2004): Family-school communication in preschool and kindergarten in the context of a relationship-enhancing intervention. Charlottesville, VA: National Institute on Early Childhood Development and Education

Sonnenschein, S.; Munsterman, K. (2002): The influence of home-based reading interactions on 5-year-olds' reading motivations and early literacy development. Early Childhood Research Quarterly, 17 (3), 318-337

Starkey, P.; Klein, A. (2000): Fostering parental support for children's mathematical development: An intervention with Head Start families. Early Education and Development, 11(5), 659-680

St. Pierre, R.; Layzer, J. (1999): Using home visits for multiple purposes: The comprehensive child development program. The Future of Children, 9 (1), 134-151

Wagner, M. M.; Clayton, S. L. (1999): The Parents as Teachers program: Results from two demonstrations. The Future of Children, 9(1), 91-115

Hausaufgaben! Hausaufgaben? Hausaufgaben.

Edeltraud Röbe

»Sagt mir, gibt es ein anderes Thema, das den Schulerinnerungen von Generationen tiefer eingeschrieben ist als die Hausaufgaben...?« Vielleicht könnte so ein Epos über Hausaufgaben beginnen, geeignet, einen reichen Erfahrungsschatz in Sprache zu heben. Das Wort »Hausaufgaben« scheint das ›Einflugloch‹ des Erinnerungszentrums »Schule« zu besetzen. Mit ihm öffnet sich eine – wenn auch in der Erziehungswissenschaft oft übersehene – Innenperspektive schulischen und häuslichen Lernens und Lebens.

Der Beitrag will Problemdimensionen dieser vielschichtigen Thematik kennzeichnen, die Selektionsfunktion von Hausaufgaben aufzeigen, die Wirkungen auf das Familienleben beleuchten und den Sisyphos-Charakter dieser überfälligen Reformbaustelle vergegenwärtigen.

Hausaufgaben – die Präsenz der Schule im Familienalltag

Die Hausaufgaben sind in einer Familie der Ort, wo drei Interaktionspartner und Interaktionspartnerinnen aufeinander treffen: Das Kind bringt dabei die von der Schule formulierten Anforderungen als Aufgabenpensum ein. Wie es diese Pflicht bewältigt, trägt heute entscheidend zu seiner Schulkarriere bei. Um diese Bedeutung wissen die Eltern, insbesondere die Mütter. »Sie behandeln ihr Kind, wenn es um Hausaufgaben geht, nicht als Sohn bzw. Tochter, sondern als Schüler bzw. Schülerin. Sie übernehmen vielerorts die Leistungsstandards der Schule und schlüpfen in die Rolle des Hilfslehrers bzw. der Hilfslehrerin, meist ohne auf didaktische Tipps oder Hilfestellungen von Lehrerinnen bzw. Lehrern zurückgreifen zu können« (Nickel, Petzold 1997, S. 123). Die Lehrperson definiert den Erwartungshorizont. Sie ist ein Hauptakteur in der Hausaufgabensituation, ohne aber selbst physisch präsent zu sein. Dies gilt auch für die Hausaufgabenbetreuung im Hort, in Hausaufgabenhilfen oder in der schulischen Ganztagsbetreuung, wo engagiertes, aber oft auch ungeschultes Personal den elterlichen Part übernimmt.

Einschlägigen Untersuchungen[1] zufolge unterstützen 70% der Eltern die »schulische Hausarbeit« täglich bis zu einer Stunde, Tendenz in bildungsbewussten Familien steigend. Diese Unterstützung liegt auf einem »Kontinuum unterschiedlicher Formen« (Abele/Liebau 1998, S. 37). Die Erledigung der aktuellen Hausaufgabenstellung wird zugleich über »Nachhilfeschleifen« intensiviert. Nach E. Wild (2005) bekommt in der Bundesrepublik jedes dritte Kind Nachhilfe, die von den Eltern geleistet oder privat pro Jahr mit schätzungsweise über zwei Milliarden Euro finanziert wird. Längst ist es Gewohnheit, dass Eltern die Rolle des Hilfslehrers an kommerzielle Nachhilfeinstitute oder Lernbegleiter delegieren.

1 vgl. z.B. Krumm 1996; Wild 2003. Der Graubereich zwischen Nachbarschaftshilfe und Schwarzarbeit bei Privatanbietern ist schwer kalkulierbar. Das Ausbügeln von Lernschwächen oder die individuelle Förderung des Einzelnen verlagert sich von der Schul- in die Nachhilfestunde.

Abbildung 1: Günstige Angebote bei Eintritt in die Schule – bereits vertraute Anzeigen in Tageszeitungen

Eltern und Schüler werden angelockt durch Schnupperkurse und Sonderangebote. An kommerziellen Interessen orientiert ist der nachmittägliche Bildungsmarkt offensiv; Anonymität und Diskretion, Jahrzehnte alte Attribute der Nachhilfe, sind heute weitgehend aufgegeben. Sie gehen heute offenbar davon aus, dass mit dem Eintritt in die Grundschule auch der Eintritt in den »Markt der Nebenschulen« verbunden ist und dass dies eine allgemein bekannte und daher offen kommunizierbare Tatsache ist. Der Gutschein für die Nachhilfestunde in der Schultüte sichert bereits den Jüngsten des Schulsystems über Abonnements günstige Konditionen (vgl. Abb. 1).

Und wie schon in den siebziger Jahren die Bedeutung des frühen Lernens vor allem die Mittelschicht mobilisiert hat, so können auch jetzt die besser gestellten und am Bildungsaufstieg interessierten Eltern das Angebot in Anspruch nehmen, was in hohem Maße den Schereneffekt vergrößert. Wer sich in diesem Markt nicht bedienen kann oder mag, mindert die Schulchancen seines Kindes erheblich. So entfalten fehlende finanzielle Mittel oder fehlendes Interesse an den Schulleistungen der Kinder ihre segregierende Wirkung über den »Markt der Nebenschulen«, und sie tun dies weniger öffentlich bemerkt, aber womöglich besonders wirkungsvoll.

International haben Hausaufgaben und andere Möglichkeiten des außerschulischen Lernens noch mehr Gewicht, wie zum Beispiel in Japan. In den USA wurden schon vor zehn Jahren Programme ausgearbeitet, in denen unter dem Stichwort »Parental Involvement and Empowerment« die Verantwortung der Eltern für die Bildungskarriere gestärkt und die Elternmitwirkung im Sinne einer »School-Based-Home-Instruction« effektiviert werden sollten. Es wäre eine vergleichende Betrachtung wert, ob die Schichtabhängigkeit des Schulerfolgs in diesen Ländern ebenso groß sind wie in Deutschland – oder vielleicht noch größer.

Die Hausaufgabe – ein Kristallisationspunkt der Beziehung zwischen Elternhaus und Schule

In der Hausaufgabe begegnen sich Familie und Schule. Sie hebt gleichsam den vor mehr als 300 Jahren einsetzenden Prozess der Familialisierung und Scolarisation ins Bewusstsein. In diesem hat sich die Familie zunehmend zu einem Raum der Privatheit, Intimität und Emotionalität entwickelt. Die Schule dagegen ist zum gesellschaftlichen Ort für professionell begleitete Entwicklungs- und Aneignungsprozesse der nachwachsenden Generation geworden. Für moderne Gesellschaften ist heute geradezu kennzeichnend, dass die Bedeutung der Bildungseinrichtungen und der Anteil »Schule« an der dualen Sozialisation im Zunehmen begriffen sind. Es haben sich funktionale Zuständigkeiten und Schwerpunkte herausgebildet. Die gesetzlich-institutionellen Vorgaben stellen »das gesamte Schulwesen unter die Aufsicht des Staates« (vgl. GG, Art. 7). Hier meldet sich zweifelsohne ein Anspruch auf ein staatliches Bildungsmonopol an, dem ein besonderer gesellschaftlicher Erziehungs- und Bildungsauftrag eingeschrieben ist. Gleichzeitig ist nach Artikel 6 Abs. 2 des Grundgesetzes die Erziehung der Kinder auch »das natürliche Recht der Eltern und die zuvörderst ihnen obliegende

Pflicht«. Dies schließt ein, dass die Eltern die Schullaufbahn ihrer Kinder von dem Beginn der Schulpflicht bis zum Schulabschluss befördernd und helfend begleiten müssen.

In welchem Ausmaß beide Seiten, also Lehrer und Eltern, ihrer Erziehungsverantwortung nachkommen (können), ist eine in letzter Zeit in der Öffentlichkeit intensiv diskutierte Frage« (Wild 2005, S. 83). Entfacht wurde sie vor allem durch die Diskussion um die Schulleistungsstudien, die unter anderem auch darauf aufmerksam gemacht haben, dass sich in der Bundesrepublik die Unterschiede der sozialen Herkunft von Schülern und Schülerinnen weitaus stärker auf deren Kompetenzentwicklung auswirken als in vielen anderen Industrienationen. Die vehement einsetzende Ursachensuche hat eine vielschichtige Problemlage aufgedeckt, darunter auch »Versäumnisse von Lehrern und Eltern thematisiert« (ebd.). In Meinungsumfragen und Schlagzeilen der Presse ist seither öffentlichkeitswirksam von »Erziehungsnotstand«, vom »Versagen der Familie« und von der »Verpflichtung zu Erziehungskursen« für die Eltern die Rede (vgl. Liebenwein 2008). Das Verhältnis der Eltern zur Schule wird dabei äußerst problematisch gesehen: Als »Störer aus der zweiten Reihe« würden Eltern »glucken, klagen, alles besser wissen oder abtauchen« (vgl. Plewnia u.a. 2005, S. 53). Dabei steht außer Zweifel, dass solche Polarisierungen wenig zur konstruktiven Bearbeitung des Verhältnisses Elternhaus und Schule beitragen, aber sie können den Blick für problematische Entwicklungen und Desiderate schärfen.

Auf der anderen Seite werden die Konzentration der Schule auf den Unterricht, die vielfach vernachlässigte Erziehungsaufgabe der Schule und zu geringe kompensatorische Wirkung der deutschen Schule beklagt.

Die »Hausaufgaben-Standard-Situation« veröffentlicht die soziale Differenzierung einer Klasse.

Hausaufgaben gehören in unserem Selbstverständnis zur Schülerrolle wie die Schultasche und das Schulbuch. Bereits die Schulanfängerinnen und Schulanfänger sowie die Anteil nehmende Familie erwarten, dass bereits der erste Schultag mit einer Hausaufgabe verbunden ist. Dies spricht dafür, dass im öffentlichen Bewusstsein »die deutsche Halbtagsschule auf der Komplementarität von häuslicher und schulischer Arbeit basiert« (Nilshon 1999 in Deckert-Peaceman 2007, S. 26). Es wird davon ausgegangen, dass gelingende schulische Bildung auf Schule und Elternhaus verwiesen ist und von beiden gemeinsam verantwortet wird.

Eine solche Arbeits- und Verantwortungsteilung stößt jedoch auf die Tatsache der ungleichen Bildungschancen. Je nach Lebenslage stehen Schülerinnen und Schüler für ihre Hausaufgabe nur eingeschränkte Ressourcen zur Verfügung. Der Arbeitsplatz, der Zugang zu Büchern, die Lehrkompetenz der Familie (Eltern, ältere Geschwister, Großeltern, Nachbarschaft) können sich schnell als selektierend und etikettierend erweisen. Dies ist vorwiegend dann der Fall, wenn die Schule »Aufgabenpakete mit Zulieferfunktion« für das Elternhaus schnürt. Die Schule rechnet mit Vollständigkeit und Fehlerlosigkeit der Hausaufgaben. Vor allem wird angenommen, dass mit der Hausaufgabe der Lernstoff im Wissen und Können der Schülerinnen und Schüler sicher verankert wird, ja unterrichtliche Lücken geschlossen werden. Deshalb erhielten schon immer die organisatorischen Akte und Inszenierungen solch ein Gewicht: Das Notieren der Hausaufgabe, die Kontrolle, besonders die Ahndung bei Nichterledigung – und mehr oder weniger bewusst und mehr oder weniger deutlich werden Eltern in diese Pflichten einbezogen.

Die Standardsituation »Hausaufgabe« enthält riskante Momente.

Wer den freudigen Aufschrei von Klassen kennt, der bei einer überraschenden Ankündigung »Heute hausaufgabenfrei!« ausgestoßen wird, kann nachempfinden, dass die Hausaufgabenpflicht das private Schülerdasein tangiert.

Auf Schülerebene zeigt sich die Gefahr eines verengten Lernbegriffes. Die Hauptsorge gilt primär der Vollständigkeit und Fehlerlosigkeit, weil dies der Lehrerkontrolle leicht zugängig ist. Im Laufe eines Schülerlebens wird dann auch gelernt, damit umzugehen. In einer Klassentreffenatmosphäre erinnert man sich belustigt in »Feuerzangenbowle-Art«, wie vergessene Hausaufgaben »besorgt«, schnelles Abschreiben in der Garderobe, gute Kopien oder gar geschickte und generöse Ausleihe fertiger Hausaufgaben den eilig kontrollierenden Lehrerblick zufrieden stellen konnten. »Hauptsache da!« scheint hier das Motto zu sein. Dann lässt sich Ärger reduzieren und der Unterricht kann störungsfrei fortfahren!?

Auf der Lehrerebene dominiert dabei die buchhalterische Kontrolle, die oft mit eigenen Ordnungs- und positiven wie negativen Leistungsritualen verbunden wird. Nichterledigung wird in der Regel systematisch geahndet. Konfrontation mit dem Lehrer oder der Lehrerin, oft auch mit Schulleitung und Eltern ist dabei gewiss. Hier beginnt oft für Kinder aus belasteten und nicht unterstützenden Familien ein schwieriger Weg der Etikettierung; sehr bald stellt sich heraus, wer seine Hausaufgaben zuverlässig, ordentlich und vollständig erledigt – und wer eben nicht. Dabei prägen sich in jeder Klasse typische Handlungsmuster von einer Hausaufgabenpraxis aus. Diese zeigt, wie der Tatbestand: »Es ist normal, dass Kinder einer Klasse verschieden sind.«, beantwortet wird. Statt dies aber als Gegebenheit hinzunehmen, müssten, würde man konsequent dem Ziel der Förderung Vorrang vor der Selektion einräumen, unterschiedliche Aufgabenstellungen, Pensen, Schwierigkeitsgrade und Gestaltungsspielräume für individuelle Schüler und Schülerinnen selbstverständlich sein. In der Regel jedoch sind die Aufgabenstellungen mit Verweis auf »Chancengleichheit« und den »Sozialfrieden in der Klasse« normiert. Doch: Wann immer Ungleiche gleich behandelt werden, breitet sich Ungerechtigkeit und Missachtung der Individualität aus.

Auf Elternebene (auch beim pädagogischen Personal des Horts) kommt es leicht zu Unterlegenheitskonflikten. Das Kind kommt häufig mit einem fertigen, nicht zu hinterfragenden Aufgabenformat aus der Schule, in dem zum Beispiel der Rechenweg oder die Übungsform strikt schematisiert sind. Dies kann entlasten (wenn man diese Form kennt und beherrscht) und belasten zugleich (wenn man selbst andere Formen gelernt hat); in jedem Fall geht es darum, einer überlegenen, unhinterfragbaren schulischen Position zu folgen und diese anzuerkennen. Lehrerinnen und Lehrer setzen mit ihren »heimlichen« Hausaufgabenkonzepten auch der Familie eindeutige Standards, die aber oft erst mit einem Kind mühsam herausgefunden werden müssen. Je niedriger der Bildungsstand der Eltern, desto mehr Angst haben diese vor akademisch ausgebildeten Lehrern. Je weniger sie sich kompetent für schulisches Lernen fühlen, desto mehr wird auf die Lehrerinnen und Lehrer verwiesen. Das eigene Ausgeliefertsein an die Institution Schule geben Eltern nicht selten als aggressiven Druck an die Kinder weiter – verbunden mit dem Anspruch, die Voraussetzungen für die Hausaufgabe durch Aufmerksamkeit und Fleiß im Unterricht zu erwerben und dann in Familie (oder Hort) selbständig zum Einsatz zu bringen. (»Pass im Unterricht besser auf, dann musst du mich nicht fragen!«) Nicht selten nehmen Kinder dies als elterlichen »Geheimpakt« mit den Lehrkräften gegen sich selbst wahr und fühlen sich auch von den Eltern allein gelassen. Es treten negative Gefühle und die Neigung zu einer generalisierten negativen Selbstbewertung auf, für die diese Kinder oft keine Bewältigungsstrategien und keine sozialen Ressourcen haben. »Eine im engeren Sinne problematische Hausaufgabenpraxis ist vor allem in Familien anzutreffen, in denen Lern- und Leistungsprobleme vorherrschen. Hier scheint die Schule oft zu einem Familienproblem zu werden, welches die Eltern-Kind-Beziehung nachhaltig überschatten kann« (Wild 2005, S.93). Dabei ist und bleibt fraglich, ob und welche elterliche Hilfe tatsächlich eine kompensatorische Funktion erfüllen und Leistungsrückstände aufholen kann.

»Diese Annahme wird durch bislang vorliegende Forschungsergebnisse nicht gedeckt. Es liegen bis heute keine Befunde vor, die nachweisen, dass schwächere Schüler in besonderem Ausmaß von elterlicher Hausaufgabenhilfe profitieren. Im Gegenteil deutet sich ein gewisser »Teufelskreis« an: Leistungsschwächere Schüler berichten über eine stärkere Einmischung ihrer Eltern und über mehr Konflikte bei den Hausaufgaben. Diese direkten Einmischungsversuche sind problematisch, untergraben die Selbstständigkeit der Schüler und wirken sich, das zeigen die Forschungsergebnisse, eher negativ auf die weitere Leistungsentwicklung der Schüler aus…« (Lipowsky 2007, S. 8).

Die »Standard-Hausaufgabensituation« verstärkt für viele Kinder kumulativ die Probleme familialer Bildung.

Auf der Beziehungsebene dominieren die Entmutigungen.
Für die Sprachentwicklung stellen die Forscher Betty Hart und Todd R. Risley (Universität Chicago) fest: »Der Umfang des Wortschatzes korrelierte am deutlichsten nicht etwa mit dem Familieneinkommen, sondern mit der Zahl der Wörter, die die Eltern mit ihren Kindern sprachen. In der Mittelschicht richteten die Eltern durchschnittlich 487 Äußerungen pro Stunde – alles zwischen Einwortbefehlen bis hin zu Monologen – an ihre Kinder. In den Sozialhilfehaushalten hörten die Kinder solche Äußerungen nur 178 mal pro Stunde, also fast dreimal seltener.

Darüber hinaus unterschied sich auch der Charakter der Anrede nach sozialem Status. Der größte Unterschied lag in der Häufigkeit der »Entmutigungen« (Verbote oder Missfallensäußerungen), welche die Kinder zu Hause zu hören bekamen, verglichen mit »Ermutigungen« oder Lobesworten. Bis zum dritten Lebensjahren hatten die Mittel- und Oberschichtkinder 500.000 Ermunterungen und 80.000 Entmutigungen gehört. Die Kinder von Sozialhilfeempfängern erlebten es umgekehrt: Sie hörten von ihren Eltern 75.000 Ermunterungen und 200.000 Entmutigungen…« (Brinck 2007, S. 7).

Weniger Wörter und mehr Verbote und Entmutigungen gehen offenbar mit einem entsprechend niedrigeren IQ einher, während der stete Rede- und Ermutigungsfluss zusammen mit komplexeren Sätzen den IQ beflügelt. Greift dann die schulische Bildung in den Familien Raum, ist es klar, dass die Eltern der Mittelschicht ihren Kindern einen weiteren Vorsprung verschaffen, der wächst und wächst – und hierbei nehmen die Hausaufgaben eine äußerst problematische Rolle ein.

Können die »Unterschichtkinder« nicht mit ihren Hausaufgaben in der Schule reüssieren, laufen sie Gefahr, dass sich die schulische die familiale Situation in der Schule wiederholt: Der bereits hohe Anteil an Kritik und Tadel der Lehrperson findet seine Fortsetzung im Elternhaus und zeitigt eine kumulative Wirkung, was die Beeinträchtigung des Selbstkonzepts und der Selbstwirksamkeit betrifft.

Aufwachsen in Armut hat Auswirkungen auf das schulische Lernen

Eine andere Problematik, die auch die Hausaufgabe betrifft, zeigt sich in den von Armut betroffenen Familien. Die Tatsache, dass mehr als jedes fünfte Kind bereits auf Sozialhilfeniveau lebt, kann aktuellen Studien[2] zufolge nicht ohne Auswirkung auf die Kinder bleiben.

Kinder des »Prekariats« oder aus Familien der »working poor« (vgl. Holz u.a. 2005, S. 13 ff.)

- haben andere Entscheidungsspielräume: Sie dürfen öfter über die Erledigung von Hausaufgaben, Fernsehen und Schlafengehen entscheiden,
- haben schon in der Grundschule deutlich schlechtere Noten, häufig eine Klasse wiederholt; das Versagen zeichnet sich bereits in den ersten Schulwochen ab,
- haben weniger Sozialkontakte (z.B. Geburtstagseinladungen, Vereinsaktivitäten),
- sind im gesundheitlichen Bereich (z.B. durch ungesunde Ernährung) gefährdet, haben Gewichtsprobleme und einen frühzeitigen Zugang zu Suchtmitteln,
- konsumieren in einem bedenklichen Ausmaß Medien.
- Fast zwei Drittel der armen Kinder sind multiple deprivierte Kinder. Dies zeigt sich vor allem in ihrem Bewältigungsverhalten. Sie suchen weniger nach Unterstützung und gemeinsamen Lösungswegen, zum Beispiel bei Streit. Sie haben ein geringeres Vertrauen in die eigenen Handlungsmöglichkeiten zur erfolgreichen Lösung von Problemsituationen. Sie wehren sich häufiger und nehmen dabei Ärger in Kauf.
- Die Eltern zeigen sich häufig mit Erziehungs- und Schulproblemen überlastet. Arme Kinder werden weniger gelobt, dafür eher mittels Geld oder Süßigkeiten belohnt. Sie werden häufig bestraft. Dabei dominieren der Entzug materieller Ressourcen und körperliche Strafen.

Wiederum zeigt sich die soziale Differenzierung für eine große Gruppe von Kindern als Benachteiligung. Eine kürzlich erschienene Studie von Sylvia Liebenwein (2008) zu »Erziehung und sozialen Milieus« hat milieutypische, die Erziehungs- und Bildungskompetenz beeinträchtigende Risikofaktoren herausgearbeitet (Liebenwein 2008, S. 286 ff). »Insbesondere in den Unterschichtmilieus wurde unhinterfragte Anpassung in Schule und Familie sowie Gehorsam gegenüber Respektspersonen wie z.B. Lehrkräften gefordert. In den postmodernen Milieus … dagegen wurde die Individualität der Anpassungsbereitschaft übergeordnet« (a.a.O., S. 275).

Es ist also anzunehmen, dass Lehrereinträge ins Hausaufgabenheft, die Androhung von Strafen und die Appelle an fleißiges Üben von den Kindern selbst bewältigt werden müssen, oder sogar noch durch elterliche Herabsetzungen verstärkt werden. Dieses Auf-Sich-Selbst-Gestellt-Sein, der mangelnde »moralische Beistand« und die fehlende Assistenz bringen Kinder nicht selten in eine Sackgasse, aus der sie ohne fremde Hilfe nicht mehr herauskommen.

Elternratgeber, zugängig auf dem freien Markt, in den offiziellen Broschüren der Kultusministerien oder im Internet, navigieren heute Schülereltern gekonnt mit Tipps. Sie übersetzen die optimale Hausaufgabenerledigung für die Eltern in klare Handlungsanweisungen. Fragen wie »Wann? Wie lang? Wie viel Hilfe? Welche Reihenfolge?...«. werden zur Diskussion gestellt und mit Hinweisen für »Optimale Bedingungen für stressfreie Hausaufgaben« verbunden.

2 vgl. z.B.: Holz, G.; Richter, A.; Wüstendörfer, W.; Giering D. (2005): Zukunftschancen für Kinder!? Wirkung von Armut bis zum Ende der Grundschulzeit. Zusammenfassung des Endberichts der 3. Phase der AWO-ISS-Studie. Bonn

Dabei verdient die Umsicht, mit der sie erstellt sind, Anerkennung; ja selbst mancher Erwachsene könnte damit seinen Arbeitsstil und seine Wirksamkeit am Arbeitsplatz optimieren! Nur – wie kann ihre Transformation in die Familienwirklichkeiten mit deren spezifischem kulturellen Potenzial gelingen?

Dennoch ist die Familienforschung optimistisch: »So ist gerade mit Blick auf das elterliche Schulengagement hervorzuheben, dass im Zug der Bildungsexpansion nicht allein die schulischen und beruflichen Aspirationen von Eltern und Kindern kontinuierlich gestiegen sind. Auch die familienseitigen Voraussetzungen dafür, dass sich Eltern um die schulischen Belange ihres Kindes kümmern, sind heutzutage deutlich günstiger als noch vor einigen Jahrzehnten« (Wild 2005, S. 85).

Hausaufgaben als Dimension der Qualitätsentwicklung von Unterricht und Schule

Martinus J. Langeveld (1960) bezeichnet in seiner anthropologischen Reflexion von Schule die Aufgabe als ihr zentrales Wesensmerkmal. Sie steht gleichsam zwischen den Generationen und ist Ausdruck des Generationenverhältnisses. Deshalb kann auch die (Haus-)Aufgabenthematik nur in und von der Schule, also an ihrem Entstehungsort, bearbeitet werden. Sie ist Teil einer komplexen Entwicklungsaufgabe schulischer Lern- und Leistungskultur.

Was kann aus guter Hausaufgabentradition übernommen werden?

»Nur wer zurückschaut, hat vorausgedacht!« Findet dieses Wort des Schriftstellers Peter Härtling Anwendung auf die Hausaufgabenthematik, so sollte man an selbstverständlichem pädagogischem Erfahrungswissen des »state of the art« festhalten; denn eines steht fest: Hausaufgaben können nicht neu erfunden werden! Sie stehen in enger Beziehung mit dem Kern des Berufsverständnisses von Lehrerinnen und Lehrern: Es ist die Leistung zu vollbringen, im Kind/Jugendlichen einen objektiven Anspruch in einen individuellen Ansporn zu verwandeln. Auf welche Erfahrungstatsachen lässt sich dabei positiv verweisen?

Die klare Aufgabenstellung

Hausaufgabenstellungen wie »Schreibe auf, was dir zum Text einfällt!« – »Lest mal was dazu!« sind vage, unverbindliche Formulierungen. Sie überfordern viele Kinder ebenso wie die Aufgabenstellung, viele vorgegebene Fragen zu einem Text zu beantworten, die die eigene Interpretation ausschließen. Die Aufgabenstellung sollte deshalb den Erwartungshorizont klar abstecken, die Modalitäten (Mindestumfang, benötigte Ressourcen, Abgabezeitpunkt), aber auch die erwartete Nutzung eines eröffneten Gestaltungsspielraumes angeben, wenn dies zugleich in das Qualitätsurteil eingeht. Dies macht auch die Hausaufgabe in der Familie transparent und kommunizierbar. Verdeckte Erwartungen wirken leicht als emotionale Fesseln, die zu erkennen und zu erfüllen mit dem latenten Gefühl von Abhängigkeit, Zufall und Laune der Lehrperson verbunden sind.

Zugleich sollten Hausaufgaben in einem thematischen Zusammenhang mit dem Unterricht stehen, aus dem Unterrichtskontext »herauswachsen«, verlässlich als Hausaufgabe ausgewiesen und sich als solche zueigen gemacht werden können (vgl. Notiz im Hausaufgabenheft oder das Präzisieren in der Verabschiedungsrunde bei Unterrichtsschluss usw.).

Die »Verhaltensunabhängigkeit« der Aufgabenstellung

Werden Aufgabenstellungen vom Wohlverhalten einzelner Schülerinnen und Schülern oder von der Klasse abhängig gemacht (z. B. wenn das Aufgabenpensum bei Unruhe steigt oder wenn die Lehrererklärung entfällt), dann »schwindet« die Sache, der Kern der Aufgabe. Stattdessen vermittelt sich: »Euer Verhalten bestimmt, wie viel an Übung ihr nötig habt!« Viel zu oft werden Hausaufgaben in den Bereich von Bestrafung und Belohnung gerückt und somit sinnentleert.

Die Beachtung und Würdigung der Hausaufgaben

»Eine eingeforderte Hausaufgabe, die keine Beachtung des Aufgabenstellers findet, sollte lieber nicht gestellt werden!« Diese Binsenweisheit betont den Verbindlichkeitscharakter zwischen Lehrer und Schüler auf der Interaktionsebene. Eine gestellte Aufgabe, die mit viel persönlichem Einsatz, Zeitaufwand und eigener Ausgestaltung erledigt wurde, verdient Beachtung und Rückmeldung. Ein »Classroom-Management« sollte dafür entsprechende Organisationsformen vorsehen. Diese können vom kollektiven Einsammeln der Hefte zur Korrektur bis hin zur individuellen Rückmeldung im Lehrer-Schülergespräch während Arbeitsphasen im Laufe des Schultages reichen. Gewiss ist auch gründlich darüber nachzudenken, ob die korrekte Erledigung der Hausaufgabe gerade bei jungen Kindern mit positiven oder negativen Verstärkern bedacht werden sollte. »Wie viele Belobigungsstempel habe ich schon? Welche Belohnung bekomme ich?« Hier wird eine buchhalterische Seite aufgebaut, die die zustande gebrachte Leistung verdinglicht und den Tauschwert betont statt der Befriedigung über den Zuwachs an Wissen und Können. Viel wirksamer sind zum Beispiel kurze persönliche Lehrerkommentare, die zugleich auf den Könnenszuwachs abheben oder das Einbringen des Erreichten in das Klassen- und Schulleben.

Entwicklungsaspekte guter Haus-Aufgabenpraxis

Seit den internationalen Leistungsstudien TIMS und PISA hat sich die Aufmerksamkeit für die Qualität der schulischen Aufgabenformate verstärkt. Die unterrichtlichen Lernaufgaben, die Prüfaufgaben und die Hausaufgaben sind in einen strukturellen Zusammenhang zu rücken.

Die Einbettung der Hausaufgaben in den Unterrichtskontext

Wenn Hausaufgaben eine Brücke zwischen schulischem und häuslichem Lernen bilden sollen, dann brauchen sie eine inhaltlich passende und methodisch geschickte Rückbindung an den Unterricht. Eine solche Verortung in einem Sinnzusammenhang gibt der angestrebten Kompetenzerweiterung Richtung und Ziel; z.B. ein Gedicht zum aktuellen Unterrichtsthema selbst suchen und auswählen; zehn weitere Wörter mit Konsonantenverdoppelung notieren und mit der erarbeiteten Lernstrategie die korrekte Schreibung überprüfen; usw. Eine didaktische Anbindung gibt Gelegenheit, ein Lernthema individuell zu »brechen« und sich mit ihm zu »verhaken«. Das ist anderes und mehr als ein Pensum abzuarbeiten.

Die chronische Neigung, zu viele (Haus-)Aufgaben zu stellen, geht meist auf Kosten der Qualität. Es muss auch kritisch gefragt werden, ob eine (Haus-)Aufgabe Kinder beschäftigt hält oder ob bzw. was sie damit lernen und üben. Angesichts des beachtlichen Umfangs an Lebenszeit, die die moderne Kindheit in Bildungsinstitutionen und mit anschließender Hausaufgabenerledigung[3] »verbringt«, darf dieser kritische Blick von Anfang bis Ende der Schulzeit nicht fehlen.

Die Entwicklung der Hausaufgabe als Teil unterrichtlicher Aufgabenkultur

»Insgesamt bräuchten wir Lehrkräfte, aber auch Eltern und Schüler, häufig eine differenziertere Einschätzung des Wertes von Aufgaben, insbesondere auch von Hausaufgaben, für den Lernprozess und die Lernergebnisse. Dazu gehört vor allem, dass es nicht darum gehen kann, Aufgaben einfach zu stellen, abzuhaken oder an das Unterrichtsthema inhaltlich »anzudocken«, sondern sorgsam in den Lernprozess einzubinden« (Rohde-Clare 2008, S. 26).

Die heute angestrebte Kompetenzverpflichtung schulischen Lernens führte in den fachdidaktischen Disziplinen zu einem augenfälligen, länderübergreifenden didaktischen Umbau der Aufgabenkultur. Die Orientierung an allgemeinen Kompetenzen ist für die unterschiedlichen Lernbereiche verbindlich und zum Ausgang geworden.

Für die Mathematik zum Beispiel (vgl. Abb. 2) wurde als langfristige Kompetenzorientierung festgelegt: Problemlösen, Kommunizieren, Argumentieren, Modellieren und Darstellen. Diese beginnt bereits in der Schuleingangsphase als »mathematisches Treiben« und bleibt für den Verlauf der Grundschulzeit erhalten. Hier zeigt sich ein großer Unterschied zum »Rechenunterricht«, der im kulturellen Gedächtnis der breiten Öffentlichkeit eingeschrieben ist.

Über das Schaubild (vgl. Abb. 2, S. 128) verdeutlicht der Mathematikdidaktiker Christoph Selter (2008), dass die traditionellen (Haus-)Aufgabenstellungen vor diesem Anspruch (in der Schule und in der Hausaufgabe) grundlegend »umgebaut« werden müssen. Auch das mechanische Rechnen wie zum Beispiel der Hausaufgabenklassiker, »das Einmaleins-Üben und im Schlaf dahersagen können«, werden nun in einen neuen Kontext gerückt. Worin besteht dieser?

- Durch alle Kompetenzfelder zieht sich konsequent die aktive Auseinandersetzung der Kinder mit dem Lerngegenstand (hier die Mathematik). Sie ist geprägt von einer Kultur des Erforschens, Entdeckens, Erklärens und der Transparenz. Die Kompetenzbereiche beschreiben differenziert die damit korrespondierenden Aufgabenfelder, in die hinein die Kinder aktiv ihre Fähigkeiten entfalten können.

- Die Aufgaben verbinden konsequent mathematisches Denken, Sprache, mathematischen Symbolgebrauch und Reflexion. Es wird wichtig, Sachverhalte und Lösungswege zu hinterfragen, Sachprobleme in die Sprache der Mathematik zu übersetzen, Darstellungen zu vergleichen usw.

3 Die Hausaufgabenproblematik ist nicht schon mit der Einführung der Ganztagsschule gelöst. Im Gegenteil. Sie stellt sich neu und verschärft. Auch sie muss das übliche Hausaufgabenmuster aufbrechen und darüber nachdenken, wie sie die das unterrichtliche Lernen stüt-zende Funktion und die Persönlichkeitsentwicklung und Selbständigkeitsförderung kritisch konstruktiv bearbeiten kann (vgl. Deckert-Peaceman 2007).

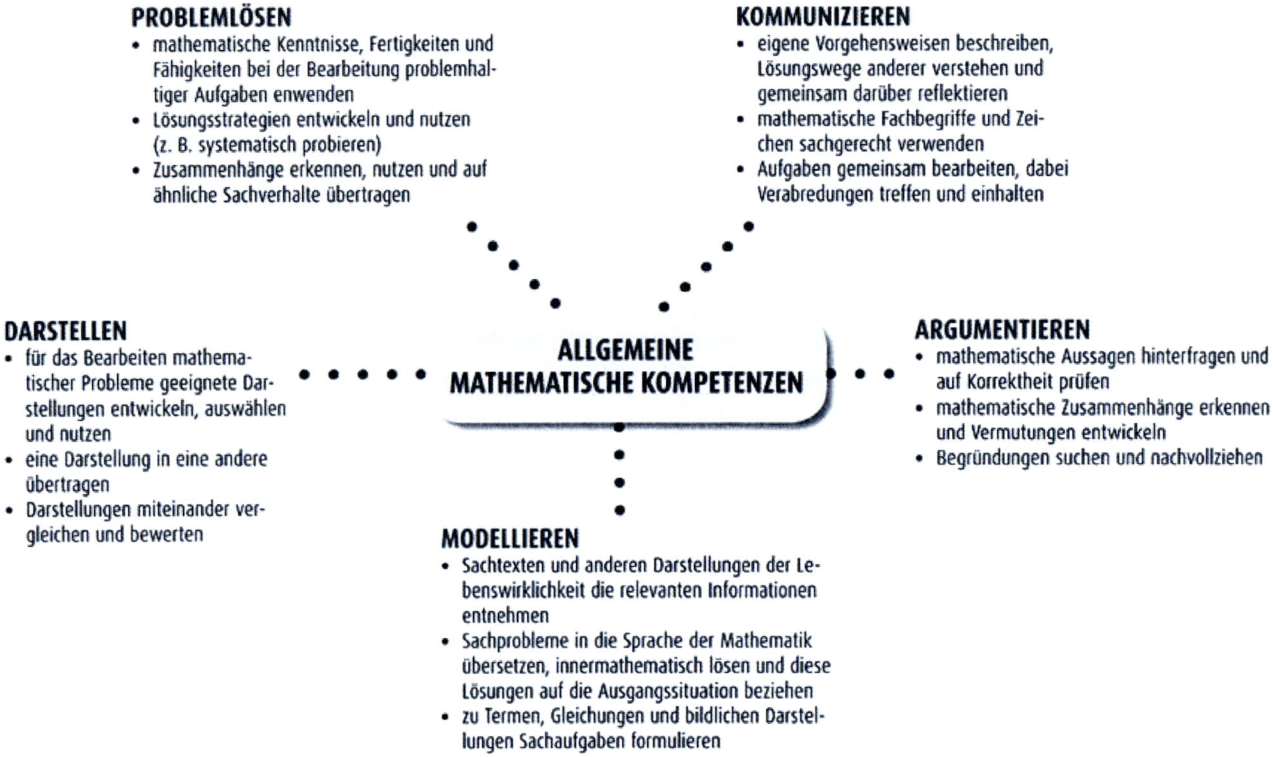

Abbildung 2: Fünf allgemeine mathematische Kompetenzen – ein Orientierungsrahmen für sinnvolle Hausaufgaben[4]

- Ein solcher Unterricht nutzt die Klasse als Kommunikationsgemeinschaft. Den anderen die eigene Vorgehensweise beschreiben, einen Lösungsweg hinterfragen, dabei mathematische Fachbegriffe aktiv verwenden lernen, ist nicht nur für das soziale Klima, sondern für den Sachlernprozess förderlich. Das Zueigenmachen der »Aufgabensubstanz« ist Voraussetzung dafür, auch Aufgabenstellungen selbständig (z.B. als Hausaufgaben) zu bearbeiten.
- Eine didaktische Aufgabenstellung schließt Differenzierung und Individualisierung mit ein. Es ist geboten und »durchgängig für die Kinder transparent, zwischen Grundanforderungen und weiterführenden Anforderungen zu unterscheiden. Kindern, die nach längerem Nachdenken nicht weiterkommen, sollten Tipps gegeben werden, ohne dabei zu viel vorzugeben« (Selter 2008, S. 18). Dies ist auch die Voraussetzung für differenzierte Hausaufgaben.

4 Abbildungen 2 und 3 mit freundlicher Genehmigung entnommen aus: Selter, Christoph (2008): Denken, rechnen, reden. Allgemeine mathematische Kompetenzen. In: Grundschule. Heft 4, S. 16-19.

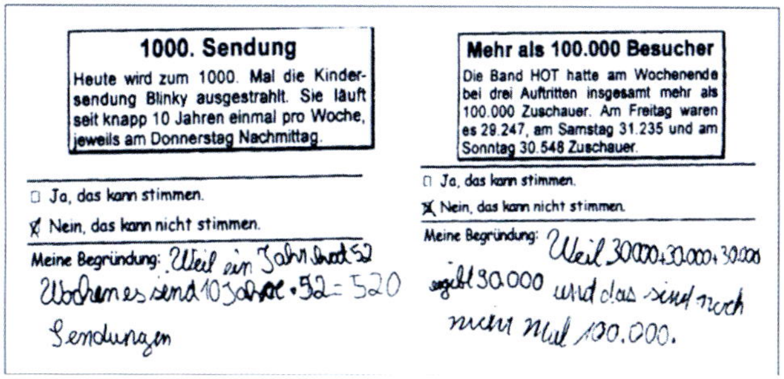

Abbildung 3: Übersetzen von Sachtexten bzw. Sachproblemen in die Sprache der Mathematik

- Wer jemals solchen Unterricht (z.B. Eltern beim Tag der offenen Tür) erleben konnte, trifft auf eine positiv-optimistische Lernatmosphäre. Sie ist wesentlich getragen von Vertrauen gegenüber dem Denken und Lernen der Kinder, von Ermutigung und sachbezogener Anstrengungsbereitschaft, in der auch der produktive Umgang mit Fehlern gehört. Es sollte gerade diese zuversichtliche Grundhaltung des Lernens und der Leistungsneugier sein, die die Kinder in ihre Hausaufgaben hinein begleitet.
- Für die Hausaufgaben stehen oft »Aufgabenkisten« im Sinne einer strukturierten Aufgabensammlung bereit. Dabei sind die Aufgabentypen und der Schwierigkeitsgrad gekennzeichnet. Daraus können die Schülerinnen und Schüler gezielt auswählen. Meist ist eine Minimalforderung definiert. Bemerkenswert scheint, dass in einem solchen Unterricht die Hausaufgabe dann nicht zum individuellen Optimierungsproblem der Schülerinnen und Schüler wird. Vielmehr erwächst sie aus und mündet ein in die Qualität des Unterrichts ein und hat im Lernprozess ihren Stellenwert.

Die Hausaufgaben als Anlass und Ziel der Kommunikation zwischen Schule, Elternhaus und Kindern

Es kennzeichnet die gegenwärtige Reformrhetorik, dass zwischen Bildungsinstitution und Eltern eine Erziehungspartnerschaft zu stiften und die Verantwortung zu teilen ist.

Hausaufgaben als Teil eines Erziehungsvertrags zwischen Elternhaus und Schule

Vielerorts wird diese vertraglich fixiert. In solchen Erziehungsverträgen werden die Rechte und Pflichten der Vertragspartner festgehalten, um Missverständnissen vorzubeugen und zu vermeiden. »Die Beteiligten wünschen Verbindlichkeit im Umgang miteinander, klare Übereinkünfte, Absprachen und gegenseitige Anerkennung« (Brune u.a. 2006, S. 16). Während an weiterführenden Schulen auch die Schülerinnen und Schüler als »dritter Partner bzw. Partnerin« an der Erziehungsvereinbarung partizipieren, ist in der Grundschule die Zusammenarbeit zwischen Elternhaus und Schule in der Regel auf die Eltern und den Klassenlehrer oder die Klassenlehrerin bezogen. Die Eltern versprechen darin in der Regel die aktive Unterstützung des Kindes in der Wahrnehmung der Schülerpflichten bzw. »Tugenden« (Ordnung, Pünktlichkeit, verlässliche Versorgung, positives Sozialverhalten).

Während die Schülerinnen und Schüler der Sekundarstufe meist die »vollständige Erledigung der Hausaufgaben« vertraglich zusichern, erwarten »gute Grundschulen« von den Eltern: »Wir sorgen dafür, dass das Kind einen Platz hat, an dem es seine Hausaufgabe in Ruhe machen kann.« – Bemerkenswert ist, dass sich in dieser Formulierung das elterliche sich Kümmern auf das Sorgen für gute Rahmenbedingungen bezieht, was dann die Hausaufgabe möglichst eigenständig erledigen lässt (vgl. v.d. Gathen 2008, S. 11). Die Schule dagegen will dafür sorgen, dass das Kind mit einem an Selbständigkeit orientierten »Hausaufgabenformat« in die Familie zurückkehrt.

Hier scheint ein wichtiger Zusammenhang auf: Die Eltern können sich dann von ihrer Rolle als Hilfslehrer oder Kontrolleur zurücknehmen und ihre Elternrolle wahrnehmen, wo die Schule ihrerseits Lernen didaktisch und erzieherisch professionell gestaltet. Bedingungen schaffen, Anteil nehmen an den Lernerlebnissen und -erfahrungen in der Schule, für Anstrengungen loben, bei Schwierigkeiten ermutigen – das sind wirklich Momente der Eltern-Kind-Interaktion, die mit Assistenz und Explorationsunterstützung verbunden sind. Hausaufgaben in der Familie, im Hort oder in einer Ganztagsschule sind dann strukturell bezogen auf den unterrichtlichen Lernkontext. Hausaufgaben können so Anlässe sein, sich mit den Eltern über das Lernen auszutauschen, Lernwege zu erklären, Entdeckungen zu kommunizieren, aber auch das Üben zu effektivieren.

Gerade da, wo sich der Unterricht an entdeckenden, verstehenden Aneignungsprozessen orientiert, darf dennoch die Übung im Sinne der Automatisierung von Teilleistungen (z.B. Geläufigkeit im Einmaleins, Einprägung der Schreibweisen von Wörtern) nicht übersehen werden. Gerade um diese Tatsache wissen die Eltern. Deshalb muss die Lehrerin oder der Lehrer die unverzichtbaren Übungsstrategien und -formen im Unterricht zuverlässig einführen. Das Versäumnis scheint eine der Ursachen sozialer Ungleichheit zu sein. Während Mittelschichteltern sich zu helfen wissen, auf effektive, verständnisintensive Ansätze zurückgreifen und die Ausdauer des Kindes zu stützen verstehen, sind Kinder aus bildungsferneren Schichten ganz auf die Schule verwiesen. Sie brauchen deshalb gezielte Anleitung, wie zum Beispiel die Einmaleinsreihen »vorteilhaft logisch« eingeprägt werden und wie sie sich ihren Übungszuwachs bewusst machen. Sie brauchen die Chance, Übungssicherheit in der Schule zu erwerben, ehe sie zuhause und auf sich gestellt Übungsaufgaben erfolgreich bearbeiten können.

Hausaufgaben und Persönlichkeitsentwicklung

Aus der Schulleistungsforschung ist bekannt, dass das Erleben von Urheberschaft, Selbständigkeit und Erfolgszuversicht eine Leistung steigert: Ferner ist auch bekannt, dass sogar »die Entwicklung spezifischer Leistungsmotivtendenzen durch das hausaufgabenbegleitende Verhalten von Müttern vorhergesagt werden kann. Als günstig für eine erfolgszuversichtliche Leistungsmotivation erwiesen sich hier das Ausmaß der mütterlichen Zufriedenheit, die Gewährung von Selbstständigkeit, die Verwendung selbstbegünstigender Attributionen sowie ein positives Sanktionsverhalten« (Zimmermann, Spangler 2001, S. 467).

Die Selbstbestimmungstheorie sieht in einer guten (Haus-)Aufgabensituation die drei zentralen Grundbedürfnisse des Menschen, des Kindes, erfüllt: Das Bedürfnis nach Autonomie, das Kompetenzstreben und nach sozialer Einbindung und Anerkennung. Bestimmen diese pädagogischen Leitlinien Schule und Elternhaus, dann ist eine tragfähige Basis gewonnen, von der aus auch eingeschliffene Aktionsmuster aufgebrochen und dysfunktionale Techniken verändert werden können. Allerdings bedarf es hier eines Dialogs mit den Eltern, in dem sie mit dem schulischen Lernen ihrer Kinder in der Schule vertraut gemacht werden und selbst dazulernen dürfen.

Dass auf elterlicher Seite dazu Bereitschaft besteht, ist durchaus gegeben: »So würden Befragungen von Eltern in Österreich zufolge 79 Prozent der Eltern von Schülern der

Klassen 1 bis 6 gerne häufiger mit dem Lehrer ihres Kindes sprechen .... und in amerikanischen Studien vertreten über 90 Prozent der Eltern von Grundschülern und über 80 Prozent der von Sekundarstufenschülern die Auffassung, die Schule sollte ihnen sagen, wie sie ihren Kindern helfen können…« (Wild 2005, S. 94). In den Niederlanden und in den USA haben Programme, die dem elterlichen Beratungsbedarf und Interesse entsprachen, gerade bei Eltern aus niedrigeren Sozialschichten nachweislich zu gesteigerter Elternmitwir-kung, größerer Verhaltenssicherheit sowie zu einem positiveren Lehrerbild beigetragen.

Mit Hausaufgaben Interessen wecken

»Wer hat im Laufe seines Schülerlebens freiwillig Hausaufgaben gemacht? Wer ist aus eigenem Antrieb einer »Schulthematik« auf den Grund gegangen? Wann ist das schulische Lernen am Nachmittag mit Freunden fortgesetzt worden?« Solche Fragen können auf wichtige Gegebenheiten für eine Selbstinitiierung von (Haus-)Aufgaben verweisen.

- Es sind offensichtlich die »entschulten« Themen, solche, die »ins Schwarze« treffen oder die intrinsische Motivation ansprechen. Diese Lernthemen haben bzw. dieser Lerngegenstand hat dann für den Schüler und die Schülerin eine besondere subjektive Bedeutung und die Beschäftigung mit ihm ist im Prinzip mit angenehmen Gefühlen verknüpft (vgl. Lankes 2007, S. 88). Wie die Interessenforschung zeigt, sind kindliche Interessen und Neigungen, gerade im Kindergarten- und Grundschulalter, äußerst lern- und entwicklungsfähig. Deshalb sind auch schulische Herausforderungen und Themenzumutungen besonders bedeutsam.

- Meist entstehen selbst initiierte (Haus-)Aufgaben in nachmittäglichen »social events«. Man trifft sich mit einem Freund, einer Freundin oder in der kleinen Gruppe und »hakt« nach. »Das Thema kann Aufhänger sein, sich in der Schule näher kennenzulernen. Die schulische Aufforderung – das Thema der Klasse zu präsentieren – kann Anlass sein, sich nachmittags zu treffen, dabei kann inhaltliche Arbeit mit Spaß und Spiel verbunden werden« (Bannach 1996, S. 20). Worauf zielt diese häusliche Arbeit?

Abbildung 4: Eine Schreibübung mit genutztem Gestaltungsspielraum

- Es werden eigene Umgangsweisen mit einem Übungsthema »gewagt« (vgl. Abb. 4). Die Hausaufgabenstellung, den Buchstaben Vv und Wörter mit diesem Buchstaben zu suchen, haben zwei Mädchen für eine Gestaltungs-

Abbildung 5: Die Befruchtung der Kirschblüte im »Modell«

idee benutzt. Dabei wurde der am besten gelungene Buchstabe und das am besten gelungene Wort mit einem Stern von der Schreiberin markiert. Für die Beurteilung wurden – wie es in ihrer Klasse Praxis ist – die Sachkriterien herangezogen. Dies scheint für das Leisten lernen und das Leistungsbewusstsein eine wichtige Erfahrung.

Es können auch neue Zugänge entdeckt werden (vgl. Abb 5): Hier haben sich zwei Jungen an die dauerhafte Visualisierung des im Unterrichtsfilm gesehenen Vorgangs »Bestäunung der Kirschblüte« gemacht und phantasievoll wie sachgerecht ein Modell gebastelt. Die Präsentation in der eigenen Klasse sowie in der Wochenabschlussrunde der ganzen Grundschule eröffnete sachlich interessierte und engagierte Gespräche zwischen den Kindern unterschiedlicher Jahrgangsstufen und den Lehrerinnen und Lehrern.

Gerade die Möglichkeit, mit neuem Material aus der Bücherei oder aus dem Internet Themen zu erweitern, werden häufig genutzt.

- Eine solche (Haus-)Aufgabenkultur scheint auch die Genderperspektive ins Spiel zu bringen. Untersuchungen[5] der Freizeitaktivitäten von Vorschul- und Grundschulkindern benennen »Draußen Spielen« und »Kreatives Gestalten« am häufigsten. Bei den Mädchen steht »kreativ-produktives Gestalten« an erster Stelle, gefolgt von »Draußen-Spielen/Sport«; bei den Jungen ist die Reihenfolge umgekehrt. Berücksichtigt man dann auch noch ihre »reichen« medialen Erfahrungen, wird nachvollziehbar, dass auch die (Haus-)Aufgabenformate in dieser Hinsicht überdacht werden sollten. Bedenkt man, über welche technische Medienkompetenz heute Kinder verfügen, dann könnte gerade für die Ausarbeitung von Präsentationen der Computer mit seinen technischen Möglichkeiten (z.B. Powerpoint) genutzt werden. Dies kann zugleich bedeuten, dass Kinder im Team agieren und sie ihre, in der Schule bisher viel zu wenig berücksichtigten Fähigkeiten, für ihre Lernarbeit kreativ und gestalterisch nutzen könnten. Um der Gefahr einer sozialen Benachteiligung entgegenzuwirken, müssten dann auch die Schulen »Lernwerkstätten« und »Arbeitsgemeinschaften« anbieten, die für alle die unverzichtbaren

5 Vgl. z. B. KIM-Studie 2008 (www.mpfs.de)

äußeren Bedingungen bereitstellen und kompensatorisch wirken. Die Erfahrung, einen erfassten, interessanten Inhalt auch medial »zu inszenieren« und zu repräsentieren, kann gerade auch für solche Kinder, deren sprachlich kommunikativen Fähigkeiten eingeschränkt sind, eine besondere Herausforderung und Lernchance darstellen.

Eingangs wurde festgestellt: Hausaufgaben gehören zur Schülerrolle. Wer sich heute in Schulen umsieht und das oft beeindruckend reiche Schaffen wahrnimmt, kann den Eindruck gewinnen, dass sie der wohl einzige gesellschaftliche Ort der Vollbeschäftigung sind. Die Erwartungen an die nachwachsende Generation sind hochgesteckt, auch was die Herausforderungen durch gute Hausaufgaben betrifft. Insofern muss auch bewusst sein: Die schulischen Themen werden stets nur einen schmalen Pfad der Lebensthemen eines Kindes abdecken. Deshalb braucht es in seinem Aufwachsen auch stets Räume, die die Schule als privat und unverfügbar respektiert. Es sind dies die Räume der freien Zuwendung zu einer Lieblingsbeschäftigung, des spontanen Sich-Versenkens in eine Sache, in Fragen, in selbst gewählte Aufgaben, in Spiel und Fantasie. Diese Räume entziehen sich dem verfügenden Zugriff der Schule. Zutritt hat sie nur dann, wenn das Kind als entscheidendes Subjekt selbst diese Räume öffnet.

Literaturauswahl:

Abele, A.; Liebau, E. (1998): Nachhilfeunterricht. Eine empirische Studie an bayrischen Gymnasien. In: Die Deutsche Schule 90, H. 1, S. 37-49

Bannach, M. (1996): Freiwillig leisten sie mehr. In: Die Grundschulzeitschrift. 10. Jg., H. 94, S. 14-16

Brinck, C. (2007): Red mit mir! Viel. In: DIE ZEIT. Nr. 10, 03.05.07, S. 7f.

Brune, M. u.a. (2006): Eltern als (Vertrags-)Partner. Erfahrung mit Erziehungsvereinbarungen in der Schule. In: Pädagogik 58. Jg., H. 9, S. 16-20

Deckert-Peaceman, H. (2007): Haus-Aufgabe in der Schule? Ganztagsschule als Lösung des Hausaufgabenproblems. In: Lernende Schule. 10. Jg., H. 39, S. 18 f.

Esslinger-Hinz, I.; Klaffke, T. (Hrsg.) (2007): Hausaufgaben. Themenheft der Zeitschrift »Lernende Schule. 10. Jg., H. 39

Exeler, J.; Wild, E. (2003): Die Rolle des Elternhauses für die Förderung selbstbestimmten Lernens. In: Unterrichtswissenschaft. 31. Jg., H. 1, S. 6-22

Gathen, J. v. d. (2008): Erziehungspartnerschaft von Anfang an. Mit Eltern die Verantwortung teilen. In: Die Grundschulzeitschrift. 22. Jg., H. 212/213, S. 8-10

Illmann, B. (1996): Erste Schritte. Auf dem Weg zu einer veränderten Hausaufgabenpraxis. In: Die Grundschulzeitschrift. 10. Jg., H. 94, S. 20-21

Kohler, B. (2002): Hausaufgaben. Helfen – aber wie? Weinheim, Basel

Krumm, V. (1996): Über die Vernachlässigung der Eltern durch Lehrer und Erziehungswissenschaft. Plädoyer für eine veränderte Rolle der Lehrer bei der Erziehung der Kinder. In: Leschinsky (Hrsg.): A34. Beiheft der Zeitschrift für Pädagogik: Die Institutionalisierung von Lehrer und Lernen. Beiträge zu einer Theorie der Schule. Weinheim und Basel, S. 119-140

Lankes, E.-M. (2007): Interesse wecken. Was wissen wir über die Motivierung von Schülern? In: PÄDAGOGIK. 59. Jg., H. 5, S. 76-79

Liebenwein, S. (2008): Erziehung und soziale Milieus. Elterliche Erziehungsstile in milieuspezifischer Differenzierung. Wiesbaden

Lipowsky, F.: Hausaufgaben: auf die Qualität kommt es an! Ein Überblick über den Forschungsstand. In: Lernende Schule. 10. Jg., H. 39, S. 7-9

Morys, R. (2007): Die Leistungselbstsicht von Grundschulkindern im Beziehungsgeflecht von Schule und Elternhaus. Hamburg

Nickel, H.; Petzold, M. (1997): Schule und Familie. In: Lompscher, J.; Schulz, G.; Ries, G.; Nickel, H. (Hrsg.): Leben, Lernen und Lehren in der Grundschule. Neuwied, Kriftel, Berlin, S. 11-128

Plewnia, U.; Vernier, R.; Wittlich, S. (2005): Die Störer aus der zweiten Reihe. In: Focus: Was Lehrer an Eltern hassen – und umgekehrt. (Themenheft). Nr. 19, S. 52-62

Rhohde-Clare, K. (2008): »Und dazu habe ich euch ein Arbeitsblatt mitgebracht...«. In: Pädagogik. Themenheft: Aufgabenkultur. 60. Jg., H. 3, S. 26-29

Selter, C. (2008): Denken, rechnen, reden. Allgemeine mathematische Kompetenzen. In: Grundschule. H. 4, S. 16-19

Ulich, K. (1998): Was die Schule zuhause anrichtet. Über Hausaufgaben, Noten und Sanktionen. In: Friedrich-Jahresheft. H. 16, S. 30-33

Wild, E. (2005): Wie geht die Schule mit familialen Einflüssen um? Gelenkter Unterricht, Unterstützungssysteme und Förderprogramme als Chance. In: Verband Bildung und Erziehung VBE (Hrsg.) (2005): Schule und Gerechtigkeit. Berlin, S. 83-99

Wild, E. (2003): Einbeziehung des Elternhauses durch Lehrer. Überlegungen zu Art, Ausmaß und Bedingung der Elternpartizipation. In: Zeitschrift für Pädagogik. Jg. 49, S. 513-533

Zimmermann, P.; Spangler, G. (2001): Jenseits des Klassenzimmers. Der Einfluss der Familie auf Intelligenz, Motivation, Emotion und Leistung im Kontext der Schule. In: Zeitschrift für Pädagogik. Jg. 47, H. 4, S. 461-479

Mit Moderation und im Bündnis den Schulstart erleichtern

Modellprojekt Erziehungs- und Bildungspartnerschaften mit Eltern beim Übergang Kindergarten – Schule

Rita Woll

Im Folgenden wird ein Projekt vorgestellt, das zeigt, wie Kinder mit besonderem Förderbedarf unterstützt werden können, indem Eltern, Erzieherinnen und Lehrerinnen als gemeinsam agierende Unterstützer der kindlichen Bildungsprozesse gewonnen werden. Initiiert wurde das Projekt von der Fachberatung für städtische Kindertagesstätten Pforzheim. Träger des Projektes war der Verein zur Förderung der Jugendhilfe Pforzheim e.V. Gefördert wurde das Projekt durch den »Kommunalverband für Jugend und Soziales Baden-Württemberg – Dezernat Jugend – Landesjugendamt«, die Stadt Pforzheim und (im ersten Jahr) durch die Hausch-Stiftung. Das Projekt war angelegt auf drei Jahre und lief von 2005 bis 2008.

Ziel des Projektes war die Verbesserung der Möglichkeiten eines erfolgreichen Schulstarts für Kinder mit besonderem Förderbedarf. Im Einzelnen wollten wir
frühzeitig Kinder mit Entwicklungsverzögerungen, Verhaltensauffälligkeiten und drohender Behinderung erkennen,
sie unterstützen und fördern
sowie weitergehende Hilfen vermitteln.

Projektteilnehmer/innen waren die Fachberatung der städtischen Kitas Pforzheim, Eltern, Kinder, Erzieherinnen und Lehrerinnen aus zwei Schulen (Brötzinger Schule und Nordstadtschule) sowie aus vier städtischen Kitas in Pforzheim, deren Kinder in die beiden Schulen wechseln (Kita Nordstadt, Kinderhaus Brötzingen, Kita Haus am Markt, Kita Bäznerstr.). Geleitet wurde das Projekt von mir als Diplompsychologin; unterstützt von einer Sozialpädagogin.

Die Förderung der Kinder begann im Kindergarten und wurde in der Grundschule weitergeführt. Dazu trafen sich regelmäßig alle 3 bis 4 Wochen die Eltern, das betreffende Kind, die entsprechende Bezugserzieherin des Kindes, die Leiterin der Einrichtung, später in der Schule die Klassenlehrerin und der Rektor bzw. Konrektorin, um – moderiert von der Psychologin oder Sozialpädagogin – miteinander einen Förderplan zu erarbeiten. Wenn vor den Sommerferien schon die Lehrkräfte für die ersten Klassen bekannt waren, wurden diese schon vor den Ferien zu dem letzten Treffen in die Kita eingeladen. Nach den Sommerferien, also nach dem Schuleintritt, nahmen mindestens beim ersten Gespräch, manchmal auch noch längere Zeit, die Erzieherinnen weiterhin an den Förderplangesprächen in der Schule teil. Bei manchen Familien, die noch weitere Kinder im Kindergarten hatten, ergab es sich, dass die Treffen trotz Einschulung weiterhin im nahegelegenen Kindergarten stattfanden.[1]

1 In der abschließenden Auswertung zeigte sich, dass diese Treffen in altvertrauter Kita-Umgebung gerade in kritischen Situationen sehr hilfreich waren. Inwieweit solche Treffen generell für alle Familien in den Kitas angesiedelt werden sollten, können wir nicht sagen. Es scheint sich anzudeuten, dass es für die ersten Monate nach Schuleintritt hilfreich sein könnte, bis Eltern und Kinder zur Institution Schule größeres Vertrauen aufgebaut haben.

Der benutzte Förderplan orientierte sich an einem finnischen Vorbild, das ich bei einem Besuch im Jahre 2003 in einem Kindergarten in der finnischen Stadt Kerava fand. In der finnischen Vorschule wurden nach diesem Schema die halbjährlichen Entwicklungsgespräche geführt. Für den Zweck des Projektes – nämlich der intensiven, gemeinsamen und abgestimmten Förderung – wurde der Plan übernommen, aber die Förderplantreffen fanden in kürzeren Abständen statt. So sah unser Ablauf aus:

Ablauf und Prinzipien der Erstellung eines Förderplans:

Die Aufnahmen der Kinder in die Förderung erfolgten aus zwei Gründen: Zum einen wurde Eltern, die sich von sich aus mit der Bitte um Unterstützung an Erzieherinnen oder Lehrerinnen[2] gewandt hatten, die Möglichkeit zur Teilnahme vorgeschlagen. Zum anderen gingen die Pädagoginnen von sich aus auf Eltern zu, wenn sie aufgrund ihrer Beobachtungen einen Unterstützungsbedarf beim Kind festgestellt hatten. Diese Feststellung beruhte auf keinen objektiven Tests oder medizinischen Diagnosen, sondern auf der subjektiven, allein durch Erfahrung geleiteten Einschätzung der Pädagoginnen.

Die Eltern wurden zu einem Gespräch eingeladen. Dabei boten wir ihnen als Unterstützung die gemeinsame Erstellung eines Förderplanes an, indem alle diejenigen zum nächsten Treffen eingeladen wurden, die das Kind unterstützen können (neben den Eltern konnten das auch die Großeltern, Tagesmütter usw. sein). In den Kitas nahmen die Kinder an den Gesprächen nur in Ausnahmefällen teil, in der Schule hingegen immer. Die unterschiedliche Beteiligung der Kinder war vorher nicht gründlich bedacht. Eine nachträgliche Reflexion ergab, dass es für die Gespräche mit den Schulkindern einfacher war, den Kindern zu sagen, warum wir uns treffen, nämlich weil wir das Kind beim Lernen in der Schule unterstützen wollen. Hier war aufgrund der fortgeschrittenen Denkentwicklung eine Reflexion der eigenen Ziele in der Schule eher möglich. Andererseits standen bez. der Teilnahme von Kita-Kindern Sorgen um die Überforderung bzw. Belastung der Kita-Kinder durch familiäre Themen in Raum. Für eine zukünftige Arbeit wäre es noch eine spannende Untersuchungsfrage, ob Kita-Kinder generell auch an den Gesprächen teilnehmen sollten oder bei welchen Themen, in welchem Alter. Die Erfahrung zeigte, dass ohne Kinder offener über desolate Familienverhältnisse, vor allem über die Belastungen durch Partnerkonflikte gesprochen wurde, die sich als eines der Haupthindernisse für die Bildungsprozesse der Kinder herausgestellt haben.

- Die jeweiligen Förderziele, die die noch zu lernenden Fähigkeiten des Kindes beschreiben[3], wurden miteinander erarbeitet.

2 Wir hatten, um die Schule von vornherein einzubinden, die Förderplangespräche nicht nur mit Kita-Kindern begonnen, sondern auch mit Erst- und Zweitklässlern.

3 Diese Formulierung verdankten wir dem finnischen Psychiater Ben Furmann: »Kinder haben eigentlich keine Probleme. Probleme werden definiert als Fähigkeiten, die sie noch nicht erlernt haben. Die meisten Schwierigkeiten, mit denen es Kinder zu tun haben – Ängste, schlechte Angewohnheiten, Schlaf- und Essstörungen, ... – werden als noch nicht ausgebildete Fähigkeiten angesehen. Kinder können diese Schwierigkeiten überwinden, indem sie die damit korrespondierende Fähigkeit erlernen... d.h., dass wir uns von der Wahrnehmung eines ›Problems‹ wegbewegen hin zu einem Bewusstsein der Fähigkeit, die erforderlich ist, um das Problem zu überwinden.... Schließlich ist der Gedanke, eine Fähigkeit zu entwickeln, für Kinder viel attraktiver und motivierender als die Vorstellung, Schwierigkeiten überwinden zu müssen.« Furmann, B.: Ich schaffs! Carl-Auer-Systeme Heidelberg 2005, S. 15

Dies war der entscheidende Schritt bei den Gesprächen, weil an diesem Punkt das Bündnis geknüpft wurde. Gerade Eltern von Kindern mit besonderem Förderbedarf sind oft besonders belastet durch angespannte Familienverhältnisse, eine schlechte soziale Lage und häufige Überforderungsgefühle im Umgang mit ihrem Kind. Sie haben schon öfter die Erfahrung gemacht, dass man ihnen Vorwürfe machte wegen des Verhaltens ihrer Kinder. Sie fühlen sich mitunter deswegen schon in einer schwachen Position. Umso wichtiger ist es, dass es im ersten Gespräch bei der Suche nach Förderzielen gelingt, eine Atmosphäre gegenseitigen Vertrauens zu schaffen.

Aus diesem Grund wurde von den Professionellen (Erzieher/innen, Lehrkräften, Psychologin) keine Diagnostik im Vorhinein gemacht und es fanden keine Vorabsprachen unter den Fachkräften statt. Auch wurden die Förderziele nicht von den Fachkräften vorgegeben, im Gegensatz zu der derzeit üblichen Praxis in vielen Schulen. Vielmehr wurden als Förderziele diejenigen Themen aufgegriffen, die von den Eltern oder dem Kind genannt wurden. Hier werden die Fachkräfte auf die Probe gestellt, ob sie es ernst meinen mit dem Zutrauen in Eltern und Kind. Denn für Eltern und Kinder stehen oft ganz andere Themen im Vordergrund als für die Professionellen. Es zeigte sich aber im Verlaufe des Projektes, dass wir uns auf die Themenvorgabe durch Eltern und Kinder verlassen konnten.

- Sie gaben Weg und Tempo vor:[4] Zum Beispiel stand für die Mutter eines sehr zurückgezogenen fünfjährigen Kindes an erster Stelle, dass ihr Kind sie nicht mehr so beschimpft. Die Fachkräfte mussten sich sehr auf die Lippen beißen, weil die Mutter selber oft zu heftigen Schimpfwörtern griff. Hätte man der Mutter gesagt »Dann fangen Sie erst mal bei sich an«, wäre es vermutlich zu keinem Bündnis gekommen. Also bestand die Aufgabe darin, ein positives Ziel zu finden. Es zeigte sich, dass es dafür hilfreich war, eine konkrete Situation anzuschauen. In diesem Fall war es die morgendliche Ankunft in der Kita, die oft von lautem Schimpfen der Mutter sowie Schreien und Heulen des Kindes geprägt war. Dies wiederum war Folge einer angespannten Frühstückssituation. Als Unterstützungsziel schälte sich heraus: »Daniel unterstützen, Frust auszuhalten und in Ruhe zu frühstücken. Das morgendliche Essensmuster wird so verändert, dass das Kind entspannt in die Kita kommen kann.«

Die Formulierung eines positiven Ziels verlangt genaues Zuhören und Ernstnehmen.
So formulierte ein Zweitklässler, der schon wegen Schlägereien vom Schulausschluss bedroht war, als sein Ziel »Die anderen sollen mich nicht mehr ärgern.« Im Gespräch nahmen wir das auf, und thematisierten mit ihm die Erfahrung, dass andere Schüler so schwer zu verändern sind, man könne nur selber etwas tun. So schälte sich im Verlauf des Gesprächs als positives Ziel heraus: »Cool bleiben, eine dicke Elefantenhaut entwickeln.«

- Um das jeweilige Ziel zu erreichen, wurden sehr kleinschrittige, leicht überprüfbare und realistische Aufgaben[5] formuliert.

Die Realisierbarkeit ist von großer Bedeutung, weil die Eltern und Kinder, mit denen wir zusammen gearbeitet haben, oft schon viele Misserfolgserlebnisse hinter sich hatten. Um Lernenergien zu mobilisieren – Selbstwert-

4 Zu den »Grenzen« s. weiter unten.
5 Die Aufgaben sind in dem Förderplan mit »Vereinbarungen« gekennzeichnet.

gefühl und Motivation zu stärken[6] – bestand die Aufgabe des Projektes darin, ein Umfeld zu schaffen, in dem positive Erlebnisse gemacht werden können. So wurden die Weichen gestellt, damit sich bei allen Beteiligten wieder Optimismus entwickeln konnte.

Ein Beispiel für die Kleinschrittigkeit: Michael, ein hyperaktiver Junge, der aufgrund seines impulsiven Verhaltens in der Klasse schon sehr ins Abseits gerückt war, hatte sich das Ziel gesetzt, den Klassenwettbewerb »Zeit, das sich was dreht« (Verbesserung des Klassenklimas) zu unterstützen. Dafür erarbeitete er für sich mit Unterstützung der Mutter und der Pädagoginnen folgende Regeln für ein stressfreies Ankommen in Schule, Hort und Zuhause:

»In der Schule:
- Ich komme ins Klassenzimmer,
- ich stelle meinen Schulranzen an den dafür vorgesehenen Platz,
- ich hänge meine Jacke an den dafür vorgesehenen Haken und den Sportbeutel an den Haken daneben,
- ich setze mich auf meinen Platz.

Im Hort:
- Ich stelle den Schulranzen ins Fach,
- ich ziehe die Schuhe aus,
- ich ziehe die Hausschuhe an,
- ich ziehe die Jacke aus,
- ich hänge die Jacke an den dafür vorgesehenen Haken (Radio),
- ich gehe in den Gruppenraum und setzte mich leise in den Sitzkreis oder aber ich setze mich zum Essen an den Tisch.

Zuhause:
- Ich komme nach Hause,
- ich ziehe meine Schuhe aus,
- ich ziehe die Hausschuhe an,
- ich hänge meine Jacke an die Garderobe,
- ich stelle meinen Schulranzen neben meinen Schreibtisch.«

So kleinschrittig schaffte er es, mehr Ordnung in seine Sachen zu bekommen, und darauf konnte er stolz sein. Nun kontrollierte er sein Handeln selber und musste nicht immer von Erwachsenen ermahnt werden. Auch die Erwachsenen waren erleichtert, und das verbesserte die Beziehung zwischen Schüler und Erwachsenen.

- Jeder Anwesende verpflichtete sich, einen konkreten Beitrag zur Unterstützung des Kindes zu leisten. Dass jeder am Förderplangespräch Beteiligte eine Aufgabe »aufbekommt«, ist nicht nur aus Gründen der Gleichberechtigung wichtig, sondern auch um zu erfahren, welcher Energie es bedarf, Veränderungen anzustoßen. Zum Beispiel trat ein entwicklungsverzögertes Kind immer wieder auf Gegenstände, ohne dies wirklich wahrzunehmen. So lautete die Aufgabe für Eltern und Erzieherinnen: »Immer wenn Hans auf etwas tritt, wird er gefragt: ›Was nun‹« Indem das Kind von allen Erwachsenen in seinen verschiedenen Lernumwelten (Kita und Zuhause) denselben Impuls erlebt, wird die Lernmöglichkeit sehr verstärkt. Diese aufeinander abgestimmten Reaktionen von Erzieherinnen und Eltern verstärkten auch die Beziehung zwischen den Erwachsenen.

- Ziele und Aufgaben wurden in Form schriftlicher Vereinbarungen festgehalten (s. Förderplanformular). Die Aufgabe der Moderatorin war es, das Protokoll zu schreiben und den Beteiligten zuzusenden.

6 Laut OECD-Bericht sind diese beiden Faktoren die entscheidenden Bedingungen für Lernerfolg. S. OECD (Hrsg.) (2003): Wie funktioniert das Gehirn? Auf dem Weg zu einer neuen Lernwissenschaft. Stuttgart, S. 40

- Nach drei Wochen traf man sich wieder, um folgende Fragen zu beantworten:
  - Wurden die Aufgaben erfüllt? Wenn Aufgaben nicht erledigt wurden, wurde dies nicht negativ bewertet, sondern als Chance gesehen, noch effektivere Vereinbarungen zu treffen.
  - Kann die Zielformulierung bestehen bleiben? (Es kann dabei bleiben oder es kommt zur Neu-Formulierung, weil die zu lernende Fähigkeit noch konkreter gefasst werden kann).
  - Welche neuen Aufgaben/Vereinbarungen entstehen daraus?

- Über längere Zeit (bis zu drei Jahren) wurden regelmäßig – anfangs alle drei bis vier Wochen, später im Abstand von drei bis vier Monaten – die Vereinbarungen überprüft und ggfs. neue Ziele und Vereinbarungen getroffen. Gerade die von vornherein gesetzte Zeitperspektive betonte den Prozesscharakter und verstärkte die Idee, sich miteinander auf den Weg zu machen, um den individuellen Bildungsprozess des Kindes zu unterstützen. Alle (Kinder, Eltern, Pädagogen) trugen miteinander Freud und Leid, Erfolg und Misserfolg. Vor allem diese gemeinsame Verantwortung stärkte die Beziehung zwischen den Beteiligten. Es gab keine Schuldigen dafür, wenn die Umsetzung der Aufgaben nicht klappte, wenn Kinder doch wieder unerwünschte Verhaltensweisen zeigten oder wenn familiäre Dramen eintraten.

  Da wir im Projekt vor allem mit Familien in angespannten Lebenssituationen arbeiteten, verlangte diese Begleitung den Pädagoginnen einiges ab. Durch den engeren Kontakt mit den Kindern und Eltern wurden die Belastungen von Kindern durch elterlichen Streit, gewalttätiges Verhalten, Sucht, Verwahrlosung und Missbrauchserfahrungen sehr deutlich – und das berührte die Fachkräfte. Nach solchen Gesprächen brauchten die Pädagoginnen manchmal den Austausch unter sich über das, was sie erfahren hatten, um nicht in Resignation zu fallen oder in hilfloser Wut zu verharren. So war es auch für die Fachkräfte gut zu wissen, wir bleiben gemeinsam dran, in drei Wochen sehen wir uns wieder und dann geht es weiter, und wir sind nicht auf uns alleingestellt, wir haben Unterstützung von außen durch die Moderatorin.

- Als Grenzen der gemeinsamen Förderplangespräche stellten sich psychische Schwierigkeiten und große soziale Belastungen von Eltern heraus, die all ihre Aufmerksamkeiten fesselten. Zum Teil gelang es, diese Familien zu stärken durch Jugendhilfemaßnahmen wie Familienhilfe und Tagesgruppe. Diese Schritte wurden offen mit den Familien besprochen und dann Mitarbeiter des Jugendamtes zu den Förderplangesprächen eingeladen. Durch die Erfahrung der bisherigen vertrauensvollen Zusammenarbeit im Projekt konnten die Familien diese Hilfen dann auch eher annehmen und als Entlastung und Unterstützung begreifen. In einem Fall allerdings war keine Zusammenarbeit möglich und es wurde vom Jugendamt das Familiengericht wegen Kindeswohlgefährdung angerufen.

  Um das Ausfüllen des Protokolls zu demonstrieren, wird folgendes Beispiel der Unterstützung eines fünfjährigen Mädchens ausgewählt. Es lebte in einer sehr angespannten Familiensituation, die sich täglich beim Bringen und Abholen des Kindes zeigte. Das Mädchen konnte sich morgens nicht von der Mutter und mittags nicht von der Kita trennen.

Förderpläne: Ziele und Verpflichtungen Datum: ....

aus Sicht	Ziele	Verpflichtungen
des Kindes	(Nahm am Gespräch nicht teil.)	
der Eltern	Kind unterstützen, sicherer zu werden. Entspannung der täglichen Bring- und Abholsituation, kurze Zeit der Übergangs.	Mutter übergibt M. an der Tür den Erzieherinnen, verabschiedet sich kurz und geht. Beim Abholen begrüßt Mutter M., nimmt M. angezogen in Empfang und verabschiedet sich von Erzieherin.
der Erzieherin	Kind unterstützen, sicherer zu werden. Entspannung der täglichen Bring- und Abholsituation.	Die Erzieherin nimmt M. in Empfang und ermuntert sie, sich umzuziehen. Beim Abholen wird M. der Mutter »fertig angezogen« übergeben.

Nächster Termin: nach drei Wochen:

Überprüfung des Förderplans Datum: ....

aus Sicht	Aufgaben erfüllt	neue Ziele	neue Verpflichtungen
des Kindes	(Nahm am Gespräch nicht teil.)		
der Eltern	Plan hat geklappt. Die Bring- und Abholsituation hat sich deutlich entspannt. M. verabschiedet sich schnell von der Mutter bzw. der Erzieherin.	M. unterstützen, Gefühle bei sich und anderen wahrzunehmen.	Wenn M. mit anderen Kinder spielt und diese berührt, wird sie gefragt: »Was denkst Du, möchte das andere Kind deine Berührung?« Wenn M. von anderen Kindern berührt wird, wird M. gefragt: »Möchtest Du das auch?«
der Erzieherin	Plan hat geklappt. Die Bring- und Abholsituation hat sich deutlich entspannt.	M. unterstützen, Gefühle bei sich und anderen wahrzunehmen.	wie oben

Nächster Termin: in drei Wochen:

Im Laufe des Projektes entwickelten wir Vereinbarungen/zu erledigende Aufgaben, die sich wie folgt systematisieren lassen:

- Strukturierung des Familienalltags
  - Aufstehen, Essen, Schlafen: Wie findet was wann und wo statt.
  - Notwendige Rituale einführen, z.B. Wecker stellen beim Frühstück.
  - Freizeitgestaltung: Wer möchte was mit wem und wo zusammen tun?
  - Klare Regeln verabreden, z.B. für
    - den Umgang mit dem Fernseher (Einschränkungen formulieren),
    - die Hausarbeit (Wer ist beteiligt?),
    - Elternzeit (z.B. Öffnungszeiten des Mutterbüros, ab 20 Uhr ist Mutter mit ihren eigenen Dingen beschäftigt),
    - die Erledigung der Hausaufgaben (wo werden sie gemacht, wie holt sich das Kind bei wem Hilfe, werden sie der Mutter gezeigt oder nicht usw.), Ranzen packen: Wer ist dafür verantwortlich? Angabe der Uhrzeit, wann wird der Ranzen nach welchem Modus von wem gepackt.

- Strukturierung in Kita, Hort und Schule
  - Übergaberitus vereinbaren (Bringen, Abholen)
  - Guter Sitzplatz: Wodurch zeichnet er sich aus?
  - Informationsfluss zu Eltern (Hefteinträge, wöchentliche Gespräche)
  - Erfassung der Hausaufgaben (Wo wird wann das Hausaufgabenheft hingelegt?)
  - Strukturierungshilfen bei der Selbstverbalisierung der schulischen Hausaufgaben: »Was soll ich tun?«, »Was weiß ich schon?«, »Womit fange ich an, was mache ich danach?«

- Familienleben
  - Gemeinsame Familienzeit: Freizeitunternehmungen (Wer macht wann was mit wem; z.B. Vater & Sohn, Mutter & Tochter, Eltern & Kind)
  - Eltern werden darin ermuntert, sich Arbeiten und Aktivitäten der Kinder anzusehen
  - Klares konsequentes Elternverhalten unterstützen (nicht 10mal dasselbe sagen)
  - Vorbild sein: (z.B. auch als Eltern dem Kind die Stopphand zeigen und auf die Stopphand des Kindes reagieren)

- Verhaltensinterventionen für das Kind von Seiten der Eltern, Kita, Schule
  - Aufmerksamkeit schulen (Wenn etwas am Boden liegt: »Was nun?«)
  - »Stopp« üben auf allen Ebenen: »Wo ist deine Bremse«
  - Einsatz »gelber Signalkarten« (= »Achtung, um dem Kind zu signalisieren, dass es zu laut ist!«)
  - Selbstkontrolle üben: Imagination einer »dicken Elefantenhaut«
  - »Erziehung« von inneren Anteilen (z.B. um einem sehr impulsiven Mädchen zu helfen, seine Selbstkontrolle zu stärken, wurde ihr durch die Frage »wer war das denn, das war doch nicht die Judith« angeboten, die Verantwortung auf einen Teil, z.B. »little foot«, Rumpelstilzchen zu verschieben, den es dann selber mit Erfolg erziehen konnte).
  - eigene Entwicklungsbücher und Geschichten erstellen
  - spezifische Arbeitsaufgaben finden (Schwungübungen, Malen, Arbeitsblätter....)
  - Erinnerungs- und Selbstkontrollhilfen (z.B. Zettel auf Schultische kleben)

- Neue Lern- und Erfahrungsräume finden
  - Teilnahme an Tanz-AG, Leseprojekt, Chor, Garten-AG, Pfadfinder

  - »Rechenkünstler«-Aufgaben
  - Büchereibesuche
  - Wildparkbesuche

- Therapeutische und sozialpädagogische Hilfen anbieten
  - Psychotherapie für Kind oder Eltern
  - Ergotherapie fürs Kind
  - Kinderarztbesuche
  - Familienhilfe
  - Tagesgruppe
  - Absprachen mit dem Sozialen Dienst

- Gruppentraining: »Meine dicke Elefantenhaut«
  - Regeln verankern und soziale und emotionale Fähigkeiten fördern
  - Kinder bekommen Kinder zum Vorbild und können sich leichter selber korrigieren
  - Kinder können durch andere Kinder korrigiert werden

Die Auswertung der einzelnen Interventionen ergab, dass Folgendes vor allem hilfreich war:
- Konsequent positive Sprache
- Haltung der Wertschätzung und Akzeptanz allen Beteiligten gegenüber
- kleine machbare Schritte
- Rollenspiele mit Eltern und Kindern, die der Verdeutlichung dienten
- Interventionen, die auf die Entwicklung der Selbstständigkeit und Selbstverantwortung des Kindes zielen, d. h. dem Kind keine Lösung vorzugeben, sondern es selber nach Lösungswegen suchen zu lassen.

Setting

Für die Förderung von Kindern mit besonderem Bedarf stellte es sich als sehr hilfreich heraus, dass eine Moderatorin von außerhalb – als neutrale Person mit Distanz und Blick von außen – die Gespräche leitete und protokollierte. Sie war zum einen nicht so nah am Leid der Kinder und konnte deswegen den Eltern unbelasteter gegenübertreten. Zum anderen hatte sie mehr Abstand zum alltäglichen Geschehen und den vielen, manchmal verwirrenden Einzelheiten. So fiel es ihr leichter, den Überblick zu bewahren und das Konzept der Förderplangespräche zu nutzen, um die Komplexität zu reduzieren und den Fokus auf der Förderung des Kindes zu halten. Diese Fokussierung gelang durch die Orientierung an der Struktur des Förderplans. Die wesentliche Aufgabe der Moderatorin bestand darin, diese Struktur einzuhalten, nämlich darauf zu achten, dass erst ein Ziel erarbeitet wird, um dann nach machbaren Aufgaben für jeden zu suchen, und dass dies in einer wertschätzenden Atmosphäre geschieht. Das Problem im Alltag ist oft, dass nach Lösungen gesucht wird, ohne dass das Ziel klar ist.

Dies hier vorgestellte Förderplan-Modell ist m.E. auch umsetzbar und sinnvoll für andere Kinder und Familien. Für die Arbeit mit Kindern ohne besonderen Förderbedarf bräuchte es möglicherweise keine neutrale »Moderatorin von außen«. Bei entsprechender Schulung und Erfahrung könnten Kitas und Schulen mit ihren eigenen Kräften Gespräche nach diesem Modell führen, z.B. im Zusammenhang mit den regelmäßigen Entwicklungsgesprächen.

Egal aber ob mit oder ohne Moderatorin von außen gearbeitet wird, ist deutlich geworden, dass eine solche Art der Zusammenarbeit mit Eltern und Kindern Zeit kostet. Im Schnitt dauerte ein Gespräch eine Zeitstunde und das Abfassen des Protokolls eine halbe Stunde. Die teilnehmenden Erzieherinnen und Lehrerinnen investierten sie im Rahmen des Projektes ohne zusätzliche Stunden dafür zu bekommen. Wenn Erziehungspartnerschaften zwischen Eltern, Erzieherinnen und Lehrerinnen nicht nur ein schönes Ziel in Bildungsplänen, sondern Wirklichkeit sein sollen, dann bedarf es einer Berechnung von Zeit für die Gestaltung einer solchen Partnerschaft. Eine Schätzgröße, die ich in den Raum stellen möchte, wäre, dass 15 bis 20 Prozent der gesamten Arbeitszeit von Erzieherinnen und Lehrerinnen für die Zusammenarbeit mit Eltern eingeplant werden müsste.

Zusammenfassung und Ausblick

Das hier vorgestellte Konzept der Förderplangespräche

- unterstützt den Bildungserfolg von Kindern,
- erleichtert den Übergang vom Kindergarten in die Schule,
- stärkt die Partnerschaft zwischen den Institutionen Familie, Kindergarten und Schule, indem die Förderung des Kindes gleichberechtigt miteinander getragen wird,
- lässt neue Formen der Kooperation zwischen Kita und Schule wachsen, die nachhaltig die Beziehungen zwischen Erzieherinnen und Lehrkräften verändert.

Neben dem Instrument der »gemeinsamen Erstellung von Förderplänen« waren die regelmäßigen Auswertungstreffen und Fortbildungen aller beteiligten Erzieherinnen und Lehrkräfte eine wichtige Bedingung für den Erfolg, nicht nur weil miteinander neues Wissen erarbeitet und solidarisch Erfahrungen ausgetauscht wurden. Über dieses gemeinsame Tun wurde auch die gegenseitige Wertschätzung und Akzeptanz gefördert.

Der Schlüssel zum Erfolg scheint mir vor allem im gemeinsamen gleichberechtigten Tun zu liegen. Vor allem die Erfahrung, dass Veränderungen in Kita, Schule und Elternhaus möglich sind, stärkt das Selbstvertrauen aller am Prozess Beteiligten. Hoffnung und Optimismus können sich entfalten, Blockaden überwunden werden.

Das einzelne konkrete Ziel und die einzelne konkrete Intervention waren wichtig, um eine Handlungsstruktur vorzugeben. Sie waren auch wichtig zur Herstellung von Erfolgserlebnissen und einer Aufbruchstimmung, die bei allen Hoffnung auf Veränderung aufkommen ließ und damit ein Veränderungskraft mobilisierte. Gegenüber diesen gerade beschriebenen Funktionen war die inhaltliche Bestimmung der einzelnen Ziele und Vereinbarungen aber zweitrangig.

Deswegen war es richtig, keine Eingangsdiagnostik an den Anfang zu stellen. Sie hätte den Fokus nicht nur auf Mängel ausgerichtet, sondern auch den Blickwinkel eingeengt auf bestimmte Lerninhalte. Indem wir uns auf das eingelassen haben, was gerade aktuell von Eltern, Kind oder Pädagoginnen angesprochen wurde, wurde der Prozesscharakter betont. Keiner konnte im Vorhinein wissen, was der richtige Weg ist und wo es lang geht. Die Organisation eines gemeinsamen Such- und Lernprozesses, bei dem alle Teilnehmerinnen gleichberechtigt zusammenarbeiten, schuf Beziehung. Und das war die entscheidende Prozessvariable.

Für eine Übertragung des Modellprojekts in die Regelpraxis bedarf es m.E. einer entsprechenden Fortbildung der Fachkräfte und angemessener Zeit für diese Arbeit. Unter Modellbedingungen konnten wir auf ein besonderes Engagement bei den Fachkräften zurückgreifen und auf die Bereitschaft, das Notwendige auch irgendwie möglich zu machen. Der Aufbau einer solchen Erziehungspartnerschaft mit Eltern kann als Regelaufgabe nicht zusätzlich noch irgendwie abgesichert werden, sondern hierfür brauchen die Einrichtungen ein zusätzliches Zeitbudget.

Literatur zum Weiterlesen:

Woll, R. (2008): Partner für das Kind. Erziehungspartnerschaften zwischen Eltern, Kindergarten und Schule. Göttingen

Woll, R.: Plädoyer für die Annäherung zweier getrennter Schwestern. Über Gemeinsamkeiten von Pädagogik und Therapie. In: Theorie und Praxis der Sozialpädagogik H. 10/2007, S. 40-43

iglo
Grüne Küche

Angebote der Elternbildung

Was leisten Programme zur Stärkung der elterlichen Erziehungskompetenz?

Sigrid Tschöpe-Scheffler

Grundlagen der Elternbildung

Familien- und Elternbildung soll »auf Bedürfnisse und Interessen sowie auf Erfahrungen von Familien in unterschiedlichen Lebenslagen und Erziehungssituationen eingehen, die Familie zur Mitarbeit in Erziehungseinrichtungen und in Formen der Selbst- und Nachbarschaftshilfe besser befähigen sowie junge Menschen auf Ehe, Partnerschaft und das Zusammenleben mit Kindern vorbereiten.« So steht es in § 16 SGB VIII, der die Förderung der Familienerziehung in den Mittelpunkt stellt und die Träger der Jugendhilfe verpflichtet, den Erziehungsberechtigten Unterstützung in ihrer Erziehungsverantwortung anzubieten. Als Bereiche dieser Unterstützungsleistungen werden neben der Beratung und der Familienerholung und -freizeit die Angebote der Familien- und Elternbildung genannt. Das Ziel ist die Stärkung der Erziehungsverantwortung der Eltern, wobei die Angebote »bedarfsgerecht« auf unterschiedliche Lebenslagen und Familienformen zugeschnitten sein sollten.

Hinzu kommt, dass es mit der Verabschiedung des Gesetzes zum Recht des Kindes auf eine gewaltfreie Erziehung im November 2000, im Bürgerlichen Gesetzbuch § 1631, 2 nicht mehr ins Belieben der Eltern gestellt ist, wie sie ihre Kinder erziehen: »Kinder haben ein Recht auf gewaltfreie Erziehung. Körperliche Bestrafungen, seelische Verletzungen und andere entwürdigende Maßnahmen sind unzulässig.« Gleichzeitig wurden Jugendhilfeträger durch eine Ergänzung im Kinder- und Jugendhilfegesetz (§ 16) verpflichtet, dass sie »Eltern Wege aufzeigen sollen, wie Konfliktsituationen in Familien gewaltfrei gelöst werden können.« Die vielfältigen Angebote der Elternbildung sind Ausdruck der Selbstverpflichtung des Staates, den Eltern Unterstützung in ihren Erziehungsaufgaben zu geben und sind den beiden Zielen verpflichtet: der »Elternpflicht auf Erziehung« und dem »Kindesrecht auf eine gewaltfreie Erziehung«. Längst sind sie nicht in erster Linie für »schwierige Erziehungsfälle« vorgesehen, sondern werden allen Eltern angeboten, damit sie, angesichts erschwerter Erziehungsbedingungen, Unterstützung und Begleitung bekommen.

Grundlage der Familienbildungsmaßnahmen ist neben der Reflektion von Rechten und Pflichten der Eltern auch die in großen Teilen der Gesellschaft etablierte Einsicht, dass eine respektvolle und fürsorgliche Haltung gegenüber Kindern die Grundlage für deren Entwicklungsförderung ist.

Kompetenzentwicklung

Es geht um die Stärkung von Erziehungs- und Beziehungskompetenzen der Eltern, die auf den »fünf Säulen der Erziehung« »Liebe«, »Achtung«, »Kooperation«, »Struktur« und »Förderung« ruhen (Tschöpe-Scheffler 2003b) . Diese elterlichen Kompetenzen schaffen die Voraussetzung für elementare Bildungsprozesse der Kinder in der Familie. Schneewind (2005b) unterscheidet im Bereich elterlicher Kompetenzen wenigstens vier Kompetenzklassen, die er auf den Ebenen Selbst, Kind bzw. Partner, Kontext und Handlung ansiedelt.

- Kompetenzen, die das Selbst der Eltern betreffen, sind im Bereich von Erziehungs- und Beziehungswissen angesiedelt und in der Wahrnehmung eigener Bedürfnisse, Wertvorstellungen und in ihrer Selbstkontrolle. Über Reflexion und der Arbeit an den eigenen Erfahrungen können Eltern ihre Selbstkompetenzen wahrnehmen und verändern.
- Eine gute Beziehung und gelungene Interaktionen zum Kind oder zum Partner sind ohne die Fähigkeiten Empathie, Perspektivwechsel und Respekt kaum möglich und stellen die Kompetenzbereiche der zweiten Ebenen dar.
- Die dritte Ebene betrifft die Situationsangemessenheit der eigenen Handlungen (Kontext).
- Im Bereich der handlungsbezogenen Kompetenzen geht es darum, sein Handeln klar, konsequent und konsistent erscheinen zu lassen. Dadurch wird es verlässlich und für das Kind vorhersagbar.

Die vier Kompetenzbereiche können u.a. durch Wahrnehmungsaufgaben, Üben von Lösungsmöglichkeiten, Begleitung und Reflexion gefestigt werden.

Grobe Klassifizierung der Elternbildungsmaßnahmen

Präventive Maßnahmen, die dem Bereich der universellen Prävention zuzuordnen sind, setzen ressourcenorientiert an der Erhöhung persönlicher Kompetenzen zur Verbesserung von Bewältigungsstrategien an und bestehen entweder aus offenen Angeboten für Eltern oder sie arbeiten umwelt- bzw. systemorientiert an der Veränderung destruktiver Lebensbedingungen. Elternkurse und Elternbildungsangebote arbeiten in erster Linie primärpräventiv.

Angebote der sekundären (selektiven) und tertiären (indizierten) Prävention richten sich mit ihren eher niederschwelligen Angeboten gezielt an Familien mit besonderem Förderungsbedarf oder speziellen Risikofaktoren.

Die universelle Primärprävention, auf die in diesem Beitrag besonders eingegangen werden soll, hat zu einer vielfältigen, inzwischen fast unübersichtlich gewordenen Angebotsstruktur unterschiedlicher Träger und kommerzieller Anbieter bis hin zur medialen Aufbereitung der Erziehungsthematik geführt. Zunehmend erweitern elektronische und digitale Medien (wie z.B. Elternratgeber im Internet, Elternchats und Foren oder Erziehungskurse auf CD-Rom das große Sortiment der Elternbildung und ergänzen damit die klassischen Printmedien (Elternbriefe, Ratgeberliteratur, Elternzeitschriften).

Je nach »Eltern-Typ« kann die Motivation, Unterstützung zu suchen, sehr unterschiedlich sein: Interessierte und motivierte Eltern, übermotivierte Eltern, hilflose oder entmutigte Eltern haben unterschiedliche Wünsche an die Art der Unterstützung (Tschöpe-Scheffler 2005d, S. 12). Interessierte und motivierte Eltern bekommen entweder gerade ihr erstes Kind oder haben kleine Kinder. Sie möchten von Anfang an richtig handeln, sind sehr aufgeschlossen, interessiert und wollen gerne dazulernen.

Übermotivierte Eltern wissen schon sehr viel, weil sie viel gelesen und sich ausgiebig informiert haben und möchten auf keinen Fall irgendetwas bei ihrem Kind versäumen. Diese Eltern stehen oft unter hohem Druck und muten auch ihren Kindern viel zu. Diese Eltern möchten noch »besser« und »perfekter« sein. Für sie kann es erleichternd sein, wahrnehmen zu lernen, dass ihr Kind mit seinen Selbstentfaltungskräften vieles eigenständig reguliert und sie nicht alles für, sondern mehr mit ihrem Kind entscheiden und gestalten können. Eltern, Kinder und das Beziehungsgefüge können durch unterstützende Beratung entlastet werden.

Die eher hilflosen und entmutigten Eltern stehen oft vor besonderen Erziehungsproblemen, für die sie keine Lösung finden. Oft haben sie resigniert aufgegeben, wenn ihre vergeblichen Bemühungen, den Schwierigkeiten mit ihren Möglichkeiten zu begegnen, fehlgeschlagen sind. Gewalt und wechselseitige Missachtung belasten häufig die Beziehungen zwischen Eltern und Kindern, beide brauchen ganz konkrete und schnelle Hilfen für den Alltag, damit sie aus der Gewaltspirale herausfinden. Das kann im Einzelfall auch bedeuten, dass begleitende Angebote der Primärprävention nicht ausreichen und im Rahmen von Hilfen zur Erziehung (§§ 27 ff. SGB VIII) Maßnahmen sowohl der selektiven als auch der indizierten Prävention und/oder eine therapeutische Intervention oder gar eine vorübergehende oder langfristige Fremdplatzierung des Kindes notwendig werden.

Auch dann, wenn Eltern nicht mehr die Hauptbezugspersonen im Erziehungsprozess sind, sollte ihre Beziehung zu ihrem Kind dennoch Aufgabenstellung von Unterstützung bleiben. Elternschaft ist nicht kündbar und bleibt für Kinder und Eltern ein lebenslanger Prozess. Hierzu bedarf es der Zusammenarbeit aller beteiligten Institutionen, die mit der Familie und/oder dem Kind zu tun haben.

Aktuelle Landschaft von Elternbildungsangeboten

Im Folgenden soll der Versuch unternommen werden, eine kleine Schneise durch den »Dschungel der Elternbildungsangebote« zu schlagen (Tschöpe-Scheffler 2003a, 2005a, 2005c, 2005d). Die aktuelle Landschaft der Elternbildung erstreckt sich von standardisierten Konzepten mit klarer Programmstruktur über das Setting der Gruppenarbeit (sowohl mit Eltern als auch mit Eltern und Kindern) bis hin zu Ansätzen mit einer hohen Mitbeteiligung, in denen Eltern mit ihren jeweiligen Fähigkeiten in Kindertageseinrichtungen oder in die Stadtteil(kultur)arbeit einbezogen sind.

Elternbildungsangebote, die eine klare Programmstruktur vertreten, fußen auf unterschiedlichen Theorien. Dadurch grenzen sie sich voneinander ab und zeigen deutliche Schwerpunkte in der inhaltlichen und methodischen Gestaltung; Entweder arbeiten sie nach humanistischem Ansatz – wobei die Bandbreite vom personenzentrierten Ansatz über den individualpsychologischen oder auch (humanistisch-) eklektischen gehen kann – oder sie arbeiten vorwiegend verhaltenstherapeutisch und kognitiv-behavioral.

- Das Elterntraining nach dem personenzentrierten Ansatz von Thomas Gordon, das bereits seit Jahrzehnten auf dem Markt ist, wurde in den 70er Jahren in vielen Familien als »Familienkonferenz« erprobt. Manche der Elternkurse, die in den 90er Jahren des 20. Jahrhunderts entwickelt wurden, beziehen sich auf Thomas Gordon und speziell seine Methoden des »aktiven Zuhörens« oder der Vermittlung von »Ich-Botschaften«. Ein offener, ehrlicher Umgang miteinander ist dabei das wichtigste Ziel. Eltern sollen ihre Kinder als Experten in eigener Sache wahrnehmen. Sie lernen Kommunikationstechniken, die ihnen den Umgang mit ihrem Kind, aber auch mit dem Partner, der Partnerin, erleichtern können. Und sie erfahren, dass ihre Kinder Probleme auch selbst lösen können. Am Vorbild der Eltern lernt das Kind so zu kommunizieren, dass es Probleme mit Gleichaltrigen und Erwachsenen (z.B. Lehrer) selbst regeln kann. (Breuer 2005). (Eine Zuordnung zu der eingangs gemachten grundsätzlichen Differenzierung wäre wohl nötig.)

Im deutschsprachigen Raum am weitesten verbreitet sind allerdings drei andere Programme, die in ihren Ansätzen sehr unterschiedlich sind: Das Programm des Deutschen Kinderschutzbundes »Starke Eltern – Starke Kinder®«, das aus Australien adaptierte Programm »Triple P (Positive Parenting Program)« und das amerikanische Programm »STEP (Systematic Training für Effective Parenting)«, das von Trudi Kühn und Roxana Petcov in Deutschland vertreten wird.

- »Starke Eltern – Starke Kinder®« besteht in seinen Anfängen schon seit 1985 und wurde im Kinderschutzbund Aachen von der Begründerin Paula Honkanen Schoberth (2002, 2005) selbst erprobt, bevor sie dann federführend im Jahr 2000 für den Bundesverband ein Kursleiterhandbuch herausgab, nach dem die Multiplikatorinnen jetzt geschult werden und den Elternkurs in den Ortsverbänden anbieten. Ihm liegt ein auf humanistischen Konzepten begründeter Ansatz zugrunde und die Orientierung an der UN-Kinderrechtskonvention stellt einen Leitgedanken der Arbeit dar: Die Rechte (insbesondere Schutz- Mitsprache- und Partizipationsrechte) und die Entwicklungsbedürfnisse von Kindern deutlich zu machen, ist darum ein wichtiges Ziel des Kurses. Die kindlichen Mitbestimmungs- und Gestaltungsmöglichkeiten sollen im Familiensystem gestärkt werden. Eltern lernen, den Fähigkeiten ihres Kindes zu vertrauen und es so anzuleiten, dass es eigene Lösungen findet. Eltern reflektieren ihre eigenen Gefühle im Umgang mit ihrem Kind, stellen fest, welche Werte ihnen wichtig sind und lernen ihr Verhalten an ihren Werten zu orientieren. Sie bemühen sich um einen positiven Blick auf ihr Kind und geben ihm auf dieser Basis ermutigende Rückmeldungen. Beziehungsrelevante Leitorientierungen, wie Fürsorglichkeit, Annahme, Ermutigung, Vertrauen oder gemeinsames Tun, stellen die Basis für die einzelnen Module des Elternkurses dar, der in Form von acht bis zehn Einheiten für Väter, Mütter und Großeltern angeboten wird.
  In einer Forschungsstudie der Fachhochschule Köln, Fakultät für Angewandte Sozialwissenschaften wurde der Elternkurs des Deutschen Kinderschutzbundes evaluiert (siehe Tschöpe-Scheffler 2003a). Hierbei wurde deutlich, dass der Besuch eines solchen Kurses zu mehr Stressfreiheit im Umgang miteinander und dadurch insgesamt zur gewaltfreien Erziehung führt.

- Das Konzept »Triple P« (Positive Parenting Program = Positives Erziehungsprogramm) ist in Deutschland, wegen seiner stark strukturiert vorgebenden Verhaltensanweisungen und der im Konzept fehlenden Möglichkeiten der Selbsterfahrung der Eltern, nicht ganz unumstritten (Deegener, Hurrelmann 2002). Triple P hat eine klare Orientierung an Lernprinzipien. Es wurde in Australien von Matthew Sanders (Sanders 1999) speziell für depressive Mütter und verhaltensauffällige Kinder mit enger therapeutischer Begleitung entwickelt. Aus diesem Theoriehintergrund stammen z.B. Methoden der Belohnung, des geplanten Ignorierens oder die gezielten Anweisungen, die als Erziehungsstrategien in dem Kurs gelernt werden, der universell heute für alle Eltern (ohne therapeutische Begleitung) angeboten wird. Das große Potential von Eltern, so meine Kritik an dem Ansatz, wird in der klar vorgegebene Kursstruktur kaum berücksichtigt, da wenig Zeit und Raum für Elterngespräche untereinander und Selbsterfahrungsprozesse in den vier zweistündigen Trainingseinheiten vorgesehen sind. Durch vier telefonische Einzelgespräche von 20 Minuten wird das Programm ebenso ergänzt wie durch umfangreiches, jedoch relativ teures Informationsmaterial, das den Eltern zusätzlich empfohlen wird (Markie-Dadds u.a. 2003).

- Ebenfalls weit verbreitet, aber aus einer anderen wissenschaftlichen Schule stammend, ist das »STEP-Eltern-training«, es basiert auf individualpsychologischen Grundlagen nach Alfred Adler und Rudolf Dreikurs, die das Zugehörigkeitsgefühl des Individuums als Antrieb für sein Verhalten verstehen (Kühn, Petcov 2005). Kinder fühlen sich zugehörig, wenn sie spüren, dass sie geliebt, respektiert und beachtet werden. Sie sollen Einfluss nehmen dürfen, in den Familienalltag eingebunden und in Entscheidungsprozesse mit einbezogen werden. Aber sie sollen auch lernen, die Konsequenzen ihres Handelns zu tragen. In dem Kurs werden Eltern ermutigt, nicht perfekt sein zu müssen. Im Encouragingtraining verdichtet sich der individualpsychologische Theoriehintergrund nach Alfred Adler und Rudolf Dreikurs zu einem handlungsorientierten Programm, bei dem ebenfalls die Ermutigung von Eltern und Kindern im Mittelpunkt steht. Es wurde dahingehend von Theo Schoenaker (2001) weiterentwickelt und wird im Adler-Dreikurs-Institut angeboten.

- Schritte der Ermutigung, die notwendig sind, damit Kinder sich positiv zugehörig fühlen können, werden auch im »Kess Erziehungstraining« erlernt, das von der Arbeitsgemeinschaft Katholischer Familienbildung konzipiert wurde. Der Name »Kess« steht für kooperativ, ermutigend, sozial und situationsorientiert.

- Die Struktur und der Inhalt des Familienprogramms »FuN – Familie und Nachbarschaft« sind insbesondere durch verschiedene Theorierichtungen der systemischen Familientherapie geprägt (Bixius, Koerner, Piltman 2005). In FuN wird mit Eltern und Kindern nach einem achtstufigen immer wiederkehrenden Rahmenprogramm gearbeitet und dabei gleichzeitig Wert auf die Vernetzung mit einer Institution (z.B. Kindertagesstätten) und dem Stadtteil gelegt. Da das niederschwellige Konzept hauptsächlich in Zusammenarbeit mit Sozialisationsinstitutionen, wie Kindertagesstätten und Grundschulen angeboten wird, können dadurch auch gezielt Eltern angesprochen werden, die einen besonderen erzieherischen Unterstützungsbedarf haben oder denen es an unterstützenden Kontakten im sozialen Umfeld fehlt. Durch praktisches erfahrungsorientiertes Lernen in der Eltern-Kind-Gruppe gewinnen die Eltern an Erziehungssicherheit, ihre notwendige Erziehungsautorität wird gestärkt sowie die Strukturbildung in der Familie gefördert. Kinder erfahren Halt und Orientierung durch ihre Eltern und lernen Regeln und Grenzen zu akzeptieren. Durch Kooperations- und Kommunikationsspiele am gemeinsamen Familientisch werden die innerfamiliären Beziehungen gefestigt und im Programmpunkt Elternzeit wird der Schwerpunkt vor allem auf den Aufbau von solidarischen Kontakten außerhalb der Familie gesetzt.

- Als Gegenpol zu den Angeboten mit einer Programmstruktur wird beim Jugendamt der Stadt Dortmund und demnächst auch in anderen Einrichtungen das Konzept »Eltern Stärken« sehr erfolgreich angeboten. Es arbeitet nach der dialogischen Anthropologie Martin Bubers und wurde von Johannes Schopp im Jugendamt Dortmund entwickelt (Schopp 2005a; Schopp, Wehner 2005b). Der Dialog als die »Begegnung« von »Wesenskern zu Wesenskern« ist ein zentraler Bestandteil der menschlichen Existenz. In diesem Kurs werden vorwiegend dialogisch, mit Hilfe der zehn Kernfähigkeiten des Dialogs, die für die Eltern aktuellen Themen gemeinsam erarbeitet. Dialogische Seminare sind als Prozesse zu sehen. Jeder Prozess entwickelt sich anders, ist einzigartig und gestaltet sich in seiner Tiefe und seinem Tempo unterschiedlich. Die Anwesenden lernen kognitiv und emotional. Durch die Wirkung von Aufmerksamkeit und Beachtung, die die Eltern in dem Kurs selbst erleben, können sie wiederum achtsamer mit den eigenen Kindern umgehen. Sie sind damit in der Lage, die dialogische Atmosphäre in den häuslichen Alltag zu übertragen.

- Beeindruckende Beispiele aus Großbritannien präsentierten, wie Elternarbeit in die Gemeinwesenarbeit integriert sein kann (Early Excellence Centres – Pen Green): ein multifunktionales Haus mit einem interdisziplinären Team, in dem neben der Kleinkindbetreuung, der Eltern- und Erwachsenenbildung, dem Gesundheitswesen und Freizeitangeboten auch Weiterbildung und Studium möglich sind (Wehinger 2005). Die Eltern werden darin unterstützt, sich nicht als Opfer der Verhältnisse zu erleben, sondern ihre Lebenswelt aktiv mit zu gestalten. Diese Beispiele dienten u.a. dem Kinder- und Familienzentrum Berlin- Schillerstraße als Vorbild, auch hier steht das erfahrungsorientierte Lernen im Dreiecksverhältnis Eltern-Kind-Professionelle einer Institution (Erzieherin/Lehrerin) im Mittelpunkt. Dass die Kooperationen der Eltern mit der Kindertageseinrichtung und ihre Mitbeteiligung Auswirkungen bis in den Stadtteil haben können, zeigen Beispiele aus verschiedenen »Elternwerkstätten« Konzepten.

Auch das Konzept des Essener Interkulturellen Büros arbeitet netzwerkorientiert und integrativ mit speziellen Zielgruppen, z.B. Familien mit Migrationshintergrund, und unterstützt dabei in besonderer Weise einen dialogischen Prozess, in dem »Eltern von Eltern bzw. Mütter von Müttern lernen« (Stadtteilmütter). Eltern und Familien in schwierigen Lebenssituationen zu begleiten, kann demnach nicht nur bedeuten, ihnen Erziehungswissen zu vermitteln, sondern muss gleichzeitig auch ihre Handlungsoptionen erweitern helfen, die sie in die Lage versetzen, sich in ihrem Lebensraum als mitgestaltende Subjekte mit Selbstwirksamkeit erleben zu können.

Unter diesen Gesichtspunkten kann davon ausgegangen werden, dass Eltern aller Bildungs- und Sozialschichten zur kompetenten Wahrnehmung und Bewältigung ihrer Erziehungsaufgabe Hilfen, Anregungen, Austausch und Unterstützung benötigen, damit Eltern und Kinder ohne Stress und ohne Gewalt miteinander auskommen können, das Familienleben (wieder) Freude macht, das Selbstwertgefühl der Kinder ebenso gestärkt wird wie die Elternrolle, damit Eltern ihre Erziehungsautorität wahrnehmen lernen und Kinder sich angemessen entwickeln und entfalten können.

- Besonders niedrigschwellige Zugangsweisen bieten die beiden Hausbesuchsprogramme für Eltern und ihre Vorschulkinder »Opstapje – Schritt für Schritt« (Sann, Thunn 2005) und »Hippy« (Hippy 2003) an. »Opstapje« ist ein präventives, niederschwelliges Spiel- und Lernprogramm im Rahmen der Frühförderung für Kleinkinder und deren Eltern aus sozial benachteiltigten Familien und stammt ursprünglich aus den Niederlanden. Ebenso wie bei »Hippy« (Home Instruction für Parents of Preschool Youngsters), das aus Israel stammt, finden durch semiprofessionelle, geschulte Mitarbeiterinnen (ebenfalls Mütter aus unterschiedlichen Herkunftsländern) regelmäßige Hausbesuche (Geh-Struktur) bei sozial benachteiligten Familien statt. Durch speziell entwickelte Spielmaterialen, durch das Vorbild der Besucherinnen und durch zusätzliche gemeinsame Müttertreffen soll die Eltern-Kind-Interaktion unterstützt und die Entwicklung des Kindes gefördert werden.

Mediale Angebote

Mediale Angebote der Familienbildung sind nach wie vor die klassischen Printmedien in Form von Elternratgebern, Elternzeitschriften und Elternbriefen. Das Internet spielt zunehmend für junge Eltern als Informationsquelle eine Rolle. Darum wird Familienbildung sich zukünftig verstärkt auch mit diesem Medium auseinanderzusetzen haben. Inzwischen gibt es bereits verschiedene Angebote, Konzepte und Projekte, mit denen versucht wird, Eltern über das (im Vergleich zu Kursangeboten) anonyme Medium Internet zu erreichen.

- Vom Staatsinstitut für Frühpädagogik wurde 2001 das Konzept des »Online-Famlienhandbuchs« (www.familienhandbuch.de) entwickelt und vom Bundesministerium für Familie, Senioren, Frauen und Jugend und vom Bayerischen Staatsministerium gefördert. Fachbeiträge zu vielen Fragen, die mit Familienerziehung zu tun haben, werden hier den Nutzer/innen des Netzes (Eltern, Erzieher/innen, Lehrer/innen und pädagogisch Interessierten) zugänglich gemacht. Darüber hinaus gibt es ein Diskussionsforum und eine gut geführte Linkliste mit Hinweisen auf weitere Informationen und Beratungsangebote.

- Ein weiterer Online-Ratgeber »Eltern im Netz« (www.elternimnetz.de) bietet Vätern und Müttern die Möglichkeit, sich sowohl anonym und leicht verständlich zu informieren als auch bei Bedarf persönliche Beratung und Unterstützung in Anspruch nehmen zu können.

Qualitätsanfragen an Elternkurse

Wie muss ein Elternbildungskonzept aufgebaut sein, welche Inhalte, welche Ziele, welche Methoden sollte es verfolgen und welches Menschenbild vertreten, damit es Eltern in ihrer eigenen Erziehungstätigkeit sinnvoll unterstützt und ihnen wieder Mut und Freude macht zu erziehen?

Zehn Qualitätsanfragen können dabei helfen, Kurse daraufhin zu überprüfen, ob sie dazu geeignet sind (Tschöpe-Scheffler 2003):

1 Schafft der Kurs angstfreie Räume zur Selbstreflexion und setzt das Konzept bei der Förderung der Auseinandersetzung der Eltern mit dem eigenen Erleben an? – Selbsterkenntnis statt Übernahme von Rezeptwissen
2 Werden Eltern ermutigt, eigene Wege in der Erziehung mit ihren Kindern zu gehen, oder werden ihnen Rezepte angeboten? – Unterstützung statt Belehrung.
3 Werden entwicklungsfördernde Kommunikations- und Beziehungsformen erlernt und erprobt? Erfolgt eine Erweiterung und Erprobung neuer Handlungsoptionen?
4 Wird ein geeigneter Umgang mit psychischen Gewalthandlungen erlernt?
5 Wird die Lebenswelt der Familie (Haushaltsführung, Alltagsgestaltung, Rituale etc.) in dem Konzept berücksichtigt?
6 Ist auf der Basis der UN-Konvention die Subjektstellung und Würde des Kindes der Ausgangspunkt für die Überlegungen von Interventionen und erzieherischen Konsequenzen?
7 Erhalten Eltern Informationen über Entwicklungs- und Grundbedürfnisse, individuelle Verschiedenheiten und werden sie sensibilisiert für das »Anderssein« der Kinder?
8 Arbeitet das Konzept ressourcenorientiert und ermutigend? Unterstützt es die Selbstheilungskräfte der Familie als System und die positiven Seiten des Kindes?
9 Werden Eltern zum sicheren Umgang mit Grenzen und Konsequenzen angeleitet?
10 Werden Eltern ermutigt »gut genug« statt »perfekt« zu sein?

Insgesamt muss ein Bewusstsein dafür geschaffen werden, dass es sich für das Familienklima, für die Entwicklung der Kinder, aber auch für das eigene Wohlempfinden lohnt, geeignete Formen der Unterstützung in Anspruch zu nehmen.

Elternbildung nicht für, sondern mit Eltern

Wenn Elternbildung davon ausgeht, dass es nur die Eltern sind, die etwas zu lernen und die Pädagoginnen und Pädagogen als die Wissenden diese Lernangebote für Eltern zu konzipieren haben, dann werden Eltern als Zielgruppe bestimmter Angebote schnell zu defizitären Objekten herabgesetzt und lediglich zu Rezipienten von Programmen. Das hat nicht nur Einfluss auf eine partnerschaftliche Zusammenarbeit, sondern nimmt Pädagogen und Pädagoginnen auch die Chance, von Eltern lernen und deren Sichtweise verstehen zu können. Selbst Ärzte haben in den letzten Jahren erkannt, dass sie ihre Patienten einbeziehen und nicht in erster Linie für sie, sondern mit ihnen die Diagnose und die Behandlungsmethoden erstellen müssen, um einen besseren Heilungserfolg zu erzielen.

Väter und Mütter wollen nicht in erster Linie von Expertinnen und Experten belehrt, beschult, trainiert oder in Sachen »richtiger Erziehung« unterwiesen werden, sondern sie wollen dabei begleitet werden, ihren eigenen Weg in der Erziehung zu finden. Das setzt eine radikale Achtung bei den Pädagoginnen und Pädagogen für die unterschiedlichen Lebensweisen von Familien voraus. Der Anspruch eines ressourcenorientierten Ansatzes wird in fast allen Konzepten der Elternbildung postuliert, in der praktischen Umsetzung allerdings werden Eltern oft nicht als Expertinnen und Experten ihrer Mutter- bzw. Vaterrolle anerkannt. Wenn das Programm so aufgebaut ist, dass Eltern vorwiegend als Adressatinnen und Adressaten von Lernangeboten angesprochen werden und von »Elterntrainer/innen« neben Wissen und Informationen auch exakte Handlungsanweisungen erhalten, bleibt das Potential der Teilnehmer/innen weitgehend ungenutzt. Wird demgegenüber der Beratung und Begleitung der Eltern untereinander viel Raum gegeben und ist das Selbstverständnis der Multiplikatoren/-innen vorwiegend dadurch geprägt, die Selbstorganisation des einzelnen und der Gruppe zu unterstützen, kann damit einer defizitären Fremdwahrnehmung (und Selbstwahrnehmung der Eltern) entgegengewirkt werden. Voraussetzung ist allerdings, dass Multiplikatorinnen mit Eltern wirklich zusammenarbeiten wollen und nicht befürchten, dass ihr fachliches Ansehen geschwächt wird, wenn sie Väter und Mütter als diejenigen einbeziehen, die ihren Kindern am nächsten stehen und viel über sie und ihr Zusammenleben mit ihnen wissen.

Durch die Integration unterschiedlicher Familienbildungsangebote, zusätzlicher Beratungsstunden oder Familienprogramme in eine Kindertagesstätte, entfällt für die Nutzer/innen die Schwellenangst. Die Angebote können ohne aufwendige Anfahrten mit gleichzeitiger Kinderbetreuung in den bekannten Räumen wahrgenommen werden. Durch die persönliche Ansprache kann meist mit positivem Erfolg eine Mitbeteiligung oder ein Besuch der Kurse initiiert werden. Damit kommt der Erzieherin eine Schlüsselposition für die Vermittlung der Angebote zu. Das bedeutet u.a. auch, dass die Leiterin oder Erzieherin der Einrichtung, in der das Programm angeboten wird, dieses nicht nur kennen, sondern auch selbst davon überzeugt sein und es inhaltlich mit ihrer professionellen Haltung übereinstimmen muss, um Eltern dafür gewinnen zu können.

Elternbildung hat viele Gesichter. Elternkurse werden in Zukunft ebenso bedeutsam bleiben wie Erziehungspartnerschaften und Familienzentren und andere Mitbeteiligungsprojekte in Stadtteilen, in denen vorwiegend durch gemeinsames Lernen, durch den Lebensvollzug selbst, durch Nachahmung, Erkunden und Experimentieren neue Erfahrungsräume erschlossen werden können, die sich auf den Erziehungsalltag übertragen lassen.

Die grundsätzliche Frage aber ist, ob Elternbildung so konzipiert ist, dass sie es schafft, von einer Stufe der Belehrung durch Wissende und Expertinnen und Experten herunterzusteigen und Eltern mit ihren Potentialen, nämlich ihren eigenen Erziehungserfahrungen, ihren bisherigen Problembewältigungsstrategien, ihrem Umgang mit der Vater- und Mutterrolle, ihren Beobachtungen im Familienalltag, ihrem Sachverstand im Hinblick auf ihr eigenes Kind ernstzunehmen. Meiner Auffassung nach gilt es, besonders diese Ansätze zu unterstützen und auszubauen, in denen sich die Fachlichkeit der pädagogischen Mitarbeiter/innen mit den Kenntnissen, Erfahrungen und der »intuitiven Erziehungsvernunft« (Papousek 1996) der Eltern verbinden kann, damit diese das gemeinsam zusammengetragene Potential individuell für die Stärkung ihrer Erziehungsfähigkeiten nutzen können.

Sann, A.; Thunn, K. (2005): Opstapje – Schritt für Schritt. München

Schneewind, K. A. (2005): Freiheit in Grenzen – Plädoyer für ein integratives Konzept zur Stärkung von Elternkompetenzen. In: Cierpka, M. (Hrsg.): Möglichkeiten der Gewaltprävention. Göttingen, S. 173-200

Schoenaker, T. (2001): Mut tut gut. Das Encouraging-Training. Sinntal

Schopp, J. (2005a): Eltern Stärken. Dialogische Elternseminare. Leitfaden für die Praxis. Opladen

Schopp, J.; Wehner, J. (2005b): Eltern Stärken – Dialogische Elternseminare. In: Tschöpe-Scheffler, S. (Hrsg.) (2005a): Konzepte der Elternbildung – eine kritische Übersicht. Opladen

Tschöpe-Scheffler, S.; Niermann, J. (2002): Forschungsbericht, Evaluation des Elternkurskonzepts »Starke Eltern – Starke Kinder®« des Deutschen Kinderschutzbundes Bundesverband e.V., Fachhochschule Köln, Fakultät für Angewandte Sozialwissenschaften (http://www.f01.fh-koeln.de/forschung/projekte/00048/index.html

Tschöpe-Scheffler, S. (2003a): Elternkurse auf dem Prüfstand. Wie Erziehung wieder Freude macht. Opladen

Tschöpe-Scheffler, S. (2003b): Fünf Säulen der Erziehung. Wege zu einem entwicklungsfördernden Miteinander von Erwachsenen und Kindern. Mainz

Tschöpe-Scheffler, S. (2004a): Kann man Erziehen lernen? – Elternkurse im Vergleich. In: Aktion Jugendschutz Landesarbeitsstelle Baden Württemberg (Hrsg.): Von wegen Privatsache… Erziehungspartnerschaft zwischen Familie und Gesellschaft. Stuttgart

Tschöpe-Scheffler, S. (2004b): Qualitätsfragen an Elternkurse – Wie man Konzepte leichter beurteilen kann. In: Theorie und Praxis der Sozialpädagogik, 8, S. 4-7

Tschöpe-Scheffler, S. (Hrsg.) (2005a): Konzepte der Elternbildung – eine kritische Übersicht. Opladen

Tschöpe-Scheffler, S. (Hrsg.) (2005b): Perfekte Eltern und funktionierende Kinder? Vom Mythos der »richtigen« Erziehung? Mit einem Eltern-Stärken-Test. Opladen

Tschöpe-Scheffler, S. (2005c): Unterstützungsangebote zur Stärkung der elterlichen Erziehungsverantwortung oder: Starke Eltern haben starke Kinder. In: Zeitschrift für Soziologie der Erziehung und Sozialisation. Weinheim, S. 248-262

Tschöpe-Scheffler, S. (2005d): Orientierung im Dschungel der Elternbildungsangebote. In: AJS Informationen, Arbeitshilfen zum Jugendschutz: Themenheft Erziehungsberatung und Elternbildung, S. 11-18, Heft III 2005, Aktion Jugendschutz Baden Württemberg, Stuttgart

Tschöpe-Scheffler, S. (2005e): Super Nanny – nein danke! In: http://www.presse.fh-koeln.de/imperia/md/content/verwaltung/dezernat5/sg51/insideout/02_03_2005_01.pdf

Tschöpe-Scheffler, S. (2006): Stärkung der elterlichen Erziehungsverantwortung durch Angebote der Elternbildung. In: Bauer, P.; Brunner, E. J. (Hrsg.) (2006): Elternpädagogik. Von der Elternschule zur Erziehungspartnerschaft. Freiburg, S. 173-193

Tschöpe-Scheffler, S. (2007): Elternbildungsarbeit im öffentlichen Interesse. In: Homfeldt, H.G.; Schulze-Krüdener, J. (Hrsg.): Elternarbeit in der Heimerziehung

Wehinger, U. (2005): Einblick in die Arbeit des Pen Green Centre, England. In: Tschöpe-Scheffler, S. (Hrsg.) (2005a): Konzepte der Elternbildung – eine kritische Übersicht. Opladen

Wissenschaftlicher Beirat für Familienfragen (2005): Familiale Erziehungskompetenzen – Beziehungsklima und Erziehungsleistungen in der Familie als Problem und Aufgabe. München

»Wer zu uns kommt, wird uns verändern.«

Die ev.-luth. Kindertagesstätte mit Familienzentrum an der Corvinuskirche in Hannover[1]

Herbert Vogt

Die Einrichtung bietet Plätze für 59 Kinder, davon acht mit anerkanntem Förderbedarf, von drei Jahren bis zum Schuleintritt in drei Gruppen. Die Kindertagesstätte ist montags bis freitags von 7-17 Uhr geöffnet und bietet auch Halbtagsplätze an. Die Einrichtung liegt mitten in einem sozialen Brennpunkt. Etwa 75% der Kinder kommen mit Migrationshintergrund aus ca. zwanzig verschiedenen Herkunftsnationen. Die meisten Familien wohnen hier; aber es gibt auch Eltern, die wegen des besonderen Konzepts einen längeren Weg in Kauf nehmen. Im August 2006 wurde der Aufbau eines Familienzentrums begonnen.

Das Personal besteht aus dreizehn pädagogischen Mitarbeiter/innen (darunter zwei männliche), zwei Reinigungskräften, einer Köchin und zwei Küchenhilfen sowie mehreren ehrenamtlichen – auch männlichen – Mitarbeiter/innen. Die Gruppenräume sind mit funktionalen Schwerpunkten versehen. Außerdem gibt es Funktionsräume (Werkraum, Bewegungsraum, Bücherei) und kleine Ateliers mit wechselnder Nutzung. Das große Außengelände ist gestaltbar und anregungsreich.

Konzeptionelle Eckpunkte der Einrichtung sind:
- ein ausgeprägt inklusiver, interreligiöser und interkultureller Ansatz;
- offene Arbeit mit Stammgruppenprinzip;
- Beziehungs- und Resilienzförderung;
- umfassende Partizipation von Kindern;
- differenzierte Projektarbeit und -dokumentation;
- immersive und projekthafte Sprachförderung;
- Erziehungs- und Bildungspartnerschaft und Mitarbeit von Eltern;
- Familienzentrum;
- Kita als lernende Organisation.

Von außen fällt sie gar nicht weiter auf. Wenn man sich ihr nähert, könnte man sie zunächst für einen ganz gewöhnlichen Kindergarten halten: ortsüblicher Backsteinbau; Gartentor, durch das sich der Besucher Zutritt zum Außen-

1 Der Autor hat als Gutachter im Auftrag der Bertelsmann Stiftung für den Wettbewerb »Dreikäsehoch 2006: Jedes Kind mitnehmen« die Einrichtung besucht. Er dankt Martina Teschner für die Auskünfte und Unterstützung beim Entstehen des Beitrags

gelände verschafft. Auf dem türmen sich gerade kleinen Hütten aus Europaletten. Der zweite Blick fällt auf einen Baumstamm, gespickt mit Nägeln, angenagelten CDs und anderen Metallstücken. Weiter hinten auf dem Gelände steht eine Art Spielhaus: zwei Etagen, teils aus Holz, teils gemauert, versehen mit Leiter, Treppe und Rutsche. Beim Eintritt ins Haus geht es weiter mit wunderlichen Eindrücken. Im Foyer findet sich eine großer Ausstellungstisch mit von Kindern getöpferten Schnecken, »sprechende Wände« voller Fotos und Plakate, eine Vitrine mit Metallgegenständen. In den Fluren, Nischen und Gruppenräumen setzt sich das Staunen fort: eine Taschenausstellung, die die sechsjährige Iremsu zusammengestellt hat, Spiegel, Spiegel und nochmals Spiegel, viel Glitzerzeug und immer wieder Produkte und Dokumente der Kinder. Die Anleihen an Reggio sind offensichtlich. Erkennbar ist die gesamte Raumgestaltung und Ästhetik aus dem Alltag heraus entstanden.

Martina Teschner, die Leiterin der Einrichtung, erzählt: »Eines Tages finde ich an den Toilettentüren in einem der drei Waschräume mehr als ein Dutzend Zeichnungen, nachlässig aufgeklebt an einzelnen Klebestreifen. Was war hier passiert? Folgende Geschichte höre ich: Marie zeichnet im Atelier – das ist auch der Gruppenraum der von den Kindern so genannten Simm-Gruppe – ihr Bild hängt sie dort im Waschraum auf. ›Nein!‹ schimpft Hosseyn, ›häng es in deinem Waschraum auf!‹ Er versucht es abzureißen. Sie wehrt sich: ›Alle können Bilder aufhängen, wo sie wollen!‹ Hin und her geht der Streit. Am Ende kleben sie sich gegenseitig die Waschräume mit Bildern voll.«[2] Sie wünscht sich, dass die Kinder Lebensspuren hinterlassen. Spuren, die andere finden, aufgreifen, die zu Fragen und Geschichten herausfordern. Es gibt keine Nischen, Wände und Flächen, die nicht zur Präsentation von Arbeitsprozessen, Projektergebnissen und Personen genutzt würden. Viele Ausstellungs-Objekte und Präsentationen locken mit brennenden Teelichten den Blick des Betrachters an.

Die Themen der Projekte sind häufig Ideen der Kinder, die aufgegriffen und unterstützt werden. Die Aktivitäten der Kinder werden beobachtet und in Form von Lerngeschichten dokumentiert. Daneben gibt es auch Projekte, die von den Pädagoginnen ausgehen, z.B. Nanas von Niki de Saint Phalle oder japanische Keramik. Es gibt nur selten feste Projektzeiten oder geschlossene Projektgruppen. Sowohl Erwachsene als auch Kinder können Lenker oder Motoren eines Projektes sein. An einigen Projekten sind externe Künstler beteiligt. Viele Projekte, und sei es auch nur das eines einzelnen Kindes, werden umfangreich, individuell und in kindlicher Regie dokumentiert – in Form von ästhetisch gestalteten Mappen oder Büchern. Es wird deutlich, dass der Prozess immer Vorrang vor der Dokumentation hat. Und die Kinder erleben die Erzieherinnen als Mitlernende. Besondere Ausstellungen werden auch in der Apotheke, der Bank des Stadtteils oder auf einer »Galerie im Kirchturm« gezeigt. Von Martina Teschner erfahre ich nun auch, was es mit dem verzierten Baumstamm auf sich hat: Er ist das »Abfallprodukt« eines Projektes, bei dem die Kinder mit Schmiedekünstlern aus Togo arbeiteten. Das Haus im Garten ist eine Dauerbaustelle; über Jahre wurde immer wieder an ihm weitergewerkelt.

Das Konzept der Reggio-Pädagogik passt für die soziale Struktur der Einrichtung besonders gut, da den Kindern vielfältige – gerade auch nonverbale – Ausdrucksformen gegeben werden können. Die Praxis ist hochgradig kindzentriert; der gesamte Alltag und alle pädagogischen Vorgehensweisen werden »vom Kind aus« gedacht und ge-

2 Teschner, M.: »Euer Kindergarten ist ja gar nicht gemütlich!« Spuren der Kinder sichtbar lassen. In: TPS Heft 5/2007, S. 38-41

staltet. Partizipation von Kindern ist selbstverständlich und in ihren Formen sehr flexibel und konsequent den Kindern Verantwortung zugestehend.

Kinder, Eltern und Besucher können sich über diese materiellen Spuren hinaus auch in einer eigens für diesen Zweck mit Fernseher ausgestatteten Kammer über das Leben in der Kita per Diaschau in Endlos-Schleife informieren – regelmäßig aktualisiert. Überall finden sich Belege dafür, dass hier nicht nur Kinder leben; die ganze Familie wird in den Blick genommen und nicht als Nutzer, vielmehr als Teil der Einrichtung gesehen. In den Garderobenbereichen vor den Gruppen hängen z.B. Familienplakate, auf denen sich die Familien individuell mit Fotos von zu Hause und selbst formulierten Kommentaren vorstellen.

Beziehungsgestaltung im Mittelpunkt

Konzeptioneller und praktischer Kern der Arbeit ist der Aufbau und die Gestaltung von Beziehungen zu Kindern und Eltern. Dies prägt die gesamte Pädagogik und die Kontaktgestaltung unter den Erwachsenen. Schon bei der Anmeldung und Eingewöhnung soll jede Familie spüren können, dass sie willkommen ist. Die Fachkräfte arbeiten darauf hin, eine stabile Beziehung zu jedem Kind und seinen Eltern aufzubauen. Die verlässliche Beziehung zu mindestens einer Erzieherin sehen sie als notwendige Sicherheit für das Kind an, von der ausgehend es sich traut, weitere Lernschritte zu gehen. Eine Erzieherin der Stammgruppe bietet sich dem Kind an, sie nimmt sich besonders viel Zeit für das Kind, aber auch für dessen Eltern. Wenn der Anfang gelingt, trägt die Beziehung über die ganze Kindergartenzeit. Wesentlich ist dabei den Fachkräften, dass das Kind sich anerkannt fühlt und seiner besonderen, einzigartigen Sichtweise der Welt und seinen Ausdrucksformen Respekt und Wertschätzung entgegen gebracht werden.

Die Fachkräfte beziehen sich auf eine christliche Ethik, die weniger gelehrt als gelebt und erlebt werden soll. Eine vertrauensvolle Begegnung zu ermöglichen und individuelle Lösungen zu suchen kostet Zeit. Manchmal gelingt den Fachkräften, dass Eltern sich öffnen, manchmal erreichen sie sie nicht. Sie sehen, dass sie dann den Kindern nur begrenzt helfen können. Um ihre begrenzte Wirksamkeit besser ertragen können, stärken sie sich gegenseitig, indem sie sich an Studientagen Zeit nehmen, um Vorstellungen zu entwickeln, wie man seelisch und körperlich gesund bleibt – zugegebenermaßen eine schwierige und immerwährende Aufgabe.

Die Einrichtung besitzt eine hohe Sensibilität für Interkulturalität. Interreligiosität wird selbstverständlich gelebt; so gibt es etwa eine Segensfeier für alle und einen interkulturellen Kalender. Das Team sagt es so: »Treten wir mit anderen in Beziehung, verändern wir uns. Wir sehen die Welt ein bisschen mit den Augen des Anderen und fühlen uns in ihn ein. Das lässt uns nicht unbeteiligt zuschauen: Wir werden zum Anwalt des Kindes, das uns in die Verantwortung gegeben ist. Deshalb lernen wir wenigstens einige Worte in dessen Muttersprache, holen vertraute häusliche Gegenstände in die Kita und erfragen bei den Eltern kulturelle und religiöse Gebräuche. Wir teilen die Interessen des Kindes und setzen uns dafür ein, dass dieses Kind eine Umgebung findet, in der es sich wohl fühlt und lernen kann. Wir schenken ihm Vertrauen, bieten Geborgenheit und Trost. Auf diesem Boden kann Hoffnung wachsen. Schöne Momente des Lebens dankbar genießen, einander mit Humor begegnen, auch zusammen albern sein, das bringt uns alle einander näher. Die Beziehungen werden gestärkt durch gemeinsame Erlebnisse, gemeinsame Arbeit in Projekten, gemeinsames Überwinden von Schwierigkeiten und gemeinsame Freude. In dem wir uns bemühen, Respekt und Empathie vorzuleben, prägen wir das Zusammenleben in der Kindertagesstätte.«

So selbstverständlich der Resilienzbegriff ist, so selbstverständlich verfolgt die Einrichtung einen inkludierenden Ansatz, der sich per se auf Kinder und Erwachsene bezieht. Motto: Jeder, der kommt, ist ein Stück Kita und wird uns verändern. Dies wird konsequent »normal« und nach außen unangestrengt gelebt. Immer wieder wird der Dialog gesucht, Reibung als Aspekt von Beziehungsarbeit empfunden. Gleichwohl ist der Kita bewusst, dass es Grenzen gibt und Abgrenzungen vorkommen können.

In Bezug auf die Problemlagen der Familien herrscht ein professionelles Selbstverständnis: Anteilnahme, Zuwendung und Unterstützung, ohne sich verstricken zu lassen. Schon zu Beginn der Zusammenarbeit mit den Eltern wird die mögliche Konkurrenz zwischen ihnen und den Fachkräften thematisiert, um Missverständnissen und potenziellen Konflikten vorzubeugen. Meinungsverschiedenheiten werden offen angesprochen, ohne Belehrung. Wenn es fachlich oder argumentativ geboten ist, werden externe Experten hinzugezogen.

Zusammenarbeit mit Eltern

Die Projekte sind auch eine gute Brücke der gemeinsamen Bildungsaufgabe von Kindergarten und Eltern. Wenn Kinder verliebt sind in ein Projektthema, dann hört das nicht zu einer bestimmten Uhrzeit an der Kita-Tür auf. Die Eltern werden über »Sprechende Wände« und beim Bringen oder Abholen mündlich über die Projekte informiert. Die Eltern werden eingeladen zu berichten, wie das Kind von dem Projekt erzählt und was es sich erarbeitet. Sie sind mit ihren Kompetenzen einbezogen und wichtige Diskussionspartner für die Kinder zu Hause. An vielen Projekten arbeiten Eltern mit, dadurch kommen auch die unterschiedlichen Kulturen und Talente zum Vorschein und können als bereichernd erfahren werden. Eltern beteiligen sich auch an handwerklichen Arbeiten und am Kochen. Die Kita macht die Erfahrung, dass die Eltern, je mehr sie sich einbringen, die Kita als die ihrige annehmen. Sie genießen es, selbstwirksam und Teil des Ganzen zu sein. Die Einrichtung unterstützt sie auch in ganz einfachen lebenspraktischen Dingen.

Die Fähigkeit, mit Geld umzugehen, ist bei den Eltern nicht immer vorhanden. Dann unterstützt die Kita sie dadurch, dass sie selbst kleine Beträge ansparen hilft (und u.U. in der Einrichtung verwahrt). Eine Mutter sparte monatlich Kleinstbeträge in der Kita an, damit sie eine Fahrt bezahlen konnte. Da viele Eltern finanzielle Schwierigkeiten haben, entwickeln die Fachkräfte immer wieder neue Ideen, damit z.B. die Teilnahme an Ausflügen oder Freizeiten möglich wird. Auch Geld selbst zu verdienen, etwa durch den Verkauf von Gebasteltem auf einem Basar, ist für Eltern oft eine neue Erfahrung. Manchmal putzen Eltern die Fenster der Kita oder reparieren etwas und bekommen dafür eine vereinbarte Summe erlassen. Damit erleben manche Eltern zum ersten Mal, dass sie gearbeitet und finanziell etwas verdient haben. Es gibt eine umfangreiche Leihbücherei mit Kinderbüchern, die den Familien zur Ausleihe angeboten wird. Sie unterliegt klaren Regelungen (Leihtasche, in der das Buch auch zu Hause aufbewahrt werden muss, Leihausweis, Säumnisgebühr).

Die meisten Eltern sprechen Deutsch, wenn auch nur im Zweiergespräch. Informationen an die Eltern werden fast ausschließlich im persönlichen Kontakt gegeben, denn Aushänge werden kaum gelesen. Elternabende werden auch bei geringer Beteiligung durchgeführt; hier gilt das Prinzip Qualität vor Quantität. Es gab auch schon ein Elternprojekt zum Orientierungsplan mit einer einzigen Mutter. Sie suchte sich das Thema »Mathematik im Kindergarten entdecken« und fotografierte geometrische Formen auf dem Frühstücksteller. Auch dies wurde mit Fotos auf einer »sprechenden Wand« dokumentiert.

In jeder Stammgruppe arbeiten Mitarbeiter/innen, die schon viel Erfahrung mit Eltern haben. Eine von ihnen sagt: »Man kann doch der Mutter nicht sagen, dass sie ihr Kind waschen muss und ihm Essen mitgeben soll, wenn man nur einmal im Jahr mit ihr spricht!«[3] Früher hatten sie das Gefühl, Eltern in Schwierigkeiten vergrößern die Distanz. Jetzt kommen gerade diese Eltern monatlich, in Krisenzeiten auch öfter, zum Elterngespräch. Gemeinsam wird überlegt, wie die nächste Hürde zu nehmen ist. Das bildet Vertrauen. In einem Fall wurde fälschlicherweise behauptet, der Kindergarten habe bei einem Kind über Zeichen von Kindesvernachlässigung berichtet. Trotzdem wandte sich die Mutter an die Erzieherinnen. Sie war sich sicher, dass diese sie bei solchen Anhaltspunkten beteiligt hätten. »Die veränderte Praxis der Elternarbeit hat altes Denken abgebaut. Eltern sind nicht mehr in erster Linie Vertreter einer bestimmten Nationalität oder Religion oder Alkoholiker, Drogenabhängige, Arbeitslose, psychisch Kranke, Behinderte oder Versager im Umgang mit dem eigenen Kind. Als die entscheidenden Bezugspersonen sind sie bemüht, für ihre Kinder da zu sein, so gut sie es jeweils können oder wie es kultur- und religionsbedingt üblich ist.«[4] Das ist systemische Sichtweise und gelebte Nächstenliebe in einem.

Ein Familienzentrum entsteht

Die Stadtteil-Vernetzung der Einrichtung und ihre Kontakte zu Behörden, Ärzten, anderen Kitas, Fachschulen usw. waren schon immer vielfältig. Es besteht eine trägerübergreifende Kooperation der Kita-Leiterinnen im Stadtteil. Der Kontakt mit der Grundschule läuft sehr gut. Es gibt ständige Kontakte zum Sozialdienst, zu Ärzten, Therapeuten und Erziehungsberatungsstellen. In den Institutionen für Kinder und Jugendliche des Stadtbezirks finden sich Kooperationspartner für viele Projekte. Die Fachkräfte engagieren sich in verschiedenen Arbeitskreisen, um sich fortzubilden und mit anderen auszutauschen. Im Projekt »Singen mit Kindern«, das im Sommer 2007 endete, kooperierten sie mit der Hochschule für Musik und Theater.

Im Sommer 2006 wurde die Einrichtung zum Familienzentrum. Damals gab es noch gar kein wirkliches Bewerbungsverfahren. Die Stadt Hannover suchte trägerübergreifend nach »passenden« Kitas. Da meldete sich die Einrichtung und der Kirchenvorstand stimmte zu. Sie bekam eine halbe Stelle für Koordinationsaufgaben, die Martina Teschner mit übernommen hat. Zusätzlich stehen ihr jetzt seitens der Stadt ca. 15.000 Euro jährlich für Sach- und Honorarkosten zur Verfügung.

Die Beziehungsgestaltung zu den Eltern und den anderen Familienmitgliedern hat sich für alle im Team dadurch noch weiter intensiviert. Martina Teschner erzählt: »Als ich mit der Idee des Familienzentrum auf die Eltern zuging, fragten sie mich, was das denn sei. Ich sagte, das wüssten wir auch nicht so genau, das müssten wir zusammen erfinden. Es gäbe auf jeden Fall mehr Möglichkeiten, etwas für die Familien zu tun. Was würden sie sich denn wünschen? Ich war sehr überrascht, dass einer der ersten Gedanken war, sich zusammenzutun und einen Spielplatz in der Nähe kindgerecht zu gestalten. Außerdem kamen Anregungen, gemeinsam zu essen und zu feiern. Die Eltern wünschten sich mehr Angebote für ihre Kinder, auch Betreuung für die unter Dreijährigen oder die Schulkinder. Es wurde eine lange Liste.« Mit dem Team überlegte sie dann, was in ihrer bisherigen Arbeit schon Familienzentrumsarbeit gewesen war, gut funktionierte und folglich die Grundlage

3 Teschner, M.: Im eigenen Tempo vorangehen. Gemeinsam mit Eltern ein Familienzentrum entwickeln. In: TPS Heft 6/2008, S. 30-31
4 Regel, G. (2006): Offene Pädagogik der Achtsamkeit. Rissen, S. 79. Der Autor hat die Einrichtung besucht.

der Weiterarbeit sein sollte. Sie kamen überein, sich in ihrem eigenen Tempo ohne Druck von außen zu entwickeln. Das Konzept der Kita, besonders die Haltung von Wertschätzung und Respekt gegenüber den Familien, Beziehungsaufbau und -pflege, sollte auch Schwerpunkt im Familienzentrum sein.

Maßgeschneiderte Angebote

Die Möglichkeiten und die Intensität der Zusammenarbeit mit den Familien haben sich verändert. Von den zwölf sozialpädagogischen Fachkräften machen inzwischen fünf einmal pro Woche zusätzliche Angebote, meist gemeinsam mit einer zusätzlichen Honorarkraft mit anderer Kompetenz: Babytreff, Projekt FuN (Familien und Nachbarschaft), »Malen zur Entspannung« für Mütter und eine Eltern-Kind-Gruppe für die Kinder, die nächstes Jahr im Kindergartenalter sind. Eine weitere Kollegin betreut ein Sprachförderprogramm von zwei Müttern für zwei Müttergruppen (Rucksack-Programm). Es gibt Elternveranstaltungen »Im Gespräch mit…«, um Eltern die Gelegenheit zu geben, die Schulärztin, die Rektorin der Grundschule oder eine Logopädin näher kennen zu lernen. Parallel gibt es eine Kinderbetreuung auch für die Geschwisterkinder. Alle Eltern nutzen Angebote des Familienzentrums. Viele nehmen an einem der Kurse teil, kommen zum Elternfrühstück oder sind in Projekte der Kinder involviert.

Diese anspruchsvolle Aufgabe, in einem Brennpunkt hochwertige Kita-Arbeit zu leisten, verlangt viel von den Mitarbeiter/innen. Nicht nur werden Ein-Euro-Jobber benötigt, um die Fachkräfte von der hauswirtschaftlichen Arbeit zu entlasten, es müssen auch Ehrenamtliche gewonnen werden. Das Fachpersonal bildet sich ständig weiter. Eine Mitarbeiterin studiert Kunsttherapie, zwei haben das FuN-Zertifikat erworben, das ganze Team macht eine Langzeitfortbildung zur Gewaltprävention. Bezogen auf Eltern mit psychischen Erkrankungen gibt es eine Intervisionsgruppe in Hannover. Das Team hat drei Tage Supervision im Jahr. Dies alles erfordert zusätzliche Mittel, die als Projektgelder und Fördermittel beantragt werden; außerdem werden Studientage und Vorträge, z.B. zur Reggio-Pädagogik, für andere Kita-Teams in der Einrichtung veranstaltet und vergütet.

Doch die Anstrengungen lohnen sich: »Von D. als ›Problemkind‹ wurde berichtet, dass es aus einem anderen Kindergarten kam, wo es nicht mehr tragbar war. Der Ruf eines schwierigen Kindes eilte ihm voraus und in seinen Unterlagen gab es eine Liste von Verhaltensstörungen. Das Team ignorierte seine defizitäre Festlegung und D. bekam die Möglichkeit, andere Erfahrungen zu machen. Als es und die Mutter sich dann schließlich auf den Kindergarten einlassen konnten, formulierte es seine Erfahrungen mit den Worten: ›Es ist hier was, es ist wie Balsam‹.«[5]

Der Kita mit Familienzentrum an der Corvinuskirche ist es mit ihrer inkludierenden, partizipativen und resilienzfördernden Arbeit gelungen, ein hochgradig akzeptiertes Angebot im Stadtteil zu etablieren und damit einen bedeutenden Beitrag zur Kompetenzstärkung der Familien und gegen soziale Benachteiligung zu leisten. Die Einrichtung errang 2006 den dritten Preis im bundesweiten Wettbewerb »Dreikäsehoch« der Bertelsmann-Stiftung zum Thema »Jedes Kind mitnehmen«.

5 ebd. S. 80

Händeschütteln und andere Stolpersteine

Wie eine wirkungsvolle Erziehungspartnerschaft mit Migranten gelingt

Elke Schlösser

Zusammenarbeit mit Eltern, die durch eine andere Tradition, Religion oder Sprache geprägt sind, kann gelingen – zum Wohle der Kinder, mit Blick auf die Unterstützung der Eltern und zur beruflichen Zufriedenheit der pädagogischen Fachkräfte. Dies erfordert jedoch, dass sowohl kulturell erworbene Wissenszusammenhänge und Bedürfnisse, als auch Kompetenzen auf beiden Seiten in den Blick genommen werden.

Fachkräfte müssen deshalb die traditionellen, sprachlichen und religiösen Prägungen der Eltern mit Migrationshintergrund wahrnehmen. Demgegenüber sollte ihnen bewusst sein, dass sie persönliche Prägungen dieser Art in ihrer eigenen kulturellen Lebenswelt ebenso erfahren haben und zwar:

- dort, wo sie zufällig geboren sind,
- durch die Menschen, mit denen sie ihre frühen prägenden Lebensjahre verbracht haben, abhängig von deren Bildungsgrad, gesundheitlichen, sozialen und finanziellen Situation sowie ethischen Einstellungen,
- im Rahmen einer bestimmten kulturellen, gesellschaftlichen, politischen und geschichtlichen Situation.

So haben Menschen gelernt, die Welt durch eine bestimmte »kulturelle Brille« zu sehen, zu sagen »So ist die Welt! Das ist normal! Das ist logisch! Jenes ist sinnvoll, anderes nicht! Das ist höflich!« und so weiter. Diese »Brille« hat eine gewisse »Tönung«, die nicht selbst gewählt wird, die tiefer prägt, als es Menschen selbst alltäglich merken.

Teil der interkulturellen Annäherung sollte daher sein,

- sich sowohl der eigenen, als auch der kulturellen Prägungen des Gegenübers bewusst zu sein,
- mehr Informationen über die Bedeutung und Wirkungen dieser Prägungen zu erlangen,
- Beeinflussungen durch andere »Tönungen« zuzulassen und
- sich darüber bewusst zu werden, dass wir Menschen im Laufe unseres Lebens (durch Beziehungen, Informationen, Reisen, Literatur, Musik, Tanz, etc.) eine stetige Durchmischung unserer kulturellen »Tönung« erleben.

Gesprächsbereitschaft ist ein Schritt zum besseren Verständnis

Unverkrampft und kommunikationssicher diese unterschiedlichen Tönungen anzusprechen, ist Kompetenzbeweis im Rahmen der Zusammenarbeit mit Eltern mit Migrationshintergrund. Die andersartige Prägung und den Dialog darüber als reizvoll und wertvoll anzusehen, macht die Haltung der ErzieherInnen aus. Diese Haltung verführt zu gesteigerter Metakommunikation – einer Kommunikation also über das, was gerade – oft unsichtbar – geschieht.

Ein Beispiel: Ein türkischer Vater kommt zum Gespräch. Die Kindergartenleiterin bittet ihn ins Büro und streckt ihm – dort angekommen – zur Begrüßung die Hand entgegen. Diese Hand bleibt schwebend in der Luft stehen und wird nicht zum Gruß ergriffen. – Wie könnte eine »Klärung« interkulturell sensibel aussehen?

Mit kommunikativer Kompetenz gelingt es, die »peinliche« Situation zu überbrücken: Die Kindergartenleiterin spricht die für sie unverständliche Situation an, sagt etwa »Haben Sie das bemerkt: Ich wollte Ihnen gerade die Hand geben, und Sie haben sie nicht genommen. Das war mir etwas komisch, weil ich als Kind gelernt habe, dass es höflich ist, jemandem zur Begrüßung die Hand zu reichen. Vielleicht haben Sie als Kind da etwas anderes gelernt, was für sie selbstverständlich ist!?«

In einem ähnlichen Fall antwortete ein türkischer Vater darauf, dass er bemerkt habe, dass die Gesprächspartnerin verheiratet sei und er gebe dann – eben weil er es so gelernt habe – aus Respekt keinen Handschlag. So wird eine Situation besprochen, ohne ein Verhalten als falsch oder richtig zu beurteilen und ohne festzuhalten, wer mit seiner Reaktion im Recht ist. Kommunikative Sicherheit drückt sich hier über ein mutiges Ansprechen einer unverstandenen Situation aus und bewirkt – besonders wenn Ich-Botschaften vermittelt werden – mit großer Wahrscheinlichkeit, dass man sich besser kennen lernt und ohne Rechtfertigungszwang annähert.

Natürlich könnte es Einwände geben: Warum hat der Mann sich nicht eingewöhnt und gibt, weil es hier üblich ist die Hand? Sollte ich das nicht einfordern als seinen Beitrag zur Integration? Bruno Bettelheim pflegte bei solchen Fragestellungen zu sagen: »Es kommt darauf an, was Sie wollen!«

Wenn wir wollen, dass wir uns verstehen und unsere Prägungen nachvollziehen können, unsere Tönungen erkennen und den Austausch darüber befruchtend, erhellend und klärend empfinden, so werden wir die abgelehnte Höflichkeitsform nicht in den Mittelpunkt stellen. Wir werden dem Kontakt und der vertrauensvollen Kommunikation, die ein Feld für unsere gemeinsame Arbeit zum Wohle des Kindes bereitet, den absoluten Vorrang geben.

Missverständnisse können zu Vorurteilen führen

In gemeinsamen Fortbildungen für Eltern und ErzieherInnen wurde oft das Tür-und-Angelgespräch thematisiert. Bestürzt erfuhren die ErzieherInnen, die die beteiligten Mütter oft schon lange kannten, dass diese die Gespräche nicht als von den PädagogInnen einkalkulierte Form der Kooperation ansahen. Vielen Eltern mit Migrationshintergrund war nicht klar, dass mit der Bring- und Abholsituation auch Erwartungen an sie verknüpft sein können. Eine türkische Mutter dachte, dass die Mütter, die mit der Erzieherin regelmäßig an der Tür sprachen, privat befreundet seien. Da schob die ausgesiedelte, russischsprachige Mutter ihr Kind monatelang stumm in den Kindergarten und überschritt die Schwelle nicht, um so ihre Akzeptanz der ErzieherInnen auszudrücken. Aus ihrem kulturellen Verständnis heraus wäre das Gespräch an der Tür zum Gruppenraum ein Ausdruck des Zweifels an der Fachlichkeit und Verlässlichkeit der Erzieherin gewesen.

Manche PädagogInnen sprechen sehr schnell davon, dass diese Eltern kein echtes Interesse am Kind zeigen, sich nicht engagieren wollen. Hier einen Perspektivwechsel zu wagen und Vorannahmen zu überprüfen, ist ein äußerst lohnenswerter Prozess.

Von hoher Bedeutung ist es, diesen wechselseitigen Prozess des Austauschs über kulturelle, traditionelle und religiöse Vorannahmen früh zu beginnen. Anmelde- und Aufnahmegespräch sind der Auftakt dazu. Es gilt, interessiert zu fragen, dabei aber eine reflektierte Haltung einzunehmen.

Hilfreich ist die Regel: »Stelle nie eine Frage, wenn du nicht erklären kannst, was die Antwort dir nutzt.« Gehen Fachkräfte so vor, erfahren sie nicht nur Erhellendes über die Person des Kindes und dessen Eltern, ihren Migrationsweg und ihre Erfahrungen, ihre Kompetenzen und ihre Bedürfnisse. Sie erklären gleichzeitig,

- was sie mit diesen Informationen tun,
- wie sie auf sie wirken und was sie in ihnen bewegen,
- wie sie die Erkenntnisse aus den Informationen in ihrer Zusammenarbeit mit dem Kind wirksam werden lassen können.

Eltern bewegt in der Regel sehr, wie genau man sich für ihr Kind und sie selbst als Familie interessiert und wie wichtig in der Elementarpädagogik die Unterstützung der Familie ist. Wenn ErzieherInnen in dieser Weise auf Eltern mit Migrationshintergrund zugehen, wird ein Blick auf deren Kompetenzen möglich. Zu diesen gehören

- der Entschluss umgesetzt zu haben, in ein anderes Land zu übersiedeln,
- sich auf fremde Bildungs-, Sozial- und Gesellschaftssysteme eingelassen zu haben, oft nach Phasen tiefer Verunsicherung,
- die Trennung von Verwandten, Freunden, Bekannten und Arbeitskolleg/innen in Kauf genommen zu haben ohne die Garantie auf Beziehungsersatz im fremden Land,
- sich auf eine andere Sprache und Kultur eingelassen zu haben, gleichzeitig die eigene/n Sprache/n zu pflegen und um Kompetenzerhalt bemüht zu sein,
- Beurteilungen und zum Teil Verurteilungen auszuhalten und standzuhalten,
- um Anerkennung und Chancengleichheit zu kämpfen – zum Teil auch um das rechtliche Bleiberecht.

In dieser Kompetenz werden Migranten nicht immer anerkannt, wie der Satz einer türkischen Mutter zeigt, der aus den Interviews von Carmen Treppte mit Berliner Müttern stammt: »Ein Kind ist wie ein Diamant. Und die Feinheiten schleift das Leben. Die Persönlichkeit ist von Anfang an angelegt. Eigentlich wissen die Leute, dass ein Kind eine Persönlichkeit ist. Bloß, sie akzeptieren es nicht.« (Treppte, 1999) Etwas resigniert klingt dies – betrübt, weil man nur den »Türken« in ihrem Kind sieht, wie sie selbst im Interview schildert.

Anderssprachigkeit und schriftliche Informationen

Angebote von schriftlichen Texten, als Poster, Broschüren, Zeitungen oder Handzetteln werden von vielen Eltern wahrgenommen, aber nicht von allen. Schriftliche Mitteilungen können auch Grenzen markieren.

Eltern ggfs. Schriftstücke in Deutsch und ihrer Muttersprache anzubieten, ganz gleich, welche Schriftsprache verstanden werden kann, nutzt – neben der Verständigungsmöglichkeit – auch als Signal und vermittelt Sprachrespekt. Zugewanderte Eltern, die gut deutsch sprechen, lesen und schreiben können, fühlen sich aber unter Umständen kompromittiert, wenn sie lediglich die anderssprachigen Texte erhalten, obwohl sie Deutsch verstehen und lesen können. Daher ist eine doppelsprachige Ausgabe der Texte, evtl. rückseitig bedruckt, sehr sinnvoll.

Ob als Informationsbroschüre, Darstellung der Konzeption, Elternzeitung, Einladung oder Information am schwarzen Brett – stets gilt es, sich zu vergewissern, ob die dargebrachten Informationen auch ihren Zweck erfüllen und in Deutsch und den angebotenen Übersetzungen sprachlich und inhaltlich verstanden werden. Beide Bereiche des Verstehens – sprachlich und inhaltlich – betreffen alle Eltern und die Sorgfalt des Umgangs mit Informationen bewirkt erst die Effektivität der Kommunikation.

Mancherorts wird versucht, unzureichende Sprachkenntnisse durch den Einsatz von Symbolen und Piktogrammen auszugleichen. Piktogramme suggerieren unter Umständen, dass man Lese- und Schreibfähigkeit in Abrede stellt. Da in der Regel persönliche Kontakte zwischen Eltern und ErzieherInnen möglich sind, ist die Verwendung von Piktogrammen selten notwendig. Piktogramme müssen in jedem Fall kulturübergreifend zu entschlüsseln sein. Sie sollten lediglich »Anzeiger« auf eine bestimmte Thematik, ein bestimmtes Angebot sein (z.B. als Erkennungszeichen für alle Informationen bezüglich sprachfördernder Aktivitäten in der Kindertageseinrichtung).

Der interkulturelle Dialog über Werte im Rahmen eines Elternabends

In der alltäglichen Zusammenarbeit mit einheimischen und zugewanderten Eltern steht oft die Frage im Raum, wie stark sich eigentlich die individuellen Erziehungsauffassungen und Werte unterscheiden. Erziehen Menschen, die in anderen Kulturen aufgewachsen sind, später ihre eigenen Kinder anders?

Erste Antworten auf diese sehr komplexe Frage ergaben Elternabende, die als gemeinsames Angebot für einheimische und zugewanderte Eltern in Spielkreisen und Kindertageseinrichtungen angeboten wurden. Anlass zu dem besonderen thematischen Angebot war, dass die Elternrolle »an sich« einmal im Mittelpunkt der Gespräche und des persönlichen Austauschs stehen sollte.

Der besagte Elternabend hatte nach einer entsprechender Einführung das Ziel, Eltern in einer vertrauten Umgebung dazu zu verhelfen, eigene Positionen zu überdenken, abwägen, beizubehalten oder neue Sichtweise einnehmen zu können. Vielen Eltern – ganz gleich welcher Herkunft – hilft es, mit anderen Eltern zu sprechen und zu erleben, dass sie nicht die einzigen sind, denen die Erziehung ihrer Kinder Gedanken oder auch Sorgen bereitet. Sie können bemerken: Perfekte Eltern gibt es nicht, also Eltern, die ihrem oder einem Erziehungsideal in ihrem tagtäglichen Umgang mit den Kindern vollständig nachkommen können. Menschen, die handeln und aktiv ihr (Familien-)Leben gestalten, machen dabei Fehler. Sie spüren, dass sie an manchen Tagen ihrer gutgemeinten Absicht, friedfertig, gerecht, tolerant und partnerschaftlich mit ihren Kindern zusammenzuleben, nicht nachkommen können.

Der Elternabend konnte dazu beitragen, eine Projektionsfläche für all die vorgenannten Gedanken und Gefühle zu sein. Grundlage des Abends war eine kleine Stillearbeit zu Beginn. Jede Person erhielt ein Arbeitblatt mit dem Titel: »Eine gute Mutter/ein guter Vater sein ... was ist das?«. Auf dem Arbeitsblatt fanden sich zwei Rubriken mit Platz für persönliche Eintragungen:

Drei Eigenschaften/Verhaltensweisen, ☺
die eine gute Mutter/ein guter Vater auszeichnen:

....

....

....

Drei Eigenschaften/Verhaltensweisen, ☹
die eine gute Mutter/einen guten Vater vermeidet:

....

....

....

Die Teilnehmenden am Elternabend nannten in beliebiger Reihenfolge, was sie auf ihrem Arbeitsblatt in den beiden Rubriken benannt hatten. Die Gesprächleitung notierte die Nennungen auf zwei entsprechenden Plakaten. Die Teilnehmenden berichteten in freiem Erzählen von ihren Überlegungen. Jede Äußerung hatte ihre Berechtigung, niemand wurde für seine Haltung kritisiert oder angegriffen. Es ging um den Rahmen der 1.000 erzieherischen Möglichkeiten und die Einschätzung von Wunsch und Wirklichkeit in der jeweiligen Rolle. Kreative und entlastende Haltungen wurden verstärkt und positiv hervorgehoben.

Spannend war an jedem Elternabend dieses Themas nicht nur, was an Nennung wahrgenommen und als diskutierwürdig angesehen wurde. Wichtig waren vor allem die Gespräche, in denen Eltern und Pädagog/innen den Mut zur Diskussion von Werten zeigten. Da zeigten sich einheimische Eltern sehr einig und deckungsgleich in ihren Haltungen mit Menschen mit Migrationhintergrund. Da waren andererseits Eltern mit aus demselben sozialen Kontext sehr unterschiedlich in ihren Haltungen. Die Unterschiede waren nicht eindeutig nach Herkünften zu ziehen.

Bedeutsamste Erkenntnis der gemeinsamen Gespräche war, dass die Eltern eine Grundüberlegung teilen konnten: »Alles, was mein Kind tut, hat seinen guten Grund. Auch wenn dieses Verhalten für mich als erwachsene Person unlogisch ist und unsinnig erscheint – für das Kind ist seine momentane Reaktion vermutlich die einzige Möglichkeit.« Bruno Bettelheim drückt dies so aus: »So werden gute Eltern sich nicht nur sagen, dass ihr Kind bei allem, was es tut überzeugt ist, dass es zur Zeit nichts Besseres tun könne. Sie werden sich auch fragen: Was in aller Welt könnte mich veranlassen, mich so zu verhalten, wie es mein Kind zurzeit tut? Und wenn ich nicht anders könnte: Was würde mich wieder beruhigen?« (Bettelheim, 1988). Auf diesen entlastenden Perspektivwechsel zielten die Elternabende vor allem ab.

Das Wissen von Migranteneltern in den Kita-Alltag integrieren

Zugewanderte Eltern können in der Kindertageseinrichtung nicht nur Nehmende sein, sondern auch Gebende. Sie können

- kulturelle, traditionelle und sprachliche Kenntnisse an Kinder und Eltern weitergeben,
- sie können – bei sprachlicher Kompetenz im Deutschen – Einzelkontakte, thematische Gruppenarbeit und Projekte mit Kindern und/oder Eltern unterstützten,
- sie können im Kontakt zu anderen Eltern dolmetschen, nicht nur auf sprachlicher, sondern auch auf kultureller Ebene,
- sie können ihr Wissen als »Weltwissen« weitergeben und (mehrsprachige) Erzähl-, Musik- und Tanzprojekte, Schrift- und Malprojekte unterstützen,
- sie können uns demonstrieren und spüren lassen, was Migration individuell und gesellschaftlich bedeutet.

Die Fachkräfte brauchen dazu insgesamt neben einer wertschätzenden Haltung eine Förderung ihrer Handlungskompetenz zur Zusammenarbeit mit Eltern. Rückenstärkung brauchen die ErzieherInnen dazu von den Kita-Trägern und den die Kindergartenarbeit bestimmenden Gremien und Organisationen,

- bezüglich einer Ausbildung, die Methoden der Gesprächsführung mit Erwachsenen und die Methodik und Didaktik einer kulturell sensiblen Erwachsenenbildung lehrt,
- bezüglich einer personellen Ausstattung, die eine intensive Zusammenarbeit mit Eltern ermöglicht,
- bezüglich der räumlichen Ressourcen und der Ausstattung (oft gibt es noch nicht einmal ausreichend Stühle für Erwachsene).

Positive Erfahrungen im geschilderten Sinne geben die Chance, dass die gelingende Integration im »Mikrokosmos

Kindergarten« auf die nächsten Bildungsinstitutionen übertragen werden kann und in der Folge sogar Auswirkungen auf die Ermutigung zur Integration im »Makrokosmos der Gesellschaft« haben geben. Eine lohnenswerte Perspektive!

Literatur:

Bettelheim, B. (2008): Ein Leben für Kinder – Erziehung in unserer Zeit. Stuttgart

Schlösser, E. (2004): Zusammenarbeit mit Eltern – interkulturell. Informationen und Methoden zur Kooperation mit deutschen und zugewanderten Eltern in Kindergarten, Grundschule und Familienbildung. Münster

Schlösser, E. (2007): Wir verstehen uns gut – Spielerisch Deutsch lernen. Münster

Treppte, C. (1999): »Ein Kind ist wie ein Diamant...«, Interviews, Projekt: Interkulturelle Elternarbeit im Arbeitskreis Neue Erziehung e.V. Berlin

Instrumente zur Risikoabschätzung

Gefährdungseinschätzung in der Kindertagesstätte – auch das noch?

Hilfen zur Einschätzung potenziell kindeswohlgefährdender Familiensituationen

Heinz Kindler

Einleitung

Die fachlichen Anforderungen an die Arbeit von Fachkräften in Kindertagesstätten sind in den vergangenen Jahren deutlich gestiegen, etwa im Hinblick auf die Qualität und Systematik von Bildungsangeboten. Kein Wunder, dass Kita-Fachkräfte mit mäßiger Begeisterung auf die aufkommende Diskussion um ihre Aufgaben im Kinderschutz reagieren. Dabei hat der Gesetzgeber den Fachkräften hier keine grundsätzlich neuen Aufgaben zugewiesen, wohl aber Mindeststandards bei der Bearbeitung möglicher Fälle von Kindeswohlgefährdung festgeschrieben (vgl. Beiträge von Textor und Münder in diesem Band). Diese Bearbeitungsstandards (z.B. dokumentierte Gefährdungseinschätzung, Hinzuziehung einer erfahrenen Fachkraft, Prüfung von Gesprächsmöglichkeiten mit den Eltern) gab es bislang stellenweise, aber nicht flächendeckend. Keinesfalls neu ist es jedoch, dass sich Fachkräfte um Kinder, die durch Vernachlässigung, Misshandlung oder Missbrauch bedroht scheinen, sorgen und ihnen zu helfen versuchen. Die Qualifizierung und zuverlässige Ausgestaltung dieser Sorge und damit verbundener Hilfeanstrengungen ist Gegenstand einer Fachdiskussion, die sich in Deutschland (z.B. Maucher, Wüstenberg 2008a) wie international (z.B. David 1993; Briggs, Hawkins 1997) zunehmend entfaltet. Die Fachkräfte stehen hierbei vor mehreren unterschiedlichen fachlichen Herausforderungen, beispielsweise der Bewertung von Gefährdungsanzeichen oder der Gestaltung von Elterngesprächen, bei denen Gefährdungswahrnehmungen und Schutzaspekte zum Thema gemacht werden müssen. Einige dieser fachlichen Aufgaben (z.B. die der Gesprächsführung mit betroffenen Eltern) müssen vor allem geübt werden. Bei anderen Aufgaben (z.B. Gefährdungseinschätzung und ihre Dokumentation) können strukturierte Vorgehensweisen und Verfahren eine Hilfe sein.

Im Mittelpunkt des folgenden Beitrags stehen für den Kinderschutz entwickelte Verfahren, die Fachkräften Orientierung und Hilfestellung für die Einschätzung von Gefährdungen bieten sollen. Hierzu wird zunächst ein allgemeiner Überblick über den erreichten Kenntnisstand gegeben. Vor diesem Hintergrund wird in einem zweiten Schritt erörtert, welche Anforderungen an Gefährdungseinschätzungen im Bereich der Kindertagesstätten realistisch und sinnvoll erscheinen und inwieweit Verfahren hierbei einen positiven Beitrag leisten können.

Kindeswohlgefährdungen – was ist das eigentlich?

Vor einer solchen Erörterung ist es zur Klarstellung jedoch sinnvoll, zunächst noch einmal den Unterschied zwischen Kindeswohlgefährdung im Sinn des Gesetzes und einem allgemein erkennbaren Hilfebedarf bzw. einem »weiten«, klinischen Gefährdungsbegriff zu erläutern und zu betonen. Der aus dem Familienrecht (§ 1666 BGB) stammende und mit der gleichen Bedeutung im Jugendhilferecht (§ 8a SGB VIII) verankerte Begriff der »Kindeswohlgefährdung« bezeichnet nach einer Definition des Bundesgerichtshofs

(NJW 1956, 1434) gegenwärtige, in den Verantwortungsbereich von Eltern fallende Gefahren, die (ohne Intervention) mit ziemlicher Sicherheit zur erheblichen Schädigung eines Kindes führen (für eine weitergehende Erörterung siehe Coester 2008). Dieser Begriff von Kindeswohlgefährdung ist einerseits zukunftsgerichtet, setzt also eine bereits eingetretene massive gefährdungsbedingte Schädigung eines Kindes nicht zwingend voraus. Zugleich geht es aber nur um solche Gefahren, die erhebliche Risiken für das Leben oder die Gesundheit des Kindes bzw. für zentrale, in § 1 SGB VIII genannte Sozialisationsziele der Entwicklung zu einer selbständigen und gemeinschaftsfähigen Persönlichkeit bergen. Dies begrenzt den Anwendungsbereich des Begriffs in deutlicher, aber angemessener Weise, da eine vorliegende Kindeswohlgefährdung die staatliche Gemeinschaft zu grundrechtsrelevanten Eingriffen in elterliche Rechte berechtigt und verpflichtet, sofern die Eltern nicht selbst (mit oder ohne öffentliche Unterstützung) zu einer Gefahrenabwehr bereit oder in der Lage sind. Bei einigen Fallkonstellationen, wie etwa einem bekannt werdenden innerfamiliären sexuellen Missbrauch oder verletzungsträchtigen körperlichen Kindesmisshandlungen, lassen sich auf der Grundlage vorliegender Befunde zum akuten und langfristigen Schädigungspotenzial (für Forschungsübersichten Kindler et al. 2006) generelle Zuordnungen zum Bereich derart erheblicher Gefahren vornehmen. Bei anderen Fallkonstellationen, wie etwa einer vorliegenden erzieherischen oder emotionalen Vernachlässigung, kommt es aufgrund einer größeren Bandbreite des Schweregrades von Schädigungen bei betroffenen Kindern darauf an, nicht nur die Vernachlässigung sondern auch bereits erkennbare Fehlentwicklungen beim Kind aufzuzeigen. Wieder andere Belastungen oder Mangelversorgungslagen (z.B. eine konfliktreiche Scheidung der Eltern) begründen regelmäßig zwar einen Hilfebedarf, führen aber (da die Mehrzahl betroffener Kinder nach gegenwärtigem Kenntnisstand keine langfristigen und zugleich schwerwiegenden Schädigungen erleidet) nur in besonderen Fällen zu einer Bewertung als Kindeswohlgefährdung. Liegt ein Hilfebedarf vor, der aber nicht den Schweregrad einer Kindeswohlgefährdung erreicht, so kann es für beteiligte Fachkräfte trotzdem schmerzlich sein, wenn ihr Werben bei den Eltern um die Inanspruchnahme von Hilfen fruchtlos bleibt und sie die Belastung des Kindes oder verpasste Entwicklungschancen mitansehen müssen. Trotzdem entspricht es unserer Rechtsordnung nicht und führt in der Zusammenarbeit mit dem Jugendamt und dem Familiengericht nur zu Frustrationen und Konflikten, wenn auch minderschwere Belastungen und Versorgungsmängel in einem erweiterten Sinn als Kindeswohlgefährdung bezeichnet werden. Die Klarheit in der Risikokommunikation und die Bezugnahme auf eine gemeinsame, rechtskonforme Gefährdungsdefinition stellen einen wesentlichen Erfolgsfaktor für einen gelingenden Kinderschutz dar.

Gefährdungswahrnehmung und Gefährdungseinschätzungsverfahren

Die hoch entwickelten kognitiven Fähigkeiten von Menschen sind im Verlauf der Evolution entstanden. Sie lassen sich als Anpassungsleistungen an die Anforderungen der evolutionär wirksamen Umwelt beschreiben (Todd et al. 2005). Im Hinblick auf den Umgang mit Gefahren bedeutet dies, dass Menschen mehrere Systeme zum Erkennen von Gefahren für sich und andere entwickelt haben. Ein solches System versorgt uns mit schnellen, emotionalen Gesamtbewertungen der Gefährlichkeit einer Situation. Ein zweites, langsameres System ermöglicht uns einen analytischen Zugang zu Gefahrenanzeichen und ihrer Bewertung. Beide Systeme (für eine Forschungsüberblick siehe Evans 2008) sind, wenn auch innerhalb gewisser Grenzen, lern- und entwicklungsfähig, wobei erfahrungsgestützte einfache Regeln des Schlussfolgerns (Heuristiken) Analyseprozesse erheblich beschleunigen und ihnen den Empfindungscharakter einer Intuition geben können (z.B. Gaissmaier, Gigerenzer 2006). Zwischen dem Erkennen von Gefahren und begleitenden Emotionen besteht eine enge Verbindung, nicht nur, weil Emotionen eine Form der Situationsbewertung darstellen, sondern auch, da Emotionen bei wahrgenommener Gefahr Aufmerksamkeit und Energie mobilisieren können.

Angewandt auf Fachkräfte, die sich mit der möglichen Gefährdung eines Kindes durch Misshandlung, Vernachlässigung oder Missbrauch auseinandersetzen müssen, ergeben sich aus dem skizzierten psychologischen Hintergrund mindestens zwei Folgerungen: Erstens ist davon auszugehen, dass betroffene Fachkräfte in der Regel über intuitive, stark emotional gefärbte Einschätzungen der Gefährdungslage eines Kindes verfügen. Diese Intuitionen und Emotionen sind von großer Bedeutung, da sie Fachkräfte vermutlich mehr als alle rechtlichen Regelungen dazu bewegen, sich mit der Gefährdung eines Kindes zu beschäftigen und nach Schutzmöglichkeiten zu suchen. Es wäre unrealistisch und kontraproduktiv ein rein analytisch-rationales Vorgehen von Fachkräften im Umgang mit Gefährdung anzustreben, aber es ist, zweitens, nicht ausreichend sich vor allem auf Intuitionen und rasche Situationseindrücke zu verlassen. Dies ergibt sich aus zwei Umständen. Zum einen sind Fälle von Kindeswohlgefährdung in Kindertagesstätten relativ selten, so dass viele Fachkräfte die für die Ausbildung von Intuition erforderliche Menge an Erfahrungen kaum sammeln können. Zum anderen sind die in der Praxis zugänglichen Erfahrungen durch die häufig ganz oder teilweise verdeckte Natur von Gefährdungsphänomenen und durch nicht bestehende Möglichkeiten zur Verlaufbeobachtung und zum systematischen Vergleich mehrerer Fälle in ihrer Zuverlässigkeit und Aussagekraft eingeschränkt.

Wie in anderen Bereichen, in denen Menschen mit Gefahren und Risiken zu tun haben (z.B. Habegger 2008), ist deshalb auch im ganzen Feld des Kinderschutzes die Hoffnung entstanden, durch das wissenschaftliche Erheben und Zusammentragen von Risiken und Gefährdungsanzeichen sowie die Entwicklung und Erprobung von Beurteilungshilfen bzw. standardisierten Abläufen könne ein besserer Umgang mit Gefährdung erreicht werden (z.B. MacDonald 2001; Munro 2002; Kindler 2003). Für einige im Kinderschutz wichtige Aufgaben und Fallkonstellationen lässt sich dies mittlerweile auch zeigen.

Vorhersagekraft der Verfahren

Durch eine standardisierte Dokumentation und Erstbeurteilung von Gefährdungsmitteilungen, die beim Jugendamt bzw. (im Ausland) beim Kinderschutzdienst eingehen, lassen sich beispielsweise zum einen sehr dringliche Fälle, in denen sofort eine Fachkraft in die Familie fahren muss, besser erkennen und zum anderen Informationsverluste bei der weiteren Fallbearbeitung eher ausschließen, so dass im Ergebnis der Schutz von Kindern verbessert werden kann (Fluke et al. 2001). In Anlehnung an diesen Befund hat das Deutsche Jugendinstitut (DJI) einen Dokumentationsbogen für die Aufnahme und Erstbeurteilung von Gefährdungsmitteilungen in Jugendämtern entwickelt (Kindler et al. 2006), der von mehreren Ämtern übernommen oder als Vorlage für einen an die örtlichen Bedingungen angepassten Bogen genutzt wurde.

Bei der nachfolgenden Bearbeitung von Gefährdungsfällen im Jugendamt bzw. im Kinderschutzdienst lassen sich dann durch eine systematische Erhebung der wichtigsten bekannten Risikofaktoren für wiederholte Misshandlung bzw. Vernachlässigung grob verschiedene Risikoniveaus unterscheiden, so dass bei der Planung von Hilfe- und Schutzmaßnahmen hierauf Rücksicht genommen werden kann (für eine Forschungsübersicht siehe Kindler 2005). In einer aktuellen deutschen Analyse (Strobel et al. 2008) der Jugendamtsakten zu 60 Gefährdungsfällen zeichneten sich beispielsweise fast alle Fälle, in denen es nach einer ersten Gefährdungsmitteilung an das Jugendamt im weiteren Verlauf zur Schädigung eines Kindes in der Familie kam, durch mehrere gewichtige Risikofaktoren aus. Lagen ungekehrt zu Fallbeginn mehrere gewichtige Risikofaktoren vor, so kam es immerhin in ungefähr der Hälfte der Fälle im weiteren Verlauf zur Schädigung eines Kindes in der Familie. Auch in einer Reihe von, allerdings bislang nur im Ausland durchgeführten Längsschnittstudien konnte gezeigt werden, dass mit Hilfe von geeigneten Verfahren verschiedene Gruppen mit unterschiedlich hohem Risiko wiederholter Misshandlung bzw. Vernachlässigung unterschieden werden können und damit der Jugendhilfe eine für die Gestaltung von Hilfe- und Schutzmaßnahmen wichtige Information an die Hand gegeben werden kann. In diesen Studien wurden bei Gefährdungsmeldungen, die im Kinderschutzdienst eingingen, unabhängig von der ansonsten ganz normal laufenden Sozialarbeit, die Risikoniveaus durch Forscher eingeschätzt und einige Zeit später, meist zwei Jahre später, wurde überprüft, inwieweit es in den Fällen zu neuen Misshandlungen oder Vernachlässigungen gekommen war. In einer solchen Studie von Squadrito et al. (1995) fanden sich beispielsweise bei Familien, die dem Kinderschutzdienst wegen eines Vorfalls gemeldet wurden, bei denen aber das Wiederholungsrisiko als gering eingeschätzt wurde, zu 6 Prozent neuerliche, bestätigte Misshandlungen bzw. Vernachlässigungen. Bei Familien mit einem sehr hohen Wiederholungsrisiko war dies hingegen bei 63Prozent der Fall (für eine Übersicht über die Ergebnisse aller vorliegenden Studien siehe Kindler 2005). Diese Befunde sind ein umso deutlicherer Hinweis auf die Aussagekraft von Risikoeinschätzungsverfahren als die Jugendhilfe in jedem Fall ja eingeschaltet war und die handelnden Fachkräfte sicherlich durchgängig versucht haben, sich mit ihren Hilfe- und Schutzmaßnahmen am wahrgenommenen Risikoniveau in der Familie auszurichten um einen möglichst guten Schutz für betroffene Kinder zu erreichen. International können für den Zweck der Einschätzung des Risikos erneuter Misshandlung bzw. Vernachlässigung zwei vom Children's Research Center (CRC) in Madison entwickelte, jeweils einseitige Skalen zur Einschätzung des Misshandlungs- bzw. Vernachlässigungsrisikos als am besten belegt angesehen werden (Rycus, Hughes 2003). Diese Skalen finden mit leichten Abwandlungen in mehr als 20 amerikanischen Bundesstaaten und mehreren weiteren Ländern Anwendung. Die auf einer der beiden Skalen enthaltenen Faktoren finden sich bei Kindler (2005). In Deutschland liegen bislang nur zum Risikomodul des »Kinderschutzbogens« (Kindler, Reich 2006) bestätigende Befunde zur Aussagekraft vor. In diesem Risikomodul werden insgesamt 15 Faktoren abgefragt und zu einer Gesamtbewertung zusammengefasst. Einbezogene Faktoren lauten etwa »keine ausreichenden Wohnverhältnisse«, »Gewalt zwischen den Eltern«, »Zusammenarbeit mit dem ASD wird abgelehnt« oder »eigene Erfahrungen eines Elternteils von Deprivation, Misshandlung oder sexuellem Missbrauch«.

Risikofaktoren

Dass die Entwicklung und kritische Überprüfung solcher Risikoeinschätzungsverfahren für den Kinderschutz mittlerweile überhaupt möglich ist, ist wesentlich auf rasche Entwicklung der Grundlagenforschung zu Kindeswohlgefährdung in den vergangenen 30 Jahren zurückzuführen. So liegen etwa international mehr als ein Dutzend Längsschnittstudien vor, in denen Risikofaktoren für das Auftreten von Vernachlässigung bzw. Misshandlung in den ersten Lebensjahren untersucht wurden (für eine Übersicht siehe

Meysen et al.). Werden nur Risikofaktoren, die sich in mindestens zwei Studien bewährt haben, ausgewählt, so ergibt sich derzeit folgende Liste relevanter Faktoren:

Wiederholt in Längsschnittstudien bestätigte Risikofaktoren für frühe Vernachlässigung bzw. Misshandlung	
• Relative Armut/Sozialeinkommen • Niedriger Bildungsstand der Eltern • Häufige Umzüge • Partnerschaftsgewalt • Soziale Isolation/wenig Unterstützung • Geringe Intelligenz der Mutter • Mutter sehr jung • Mutter in der Kindheit selbst misshandelt, vernachlässigt oder missbraucht • Mutter oder Vater in Kindheit in stationärer Jugendhilfemaßnahme	• Mutter geringes Selbstvertrauen • Mutter psychisch auffällig • Mutter Anzeichen von Depression • Mutter emotional instabil • Mutter impulsiv/aggressiv • Unzureichende Vorsorge während der Schwangerschaft • Ungewolltes Kind, Eltern sprechen nur negativ über Kind • unrealistische Erwartungen an das Kind • Geringes Geburtsgewicht • Schwierig zu versorgendes Kind • Beobachtbar problematisches Fürsorgeverhalten der Eltern

Natürlich kann diese Liste nicht als abgeschlossen angesehen werden. So ist das weitgehende Fehlen von Risikofaktoren bei Vätern vermutlich weniger darauf zurückzuführen, dass sie nicht vorhanden wären, sondern vermutlich mehr darauf, dass sie noch zu wenig untersucht sind.

Innerhalb der Gruppe bekannter Risikofaktoren lassen sich weitergehend grobe Einteilungen im Hinblick auf die Vorhersagestärke (z.B. schwach, moderat und stark vorhersagekräftig) vornehmen.

- Zu den schwach vorhersagekräftigen Risikofaktoren für Vernachlässigung zählt beispielsweise der Faktor »relative Armut«. Im Mittel der vorliegenden Studien kommt es bei Familien mit relativer Armut verglichen mit nicht armen Familien etwa 1,5 bis 2,5mal häufiger zu bedeutsamen Vernachlässigungsereignissen. Teilweise wird die Vorhersagekraft des Risikofaktors »relative Armut« in der Öffentlichkeit überschätzt, da fast alle vernachlässigenden Familien arm sind und Armut daher das Bild vernachlässigender Familien prägt. Tatsächlich gelingt es aber den meisten einkommensarmen Familien unter Aufbietung ihrer Kräfte noch relativ gut für ihre Kinder zu sorgen. »Relative Armut« ist allerdings aufgrund der Anzahl betroffener Kinder und der unstrittig ungünstigen Auswirkungen auf die Entwicklung von Kindern (für eine Forschungsübersicht siehe McLoyd 1998) ein sozialpolitisch bedeutsames Thema. Nur ist der prädiktive Zusammenhang zu Beeinträchtigungen, die die Schwelle zur Kindeswohlgefährdung übersteigen, eher schwach.
- Als Beispiel für einen moderat vorhersagestarken Risikofaktor kann der Faktor »klinisch bedeutsame Depression« beim hauptsächlich betreuenden Elternteil im Hinblick auf das Misshandlungsrisiko dienen. Dieses Risiko ist beim Vorliegen einer Depression im Mittel der vorliegenden Studien etwa 3- bis 4fach erhöht. Dies erklärt sich vor allem aus dem Umstand, dass Menschen, die an einer Depression leiden, nicht nur in ihrem Antrieb herabgesetzt sind, sondern häufig auch unter einer erhöhten Reizbarkeit bis hin zu Ärgerattacken leiden, so dass die Gefahr impulsiver Überreaktionen bei Konflikten und Störungen bedeutsam anwächst.
- Ein Beispiel für einen eher stark vorhersagekräftigen Risikofaktor wäre schließlich im Hinblick auf das Risiko von Kindesmisshandlung der Faktor »Partnerschaftsgewalt«. Im Mittel der vorliegenden Studien geht Partnerschafts-

gewalt mit einer 6- bis 12fachen Erhöhung des Risikos für Kindesmisshandlung einher. Damit zählt Partnerschaftsgewalt zu den stärksten bekannten Risikofaktoren für Kindesmisshandlung. Zudem zeigt sich ein deutlicher Dosiseffekt, d.h., je häufiger und je schwerwiegender Vorfälle von Partnerschaftsgewalt sind, desto wahrscheinlicher wird es auch, dass in der Familie lebende Kinder Misshandlung erleben müssen.

Aus dem Vorliegen einzelner Risikofaktoren lässt sich, selbst bei relativ vorhersagestarken Faktoren, kaum je direkt eine Kindeswohlgefährdung ableiten. Bei mehreren Risikofaktoren kann es aber sehr sinnvoll sein, betroffenen Eltern nach der Geburt eines Kindes gezielt eine präventiv wirkende Hilfe auf freiwilliger Grundlage anzubieten. Dies ist ein Ansatz, der sich in der Bundesrepublik unter dem Stichwort »Frühe Hilfen« zunehmend stärker verbreitet (Helming et al. 2007) und der im Ausland in mehreren Feldstudien eine Verringerungen der Anzahl früher Misshandlungen und Vernachlässigungen um 30 bis 40 Prozent bewirken konnte (Bilukha et al. 2005; Kindler 2006a). Um Familien zu erkennen, die von besonderer Unterstützung stark profitieren könnten, werden in verschiedenen Kommunen und Projekten unterschiedliche Vorgehensweisen eingesetzt. Einige Projekte wenden sich beispielsweise gezielt an Eltern mit einem bestimmten Risikomerkmal (z.B. an jugendliche oder sehr junge Mütter). An manchen Orten wird der Eindruck bei einem regelhaft durchgeführten Hausbesuch nach der Geburt eines Kindes herangezogen um zu entscheiden, wem besondere Hilfen angeboten werden sollten. In wieder anderen Kommunen erfolgt in den Geburtskliniken ein Screening für das mehrere Instrumente zur Verfügung stehen, unter anderem der »Anhaltbogen« (Meysen et al.), der auf der Grundlage der Risikofaktoren in der obigen Tabelle entwickelt wurde. Die Durchführung eines solchen Screenings ist nicht ganz einfach, da eine Stigmatisierung mehrfach risikobelasteter Familien vermieden werden muss. Auf der anderen Seite können mehrfach belastete Familien, wenn sie erkannt werden, von präventiven Angeboten am meisten profitieren. Allerdings muss um die Beteiligung von Hochrisikofamilien häufig intensiv geworben werden und die erforderlichen Hilfen sind relativ intensiv und damit teuer, so dass eine zielgerichtete Ansprache betroffener Familien erforderlich ist.

Screeningverfahren erscheinen für das einigermaßen zuverlässige Erkennen mehrfach risikobelasteter Familien prinzipiell geeignet, insofern im Mittel der vorliegenden Längsschnittstudien etwa 80 Prozent der Familien, in denen es später zu einer Vernachlässigung oder Misshandlung kam, als hilfebedürftig erkannt werden konnten. Allerdings erscheinen in den gegenwärtig vorliegenden Screeningverfahren auch viele Familien als hilfebedürftig, in denen später keine Kindeswohlgefährdung bekannt wird. Deshalb ist es sehr wichtig, dass die belegbaren Wirkungen konzeptionell guter Präventionsmaßnahmen über die Verringerung des Risikos von Kindeswohlgefährdung hinausreichen und sich auch positive Effekte auf kindliche Entwicklung und in der Eltern-Kind-Beziehung demonstrieren lassen (für eine Forschungsübersicht siehe Geeraert et al. 2004).

Einschätzungsraster

Erfolgt die Analyse vorliegender Risikofaktoren in einer Situation, in der bereits Hinweise auf eine eingetretene Kindeswohlgefährdung vorliegen, so hat sie vor allem die Aufgabe, die Auswahl und Ausgestaltung erforderlicher Hilfe- und Schutzmaßnahmen zu unterstützen. Dabei sind Hilfe- und Schutzkonzepte umso dichter und verbindlicher zu gestalten, je mehr und je vorhersagestärkere Risikofaktoren vorliegen. Für die grundlegende Frage, ob eine Kin-

Grundraster »Kindeswohlgefährdung«			
Was tun die Eltern Schädliches?	Was unterlassen die Eltern Notwendiges?	Was braucht das Kind?	Welche Schädigungen sind bereits eingetreten oder mit ziemlicher Sicherheit zu erwarten?

deswohlgefährdung vorliegt, lässt sich das »Grundraster Kindeswohlgefährdung« heranziehen (Kindler, Eichner 2000). Dieses Grundraster orientiert sich stark an der in der Einleitung dieses Kapitels erläuterten juristischen Definition des Begriffs »Kindeswohlgefährdung« (gegenwärtige Gefahr, in der mit ziemlicher Sicherheit eine erhebliche Schädigung des Kindes zu erwarten ist) und enthält vier Spalten. Die ersten drei Spalten dienen dazu das vorhandene Fallwissen zur gegenwärtigen Gefahr zusammenzutragen und zu ordnen. Die vierte Spalte dient dazu, die bereits eingetretenen oder mit ziemlicher Sicherheit zu erwartenden Schädigungen beim Kind zu beschreiben.

Zur Beschreibung einer gegenwärtigen, in den Verantwortungsbereich der Eltern fallenden Gefahr sind drei Spalten sinnvoll, um zum einen aktive elterliche Handlungen (z.B. Misshandlung, Missbrauch) von Unterlassungen, die Vernachlässigung kennzeichnen, unterscheiden zu können. Zum anderen tritt die gegenwärtige Gefahr manchmal nur dann klar hervor, wenn die elterlichen Handlungen oder Unterlassungen ins Verhältnis zu den Bedürfnissen des betroffenen Kindes gesetzt werden. Beispielsweise kann es sein, dass ein Mangel an elterlichem erzieherischem Engagement und an erzieherischer Konsequenz bei einem sozial gut angepassten Kind kein sehr großes Problem darstellt, während dasselbe elterliche Verhalten bei einem anderen Kind, das aufgrund einer bestehenden psychiatrisch relevanten Störung des Sozialverhaltens in besonderer Weise auf Erziehung angewiesen ist, die Prognose für das Kind erheblich verschlechtert und als gegenwärtige Gefahr gewertet werden muss. In manchen Fällen ist es auch so, dass zunächst besondere Bedürfnisse eines Kindes (z.B. nach Förderung aufgrund einer erkennbaren Entwicklungsverzögerung) auffallen. Diese besonderen Bedürfnisse des Kindes sind ätiologisch, also im Hinblick auf ihre Entstehung, häufig nicht eindeutig zuzuordnen. Ein schädliches Tun oder Unterlassen der Eltern kann sich dann aber sekundär ergeben, wenn die Eltern auf mehrfache ernsthafte Problemanzeigen seitens der Kindertagesstätte nicht oder nur grob unangemessen reagieren.

Um einen einfachen Hilfebedarf von einer bestehenden Kindeswohlgefährdung unterscheiden zu können, ist schließlich die vierte Spalte zwingend erforderlich, d.h. es muss begründet werden können, dass eine ernsthafte Schädigung des Kindes bereits eingetreten ist oder mit ziemlicher Sicherheit erwartet werden kann. In manchen Fällen gelingt diese Beurteilung leicht und ist unstrittig. Nicht selten muss das erforderliche Prognosewissen aber erst bei spezialisierten Diensten eingeholt werden (z.B. bei Fachkräften aus der Erziehungsberatung, Kinder- und Jugendpsychiatrie oder der Sonderpädagogik).

Das »Grundraster Kindeswohlgefährdung« erleichtert zwar die Ordnung vorliegender Befunde und Bewertungen und hilft noch bestehende Wissenslücken zu erkennen. Am Schluss muss aber eine Gesamtbewertung stehen, die vielfach schwierig bleibt, da sie sehr einzelfallbezogen ist, trotzdem viel Hintergrundwissen erfordert und zudem die relevanten Fallinformationen häufig nicht leicht zu erlangen sind.

Neben der Risikoeinschätzung und der Gesamtbewertung des Vorliegens oder Nicht-Vorliegens einer Kindeswohlgefährdung können in Gefährdungsfällen prinzipiell noch mehrere weitere Einschätzungsaufgaben und daran geknüpfte Dokumentationstätigkeiten wichtig werden (für eine Übersicht siehe Kindler 2006b). Allerdings ist nicht jede Aufgabe in jedem Einzelfall bedeutsam und es bestehen zudem zwischen verschiedenen Arbeitsfeldern in der Jugendhilfe erhebliche Unterschiede im Vorkommen und in der Bedeutung verschiedener Einschätzungsaufgaben. Zu den potenziell wichtigsten Einschätzungsaufgaben bei der Bearbeitung von Gefährdungsfällen zählen:

- Die Sicherheitseinschätzung,
- die Verdachtsabklärung,
- die Einschätzung der elterlichen Erziehungsfähigkeit und
- die Einschätzung der elterlichen Veränderungsbereitschaft und -fähigkeit.

Sicherheitseinschätzung

Von einer »Sicherheitseinschätzung« wird gesprochen, wenn im Zusammenhang mit einem Kontakt zum Kind oder zur Familie beurteilt werden muss, ob das Kind bis zum nächsten Kontakt vor akuten erheblichen Gefahren geschützt ist oder ob sofort Maßnahmen zur Erhöhung der Sicherheit des Kindes eingeleitet werden müssen (z.B. Herbeirufen eines Elternteils, wenn der andere Elternteil das Kind in erheblich alkoholisiertem Zustand mit dem Auto von der Kindertagesstätte abholen will). Solche Situationen kommen in der Praxis der Jugendhilfe, auch der Kindertagesstätten, nicht unbedingt häufig, aber doch immer wieder vor. Bei ihnen steht nicht die umfassende Erkundung aller eventuell mit einer Kindeswohlgefährdung zusammenhängenden Aspekte im Vordergrund, vielmehr geht es um die Abwehr akut schwerwiegender Gefahren. Um eine solche Gefahrenabwehr zuverlässig zu gestalten, wurden verschiedene Versuche unternommen, relevante Situationen für die Aus- und Fortbildung bzw. den fachlichen Austausch zusammenzutragen (für eine Übersicht siehe Horton, Molder 1999). Eine speziell für den Bereich der Kindertagesstätten entwickelte Sammlung scheint nicht vorzuliegen. Die in der Literatur für den gesamten Bereich der Jugendhilfe am häufigsten genannten Situationen finden sich in nachfolgender Tabelle:

In der Literatur am häufigsten genannte akute Gefährdungssituationen, die ein sofortiges Schutzhandeln erforderlich machen können (Kindler 2006c)
Aussagekräftiger Hinweis auf eine gegenwärtig schwerwiegende Misshandlung, Vernachlässigung oder einen sexuellen Missbrauch
Augenscheinlich ernsthafte gegenwärtige Beeinträchtigungen der Fürsorgefähigkeiten des betreuenden Elternteils aufgrund psychischer Erkrankung, Sucht oder Partnerschaftsgewalt
Das gegenwärtige Verhalten eines Haushaltsmitglieds mit Zugang zum Kind erscheint gewalttätig oder in hohem Maße unkontrolliert bzw. es werden glaubhafte Drohungen gegen ein Kind ausgesprochen

Der Zugang zum Kind wird trotz bestehender Gefährdungsanzeichen verweigert oder das Kind ist unauffindbar

Elterliche Verantwortungsabwehr und Ablehnung von Hilfen trotz deutlicher Hinweise auf eine schwerwiegende kindeswohlgefährdende Situationen in der unmittelbaren Vorgeschichte

Verdachtsabklärung

Bei einer »Verdachtsabklärung« geht es dagegen um die vergangenheitsbezogene Beurteilung, ob im Raum stehende Misshandlungs-, Vernachlässigungs- oder Missbrauchsereignisse tatsächlich geschehen sind oder nicht. Eine Verdachtsabklärung ist in der Jugendhilfe häufig unvermeidlich, auch wenn sie vielfach nicht zu einem klaren Ergebnis führt. Besonders bedeutsam ist die Verdachtsabklärung bei einem möglichen sexuellen Missbrauch, da hier, im Unterschied zu Misshandlung und Vernachlässigung, keine aussagekräftigen zukunftsgerichteten Risikoeinschätzungsverfahren vorliegen. Für die Verdachtsabklärung im Hinblick auf Misshandlung, Vernachlässigung und Missbrauch liegen Zusammenstellungen möglicherweise informativer Vorgehensweisen und ihrer prinzipiell erreichbaren Aussagekraft vor (Unterstaller 2006; Kindler 2006d), wobei dann für bestimmte Teile (z.B. Explorationen von Kindern) erprobte, teilweise standardisierte Abläufe vorliegen.

Beispielsweise hat sich im Bereich der Verdachtsabklärung bei einem möglichen sexuellen Missbrauch gezeigt, dass ohne Angaben betroffener Kinder nur sehr selten eine wirkliche Klärung erreicht werden kann, da Verhaltensanzeichen (z.B. sexualisiertes Verhalten) zwar einen ersten Hinweis geben können, in ihrer Aussagekraft aber sehr beschränkt sind. Angaben betroffener Kinder wiederum werden, zumindest in familiengerichtlichen oder strafgerichtlichen Verfahren, nur dann als ausreichend zuverlässig angesehen, wenn sie gemessen am Entwicklungsstand des Kindes hinreichend konkret sind und eventuelle Befragungen des Kindes in einer nicht beeinflussenden Weise durchgeführt wurden. Da Beeinflussungseffekte durch unangemessene Befragungsweisen später nicht mehr rückgängig gemacht werden können, kann eine anfängliche fehlgeleitete Befragung den späteren Schutz eines Kindes wesentlich erschweren. Um solches auszuschließen verlangen Befragungen von Kindern zu möglichen Missbrauchserlebnissen von den durchführenden Fachkräften in der Regel einiges an Wissen und Kompetenz (Lamb et al. 2002), wobei bestimmte teilweise standardisierte Befragungsabläufe und die Teilnahme an Trainingseinheiten eine wesentliche unterstützende Rolle spielen (Poole, Lamb 2003). Verdachtsabklärung ist überwiegend die Aufgabe von Fachkräften mit spezialisierten Kenntnissen, wobei hierbei häufig auch Professionen außerhalb der Jugendhilfe einbezogen werden müssen (z.B. Kinderärzte oder Rechtsmediziner bei Beurteilung von Verletzungen).

Die Rolle von Fachkräften aus Kindertagesstätten liegt weniger bei der kompetenten Durchführung der gesamten Verdachtsabklärung, als vielmehr in der professionellen Aufmerksamkeit gegenüber Verdachtsmomenten, in der geschickten Handhabung eines auftretenden Verdachtes bis zur Einbeziehung bzw. Fallübernahme durch spezialisierte Dienste und in der zuverlässigen Dokumentation von Informationen, die für die Verdachtsabklärung und damit für den weiteren Verlauf entscheidend sein können.

Abschätzung elterlicher Erziehungsfähigkeit und Veränderungsbereitschaft bzw. -fähigkeit

Bei der Abschätzung elterlicher Erziehungsfähigkeiten geht es um die Erarbeitung eines Profils elterlicher Fähigkeiten und Einschränkungen in verschiedenen Bereichen der Fürsorge für ein Kind, beispielsweise in den Bereichen »Pflege und Versorgung«, »Bindung«, »Vermittlung von Regeln und Werten« und »kognitive Förderung«. Ein solches Profil ist in Gefährdungsfällen für die passgenaue Ausgestaltung von ambulanten Hilfen bzw. für die Begründung der Notwendigkeit einer Fremdunterbringung bedeutsam. Die gegenwärtig am weitesten entwickelten Vorschläge für das Vorgehen bei einer Einschätzung der Erziehungsfähigkeit (für Übersichten siehe Pezzot-Pearce, Pearce 2004; White 2005; Kindler et al. 2006) beziehen jeweils verschiedene Informationsquellen mit ein. Generell spielt die Beobachtung von Eltern-Kind Interaktionen und die systematische Exploration der Eltern jedoch eine sehr große Rolle. Da die Planung (und Bewilligung) von Hilfen nicht zu den Aufgaben der Kindertagesstätten zählt und sowohl Eltern-Kind Interaktionen als auch Explorationen der Eltern im Arbeitsfeld der Kindertagesbetreuung kaum mit der erforderlichen Tiefe durchgeführt werden können, können Fachkräfte aus Kindertagesstätten zwar häufig relevante Informationen beitragen, ohne aber die Aufgabe der Einschätzung der elterlichen Erziehungsfähigkeit ganz zu übernehmen. Relevante Informationen aus Kindertagesstätten betreffen etwa im Hinblick auf die Fürsorgedimension der »Pflege und Versorgung« den im Alltag beobachtbaren Pflegezustand des Kindes. Im Hinblick auf die Bindungsdimension ist es für Jugendämter oder Familiengerichte häufig interessant zu erfahren, wie sich Kind und Elternteil in der bindungsrelevanten Situation der Wiedervereinigung beim Abholen verhalten.

In ähnlicher Weise können Fachkräfte aus Kindertagesstätten auf der Grundlage ihrer Beobachtungen und Erfahrungen mit Eltern zu einer Einschätzung der elterlichen »Veränderungsbereitschaft und -fähigkeit« bei Gefährdung beitragen bzw. eine erste vorläufige Einschätzung abgeben. Prinzipiell können verschiedene, in der nachfolgenden Tabelle aufgelistete Faktoren zur Einschätzung der elterlichen Veränderungsbereitschaft bzw. -fähigkeit beitragen.

Faktoren, die zur Einschätzung elterlicher Veränderungsbereitschaft und -fähigkeit beitragen können (Kindler 2006d)
Zufriedenheit der Eltern mit der gegenwärtigen Situation
Selbstvertrauen und realistische Hoffnung auf Veränderung
Subjektive Normen zur Hilfesuche
Haltung gegenüber belegbaren Kindeswohlgefährdungen
Geschichte der Inanspruchnahme und Wirkung von Hilfe
Einschränkungen der elterlichen Fähigkeit, von verfügbaren Hilfen zu profitieren (z.B. aufgrund intellektueller Einschränkungen)

Fachkräfte aus Kindertagesstätten können häufig zu mehreren dieser Punkte Angaben machen, etwa dazu, inwieweit die Eltern durch die Elternarbeit der Einrichtung erreicht werden konnten und wie sie auf Mitteilungen über Probleme des Kindes reagiert haben. Diese Informationen wären unter den Oberpunkt der »Geschichte der Inanspruchnahme und Wirkung von Hilfe« einzuordnen. Sofern konkrete und aussagekräftige Gefährdungsanzeichen beim Kind vorhanden sind und die Eltern im Rahmen eines 8a-Verfahrens hierauf angesprochen werden, können Kindertagesstätten auch Angaben zur Haltung der Eltern gegenüber einer substantiierten Gefährdungsmitteilung machen. Stellen Fachkräfte einer Kindertagesstätte dabei fest, dass Eltern nach der Mitteilung, es werde eine Kindeswohlgefährdung gesehen, ablehnend reagieren oder sogar das Kind aus der Einrichtung nehmen, so ist die unverzügliche Einschaltung des Jugendamtes unausweichlich, ähnlich wie das Jugendamt in einer vergleichbaren Situation, also bei Eltern, die auch angesichts einer bestehenden Kindeswohlgefährdung unkooperativ bleiben, in der Regel zu einer Einschaltung des Familiengerichts oder einer Inobhutnahme des betroffenen Kindes gezwungen ist.

Gefährdungsabschätzung in der Kindertagesstätte

Zwar trägt es zur Orientierung von Leitungskräften in Kindertagesstätten bei, wenn sie über die prinzipiell bestehende Komplexität und die Anforderungen, die sich bei Gefährdungsabschätzungen ergeben können, informiert sind. Allerdings wäre es ebenso unrealistisch wie unangemessen an Prozesse der Gefährdungsabschätzung in Einrichtungen der Kindertagesbetreuung dieselben fachlichen Erwartungen zu richten, wie an Abschätzungsprozesse in den Allgemeinen Sozialen Diensten der Jugendämter. Besonders deutlich wird dies, wenn es um spezialisierte Anforderungen, wie etwa die Exploration von Kindern zu möglichen Gefährdungserlebnissen oder um weitreichende Rechercheaufgaben, wie die Erhebung von Risikofaktoren für wiederholte Misshandlungen oder Vernachlässigungen, geht. Im Gesetz wird daher in § 8a Abs.2 SGB VIII gefordert, die Fachkräfte freier Träger sollten im Rahmen von Vereinbarungen mit dem Träger der öffentlichen Jugendhilfe zu einer verglichen mit den Jugendämtern »entsprechenden«, nicht aber zu einer identischen Wahrnehmung des Schutzauftrages verpflichtet werden. Dies macht deutlich, dass Spielräume für arbeitsfeldbezogene Anpassungen bestehen, auch wenn natürlich Grundpflichten bestehen bleiben.

Wie könnte für das Arbeitsfeld Kindertagesstätte eine Anpassung der Grundpflicht zu einer Abschätzung des Gefährdungsrisikos bei Vorliegen gewichtiger Anhaltspunkte aussehen und welche Rolle könnten Verfahren und strukturierte Vorgehensweisen hierbei spielen?

Die Möglichkeiten zur fundierten Beantwortung dieser Frage, werden bislang durch drei Umstände eingeschränkt:

- Erstens ist empirisch wenig darüber bekannt, welche Gefährdungsfälle auf welche Weise in Kindertagesstätten bekannt werden. Zumindest international (z.B. McDaniel 2006) hat sich aber gezeigt, dass in unterschiedlichen Arbeitsfeldern der Jugendhilfe etwas unterschiedliche Gefährdungsanzeichen hervortreten und daher auch etwas unterschiedliche Gefährdungsfälle bemerkt werden.
- Zweitens liegen für die Bundesrepublik bislang keine Untersuchungen dazu vor, welche Schwierigkeiten im Umgang mit möglichen Gefährdungsfällen Fachkräfte aus Kindertagesstätten sehen und welche Hilfestellungen sie sich wünschen. Auch hier zeigen Untersuchungen aus dem Ausland einige Besonderheiten, die sich etwa aus widerstreitenden Loyalitätsgefühlen gegenüber Kindern und Eltern sowie aus der Sorge um den weiteren Fallverlauf ergeben, wenn eine dem Jugendamt entsprechende Institution hinzugezogen wird (z.B. Svensson, Janson).
- Drittens fehlen zu den bislang in der Bundesrepublik entwickelten Gefährdungseinschätzungsverfahren, die als Hilfestellungen für Fachkräfte in Kindertagesstätten dienen sollen (z.B. Stadt Lippstadt 2006; Maucher, Wüsten-

berg 2008b), veröffentlichte Studien zur Zuverlässigkeit, Aussagekraft und Anwendbarkeit (zu den Gütekriterien für Verfahren siehe Kindler, Lillig 2006).

Angesichts der in mehrerlei Hinsicht bestehenden Wissenslücken können nur einige sehr vorläufige erste Empfehlungen gegeben werden, die ihren Ausgangspunkt bei den Fällen nehmen, die von Fachkräften aus Kindertagesstätten in Fortbildungen mit dem Autor des Beitrages geschildert wurden. Auf dieser Grundlage könnte vermutet werden, dass den Fachkräften im Zusammenhang mit Kindeswohlgefährdung überwiegend drei Fallkonstellationen begegnen:

1 Kinder mit ungünstigem Entwicklungsverlauf, der bei den Fachkräften zu erheblicher Sorge führt, ohne dass aber bei den Eltern ein Problembewusstsein erzeugt werden könnte (z.B. Kind entwickelt eine Störung des Sozialverhaltens oder fällt im Entwicklungs- bzw. Leistungsstand immer weiter zurück);
2 Kinder mit über einen längeren Zeitraum bestehenden Hinweisen auf Mangelversorgung oder Belastungserfahrungen in der Familie (z.B. wiederholt auftretende Mängel im Pflegezustand, bei mehreren Gelegenheiten beobachtbare Angst des Kindes vor der Mutter);
3 Kinder mit spezifischen Hinweisen auf eine akute Gefährdung (z.B. Kind mit erheblichen Hämatomen äußert vom Vater mit dem Gürtel verprügelt worden zu sein, Mutter erscheint beim Abholen des Kindes geistig verwirrt).

Zu 1. Bei Kindern mit ungünstigem Entwicklungsverlauf handelt es sich zunächst einmal nicht um einen Kinderschutzfall, da Schwierigkeiten bei der Verhaltensanpassung und beim Aufbau altersentsprechender Fähigkeiten in der Regel ätiologisch nicht eindeutig auf Gefahren im elterlichen Verantwortungsbereich zurückgeführt werden können. Jedoch können sich solche Fälle zu Kinderschutzfällen entwickeln, wenn (a) der Entwicklungsverlauf belegbar so ungünstig ist, dass sich hieraus erhebliche Belastungen für das betroffene Kind ergeben und/oder erhebliche Beeinträchtigungen in der weiteren Entwicklung als sehr wahrscheinlich angenommen werden müssen und (b) die Sorgeberechtigten, also meist die Eltern, nicht für eine Inanspruchnahme erforderlicher Hilfen gewonnen werden können oder Fördermaßnahmen in der Einrichtung sogar unterlaufen oder abgelehnt werden. Kommt es bei dieser Fallkonstellation zu einer Gefährdungsabschätzung rücken entsprechend vier Punkte in den Mittelpunkt:

- Die nachvollziehbare, intersubjektiv abgesicherte Beschreibung des ungünstigen Entwicklungsverlaufs beim Kind. Wie eine solche Beschreibung mit den Mitteln einer Kindertagesstätte gelingen kann, wird etwa bei Mayr (in diesem Band) erörtert.
- Eine möglichst konkrete Erörterung der Frage, in welchem Ausmaß das Kind unter seinen Schwierigkeiten oder deren Folgen leidet. Dieser Punkt wird in manchen der vorliegenden Verfahren zur Gefährdungseinschätzung kaum berücksichtigt. Er kann aber wichtig sein, wie etwa das Beispiel eines 7-jährigen Jungen, der unter seinem aggressiven Sozialverhalten und der daraus erwachsenden Ablehnung in der Hortgruppe so zu leiden begann, dass er mehrfach Todeswünsche äußerte.
- Die Einschätzung der erwartbaren Folgen bei einer Fortsetzung des ungünstigen Entwicklungsverlaufs. Das hier verlangte Prognosewissen, ist in Kindertagesstätten zwar nur eingeschränkt vorhanden, eine erste vorläufige Einschätzung ist aber häufig erforderlich, damit entschieden werden kann, ob es sich »nur« um einen beim Kind bestehenden Hilfe- oder Förderbedarf oder um eine Kindeswohlgefährdung handelt. Manche Verfahren, etwa die Einschätzskala des Fachbereichs Jugend und Soziales der Stadt Lippstadt, enthalten hierzu Bewertungsvorschläge. In der Regel wird es aber sinnvoller

sein, vorläufige prognostische Einschätzungen unter Einbeziehung spezialisierter Fachdienste (z.B. Frühförderung) oder, wenn die Eltern hiermit nicht einverstanden sind, auf der Grundlage einer Fallbesprechung mit einer insoweit erfahrenen Fachkraft nach § 8a SGB VIII vorzunehmen.

- Die Prüfung der Frage, ob die Eltern tatsächlich in geeigneter, d.h. ausgewogener, sachlicher und verständlicher Form auf bestehende Schwierigkeiten angesprochen und geeignete Hilfemöglichkeiten aufgezeigt wurden.

Ergibt die Erörterung dieser vier Punkte, dass aus Sicht der Einrichtung eine Kindeswohlgefährdung vorliegt und die Eltern bislang nicht zu einer Abwendung der bestehenden Gefahr bereit scheinen, so ist es in der Regel sinnvoll das Ergebnis der Besprechung einschließlich der daraus erwachsenden Handlungspflichten für die Einrichtung noch einmal mit den Eltern zu besprechen. Erweist sich dann eine Mitteilung an das Jugendamt als erforderlich, so sollte die schriftliche Dokumentation, neben der Darstellung des letzten Gesprächs mit den Eltern, auf die vier genannten Punkte eingehen. Hierbei kann auf Gliederungsvorschläge für Mitteilungen, wie etwa vom Kommunalverband für Jugend und Soziales Baden-Württemberg entworfen, zurückgegriffen werden.

Zu 2. Bei Kindern aus der zweiten Fallgruppe, also Kindern mit wiederholten Hinweisen auf Mangelversorgung oder Belastungserfahrungen in der Familie, dient die Gefährdungsabschätzung wesentlich dem Zusammentragen der vorliegenden Beobachtungen und der möglichst neutralen Bewertung des Gesamtbildes im Hinblick auf das sichtbar werdende Schädigungspotenzial. Für das Zusammentragen vorliegender Beobachtungen können Einschätzungsverfahren, die detailliert und umfassend verschiedene Aspekte des Erscheinungsbildes und der Verhaltensanpassung des Kindes abfragen, eine wesentliche Strukturierungshilfe sein. Ein solches Verfahren mit verschiedenen Altersmodulen wurde etwa vom Jugendamt der Landeshauptstadt Stuttgart (2007) für die dortigen Kindertagesstätten entwickelt. In manchen Fällen entsteht im Rahmen einer solchen Einschätzung ein Gesamtbild erkennbarer familiärer Schwierigkeiten mit einer guten Fürsorge für das betroffene Kind. Auf dieser Grundlage kann dann ein freundliches aber verbindliches Gespräch mit den Eltern über deren Wahrnehmung der Fürsorgesituation und eventuell in Frage kommende Hilfe geführt werden. Je nach dem Ergebnis dieses Gesprächs muss dann über das weitere Vorgehen entschieden werden. In anderen Fällen kann eine solche Klärung auf Anhieb nicht erreicht werden, so dass entweder eine weitere Beobachtung des Fallverlaufs oder (bei einem höheren Schädigungspotenzial der vorliegenden Hinweise) eine Beiziehung des Jugendamtes mit der Zielrichtung einer vertiefenden Abklärung erwogen werden muss.

Zu 3. Liegen schließlich spezifische Hinweise auf die akute Gefährdung eines Kindes vor, so kann die rasche Durchführung der Gefährdungsabschätzung von erheblicher Bedeutung sein. Deshalb ist es auch so wichtig, dass bereits vor einem konkreten Fall geklärt wird, wie die pflichtgemäße Rücksprache mit einer insoweit erfahren Fachkraft gemäß § 8a Abs. 2 SGB VIII und die in der Regel ebenfalls erforderliche Leitungsrücksprache organisiert werden können. Die Rücksprache mit einer insoweit erfahren Fachkraft wird in solchen Fällen manchmal als zusätzliche Erschwernis wahrgenommen werden. Sie ist aber trotzdem häufig sinnvoll, da durch den neutralen Blick von Außen Fachkräfte in ihrer Klarheit bzw. in ihren Handlungsprioritäten gestärkt werden können und Überreaktionen vermieden werden können, die ansonsten die weitere Fallarbeit (z.B. bei einer Inobhutnahme, die sich rückblickend als überflüssig erweist) erheblich verkomplizieren können. Gefährdungseinschätzungsverfahren sind bei dieser Fallkonstellation von eher geringerer Bedeutung. Wichtig können hingegen Ablaufschemata sein, sofern sie akute Fallkonstellationen berücksichtigen. Dies ist etwa beim Konzept des Jugendamtes der Landeshauptstadt Stuttgart (2007) der Fall. Von großer Bedeutung sind auch Dokumentationsbögen, insbesondere wenn die akute Gefährdung aufgrund von Äußerungen des Kindes gegenüber Fachkräften der Kindertagesstätte bekannt geworden ist. In diesem Fall kommt der Dokumentation der Ersteinlassung des Kindes für den weiteren Fallverlauf große Bedeutung zu, wobei nicht nur die Angaben des Kindes sondern auch eventuell gestellte Fragen, die Situation, in der das Kind sich äußerte, und die begleitende Befindlichkeit des Kindes notiert werden sollten.

Vor dem Hintergrund eines allgemeinen Überblicks über Anforderungen bei Abschätzungen des Gefährdungsrisikos und bereits erreichte Fortschritte bei der Entwicklung aussagekräftiger und auch anwendbarer Verfahren wurden mehrere Vorschläge für die Ausgestaltung von Gefährdungsabschätzungen in Kindertagesstätten gemacht. Diese Vorschläge nehmen Bezug auf Fallkonstellationen, die im Rahmen von Fortbildungen von Fachkräften aus Kindertagesstätten geschildert wurden. Es steht weder fest, dass es sich hierbei um die tatsächlich wichtigsten Fallkonstellationen in diesem Arbeitsfeld handelt, noch wurden die daraus abgeleiteten Vorschläge bislang einem kritischen Praxistest unterzogen. Jedoch erscheint es zumindest plausibel, dass Gefährdungsabschätzungen je nach Falltyp etwas unterschiedlich gestaltet werden sollten, damit sie ihre Aufgaben erreichen können, nämlich die Schaffung einer geeigneten und nachvollziehbaren Beurteilungsgrundlage und die zumindest teilweise Objektivierung daran anschließender Bewertungen. Auf der Grundlage solcher Abschätzungen sind dann Gespräche mit den Sorgeberechtigten, gegebenenfalls aber auch eine klare Kommunikation des aus Sicht der Kindertagesstätte bestehenden Risikos gegenüber dem Jugendamt erforderlich.

Literatur

Bilukha, O.; Hahn, R. A.; Crosby, A.; Fullilove, M. T.; Liberman, A.; Moscicki, E.; Snyder, S.; Tuma, F.; Corso, P.,; Schofield, A.; Briss, P. A.; Task Force on Community Preventive Services (2005): The Effectiveness of Early Childhood Home Visitation in Preventing Violence. American Journal of Preventive Medicine, 28, 11-39

Briggs, F.; Hawkins, R. (1997): Child Protection: A Guide for Teachers and Child Care Professionals. St. Leonhards

Coester, M. (2008): Inhalt und Funktionen des Begriffs der Kindeswohlgefährdung – Erfordernis einer Neudefinition? Das Jugendamt, 81, S. 1-9

David, T. (1993): Child protection and early years teachers: Coping with child abuse. Buckingham

Evans, J. St. B. T. (2008): Dual-processing accounts of reasoning, judgment and social cognition. Annual Review of Psychology, 59, 255-278

Fluke, J.; Edwards, M.; Bussey, M.; Wells, S.; Johnson, W. (2001): Reducing Recurrence in Child Protective Services: Impact of a Targeted Safety Protocol. Child Maltreatment, 6, 207-218

Gaissmaier, W.; Gigerenzer, G. (2006): Wie funktioniert Intuition? In: Witte, E. H. (Hrsg.): Evolutionäre Sozialpsychologie und automatische Prozesse. Lengerich, S. 31-49

Geeraert, L.; van den Noortgate, W.; Grietens, H.; Onghena, P. (2004): The Effects of Early Prevention Programs for Families with Young Children at Risk for Physical Child Abuse and Neglect: A Meta-Analysis. Child Maltreatment, 9, 277-291.

Habegger, B. (2008). International Handbook on Risk Analysis and Management. Professional Experiences. Zürich

Helming, E.; Sandmeir, G.; Sann, A.; Walter, M. (2007): Kurzevaluation von Programmen zu Frühen Hilfen für Eltern und Kinder und sozialen Frühwarnsystemen in den Bundesländern. Abschlussbericht. München

Holder, W.; Morton, T. D. (1999): Designing a Comprehensive Approach to Child Safety. Duluth

Jugendamt der Landeshauptstadt Stuttgart (2007): Einschätzung einer Kindeswohlgefährdung gemäß § 8a SGB VIII in Tageseinrichtungen für Kinder. Stuttgart

Kindler, H. (2006a): Frühe Prävention von Kindesmisshandlung und -vernachlässigung: Ein internationaler Forschungsüberblick. Kindesmisshandlung und -vernachlässigung, 9, S. 23-47

Kindler, H. (2006b): Welche Einschätzungsaufgaben stellen sich in Gefährdungsfällen? In: Kindler H.; Lillig, S.; Blüml, H.; Meysen, T.; Werner, A. (Hrsg.): Handbuch Kindeswohlgefährdung nach § 1666 BGB und Allgemeiner Sozialer Dienst (ASD), S. 357-364. München:

Kindler, H. (2006c): Wie kann die gegenwärtige Sicherheit eines Kindes eingeschätzt werden? In: Kindler H.; Lillig, S.; Blüml, H.; Meysen, T.; Werner, A. (Hrsg.): Handbuch Kindeswohlgefährdung nach § 1666 BGB und Allgemeiner Sozialer Dienst (ASD). München, S. 456-458

Kindler, H. (2006d): Wie kann ein Verdacht auf Misshandlung oder Vernachlässigung abgeklärt werden? In: Handbuch Kindeswohlgefährdung nach § 1666 BGB und Allgemeiner Sozialer Dienst (ASD). München, S. 420-428

Kindler, H. (2005): Verfahren zur Einschätzung der Gefahr zukünftiger Misshandlung bzw. Vernachlässigung. Ein Forschungsüberblick. In: Deegener, G.; W. Körner (Hrsg.): Kindesmisshandlung und Vernachlässigung. Ein Handbuch, S. 385-404. GöttingenKindler, H. (2003): Ob das wohl gut geht? Verfahren zur Einschätzung der Gefahr von Kindesmisshandlung und Vernachlässigung im ASD. Diskurs, 13, Heft 2/2003, S. 8-18

Kindler, H., Eichner A. (2000). Gefährdungseinschätzung und Hilfen bei Misshandlung und Vernachlässigung. München: Unveröffentlichtes Kursskript

Kindler, H.; Lillig, S. (2006): Der Schutzauftrag der Jugendhilfe unter besonderer Berücksichtigung von Gegenstand und Verfahren zur Risikoeinschätzung. In: Jordan E. (Hrsg.): Kindeswohlgefährdung. Rechtliche Neuregelungen und Konsequenzen für den Schutzauftrag der Kinder- und Jugendhilfe. Weinheim, S. 420-428

Kindler, H.; Lillig, S.; Blüml, H.; Meysen, T.; Werner, A. (2006): Handbuch Kindeswohlgefährdung nach § 1666 BGB und Allgemeiner Sozialer Dienst (ASD). München (online zugänglich unter www.dji.de/asd)

Kindler, H.; Reich, W. (2006): Einschätzung von Gefährdungsrisiken (Instrumente und Hilfen) am Beispiel der weiterentwickelten Version des Stuttgarter Kinderschutzbogens. In: Verein für Kommunalwissenschaft (Hrsg.): Kinderschutz gemeinsam gestalten: § 8a SGB VIII – Schutzauftrag der Kinder- und Jugendhilfe. Aktuelle Beiträge zur Kinder- und Jugendhilfe 58. Berlin, vfk, S. 63-94

Lamb, M. E.; Sternberg, K .J.; Orbach, Y.; Hershkowitz, I.; Horowitz, D.; Esplin, P. W. (2002): The effects of intensive training and ongoing supervision on the quality of investigative interviews with alleged sex abuse victims. Applied Developmental Psychology, 6, 114-125

MacDonald, G. (2001): Effective Interventions for Child Abuse and Neglect. An Evidence-based Approach to Planning and Evaluating Interventions. Chichester

Maucher, K.; Wüstenberg, W. (2008a): Vom Beobachten bis zur Wirkungskontrolle. Hilfen zum Vorgehen bei Kindeswohlgefährdung. Theorie und Praxis der Sozialpädagogik. Leben, Lernen und Arbeiten in der Kita, H. 3/2008, S. 4-8

Maucher, K.; Wüstenberg, W. (2008b): Alex ist in Not. Ein Fallbeispiel. Theorie und Praxis der Sozialpädagogik. Leben, Lernen und Arbeiten in der Kita, H. 3/2008, S. 9-13

McDaniel, M. (2006): In the eye of the beholder: The role of reporters in bringing families to the attention of child protective services. Children and Youth Services Review, 28, 306-324

McLoyd, V. C. (1998): Socioeconomic disadvantage and child development. American Psychologist, 53, 185-204

Meysen, T.; Schönecker, L.; Kindler, H. (2008): Frühe Hilfen im Kinderschutz. Weinheim, München

Munro, E. (2002): Effective child protection. Thousand Oaks

Pezzot-Pearce, T.; Pearce, J. (2004): Parenting Assessments in Child Welfare Cases: A Practical Guide. Toronto

Poole, D. A; Lamb, M. E. (2003): Investigative Interviews of Children. Washington

Rycus, J.; Hughes, R. (2003): Issues in Risk Assessment in Child Protective Services. Columbus

Squadrito, E.; Neuenfeldt, D.; Fluke, J. (1995): Findings of Rhode Island´s two year research and development efforts. In: T. Tatara (Ed.): 8th National Roundtable on CPS Risk Assessment. Summary of Highlights, 173-193. Washington

Stadt Lippstadt, Fachbereich Jugend und Soziales (2006): Einschätzung einer Kindeswohlgefährdung gem. § 8 a SGB VIII für Tageseinrichtungen für Kinder. (www.stadt-lippstadt.de/soziale_dienste/bindata/Situationseinschae tzung_ Vordruck_Kindertageseinrichtungen.pdf, heruntergeladen am 10.07.2008)

Strobel, B.; Liel, C.; Kindler, H. (2008): Validierung und Evaluaierung des Kinderschutzbogens. Ergebnisbericht. München

Svensson, B.; Janson S. (2008): Suspected Child Maltreatment: Preschool Staff in a Conflict of Loyalty. Early Childhood Education Journal

Todd, P.; Hertwig, R.; Hoffrage, U. (2005): Evolutionary cognitive psychology. In: D. Buss (Ed.): The handbook of evolutionary psychology, 776-802. Hoboken

Unterstaller, A. (2006): Wie kann ein Verdacht auf sexuellen Missbrauch abgeklärt werden? In: Kindler H.; Lillig, S.; Blüml, H.; Meysen, T.; Werner, A. (Hrsg.): Handbuch Kindeswohlgefährdung nach § 1666 BGB und Allgemeiner Sozialer Dienst (ASD). München, S. 430-438

White, A. (2005): Assessment of Parenting Capacity. Literature Review. Melbourne: NSW Department of Community Services

Grenzsteine der Entwicklung als Grundlage eines Frühwarnsystems für Risikolagen in Kindertageseinrichtungen

Hans-Joachim Laewen

Der Auftrag:

Das Institut für angewandte Sozialisationsforschung/Frühe Kindheit e.V. (INFANS) wurde Ende der 90er Jahre vom Ministerium für Bildung, Jugend und Sport des Landes Brandenburg beauftragt, vorhandene Instrumente zur Früherkennung von Entwicklungs- bzw. Verhaltensauffälligkeiten bei Kindern daraufhin zu überprüfen, inwieweit sie für einen Einsatz als erste Stufe eines Frühwarnsystems in Kindertagesstätten geeignet sein könnten. Angestrebt war damit keine Diagnostik durch Erzieherinnen, sondern die Bereitstellung eines systematisch von den pädagogischen Fachkräften in den Kindertagesstätten einsetzbaren Instruments, mit dessen Hilfe Erzieherinnen zu einem möglichst frühen Zeitpunkt auf eventuelle Risikoentwicklungen der von ihnen betreuten Kinder aufmerksam gemacht werden können.

Ergebnis der ersten Sichtung: Grenzsteine der Entwicklung

Im Ergebnis der Sichtung vorhandener Instrumente erfüllten die »Grenzsteine der Entwicklung« (Altersgruppe 0 bis 6 Jahre) die grundlegenden Anforderungen, so dass sie als möglicherweise geeignet für eine nähere Überprüfung ausgewählt wurden. Dieses Instrument wurde 1994 von Michaelis und Haas in einem Beitrag zu dem von Schlack et al. herausgegebenen Band »Praktische Entwicklungsneurologie« publiziert worden. Die beiden Autoren gehen davon aus, dass bei der Beurteilung der kindlichen Entwicklung mit drei wesentlichen Bedingungen zu rechnen ist:

- eine hohe interindividuelle Variabilität, d.h., verschiedene Kinder entwickeln sich unterschiedlich
- eine intraindividuelle Variablilität, d.h. ein und dasselbe Kind entwickelt sich in verschiedenen Bereichen unterschiedlich schnell
- transitorische Regressionen, d.h. vorübergehende Rückfälle auf frühere Stufen der Entwicklung

Hieraus ergibt sich das Problem eines relativ breiten zeitlichen Spielraums, innerhalb dessen Entwicklungsschritte noch als normal angesehen werden müssen. Diesem versuchen Michaelis und Haas dadurch zu begegnen, dass sie »Durchgangsstadien eines bestimmten Entwicklungsverlaufs ... definieren, die für dieses Stadium essentiell sind. Für die motorische Entwicklung ist z.B. nicht essentiell, dass Kinder das Stadium des Krabbelns durchlaufen, wohl aber muss als Voraussetzung für den Erwerb einer aufrechten Körperhaltung zunächst die Fähigkeit eingetreten sein, über eine perfekte Kopf- und Rumpfkontrolle zu verfügen.« (S. 96) In dem »Grenzstein-Instrument«[1] haben die Autoren für zunächst fünf Entwicklungsbereiche solche essentiellen Durchgangsstadien zusammengestellt, die von 90 bis 95 Prozent der Kinder unseres Kulturkreises bis zu einem bestimmten Alter durchlaufen werden.

1 Inzwischen auf 6 Bereiche erweitert

Diese Bereiche sind:
- Körpermotorik
- Handmotorik
- Expressiver Spracherwerb
- Kognitive Entwicklung
- Soziale Kompetenz

Das Instrument enthält Items für die Alterstufen: 1, 3, 6, 9, 12 und 18 Monate sowie für zwei, drei, vier und fünf Jahre, jeweils auf die vollendete Altersstufe berechnet. Für unsere Untersuchung haben wir aus praktischen Gründen die Altersstufen ab 15 Monate ausgewählt. Auf jeder Altersstufe werden lediglich fünf mehr oder weniger komplexe Verhaltensweisen auf ja-nein-Niveau abgefragt, so dass das Screening in relativ kurzer Zeit pro Kind durchgeführt werden kann.

Das Instrument war 1994 noch nicht an größeren Normpopulationen untersucht worden, hatte sich aber nach Angabe der Autoren in der Praxis bewährt. »Das Konzept der Grenzsteine ... ist für Screeninguntersuchungen gut geeignet. Diagnosen können damit aber nicht erstellt werden.«

Weitere untersuchte Instrumente[2]

Um die Brauchbarkeit der Grenzsteinen und anderer vergleichbarer Verfahren einzuschätzen, hatten wir bereits im Vorfeld mit einer kleineren empirischen Erprobung der Eignung des zu dieser Zeit gerade von Karlheinz Barth herausgegebenen Instruments begonnen, die von K. Barth entwickelten »Diagnostischen Einschätzskalen« (DES, Barth 1997) (Altersgruppe ab fünf Jahre). Es war jedoch sehr bald klar, dass die »DES« mit über 200 Items für unsere Zielstellung zu aufwendig für breit angelegte Screenings und wegen ihrer Beschränkung auf das Alter ab fünf Jahren wenig für ein Frühwarnsystem geeignet waren.

Für die Erprobung an einer größeren Stichprobe wurde als weiteres Instrument der »Verhaltensbeurteilungsbogen für Vorschulkinder« (VBV) ausgewählt, der von M. Döpfner, W. Berner, Th. Fleischmann und M. Schmidt in zwei Versionen jeweils für Eltern und Erzieherinnen entwickelt worden ist. Die Bögen sind für Kinder zwischen drei und sechs Jahren anwendbar und wurden an einer Stichprobe in Mannheim normiert (N=241 Erzieherbögen, N=151 zusätzlich Elternurteile). Der Bogen für Erzieherinnen, der von uns in Teilen benutzt wurde, besteht aus insgesamt 110 Verhaltens-Items, die auf einer fünf-stufigen Skala nach der Häufigkeit ihres Auftretens beurteilt werden. Die Items sind vier Subskalen mit folgenden Bezeichnungen zugeordnet:
- Oppositionell-aggressives Verhalten
- Hyperaktivität vs. Spielausdauer
- Sozial-emotionale Kompetenzen
- Emotionale Auffälligkeiten

Zur Durchführung einer ersten vergleichenden Untersuchung

Zwischen Januar und Mai 1998 wurden jeweils 160 Exemplare einer von uns bearbeiteten Fassung der »Grenzsteine« und zwei der vier Subskalen (Hyperaktivität vs. Spielausdauer; sozial-emotionale Kompetenz) des »VBV« an Kindertagesstätten verschickt, die sich zu einer Zusammenarbeit bereit gefunden hatten. Die Rekrutierung des Samples erfolgte über die Beraterinnen der Kreisjugendämter, von denen Kindertagesstätten, die sie für ge-

2 Laewen, H.-J.(2000): Grenzsteine der Entwicklung als Instrument der Früherkennung von Auffälligkeiten von Kindern in Kindertagesstätten. In: Siepmann, G. (Hrsg.): Frühförderung im Vorschulbereich, S. 67-79

eignet und interessiert hielten, auf eine Teilnahme hin angesprochen worden sind. Die Stichprobe ist im engeren Sinne nicht repräsentativ, sondern zumindest durch die Teilnahmebereitschaft der Kindertagesstätten verzerrt.

Der Einsatz zweier verschiedener Instrumente sollte dabei insbesondere eine Beurteilung der Übereinstimmung der Ergebnisse des einfacheren Instruments (Grenzsteine) im Vergleich mit einem anspruchsvolleren und (zumindest an einer kleineren Kinderpopulation) normierten Instrument (VBV) ermöglichen.

Insgesamt 27 Kindertagesstätten und 50 Erzieherinnen haben sich an der Erhebung beteiligt. Für 124 Kinder wurden ausgefüllte Bögen zurückgeschickt, davon waren jeweils knapp 100 (96 Grenzsteine bzw. 97 VBV) korrekt bearbeitet und für eine Auswertung brauchbar. Für 75 Kinder liegen aus der ersten Stufe der Untersuchung auswertbare Datensätze von beiden Instrumenten vor.

Eine der ersten zu klärenden Fragen war es, inwieweit die Auffälligkeiten in den Grenzsteinen mit den kritischen Werten der beiden VBV-Subskalen übereinstimmten. Kurz zusammengefasst stellt sich das Ergebnis der ersten vergleichenden Untersuchung wie folgt dar: Insgesamt waren 19 der 75 Kinder (25%), für die gültige Werte auf beiden Instrumenten vorliegen, nach den Kriterien der VBV behandlungsbedürftig, die »Grenzsteine« erfassten 16 davon (84% der nach VBV behandlungsbedürftigen Kinder). 3 der 19 Kinder würden nach den VBV-Ergebnissen als behandlungsbedürftig gelten, wurden aber durch die »Grenzsteine« als unauffällig eingestuft. Für ein einfach zu handhabendes Instrument wie die »Grenzsteine« muss dies als ein ausgezeichnetes Ergebnis angesehen werden.

Auf der anderen Seite wurden 19 Kinder nach den Grenzsteinen, nicht aber durch den VBV als auffällig eingestuft. Allerdings waren auf dieser Datenbasis keine Aussagen darüber möglich, ob diese 19 Kinder von Entwicklungsrisiken bedroht waren oder ob die Grenzsteine zu scharf messen.

Eine zweite Untersuchung

Um in der Beantwortung dieser Frage nicht auf Spekulationen angewiesen zu sein, war die Durchführung einer weiteren Erhebung vorgesehen, die etwa ein Jahr nach der ersten Datenerhebung erfolgte. Dabei wurde nochmals der VBV mit den beiden Subskalen eingesetzt, die auch in der ersten Untersuchung Verwendung fanden, darüber hinaus jedoch ein weiteres Instrument, das zwischenzeitlich entwickelt und in Bayern mit gutem Erfolg eingesetzt worden ist. Es handelte sich dabei um den am Staatsinstitut für Frühpädagogik in München für die Altersgruppen vier bis sechs Jahre entwickelten »Beobachtungsbogen zur Erfassung von Entwicklungsrückständen und Verhaltensauffälligkeiten bei Kindergartenkindern (BEK, Mayr, T, 1998). Das Instrument enthält 30 Items, die den Problembereichen »Sprache und Sprechen«, »Kognitive Entwicklung«, »Wahrnehmung – Orientierung«, »Motorik« und »Verhalten« zugeordnet sind und auf drei-stufigen Skalen (unauffällig, leicht ausgeprägt, stark ausgeprägt) beurteilt werden. Ergänzend wurden weitere Informationen zu einigen Problembereichen auf 13 Items abgefragt. Ebenso wie der VBV ist der Bogen für die Hand der Erzieherin konzipiert. Auch dieses Instrument ist nicht für Diagnosezwecke geeignet. Eine diagnostische Abklärung wird empfohlen, wenn in einem Bereich eine Einstufung mit 2 (also stark ausgeprägt) oder viele Einstufungen mit 1 (leicht ausgeprägt) vorliegen (s. dazu den Beitrag von Mayr in diesem Buch).

Ziel dieser zweiten Erhebung war es, die Vorhersagekraft der »Grenzsteine« für die weitere Entwicklung der Kinder zumindest über den Zeitraum eines Jahres sowohl noch einmal hinsichtlich des VBV als auch mit Bezug auf ein zweites, im Vergleich mit den Grenzsteinen aufwendigeres Instrument zu überprüfen.

Anfang 1999 wurden für dieselben Kinder, die an der 1. Erhebung beteiligt waren, nochmals die beiden Subskalen des VBV zusammen mit dem »Beobachtungsbogen zur Erfassung von Entwicklungsrückständen und Verhaltensauffälligkeiten bei Kindergartenkindern« an die Kitas verschickt. Für die Grenzsteine wurde auf die Ergebnisse der ersten Untersuchung zurückgegriffen. Für 83 Kinder kamen ausgefüllte Bögen zurück, davon 65 mit auswertbaren Daten. Vollständige Datensätze für beide Erhebungen liegen für 47 (Grenzsteine+BEK) bzw. 48 (Grenzsteine+VBV) Kinder vor. Auf diese Kinder beziehen sich die nachfolgenden Analysen, bei denen es wesentlich um die Frage geht, inwieweit über die (einfach zu handhabenden) »Grenzsteine« aus der ersten Erhebung eine Vorhersage der Daten in der zweiten Erhebung möglich war.

Die folgende Tabelle zeigt, dass etwa die Hälfte der in der 2. Erhebung nach den Kriterien des VBV als behandlungsbedürftig zu beurteilenden Kinder durch die Grenzsteine vorhergesagt werden (7 von 13); 23 von 35 nach VBV-Kriterien nicht behandlungsbedürftigenKindern (66 Prozent) wurden auch auf den Grenzsteinen als unauffällig eingestuft, 12 als auffällig. Berücksichtigt man, dass die Vorhersage über mehr als ein Jahr (Zeitpunkt der Grenzstein-Feststellung) ein relativ anspruchsvolles Kriterium darstellt, so ist dies ein einigermaßen zufriedenstellendes Ergebnis – zumal der VBV-Pretest den VBV-Posttest bei den kritischen Kindern ebenfalls nur zu 50 Prozent vorhersagt.

Vergleich der Instrumente

VBV – Posttest	Grenzsteine		
	Kind auffällig	Kind unauffällig	alle Kinder
Subskalen »Sozial-emotionale Kompetenzen« und »Hyperaktivität vs. Spielausdauer«			
Kind behandlungsbedürftig	7	6	13
Kind nicht behandlungsbedürftig	12	23	35
Alle Kinder	19	29	48

Die zweite Tabelle zeigt die Ergebnisse mit Bezug auf den BEK. 85 Prozent (17 von 20 Kindern) der auf dem (BEK) auffälligen Kinder sind bereits ein Jahr zuvor mit Hilfe der »Grenzsteine« als auffällig zugeordnet wurden. 5 von 27 Kindern (23 Prozent) waren auf den Grenzsteinen auffällig, nicht aber 1 Jahr später auf dem BEK.

Vergleich der Instrumente

BEK – Posttest	Grenzsteine		
	Kind auffällig	Kind unauffällig	alle Kinder
Kind auffällig	17 (85%)	3 (15%)	20 (43%)
Kind unauffällig	12 (23%)	23 (77%)	27 (57%)
Alle Kinder	22 (47%)	29 (53%)	47

Mit aller Vorsicht und vorbehaltlich weiterer Untersuchungen darf unseres Erachtens daraus geschlossen werden, dass die »Grenzsteine« für einen Einsatz im Rahmen eines Frühwarnsystems geeignet sind, d.h. eine Auffälligkeit auf dem Grenzsteininstrument sollte zum Anlass zumindest für eine aufmerksame Beobachtung des betreffenden Kindes und ggf. für eine diagnostische Abklärung genommen werden.

Einsatz in der Praxis der Kindertagesstätten

In der Hand der Erzieherin können die »Grenzsteine der Entwicklung« dazu dienen, Risiken in den Bildungsverläufen von Kindern frühzeitig zu erkennen. Die Kindertageseinrichtungen können, wenn das Instrument systematisch eingesetzt wird, Teil eines Frühwarnsystems werden, das auf ein Zurückfallen von Kindern hinter Entwicklungsmarken in (inzwischen) sechs wichtigen Bereichen hinweist, die von neunzig bis fünfundneunzig Prozent aller gleichaltrigen Kinder erreicht werden. Dabei handelt es sich nach der Überzeugung der Autoren des Instruments, die es an der Tübinger Universitätskinderklinik entwickelt haben, um wesentliche »Meilensteine der Entwicklung«, von deren Erreichen oder Nicht-Erreichen die weiteren Bildungsprozesse von Kindern im jeweiligen Bereich beeinflusst werden.

Die »Grenzsteine« lenken die Aufmerksamkeit der Erzieherin auf wichtige Entwicklungs- und Bildungssegmente, die in ihrem Verlauf und auf den jeweiligen Altersstufen bei den allermeisten Kindern bestimmte beobachtbare Kompetenzen hervorbringen. Sind diese Kompetenzen, die in der Grenzsteine-Tabelle zu den verschiedenen Altersstufen aufgeführt sind, für die Erzieherin nicht erkennbar, dann sollte das Kind dem Kinderarzt oder Psychologen vorgestellt werden, der mit seinen Mitteln genauer überprüfen kann, ob Handlungsbedarf existiert.

Das Verfahren hat den Vorzug, dass einige wenige Fragen ausreichen, um Warnhinweise auf ernsthafte Risikolagen erkennen zu können, so dass es im Alltag einer Kindertageseinrichtung leicht eingesetzt werden kann. Es sei noch einmal betont, dass es – auch nach Ansicht der Autoren – keine klinische Diagnose ersetzt, sondern Hinweise gibt, dass eine diagnostische Abklärung von entsprechend ausgebildeten und erfahrenen Fachkräften erfolgen sollte. Frühförderstellen, sozialpädagogische und psychosoziale Zentren oder Kinderärzte und Psychologen mit entsprechender fachlicher Qualifikation verfügen über die nötige Kompetenz dazu.

Zum Verfahren

Die Grenzsteine sind für das Alter von drei Monaten bis sechs Jahren beschrieben. Aus den USA liegen vielfältige Erfahrungen vor, die darauf verweisen, dass möglichst früh begonnen werden sollte, wenn es um den Ausgleich von ungünstigen Bildungschancen geht. Das heißt nicht, dass nicht auch zu einem späteren Zeitpunkt, also auch im Jahr, bevor ein Kind eingeschult werden soll, Erfolge möglich sind. So sind für das sogenannte »Würzburger Trainingsprogramm« im Bereich des Sprachförderung positive Effekte für das sechste Lebensjahr durch Untersuchungen belegt[3]. Die Einbettung der Kompetenzentwicklung von Kindern in lang dauernde und umfassendere Bildungsprozesse lässt es jedoch allemal als die bessere Alternative erscheinen, über derartige – und als solche legitime –

3 Küspert, P.; Schneider, W. (2002): Hören, lauschen, lernen – Sprachspiele für Kinder im Vorschulalter

Notmaßnahmen hinaus möglichst frühzeitig auf Einschränkungen in den frühen Bildungsprozessen von Kindern aufmerksam zu werden und mit entsprechenden Bildungsangeboten zu reagieren.

Das Grenzstein-Instrument enthält Hinweise auf sogenannte »Meilensteine der Entwicklung«, die von den meisten Kinder zu den betreffenden Altersstufen erreicht werden, schon für das Alter von 3, 6, 9 und 12 Monaten. Für das zweite Lebensjahr sind mit 15 und 18 Monaten Zwischenstufen beschrieben, die ebenfalls kürzere Abstände der Überprüfung erlauben, während ab dem zweiten Geburtstag der Kinder einmal jährlich anhand der Tabelle hingeschaut werden sollte, ob das betreffende Kind die für sein Alter beschriebenen Kompetenzen zeigt. Drei Grundsätze sollten im Umgang mit dem Instrument immer beachtet werden:

Erstens sollte dieses Hinschauen bei jedem Kind in der Einrichtung zum selbstverständlichen Service werden.

Zweitens müssen die Zeitpunkte der Tabelle so genau wie möglich eingehalten werden. Das bedeutet, dass die Beurteilung der in der Tabelle beschriebenen Kompetenzen der Kinder zeitnah zu den angegebenen Altersangaben erfolgen muss. Zeitnah bedeutet, dass der Bogen nicht länger als zwei Wochen vor oder nach dem angegebenen Zeitpunkt ausgefüllt werden soll.

Drittens – aber keinesfalls letztens – sollten in jedem Fall die Eltern bzw. Sorgeberechtigten über diese Beobachtungen und ihre Bedeutung informiert werden. Insbesondere dann, wenn Auffälligkeiten beobachtet wurden, sollte das Ergebnis in angemessener, d.h. taktvoller und einfühlsamer Weise mitgeteilt werden. Die enge Bindung an ihre Kinder lässt Eltern im Allgemeinen sehr empfindlich auf kritische Informationen über ihr Kind reagieren. Das ist legitim und muss respektiert werden. Darüber hinaus kann es durchaus vorkommen, dass die diagnostische Abklärung ohne Befund bleibt und keine Behandlungsbedürftigkeit gegeben ist.

Zur datenschutzrechtlichen Seite der Erhebungen[4]

Die regelmäßige und systematische Beobachtung von Kindern und ebenso die Verschriftlichung der Beobachtungsergebnisse stellt u.E. eine Regelaufgabe der Kita dar, ohne deren Erfüllung eine gezielte Förderung der Kinder nicht möglich ist.

Wie bei jeder Erhebung und Verarbeitung von personenbezogenen Daten müssen auch hier datenschutzrechtliche Fragen beachtet werden. In diesem Fall bedeutet das konkret: Die ausgefüllten Bögen müssen so aufbewahrt werden, dass sie von anderen Personen als den für das jeweilige Kind zuständigen Erzieherinnen, nicht eingesehen werden können. Selbstverständlich können und sollen die Beobachtungsbögen Gegenstand z.B. von Fallbesprechungen in der Kindertagesstätte sein. In einem solchen Zusammenhang werden sie auch anderen Kolleginnen zugänglich. Alle, die so Kenntnis von diesen Beobachtungsergebnissen haben, müssen sich bewusst sein, dass es sich um sensible persönliche Daten handelt und sie entsprechend behandeln.

4 Die in diesem Abschnitt enthaltenen Feststellungen geben die Rechtsauffassung des Ministeriums für Bildung, Jugend und Sport des Landes Brandenburg wieder.

Für eine Weitergabe dieser Daten an Dritte braucht man in jedem Fall das Einverständnis der Eltern der Kinder. Eine solche Weitergabe kann sich aufgrund der in § 4 Abs. 1 KitaG bestimmten Zusammenarbeit mit anderen Einrichtungen und Diensten ergeben. Sinnvoll, wenn nicht sogar erforderlich sind z.B. Gespräche über beobachtete Auffälligkeiten mit den Amtsärzten bei Reihenuntersuchungen (§ 11 Abs. 1 KitaG, § 8 Abs. 2 Gesundheitsdienstgesetz). Wenn die Daten anonymisiert worden sind, also nur noch Geburtsmonat und -jahr, sowie die Angabe über das Geschlecht enthalten, dürfen die Bögen zum Zweck der statistischen Auswertung weitergegeben werden. Hierbei ist aber in jedem Fall darauf zu achten, dass alle Daten, die Rückschlüsse auf das konkrete Kind erlauben, vollständig entfernt wurden. Um alle möglichen Probleme auszuschließen, empfiehlt es sich, nur die als Anlage beigefügte Auswertungsliste weiterzugeben.

Zum richtigen Zeitpunkt der Beobachtungen

Die Zeitpunkte für das Ausfüllen des Bogens sind jeweils auf das Ende des angegebenen Alterszeitraums bezogen, wobei ein zeitlicher Spielraum von maximal vier Wochen eingehalten werden sollte. Der richtige Zeitpunkt für die Beurteilung eines Kindes, das zwei Jahre alt ist, also die Beantwortung der Fragen in der Zeile, in deren Altersspalte »Wenn das Kind zwei Jahre alt ist« eingetragen ist, wäre also der Zeitraum von zwei Wochen vor dem Tag, an dem das Kind zwei Jahre alt wird, bis zwei Wochen nach diesem Tag. Für die Angabe »Wenn das Kind 18 Monate alt ist« wäre das korrekte Zeitintervall der Tag, an dem das Kind 18 Monate alt wird mit einem Spielraum von zwei Wochen vor diesem Tag und zwei Wochen danach. Wäre ein Kind beispielsweise am 17.2.2000 geboren, so würde der Bogen in der Zeile »Wenn das Kind 15 Monate alt ist« zwischen dem 3. 5. 2001 und dem 31. 5. 2001 ausgefüllt werden. Die Zeile »Wenn das Kind 18 Monate alt ist« müsste dann zwischen dem 3. 8. 2001 und dem 31. 8. 2001 ausgefüllt werden und die Zeile »Wenn das Kind 2 Jahre alt ist« zwischen dem 3. 2. 2002 und dem 3. 3. 2002.

Wenn diese Zeitintervalle nicht eingehalten werden können, weil beispielsweise wegen Ferien der Kinder oder Schließzeiten der Einrichtung eine Beobachtung nicht möglich ist, kann zumindest dann, wenn dieser Sachverhalt vorherzusehen ist, auch früher beobachtet werden. Können zu einem deutlich früheren Zeitpunkt alle Fragen mit »ja« beantwortet werden, ist alles in Ordnung. Wenn eine oder mehrere Fragen mit »nein« beantwortet werden, muss nach Ende der Schließzeit oder der Ferien des Kindes noch einmal hingeschaut werden. Ist dann immer noch eine »nein«-Antwort zu verzeichnen, sollte eine diagnostische Abklärung erfolgen. Können nach Ende der Schließzeit oder der Ferien des Kindes alle Fragen mit »ja« beantwortet werden, bei denen zuvor ein »nein« vermerkt war, sollte der Bereich, in dem das Kind bei der Beobachtung zuvor auffällig war, von der Erzieherin besonders im Auge behalten werden. Je nach dem, in welchem Bereich die »nein«-Antwort zu verzeichnen war, kann sie das Kind darin besonders herausfordern, seine Kompetenzen zu erweitern.

Welche Erfahrungen liegen vor?

Neben der Erprobung des Instruments auf seine Vorhersagekraft und seine Eignung zum Aufspüren von Kindern mit Problemen beim Erwerb wesentlicher Kompetenzen im Vergleich mit wesentlich komplizierteren Verfahren liegen praktische Erfahrungen im Einsatz unter Alltagsbedingungen bereits vor. Seit einiger Zeit werden die »Grenzsteine« u.a. in Kindertageseinrichtungen in Brandenburg eingesetzt. Aus dem Bereich der Kindertagesstätten der AWO in

Potsdam, wo die zuständige Beraterin[5] seit längerer Zeit zusammen mit den Einrichtungen mit dem Instrument arbeitet, kommen sehr positive Rückmeldungen hinsichtlich seiner Brauchbarkeit unter Alltagsbedingungen. In Auswertung der Einschätzungen aus der Sicht von Erzieherinnen zur Arbeit mit den »Grenzsteine-Tabellen« fiel dabei etwas auf, was auch schon während der Vergleichsuntersuchung des Instruments aufgetreten war: In einigen wenigen Fällen kommt es vor, dass auf dem »Grenzstein-Instrument« alles im grünen Bereich ist, während die Erzieherin dennoch den Eindruck hat, dass »mit dem Kind etwas nicht stimmt«.

In einem Fall konnte eine Sprachauffälligkeit festgestellt werden, die in einer erheblich verwaschenen Aussprache bestand und bis zum Ende des 4. Lebensjahres durch das Instrument nicht erfasst werden konnte. Im anderen Fall bestand eine erhebliche motorische Unruhe im 5. Lebensjahr, die bis zum Ende des 4. auf dem Instrument unauffällig blieb. Es darf daraus geschlossen werden, dass neben den Informationen, die das »Grenzstein-Instrument« liefert, die Erzieherin immer noch auch auf den Gesamteindruck achten sollte, den sie von einem Kind hat und ggf. auch ein Gefühl ernst nehmen sollte, dass »etwas nicht stimmt«.

Zum anderen aber sollte aber zumindest auch in Erwägung gezogen werden, dass es sich um ein besonders begabtes Kind handeln könnte, dessen Entwicklungsstand zwar – natürlich – auf allen Bereichen des Instruments ohne Beanstandung bleibt, das aber verhaltensauffällig wird, weil es unterfordert ist. Diese Kinder brauchen dann Herausforderungen, die ggf. deutlich über dem Niveau von Kindern im vergleichbaren Alter liegen. Hier sollte vielleicht gerade auch in Fällen von motorischer Unruhe darauf geachtet werden, ob diese nicht auch als Reaktion auf anhaltende Unterforderung des Kindes verstanden werden kann.

Was kann in der Kindertageseinrichtung getan werden, wenn ein Kind in einem oder mehreren Kompetenzbereichen Probleme zu haben scheint?

Hier sind natürlich in erster Linie die Empfehlungen zu berücksichtigen, die auf Grund einer diagnostischen Abklärung erfolgen. Grundsätzlich kann daneben oder darüber hinaus die Einrichtung den Kindern aber die Möglichkeit geben, sich »weiter zu bilden«, in dem sie Gelegenheiten und Situationen schafft, die das Kind herausfordern, seine Kompetenzen in den entsprechenden Bereichen und die ihnen zugrunde liegenden Welt- und Selbstkonstruktionen weiter voranzutreiben und zu differenzieren. Es geht dabei in aller Regel nicht um das Einüben isolierter Fähigkeiten. Das würde beispielsweise für den Sprachbereich bedeuten, dass dem Kind Gelegenheit zum aktiven Sprachgebrauch gegeben wird und dazu Situationen geschaffen werden, die das Kind dazu herausfordern. Dabei muss bedacht werden, dass (schon) für Kinder »sprechen« mehr als »Worte sagen« bedeutet, sondern »mit Sprache etwas zu tun«, d.h. mit Sprache etwas zu bewirken. Es wäre also zu prüfen, ob und zu welchen Gelegenheiten die Erzieherin als eine für das Kind sehr wichtige Person sich durch Sprachäußerungen des Kindes beeinflussen lässt, ob sie es dem Kind gestattet, mit Sprache etwas zu bewirken. Mit Sprache etwas bewirken kann bedeuten, den Anderen zu einer Antwort zu veranlassen, die das angesprochene Thema aufgreift und weiterführt, zumindest widerspiegelt, oder den Anderen zu Handlungen zu veranlassen, sich dem Kind zuzuwenden, aufmerksam zu sein oder Ge-

5 Nähere Auskünfte können über Marina Meyer in der AWO Kinder- und Jugendhilfe Potsdam gGmbH in Potsdam eingeholt werden. info-kjh@awo-potsdam.de

schichten zu erzählen oder – besser noch – sich anzuhören. Zum Sprechen gehört es auch, das Umfeld, in dem Sprache sich entwickelt, im Auge zu behalten. Das bedeutet einerseits, häufig Situationen zu schaffen, die Sprechen herausfordern – Spiele, in denen Reime, Rhythmen, Singen etc. vorkommen, Geschichten erzählen über Alltägliches oder Besonderes, das in den Erfahrungen der Kinder eine Rolle spielt, »Tischgespräche« ermutigen, Themen der Kinder identifizieren und im wahrsten Sinne des Wortes »zur Sprache bringen«. Andererseits gilt es im Auge zu behalten, dass sich die gesprochene Sprache in einem Umfeld von Kommunikation entwickelt, das weitere Ausdrucksformen kennt – Tanz, Musik oder melodische oder rhythmische Vokalisierungen, Mimik und Gesten, theatralisch-dramatische Darstellungen mit oder ohne »Verkleidungen«, Malereien, plastische Arbeiten, etc. – kurz gesagt alle Ausdrucksformen, die in Reggio unter den Begriff der »Hundert Sprachen der Kinder« fallen.

Im rhythmisch-gestischen Kommunizieren begegnen sich Sprach- und Bewegungskonstruktionen der Kinder, so dass es in der »Sprachförderung« – genauer der Herausforderung der Selbstkonstruktion des Kindes als einem sprechenden Wesen – nicht so fern liegt, Bewegungsmöglichkeiten, – herausforderungen und -spiele in die situativen Überlegungen einzubeziehen. Die genaue Beobachtung der Kinder ist dabei – wie sonst auch – unerlässliche Voraussetzung für eine gute Pädagogik. Hier könnte das Instrumentarium der »Sieben Bildungsbereiche« (vgl. Laewen & Andres 2002), über das der ggf. bevorzugte aktuelle Zugang des Kindes zu sich selbst und seiner Umgebung identifiziert werden kann – eine nützliche Rolle spielen. Darüber können vom Kind bevorzugte »Bildungsbereiche« – z.B. der Bereich der »praktischen Intelligenz« oder der »musikalischen Intelligenz« – mit einigem Geschick[6] mit beispielsweise dem Sprachbereich verknüpft werden. Insgesamt sollte durch eine konsequente Weiterentwicklung von Kindertageseinrichtungen zu »Bildungsorten für Kinder« die Zahl der Kinder, die über das Grenzstein-Instrument oder andere Verfahren als auffällig identifiziert werden, zumindest verringert werden können.

Literatur

Barth, K. (1997): Lernschwächen früh erkennen im Vorschul- und Grundschulalter. München, Basel

Döpfner, M.; Berner; W.; Fleischmann; Th.; Schmidt, M. (1993): Verhaltensbeurteilungsbogen für Vorschulkinder (VBV 3-6). Beltz Test GmbH. Weinheim

Laewen, H.-J, Andres, B. (Hrsg.) (2002): Forscher, Künstler, Konstrukteure. Werkstattbuch zum Bildungsauftrag von Kindertageseinrichtungen. Neuwied, Kriftel, Berlin

Ministerium für Bildung, Jugend und Sport des Landes Brandenburg: www.mbjs.brandenburg.de/kita/kita-startseite > Pädagogik > Online-Bibliothek > «G« »Grenzsteine der Entwicklung«

Mayr, T. (1998): Beobachtungsbogen zur Erfassung von Entwicklungsrückständen und Verhaltensauffälligkeiten bei Kindergartenkindern (BEK). Staatsinstitut für Frühpädagogik (IFP). München

Michaelis, R.; Haas, G. (1994): Meilensteine der frühkindlichen Entwicklung – Entscheidungshilfen für die Praxis. In: Schlack, H. G., Largo, R. H., Michaelis, R., Neuhäuser, G.; Ohrt, B. (Hrsg.) (1994): Praktische Entwicklungsneurologie, S. 93-102. München

6 Das in Brandenburg und Baden-Württemberg angelaufene Zehn Stufen Projekt Bildung wird u.a. mit solchen »Brückenschlägen« zwischen Bildungsbereichen genauere Erfahrungen ermöglichen

Früherkennung von Entwicklungsauffälligkeiten in Kindertageseinrichtungen als Prozess – ein Stufenmodell

Toni Mayr

In Kindertageseinrichtungen befinden sich viele Kinder »mit besonderen Bedürfnissen«, die einer verstärkten Aufmerksamkeit und Unterstützung bedürfen (Mayr 2003ab). Neben im engeren Sinn »behinderten« Kindern und Kindern mit medizinischen Diagnosen geht es vor allem um Kinder, die in ihrer Entwicklung gefährdet sind (»Grauzonenkinder«, »Kinder mit erhöhtem Förderbedarf«, »Kinder mit erhöhtem Entwicklungsrisiko«, »Risikokinder«). Problemfelder sind (a) Verhaltensauffälligkeiten, (b) Entwicklungsrückstände, (c) schwere/chronische Erkrankungen und (d) Belastungen im sozialen und familiären Umfeld (Breuer, Wolfen 1995; Freeman 2001). Maßgeblich für den Grad der Entwicklungsgefährdung sind u.a. Art und Schwere der Auffälligkeit(en), die Anzahl der auf das Kind einwirkenden Belastungsfaktoren, aber auch sog. »Schutzfaktoren« (Petermann, Petermann 2002; Scheithauer et al. 2000).

Die genaue Anzahl von Risikokindern ist – auch aufgrund von Problemen bei der diagnostischer Abgrenzung – nur schwer zu ermitteln; es gibt große Unterschiede in den Prävalenzschätzungen (Mayr 1990; 1997). Wissenschaftliche Untersuchungen über Verhaltensauffälligkeiten ergeben für das Alter von 3 bis 6 Jahren Häufigkeiten zwischen 13 Prozent und 35 Prozent. Im Einzelnen nennen z. B. Döpfner et al. (1993) eine Rate von etwa 11 Prozent »verhaltensauffälligen« Kindern. Nach Kuschel et al. (2000) werden 19 Prozent der Jungen und 16 Prozent der Mädchen im Kindergartenalter von ihren Eltern als »auffällig« eingeschätzt. Etwa 10 Prozent aller Vorschulkinder leiden unter Teilleistungsschwächen (Warnke, Niebergall 1993), etwa 5 Prozent unter umschriebenen Entwicklungsrückständen der Grob- und Feinmotorik (Krombholz 2007; v. Suchodoletz 2005a). Befragungen von Fachkräften in Kindertageseinrichtungen kommen zu Auffälligkeitsraten von 18 Prozent (Mayr 1998a) bzw. 14,5 Prozent (Mayr 2008). Eine schwedische Studie in 571 Kindertageseinrichtungen ermittelte 17 Prozent Kinder mit besonderem Förderbedarf, davon 4 Prozent im engeren Sinn kranke oder behinderte Kinder und 13 Prozent »grey zone children« (Sandberg, Lillvist 2007).

Frühe Auffälligkeiten sind zwar nicht in jedem Fall dauerhaft und therapiebedürftig (Campbell 2006; Remschmidt 1990), sollten aber dennoch ernst genommen werden. Längsschnittstudien zeigen, dass sich Verhaltensprobleme nur zum Teil »von selbst« geben. Zum Beispiel fanden Richman et al. (1982), dass 60 Prozent aller Kinder, die mit 3 Jahren Verhaltensauffälligkeiten zeigten, auch noch 5 Jahre später auffällig waren. Entwicklungsprobleme können auch schon früh negative Wirkungen entfalten – auf die altersgemäße Ausbildung von Fähigkeiten und Fertigkeiten, auf das Selbstkonzept und Selbstwertgefühl, auf die Beziehungen zu den Gleichaltrigen und zu erwachsenen Bezugspersonen. Mittel- und langfristig spielen frühe Auffälligkeiten und Belastungen eine Rolle bei späteren Schulschwierigkeiten, aber auch bei anderen Problemmustern im Jugend- und Erwachsenenalter (z.B. Flender 2005; Mayr 1997; v. Suchodoletz 2004).

Defizite in der Früherkennung

Obwohl viele Kinder frühe, präventive Hilfen brauchen und solche Hilfen – selbst bei Hochrisikogruppen – erfolgreich sein können (Mayr 2000a), wird insgesamt gesehen noch zu selten etwas unternommen. In Deutschland erhalten nur etwa zwei Drittel der Kinder mit einer Entwicklungsstörung auch Frühförderung (Werner, Erb 2003). Bei Kindern unter drei Jahren vergehen im Schnitt zwei Jahre, bei Kindern im Kindergartenalter etwa ein Jahr, bevor bei Sprachentwicklungsstörungen eine Behandlung eingeleitet wird (Göllner 2002).

Wenn keine Hilfe erfolgt, hat dies nach Koot und Verhulst (1992) im Wesentlichen drei Gründe:

- Probleme werden nicht erkannt;
- Probleme werden zwar erkannt, es fehlt aber die Bereitschaft, Hilfe aufzusuchen;
- geeignete Hilfen sind nicht bzw. schwer zugänglich.

Am häufigsten ist, dass frühe Entwicklungsrisiken nicht erkannt werden; sie werden oft erst zur Kenntnis genommen, wenn der Schuleintritt bevor steht (Böhm 2000; Richter 1996). Die Defizite bei der Früherkennung haben verschiedene Ursachen. Auf einer ersten Ebene gibt es »objektive« Schwierigkeiten, z.B. unser unvollständiges Wissen über die Entstehung von Störungen, die großen »normalen« Entwicklungsunterschiede, das Fehlen eindeutiger Abgrenzungen. Auf einer zweiten Ebene gibt es Methoden- und Verfahrensprobleme bei Früherkennungsmaßnahmen:

- Seitens der Ärzte werden Probleme selbst dann oft nicht erkannt, wenn diese die Kinder regelmäßig sehen. Verantwortlich dafür sind u. a. eine defizitäre Diagnostik, mangelnde Expertise, Zeitmangel und schlechte Vergütung solcher Leistungen (Squires et al. 1996; Flender 2005). Zudem sind manche Auffälligkeiten, z.B. Kontaktprobleme mit anderen Kindern, im Rahmen einer ärztlichen Praxis kaum überprüfbar, insbesondere wenn Kinder sehr jung sind (Little et al. 1994).
- Zum Teil wird versucht, Eltern stärker in Früherkennungsmaßnahmen einzubeziehen (z.B. Brandstetter et al. 2003; Grimm, Doil 2000). Eltern können manche Aspekte auch durchaus zutreffend einschätzen; die Qualität von Elternangaben ist aber abhängig von Faktoren wie Befragungsmethode, Stimmungslage und Schichtzugehörigkeit (Rennen-Allhoff 1991). Eine Rolle spielt auch die Art des Problems: So fanden Storck et al. (1998), dass bei Sprachentwicklungsrückständen nur 30 Prozent der auffälligen Kinder von den Eltern korrekt identifiziert wurden. Ein anderes Hindernis bei Eltern ist die oft fehlende Bereitschaft, sich solchen Problemen zu stellen oder auch nur Früherkennungsuntersuchungen wahrzunehmen (Chavira et al. 2000; Flender 2005; Pavuluri et al. 1996); die Bereitschaft ist leider gerade bei den Familien am niedrigsten, die auch die größten Belastungen aufweisen (Beuels 1993; Langness 2007; Rose 1985; Trabert 1999).

Einbeziehung pädagogischer Fachkräfte

Um die Früherkennung von Entwicklungsproblemen zu verbessern ist es deshalb notwendig, pädagogische Fachkräfte enger und systematischer als bisher einzubeziehen. In Kindertageseinrichtungen bieten sich – grundsätzlich – sehr günstige Voraussetzungen für Früherkennungsmaßnahmen (Mayr 2000b; 2003b):

- Es gibt eine breite Basis für die Früherkennungsmaßnahmen – inzwischen besuchen fast alle Kinder eine Tageseinrichtung. Die für Arztpraxen oder Beratungsstellen typischen Zugangsschwellen sind in Tageseinrichtungen nicht gegeben bzw. deutlich niedriger.

- Die Einrichtung bietet für Eltern oft die erste Gelegenheit, ihr Kind mit anderen zu vergleichen und das Urteil professioneller Pädagogen einzuholen.
- Kinder werden in den Einrichtungen mit Entwicklungsherausforderungen konfrontiert, sie sollen z. B. soziale Beziehungen zu anderen Kindern aufbauen. Entwicklungsprobleme äußern sich häufig als Scheitern bei der Bewältigung solcher Anforderungen.
- Pädagogische Fachkräfte kennen das einzelne Kind gut, sie erleben es in vielen unterschiedlichen Situationen.
- Es besteht ein relativ enger Kontakt zum Umfeld. Fachkräfte sind oft erste Ansprechpartner, wenn Eltern sich unsicher über die Entwicklung ihres Kindes sind.
- Im Unterschied zu Eltern können bei professionellen Pädagogen die für Früherkennungsmaßnahmen notwendigen Qualifikationen systematisch durch Aus- und Fortbildung entwickelt werden.

Wie aber kann man sichern, dass diese prinzipiell guten Voraussetzungen für die Früherkennung von Entwicklungsproblemen in Kindertageseinrichtungen auch tatsächlich realisiert werden und die Einrichtungen ihren Beitrag auch tatsächlich leisten können? Und: Was ist hier genau die Rolle von pädagogischen Fachkräften?

»Screening« als Aufgabe von Erzieherinnen

Aufgabe von Fachkräften in Kindertageseinrichtungen ist es nicht zu diagnostizieren, ob bei einem Kind eine Störung vorliegt oder ob diese oder jene Therapie angezeigt ist: Dafür sind sie weder ausgebildet noch sind sie dazu berechtigt. Aufgabe von Erzieherinnen bei der Früherkennung von Entwicklungsproblemen ist es vielmehr, zur Klärung der Frage beizutragen, ob ein Kind durch einen Arzt oder einen Fachdienst genauer untersucht werden sollte: Sie übernehmen »Screeningaufgaben«.

Was hat man unter »Screening« genauer zu verstehen? Wichtig ist hier die Abgrenzung zur Diagnostik. Eine Diagnose zu stellen, setzt immer eine intensive Untersuchung des einzelnen Kindes voraus. Diagnostik soll klären, ob ein behandlungsbedürftiges Problem vorliegt und welcher Art dieses Problem genau ist. Dem gegenüber soll »Screening« die Frage beantworten, ob eine diagnostische Untersuchung durchgeführt werden soll oder nicht (Wolery 1995). Es sollen also diejenigen Kinder herausgefiltert werden, die genauer untersucht werden sollten.

Für Screeningverfahren gibt es verschiedene Qualitätskriterien (z.B. v. Kries 1995; Mindes et al. 1996; Squires et al. 1996; v. Suchodoletz 2005b). Drei besonders wichtige sind:

- Ökonomie: Ein Screening darf nicht zu aufwendig sein: Für die Erzieherin ist Früherkennung nur eine unter vielen anderen Aufgaben.
- Genauigkeit: Zwei Aspekte sind hier zentral: Ein Screening soll (a) »echte« Problemfälle möglichst zuverlässig als solche erkennbar werden lassen (»Sensitivität«) und es soll (b) nicht gefährdete Kinder als unproblematisch identifizieren (»Spezifität«) – Eltern sollen nicht unnötig beunruhigt, überflüssige Untersuchungen vermieden werden.
- Vollständigkeit: Ein Screening soll breit angelegt sein, d.h. viele Verhaltens- und Entwicklungsbereiche beim Kind, aber auch relevante Faktoren in der Umwelt (Familie, Einrichtung) umfassen. »Vollständigkeit« ist wichtig, weil viele Auffälligkeiten nicht isoliert auftreten, und weil Probleme übersehen werden können, wenn man sich bei der Beobachtung nur auf einzelne Ausschnitte beschränkt. Zudem hat der Grad der Entwicklungsgefährdung wesentlich mit der Anzahl von Einzelrisiken zu tun.

Ökonomie, Genauigkeit und Vollständigkeit stehen in einem Spannungsverhältnis zueinander. Es muss deshalb ein guter Kompromiss gefunden werden: Ein Screening sollte möglichst vollständig und genau, dabei aber möglichst wenig aufwendig sein.

Gestuftes Vorgehen – Früherkennung als Prozess

Wie kann man möglichst genau und vollständig beobachten und dabei den Aufwand in vertretbaren Grenzen halten? Die prinzipielle Lösung dieses Problems wurde erstmals von Cronbach und Gleser (1965) beschrieben (vgl. auch Loeber et al. 1984; Walker et al. 1988): Sie liegt in einem schrittweisen Vorgehen mit mehreren aufeinander folgenden Stufen der Abklärung (»multiple gating«). Von Stufe zu Stufe wird die Beobachtung immer differenzierter – aber auch immer aufwendiger.

In Tageseinrichtungen könnte ein abgestuftes Vorgehen, wie in Abbildung 1 skizziert, umgesetzt werden (Mayr 2003b). Es umfasst zunächst verschiedene Stufen der Abklärung mit entsprechenden Verfahren, es folgen weitere Stufen der Reflexion und Besprechung von Beobachtungsergebnissen und der Entscheidungsfindung. Die Abschnitte werden im Folgenden genauer beschrieben.

Einige Beobachtungsverfahren (»Grobeinschätzung«, »BEK«) und Begleitmaterialien können über die Homepage des Staatsinstituts für Frühpädagogik (www.ifp.bayern.de) kostenlos heruntergeladen werden[1].

Stufe 1: Grobeinschätzung

Auf der ersten Stufe geht es darum, sich mit wenig Aufwand, aber doch auch mit möglichst großer Zuverlässigkeit einen groben Überblick zu verschaffen, welche Kinder in ihrer Entwicklung möglicherweise gefährdet sind und genauer beobachtet werden sollten. Wir haben mit Einrichtungen ein einfaches Verfahren zur Grobeinschätzung auf Entwicklungsgefährdung erprobt und dabei gute Erfahrungen gemacht (vgl. Abbildung 2). Ausgangspunkt ist

Abbildung 1: Früherkennung als Prozess - Stufen-Modell

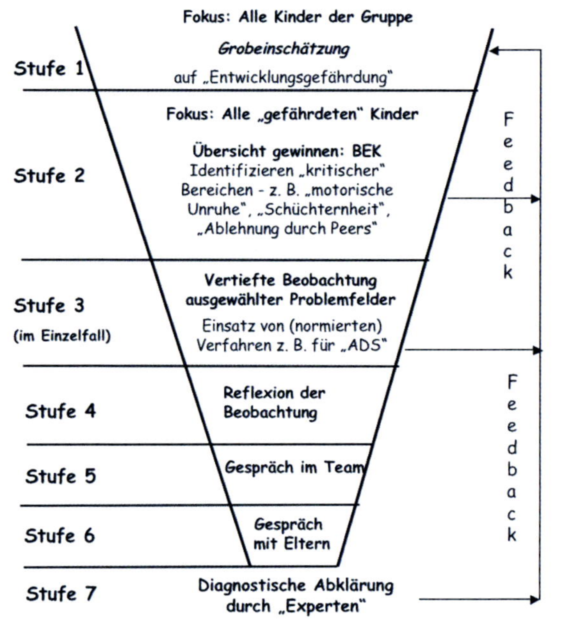

	Das Kind ist in seiner Entwicklung gefährdet		
Namen der Kinder	nein (grün)	Eher ja (gelb)	ja (rot)
1.			
2.			
3.			
...			
...			

Abbildung 2: Grobeinschätzung aller Kinder in der Gruppe

1 Verschiedene Materialien werden zurzeit überarbeitet und sukzessiv eingestellt. Die Überarbeitung soll Ende 2008 abgeschlossen sein.

eine Liste mit den Namen aller Kinder einer Gruppe und drei Kategorien für die Grobeinschätzung auf Entwicklungsgefährdung.

Für den Fall, dass zwei Fachkräfte das Kind gut kennen, hat sich bei der Bearbeitung folgendes Vorgehen bewährt:

Schritt 1

Die Grobeinschätzung wird zuerst von 2 Fachkräften, die die Kinder gut kennen, jeweils getrennt vorgenommen.

Schritt 2

Die beiden Einschätzungen werden dann verglichen und diskutiert. Leitfragen für das Gespräch sind:

- Bei welchen Kindern stimmen wir überein?
- Bei welchen Kindern unterscheiden sich unsere Einschätzungen?
- Welche Gründe gibt es für unterschiedliche Einschätzungen?
- Was sind konkrete Anhaltspunkte, die bei einem Kind für eine Entwicklungsgefährdung sprechen?

Schritt 3

Die Fachkräfte erstellen nun zusammen eine gemeinsame Liste; zur Verbesserung der Übersicht kann man die Namen der Kinder farbig unterstreichen, z. B. grün für »nein«, »gelb« für »eher ja« und rot für »ja«.

Schritt 4

Alle rot markierten Kinder werden unmittelbar im Anschluss – in Stufe 2 – mit einem differenzierteren Verfahren, z. B. dem BEK[2] beobachtet, um konkretere inhaltliche Anhaltspunkte über die Art der Entwicklungsgefährdung zu gewinnen.

Schritt 5

Alle gelb markierten Kinder werden in den folgenden Wochen genauer im Auge behalten und, wenn keine positive Veränderung eintritt, auch mit dem BEK vertieft beobachtet. Eine solche Grobeinschätzung ist relativ wenig aufwendig und kann mehrmals im Jahr (etwa drei- bis viermal) durchgeführt werden, um sich einen Überblick zu verschaffen.

Wegen seiner Einfachheit birgt das Verfahren eine gewisse Gefahr, dass Kinder, die eigentlich gefährdet sind, durch diese relativ groben Maschen schlüpfen. Eine Sicherung dagegen ist, wenn zwei Fachkräfte die Kinder zunächst unabhängig voneinander einschätzen, und ihre Einschätzungen dann ausführlich besprechen. Gibt es nur eine Fachkraft, die die Kinder gut kennt, sollte man einer Fehleinschätzung vorbeugen, indem auch alle Kinder der Kategorie »eher ja« mit dem BEK eingeschätzt werden. Grundsätzlich gilt bei Screening: Lieber bei einem schwachen Verdacht genauer nachhaken, d.h. vertieft beobachten und diagnostisch abklären lassen, als ein Kind voreilig als nicht gefährdet einstufen.

Stufe 2: Übersicht gewinnen – Beobachtung mit dem BEK

Der »Beobachtungsbogen zur Erfassung von Entwicklungsrückständen und Verhaltensauffälligkeiten bei Kindergartenkindern – BEK« (Mayr 1998a) wurde im Rahmen eines Modellversuches zur Zusammenarbeit von Kindergarten und Frühförderung bei der Förderung von »Risikokindern« entwickelt (Mayr 1998b). Die Erzieherinnen sollten Risikokinder genauer mit dem Bogen beobachten und diese dann einem kooperierenden Fachdienst im Kindergarten (mit Einverständnis der Eltern) zur genaueren Untersuchung vorstellen.

Der Bogen dient dazu, Alltagsbeobachtungen, die auf Störungen hinweisen, festzuhalten und zu ordnen. Dabei bleibt er rein beschreibend, nimmt also nicht Bezug auf mögliche Ursachen von Problemen. Der Bogen eignet sich für Kinder im Alter von etwa 4 Jahren bis zum Schuleintritt und sollte grundsätzlich nur dann ausgefüllt werden, wenn

2 Der Beobachtungsbogen BEK wird im nächsten Abschnitt genauer beschrieben

es bei einem Kind bereits vorher Hinweise auf eine problematische Entwicklung gibt (siehe Stufe 1: Grobeinschätzung). Der Fokus ist bewusst breit (Qualitätskriterium »Vollständigkeit«); die Beobachtung bezieht sich auf verschiedene Verhaltens- und Entwicklungsbereiche, aber auch auf relevante Faktoren in der Umwelt des Kindes (Familie, Einrichtung). Erfasst werden insgesamt 8 größere Bereiche:

- Sprache/Sprechen
- Kognitive Entwicklung
- Wahrnehmung/Orientierung
- Motorik
- Verhalten (z. B. Aggression, Schüchternheit)
- Einzelsymptome (z. B. Einnässen)
- Gesundheit/körperlicher Zustand
- Familiäre und psychosoziale Belastungen

Jeder Bereich ist weiter aufgegliedert nach konkreten Störungsbildern. Einzuschätzen ist zunächst die Stärke einer Auffälligkeit, nach »leicht ausgeprägt« (1) bzw. »stark ausgeprägt« (2). Zusätzlich kann eine Problematik auch mit eigenen Worten beschrieben werden (Abbildung 3). In einer Begleituntersuchung (Mayr 2000c) wurde eine Zufallsstichprobe von 777 Kindern (Alter 4 bis 6 Jahre) in 131 Einrichtungen mit dem Bogen beobachtet. Eine Teilstichprobe (N = 384) wurde in einer Validierungsstudie parallel mit zwei normierten Verfahren beobachtet.

Für die Auswertung des Beobachtungsbogens gilt:
Eine Einschätzung mit 2 (»stark ausgeprägt« bzw. »oft«) ist als Hinweis darauf zu werten, dass das betreffende Problem genauer abgeklärt werden sollte (Stufe 3 oder Fachdienst/Arzt). Dies gilt insbesondere dann, wenn die Problematik über einen längeren Zeitraum hinweg unverändert besteht oder sich verschlechtert hat. Je mehr Probleme als »stark ausgeprägt« eingestuft werden, desto dringlicher ist eine genauere Abklärung.

Einstufung der Ausprägung eines Problems durch Markierung der entsprechenden Zahl am linken Rand: 0 unauffällig 1 leicht ausgeprägt 2 stark ausgeprägt	Eine nähere Charakterisierung der Auffälligkeit ist möglich: durch Unterstreichen der angeführten Beispiele in der linken Spalte und/oder durch eigene Beschreibungen und Anmerkungen in der rechten Spalte

Problembereich: Motorik	Eigene Beschreibungen und Anmerkungen zu diesen Problembereichen
Grobmotorik hat Probleme beim Laufen, Balancieren oder Hüpfen; stolpert häufig; geht im Nachstellschritt über Treppe; hat Schwierigkeiten, Bewegungen nachzuahmen oder auf Anforderung hin auszuführen ❍ 0 ❍ 1 ❍ 2	

Abbildung 3: Ausschnitt aus dem BEK

Eine Einschätzung mit 1 (»leicht ausgeprägt«) sollte zunächst als Anlass gesehen werden, die Entwicklung dieses Kindes genauer im Auge zu behalten, um gegebenenfalls rechtzeitig weitere Maßnahmen einzuleiten. Aber auch wenn viele Einschätzungen mit 1 vorliegen, ist eine weitergehende Abklärung zu bedenken. Der Bogen hat sich in der Zusammenarbeit mit Frühförderstellen und Ärzten bewährt. Er bietet ein gemeinsames Bezugsraster für die Beschreibung von Entwicklungsauffälligkeiten. Der BEK kann auch als Grundlage für das Gespräch im Team oder als Vorbereitung für das Gespräch mit Eltern dienen.

Stufe 3: Vertiefte Beobachtung ausgewählter Problemfelder

Früherkennung in Kindertageseinrichtungen sollte mindestens die beiden ersten Stufen umfassen. Die dritte Stufe stellt inhaltlich und zeitlich bereits deutlich höhere Ansprüche. Sie ist unter den gegenwärtigen Rahmenbedingungen der Einrichtungen z.T. nur schwer standardmäßig durchführbar, sollte aber doch von Fall zu Fall erwogen werden.

Ging es auf Stufe 2 darum, eine Problemübersicht zu erarbeiten, so ist es das Ziel auf Stufe 3, bestimmte Problembereiche wesentlich genauer zu erfassen. Im BEK gibt es z.B. zwei Fragen (»Motorische Unruhe« und »Aufmerksamkeit – Konzentration – Ausdauer«), die auf eine Hyperaktivitätsproblematik verweisen. Will man diesem Verdacht bei einem Kind genauer nachgehen, kann zum Beispiel die sog. Conners-Skala (z.B. Huss et al. 2002) weiterhelfen. Die Skala umfasst insgesamt zehn Items, die sich nur auf den Aspekt »Aktivitäts- und Aufmerksamkeitsstörung« beziehen:

- Unruhig oder übermäßig aktiv
- Erregbar, impulsiv
- Stört andere Kinder
- Bringt angefangene Dinge nicht zu einem Ende – kurze Aufmerksamkeitsspanne
- Ständig zappelig
- Unaufmerksam, leicht abgelenkt
- Erwartungen müssen umgehend erfüllt werden, leicht frustriert
- Weint leicht und häufig
- Schneller und ausgeprägter Stimmungswechsel
- Wutausbrüche, explosives und unvorhersehbares Verhalten

Für jeden Aspekt ist das Ausmaß der Aktivität einzuschätzen: Überhaupt nicht (0), ein wenig (1), ziemlich (2), sehr stark (3). Ein Gesamtwert von 15 Punkten oder mehr unterstützt danach eine Diagnose »ADS«.

Es gibt nicht zu allen im BEK erfassten Problemfeldern solche ausdifferenzierten Verfahren. Normative Verfahren, die – mit unterschiedlichen inhaltlichen Schwerpunkten und Zielsetzungen – auf dieser Ebene einsetzbar sind, sind z. B.

- der »Beurteilungsbogen für Erzieherinnen zur Diagnose der Schulfähigkeit« (BEDS) von Seibert et al. (1991);
- der »Beobachtungsbogen für Kinder im Vorschulalter« (Duhm, Althaus 1979; Mayr 2000d);
- der »Verhaltensbeurteilungsbogen für Vorschulkinder« (VBV) von Döpfner et al. (1993);
- der »Kinderbeobachtungsbogen« (KBB) von Ettrich (1985);
- das »Dortmunder Entwicklungsscreening« (DESC) von Tröster et al. (2004), mit vielen Testelementen;
- die »Grenzsteine der Entwicklung« nach Michaelis (oJ; siehe dazu den Beitrag von Hans-Joachim Laewen in diesem Buch).

Für Kinder mit Wahrnehmungsstörungen gibt Pfluger-Jacob (2003) genauere Beobachtungshinweise – allerdings nur im Sinn einer Sensibilisierung (ohne Normen).
Speziell auf die Erfassung von Entwicklungsauffälligkeiten in den ersten vier Lebensjahren zielen

- die Entwicklungskontrolle für Krippenkinder von Zwiener und Schmidt-Kolmer (1982);
- das Entwicklungsgitter von Kiphard (1991);
- der Entwicklungsfragebogen von Ettrich (2000) – ausgearbeitet auf der Basis des Rostocker-Entwicklungstests für Kleinkinder (Wagner, Eggers 1975).

Stufe 4: Bewertung und Reflexion der Beobachtungen

Die Bearbeitung von Beobachtungsverfahren wird im Stufenmodell als Bestandteil eines umfassenderen Entscheidungs- und Handlungsablaufs gesehen. Zu treffen sind diese Entscheidungen immer von den zuständigen Fachkräften; sie ergeben sich in keinem Fall automatisch aus einem bestimmten Beobachtungsverfahren oder aus einem bestimmten Punktwert. Ein Beobachtungsverfahren – auch wenn es noch so anspruchsvoll und genau ist – kann Fachkräften diese Verantwortung nie abnehmen; es kann immer nur Hilfsmittel sein, um möglichst gute Entscheidungen zu treffen.

Beobachtung und Dokumentation von Auffälligkeiten sollten deshalb grundsätzlich eingebunden sein in einen Prozess der persönlichen Reflexion und des Austauschs mit Kolleginnen in der Einrichtung. Nach einer Phase der Beobachtung steht deshalb zunächst eine Zusammenschau, Bewertung und Reflexion der Beobachtungsergebnisse durch die zuständige Fachkraft an.

Leitfragen sind:

- Wie ist die Lebenssituation eines Kindes und seiner Familie?
- Wie lange besteht das Problem schon?
- Wie ist der bisherige Problemverlauf? Haben sich z.B. die Schwierigkeiten im Lauf der Zeit verschlimmert oder ist vielleicht ein Trend zur Besserung erkennbar?
- Wie schätze ich den weiteren Verlauf ein?
- Gibt es einen Zusammenhang zu bestimmten Lebensereignissen, z.B. zum Eintritt eines Kindes in die Einrichtung oder zum Umzug einer Familie?
- Was sind konkrete Folgen des Problems für das Kind selbst? Wie stark wird sein alltägliches Leben beeinträchtigt? Besteht die Gefahr, dass anstehende Entwicklungsaufgaben nicht bewältigt werden?
- Welche Folgen ergeben sich aus der Problematik für die Umwelt des Kindes – andere Kinder, erwachsene Bezugspersonen? Besteht z.B. die Gefahr, dass andere Kinder das Kind wegen seiner Problematik ablehnen und ausgrenzen?
- Was sind die Stärken und die Ressourcen des Kindes?

In vielen Fällen kann es – vor allem wenn es um Verhaltensprobleme geht – sinnvoll sein, die Beobachtungen eines Kindes zu verbinden mit einer gezielten Selbstreflexion. Leitfragen sind: Was macht dieses Kind mit mir als Person? Welche Gedanken und Gefühle löst es bei mir aus? Wie wirkt sein Verhalten auf mich selbst und auf meine Sichtweise des Kindes? Reagiere ich auf bestimmte Züge des Kindes »allergisch«? Die Vorlage »Selbstreflexion« in den Begleitmaterialien bietet die Möglichkeit, solche Gedanken für sich selbst festzuhalten.

Die Reflexionsfragen stellen Beobachtungsergebnisse in einen Kontext und ermöglichen eine umfassende Bewertung. Eine gezielte Reflexion der eigenen Perspektive sollte in diesem Zusammenhang weniger als Zeichen von Unsicherheit, sondern – im Gegenteil – als Merkmal eigener Professionalität gesehen werden.

Stufe 5: Fallgespräch im Team

Nächster Schritt ist der Austausch mit Kolleginnen im Rahmen eines Fallgesprächs im Team. Hier geht es zunächst darum, gezielt Beobachtungen und Meinungen von Kolleginnen über das betreffende Kind abzurufen und sich eine Außensicht auch zum weiteren Vorgehen einzuholen:

- Wie erleben Kolleginnen ein Kind? Was haben sie beobachtet?
- Welches Fachwissen gibt es im Team über das fragliche Problem?
- Was ist bisher mit dem Kind in der Einrichtung pädagogisch unternommen worden und mit welchem Erfolg?
- Welche Ansichten gibt es im Team und bei der Leitung über das weitere Vorgehen?

Auf der Basis dieses Austauschs ist im Team dann eine Entscheidung zu treffen: Wollen wir zunächst weiter primär mit den Mitteln und pädagogischen Möglichkeiten der Einrichtung versuchen, dem Kind zu helfen (vgl. z.B. Becker-Textor 2004; Textor 2004) oder ist es notwendig, mit den Eltern ins Gespräch zu kommen wegen einer genaueren diagnostischen Abklärung, z.B. durch eine Frühförderstelle oder eine Erziehungsberatungsstelle? Auch hier kann die schriftliche Gegenüberstellung von Pro- und Kontra-Argumenten auf einem Formblatt (»Reflexion zum weiteren Vorgehen«, s. Begleitmaterialien) die Qualität von Entscheidungen verbessern.

Der Entschluss, mit dem Anliegen »diagnostische Abklärung« auf Eltern zuzugehen, sollte allen Kolleginnen in der Einrichtung bekannt sein – wichtig, wenn sie z.B. von Eltern angesprochen werden. Sie sollte darüber hinaus – wenn möglich – auch von allen Teammitgliedern mitgetragen werden, um Sicherheit zu gewinnen (Amend-Tiedemann et al. 2004) und um zu verhindern, dass die Überbringerin der schlechten Nachricht möglicherweise selbst in eine schwierige Situation gerät oder bestimmte Entscheidungen von der Leitung oder vom Träger nicht gedeckt werden.

Schritt 6: Das Gespräch mit Eltern

Das Gespräch mit Eltern ist ein weiteres zentrales Element. Eltern auf Probleme ihres Kindes hin anzusprechen, heißt immer eine unangenehme, beunruhigende Botschaft überbringen – eine Situation, die für Eltern und Fachkräfte gleichermaßen heikel ist. Andererseits werden aber gerade hier Weichen gestellt. Um Eltern in solchen Situationen besser zu verstehen, sollte man sich zunächst vergegenwärtigen:

- Alle Eltern sind stolz auf ihr Kind und bei Hinweisen auf Schwierigkeiten leicht zu kränken.
- Viele Eltern haben Ängste, ihr Kind – und damit auch sie selbst – würden von den Fachkräften oder auch von anderen Eltern negativ gesehen und abgelehnt, wenn ihr Kind Auffälligkeiten zeigt.

Die Reaktionen auf einen solchen Hinweis können unterschiedlich ausfallen. Eltern können ihn annehmen und akzeptieren. Sie können aber auch ableugnen, dass etwas mit ihrem Kind nicht in Ordnung ist, können ausweichen oder ablenken, können sich ängstlich zurückziehen oder, verärgert, die Probleme ihres Kindes der Erzieherin anlasten (Eulitz, Gebhard 1996; Peitz 2004).

Wie kann man Eltern die Situation erleichtern? Neben Fingerspitzengefühl, Einfühlungsvermögen und Erfahrung, kommt es auf ein klares Konzept an. Zunächst lassen sich manche Schwierigkeiten vermeiden, wenn man von vornherein eine tragfähige Vertrauensbeziehung zu Eltern aufbaut und sie frühzeitig, z.B. im Rahmen eines Aufnahmegesprächs, informiert: Es gehört zum Konzept der Einrichtung, die Entwicklung aller Kinder genau zu beobachten und mit Eltern zu besprechen. Wenn Probleme auftreten, fällt es dann auch leichter, Eltern darauf anzusprechen.

Für die Kontaktaufnahme und das Gespräch mit Familien erweist sich ein »systemischer« Blickwinkel als hilfreich, der nicht ausschließlich auf das Kind und seine Problematik fokussiert, sondern auch den Kontext eines Problems und die Situation aller Beteiligten in den Blick nimmt (z.B. Satir 2007; v. Schlippe, Schweitzer 2003).

Bei der Herstellung des Kontakts zu Eltern gilt es einen Mittelweg zu finden. Einerseits sollen keine großen Ängste ausgelöst werden, andererseits muss es eine klare Botschaft geben: Das Gespräch ist wichtig. Angelpunkt des Gesprächs bleibt dabei immer der »offizielle« Auftrag der Einrichtung, es geht um das Wohl des Kindes. Zielsetzung ist es, zusammen mit Eltern zu klären, ob ihr Kind genauer untersucht werden soll.

Wie ein solches Gespräch gestaltet wird, ist natürlich immer auch eine persönliche Sache. Folgende Gesichtspunkte können aber hilfreich sein bei der Gesprächsführung (vgl. hierzu genauer: Amend-Tiedemann et al. 2004; Hennig, Knödler 1998; Friedl 2002; Lachnit, Kretzschmar 2004; Steininger 2006):

- einen guten Kontakt herstellen, Vertrauen aufbauen;
- eine respektvoll-verstehende Grundhaltung einnehmen;
- die Eigenverantwortung der Eltern betonen;
- Konkurrenz vermeiden;
- keine Schuldzuschreibungen vornehmen;
- versuchen, die Perspektiven aller Beteiligten zu sehen und zu verstehen;
- keine festen Koalitionen bilden, z.B. mit dem Kind oder mit einem Elternteil;
- das Kind nicht nur durch die »Problembrille« sehen, auch seine Fähigkeiten und positiven Seiten ansprechen;
- Probleme nicht pauschal ansprechen; klar und konkret beschreiben, was ich beobachtet habe;
- vorsichtig sein mit Interpretationen, Vermutungen und Ratschlägen;
- das Gespräch gut vorbereiten;
- das Gespräch aktiv führen; vorher überlegen, was ich wann zur Sprache bringen will; das Ziel im Auge behalten.

Ziel des Gesprächs mit Eltern ist es zu klären, ob ein Fachdienst zur genaueren diagnostischen Abklärung eingeschaltet werden sollte und wohin man sich hier eventuell wenden könnte. Ob dieser Schritt tatsächlich gegangen wird, ist von den Eltern zu entscheiden.

Schritt 7: Kontaktaufnahme und Zusammenarbeit mit Fachdiensten/Ärzten

Sind auch Eltern der Ansicht, ein Problem sollte näher abgeklärt werden, ist es an der Zeit, Kontakt zu einem Fachdienst oder einem Arzt herzustellen, der das Kind genauer untersucht. Ein Teil der Eltern möchte diesen Schritt allein und selbstständig gehen, ohne weitere Mitwirkung der Einrichtung (Mayr 2008). Ein anderer Teil akzeptiert es oder wünscht es vielleicht sogar, wenn die Einrichtung bei der Kontaktaufnahme Hilfestellung leistet und enger mit Fachdiensten zusammenarbeitet.

Wenn Einrichtungen mit Fachdiensten kooperieren, ist zu beachten: Die Einbeziehung »Externer« erfordert grundsätzlich das Einverständnis der Sorgeberechtigten (Reichert-Garschhammer 2001, 2006). So dürfen z. B. auch Fallgespräche mit einem Fachdienst ohne Einverständnis der Eltern nur dann geführt werden, wenn dabei die Anonymität des Kindes gewährleistet ist. Ohne dieses Einverständnis kann die Einrichtung nur bei gravierenden Verstößen gegen das Kindeswohl nach »außen« aktiv werden. In diesem Fall sind die Fachkräfte sogar dazu verpflichtet (vgl. dazu den Beitrag von Martin Textor in diesem Buch).

Qualität und Ergebnis von Früherkennung können wesentlich von einer Kooperation zwischen Kindertageseinrichtungen und Fachdiensten bzw. Ärzten profitieren. Die Zusammenarbeit kommt zum einen den kooperierenden Fachdiensten und Ärzten zu Gute, sie muss aber – umgekehrt – auch nutzbar gemacht werden für die Arbeit in den Einrichtungen: Es kann also nicht nur, wie neuerdings manchmal gefordert, darum gehen, dass pädagogische Fachkräfte in Kindertageseinrichtungen ihre Beobachtungen und Erkenntnisse an Fachdienste/Ärzte weiterreichen. Ebenso wichtig ist, dass Fachdienste und Ärzte ihre Einsichten (mit Einverständnis der Eltern) auch wieder an die Einrichtungen rückmelden und diese Erkenntnisse dort für die pädagogische Arbeit genutzt werden können. Kooperation sollte also auch bei Früherkennungsmaßnahmen nicht als »Einbahnstrasse« gesehen werden.

Üblich waren solche engeren Kooperationen schon bisher bei integrativen Kindertageseinrichtungen mit behinderten Kindern und bei vielen Einrichtungen in sozialen Brennpunkten. Es ist jedoch zu überlegen, ob eine »strukturelle« Verknüpfung von Tageseinrichtungen und Fachdiensten nicht generell auch für »Risikokinder« angestrebt werden sollte: Die Anzahl derartiger Projekte wächst jedenfalls. Vorliegende Erfahrungen zeigen: Die Kooperation mit Fachdiensten führt zu einer Verbesserung der Früherkennung, z.B. durch Diagnostik in der Einrichtung, durch gemeinsame Fallgespräche oder über gemeinsame Vorbereitung von Elterngesprächen (z.B. Arbeitsstelle Frühförderung Bayern 2008; Hillenbrand, Rietmann 2007; Mayr 1998b, 2008).

Zusammenfassung

Früherkennung von Entwicklungsauffälligkeiten in Kindertageseinrichtungen wird oft reduziert auf die Bearbeitung diverser Beobachtungsverfahren und die Weitergabe von Beobachtungsergebnissen an Eltern oder Fachdienste und Ärzte. Dies ist aus unserer Sicht eine sehr verkürzte Sicht der Rolle und der Aufgabe von pädagogischen Fachkräften in diesem Bereich.

In Abgrenzung dazu wird Früherkennung in Kindertageseinrichtungen hier als ein Prozess mit einer Abfolge verschiedener Schritte gesehen: Es geht zunächst um ein abgestuftes Vorgehen bei der Beobachtung und Dokumentation von Entwicklungsauffälligkeiten (Stufe 1 bis Stufe 3). Es folgen: Die systematische Reflexion und Gewichtung solcher Beobachtungen durch die Erzieherin (Stufe 4), der gezielte Austausch im Rahmen eines Fallgesprächs im Einrichtungsteam (Stufe 5), das sensible Gespräch mit Eltern (Stufe 6), die Kontaktaufnahme und Zusammenarbeit mit Fachdiensten und Ärzten (Stufe 7). Jeder dieser Schritte ist für sich wichtig und bestimmt entscheidend mit, wie erfolgreich der Prozess der Früherkennung von Entwicklungsproblemen in Kindertageseinrichtungen insgesamt verlaufen kann.

Zentral für eine langfristige Verbesserung der Qualität von Früherkennungsmaßnahmen in einer Einrichtungen ist, dass in diesem Prozess immer wieder Rückmeldeschleifen eingebaut und genützt werden: Erfahrungen und Ergebnisse aus intensiven Beobachtungsphasen, aus Gesprächen mit Kolleginnen und mit Eltern und aus der Kooperation mit Fachdiensten werden laufend ausgewertet und als Feedback in den Prozess eingespeist. Sie werden so wirksam im Sinn eines permanenten Lernens der Fachkräfte und in einer kontinuierlichen Schärfung ihres Blicks für Entwicklungsprobleme.

Literatur

Amend-Tiedemann, G.; Dorrer, G.; Reich-Scholz, B.; Scherer, B. (2004): Heilpädagogisches Handeln in Kindertageseinrichtungen. In: Textor, M. R. (Hrsg.): Verhaltensauffällige Kinder fördern. Praktische Hilfen für Kindergarten und Hort. Weinheim, S. 100-120

Arbeitsstelle Frühförderung Bayern (2008): Mobile Heilpädagogische Fachdienste für Kindertagesstätten. München: Arbeitsstelle Frühförderung Bayern

Becker-Textor, I. (2004): Auffälligkeiten und Probleme: Prävention und allgemeine Erziehungsmaßnahmen. In: Textor, M. R. (Hrsg.): Verhaltensauffällige Kinder fördern. Praktische Hilfen für Kindergarten und Hort. Weinheim, S. 63-79

Beuels, F.-R. (1993): Soziale Einflüsse auf die Gesundheitsvorsorge. Eine Analyse der Essener Schuleingangsuntersuchungen 1989, 1990 und 1991. Sozialwissenschaften und Berufspraxis, 4, S. 265-280.

Böhm, A. (2000): Die Schuleingangsuntersuchung als Instrument einer sozialkompensatorischen Prävention, Prävention, 23, S. 12-17

Brandstetter, G.; Bode, H.; Ireton, H. (2003): Elternfragebogen zur kindlichen Entwicklung. Augsburg

Breuer, H.; Wolfen, M. (1995): Besondere Entwicklungsauffälligkeiten bei Fünf- bis Achtjährigen. Berlin

Campbell, S. B. (2006): Maladjustment in preschool children: A developmental perspective. In: McCartney K.; Phillips, D. (Eds.): Blackwell handbook of early childhood development, 358-377. Oxford

Chavira, V.; Lopez, S. R.; Blacher, J.; Shapiro, J. (2000): Latina mothers' attributions, emotions, and reactions to the problem behaviors of their children with developmental disabilities. Journal of Child Psychology and Psychiatry, 41, 245–252

Cronbach L. J.; Gleser, G. C. (1965): Psychological tests and personell decisions. Urbana

Döpfner, M.; Berner, W.; Fleischmann, T.; Schmidt, M. H. (1993): Verhaltensbeurteilungsbogen für Vorschulkinder. Weinheim

Duhm, E.; Althaus, D. (1979): Beobachtungsbogen für Kinder im Vorschulalter. Handanweisung. Braunschweig

Ettrich. K. (1985): Kinderbeobachtungsbogen KBB. Berlin

Ettrich, K. (2000): Entwicklungsdiagnostik im Vorschulalter. Göttingen

Eulitz, R.; Gebhard, E. (1996): Vermitteln diagnostischer Ergebnisse an die Eltern behinderte Kinder. Frühförderung interdisziplinär, 15, S. 152-159

Flender, J. (2005): Früherkennung von Entwicklungsstörungen durch Erzieherinnen. Überprüfung der Gütekriterien des Dortmunder Entwicklungsscreening für Kindergartenkinder (DESK 3-6). Dissertation. Dortmund

Freeman, B. B. (2001): What teachers need to know about children at risk. New York

Friedl, J. (2002): Aggressive Kinder. Gesprächshilfen für Erzieherinnen in Kindergarten und Hort. Lahr

Göllner, B. (2002): Qualität der Betreuung sprachentwicklungsgestörter Kinder aus Sicht der Eltern. In: Suchodoletz, W. v. (Hrsg.): Therapie von Sprachentwicklungs-störungen – Anspruch und Realität. Stuttgart, S. 143-165

Grimm, H.; Doil, H. (2000): Elternfragebögen zur Erfassung von Risikokindern (ELFRA). Göttingen

Hennig, C.; Knödler, U. (1998): Problemschüler – Problemfamilien. Weinheim

Hillenbrand, M.; Rietmann, S. (2007): Kindergärten als Ansatzpunkt für das frühzeitige Auffangen von Entwicklungsproblemen. Informationen für Erziehungsberatungsstellen, 2/07, S. 16-22

Huss, M.; Stadler, C.; Salbach, H.; Mayer, P.; Ahle, M.; Lehmkuhl, U. (2002): ADHS im Lehrerurteil: Ein Vergleich von Klinik- und Normstichprobe anhand der Conners-Skalen. Kindheit und Entwicklung, 11, S. 90-97

Kiphard, E. J. (1991): Wie weit ist ein Kind entwickelt? Eine Anleitung zur Entwicklungsüberprüfung. Dortmund

Kries, R. v. (1995): Sekundäre Prävention und Screening. In: Schlack, H. G. (Hrsg.): Sozialpädiatrie. Stuttgart, S. 59-65

Koot, H. M.; Verhulst, F. C. (1992): Prediction of Children's referral to mental health and special education services from earlier adjustment. Journal of Child Psychology and Psychiatry, 33, 717-729

Krompholz, H. (2007): Motorische Entwicklungsstörungen im Überblick. Heilpädagogische Forschung, 33, S. 201-207

Kuschel, A.; Miller, Y.; Köppe, E.; Lübke, A.; Hahlweg, K.; Sanders, M. (2000): Prävention von oppositionellen und aggressiven Verhaltensstörungen bei Kindern: Triple-P – ein Programm zu einer positiven Erziehung. Kindheit und Entwicklung, 9, S. 20-29

Lachnit, P.; Kretzschmar, A. (2004): Praxishandbuch Zusammenarbeit mit Eltern. Bonn: PRO Kindergarten

Langness A. (2007): Prävention bei sozial benachteiligten Kindern. Eine Studie zur Inanspruchnahme von Früherkennungsuntersuchungen. Bern

Little, M.; Murphy, J. M.; Jellinek, M. S.; Bishop, S. J.; Arnett, H. l. (1994): Screening 4- and 5-year old children for psychosocial dysfunction: A preliminary study with the pediatric symptom checklist. Developmental and Behavioral Pediatrics, 15, 191–197

Loeber, R.; Dishion, T. J.; Patterson, G. R. (1984): Multiple gating: A multi-stage assessment procedure for identifying youths at risk for delinquency. Journal of Research in Crime and Delinquency, 21, 7-32

Mayr, T. (1990): Zur Epidemiologie von Sprach-, Sprech- und Kommunikationsstörungen bei Vorschulkindern. Ergebnisse einer Screening-Untersuchung – Konsequenzen für die Gestaltung eines angemessenen Betreuungssystems. Heilpädagogische Forschung, 16, S. 14-20

Mayr, T. (1997): Problemkinder im Kindergarten – ein neues Aufgabengebiet für die Frühförderung: Epidemiologische Grundlagen. Frühförderung interdisziplinär, 17, S. 97-115

Mayr, T. (1998a): Beobachtungsbogen zur Erfassung von Entwicklungsrückständen und Verhaltensauffälligkeiten bei Kindergartenkindern (BEK). München

Mayr, T. (1998b): Pädagogisch-Psychologischer Dienst im Kindergarten. Abschlussbericht. München

Mayr, T. (1998c): Problemkinder im Kindergarten – ein neues Aufgabenfeld für die Frühförderung. Teil II: Ansatzpunkte und Perspektiven für die Kooperation. Frühförderung interdisziplinär, 17, S. 97-115

Mayr, T. (2000a): Entwicklungsrisiken bei armen und sozial benachteiligten Kindern und die Wirksamkeit früher Hilfen. In: Weiß, H. (Hrsg.): Frühförderung mit Kindern und Familien in Armutslagen. München, S. 142-163

Mayr. T. (2000b): Probleme bei der Früherkennung von Entwicklungsauffälligkeiten – welchen Beitrag können Kindertagesstätten leisten? IFP-Nachrichtendienst 2000 (1), S. 4-7

Mayr, T. (2000c): Begleituntersuchung zum Beobachtungsbogen BEK (unveröffentlichter Arbeitsbericht). München

Mayr, T. (2000d): »Beobachtungsbogen für Kinder im Vorschulalter« (BBK) – ein Vorschlag zur Skalenbildung. Psychologie in Erziehung und Unterricht, 2000, 47, S. 280-295.

Mayr, T. (2000e): Frühförderung und Kindergarten – Qualitätskriterien für die Kooperation. In: Leyendecker, C.; Horstmann, T. (Hrsg.): Große Pläne für kleine Leute. Grundlagen, Konzepte und Praxis der Frühförderung. München, Basel, S. 106-115

Mayr, T. (2003a): Berücksichtigung von Kindern mit besonderen Bedürfnissen. In: Bundesministerium für Familie, Senioren, Frauen und Jugend (Hrsg.): Auf den Anfang kommt es an. Weinheim, S. 120-137

Mayr, T. (2003b): Kinder mit besonderen Bedürfnissen in Kindertageseinrichtungen. In: Rieder-Aigner, H. (Hrsg.): Zukunfts-Handbuch Kindertageseinrichtungen: Qualitätsmanagement für Träger, Leitung und Team. Regensburg, Berlin. 34. Aktualisierung, III.11

Mayr, T. (2003c): Früherkennung von Entwicklungsrisiken in Kindertageseinrichtungen. KiTa spezial, Sonderausgabe Nr. 1/2003, S. 32-38

Mayr, T. (2008): Risikokinder in Kindertageseinrichtungen. Erhebung in Kindertageseinrichtungen des Landkreises Starnberg (unveröffentlichtes Arbeitspapier). München

Michaelis, R. (o.J.): Validierte Grenzsteine der Entwicklung, bearbeitet durch infans Berlin. http://www.mbjs.brandenburg.de/media/lbm1.a.1231.de/Grenzsteine%20Beobachtungsboegen.pdf

Mindes, G.; Ireton, H.; Marell-Czudnowski, C. (1996): Assessing young children. Albany

Pavuluri, M. N.; Luk, S.-L.; McGee, R. (1996): Help-seeking for behavior problems by parents of preschool children: A community study. Journal of the American Academy of Child and Adolescent Psychiatry, 35, 215-222

Peitz, G. (2004): Wenn bei Kindern Verhaltensauffälligkeiten diagnostiziert werden. Risiken für die Erziehungspartnerschaft von Familie und Kindergarten. Psychologie in Erziehung und Unterricht, 41, S. 258-272

Pfluger-Jacob, M. (2003): Wahrnehmungsstörungen bei Kindern – Hinweise und Beobachtungshilfen. Sonderheft der Zeitschrift »kindergarten heute – Zeitschrift für Erziehung«. Freiburg

LIMITS

Perspektiven der Entwicklung vernetzter Angebote

Eltern-Kind-Zentren in Hamburg – Kinder fördern, Eltern stärken, Gefährdungen frühzeitig erkennen

Hedi Colberg-Schrader

Präventive Potentiale von Kitas

Eltern-Kind-Zentren sind ein aktuelles Thema, das in der Kita-Szene selbst nicht neu ist: Seit Jahren werden die Zusammenarbeit mit Eltern und die Entwicklung einer Elternöffentlichkeit rund um die Kita diskutiert und ansatzweise praktiziert. Schon in dem bundesweiten DJI-Projekt »Orte für Kinder« (1991-1994) wurde ein Verständnis von Kita-Pädagogik konzeptionell ausbuchstabiert, das neben der Förderung von Kindern auch auf die Unterstützung von Familien und von nachbarschaftlichen Lebenszusammenhängen ausgerichtet ist. Inwieweit verschiedene Leistungen zu einer integrierten sozialen Infrastruktur für Kinder und Familien verknüpft werden können, wurde im Rahmen dieses Modellprojekts je nach regionalen Erfordernissen erprobt.

Insofern trifft die gegenwärtig laufende Fachdiskussion, in der die besonderen Potentiale und Ressourcen der Kita-Praxis für elternbildende und -unterstützende Angebote hervorgehoben werden, nicht nur konzeptionell auf vorbereiteten Boden, sie findet auch breite Resonanz in der Praxis, weil es seit den neunziger Jahren eine Reihe von Kitas gibt, die eine intensive Zusammenarbeit mit Eltern sowie auch Kooperationsnetze mit anderen Dienstleistungen für Kinder und Familien entwickelt haben und im Rahmen ihrer Möglichkeiten pflegen.

Die pädagogische Arbeit von Kindertagesstätten umfasst nach den Vorgaben des Kinder- und Jugendhilfegesetzes (KJHG) neben der individuellen und entwicklungsgemäßen Förderung der Kinder auch die kontinuierliche Zusammenarbeit mit den Eltern. In belasteten Wohngebieten ist der Anspruch, die Bildungs- und Betreuungsangebote für die Kinder mit familienunterstützenden Maßnahmen zu verbinden, besonders naheliegend. Es gibt vielfältige Belege dafür, dass die Einbeziehung von Eltern auch das Anregungsmilieu und die Bildungsleistungen der Familien stärken kann. Mit der Öffnung von Kitas für nachbarschaftliche Lebenszusammenhänge werden Netzwerke für Familien inszeniert, die insbesondere für isoliert lebende Familien hilfreich sind. Die pädagogischen Fachkräfte in Kitas benachteiligter Stadtteile sind sich zumeist ihrer besonderen Aufgaben für Kinder und Familien bewusst. Die Sicherstellung einer ausreichenden und gesunden Ernährung für die Kinder, Gespräche mit Eltern, ein offenes Ohr und Beratung in Alltagsdingen, Vermittlung zwischen verschiedenen Sprachen und kulturellen Eigenheiten, Hilfe bei Behördengängen und vieles andere mehr gehört neben der Kernaufgabe der Bildung, Erziehung und Betreuung der Kinder zum Alltagsgeschäft von Kitas in diesen Stadtteilen. Die Tatsache, dass Kitas als Einrichtungen bei Familien sehr geschätzt und positiv besetzt sind, ist eine hervorragende Vorbedingung dafür, auch solche Familien zu erreichen und in förderliche Netzwerke einzubeziehen, die ansonsten öffentlichen Hilfeangeboten eher aus dem Weg gehen.

Eltern-Kind-Zentren in Hamburg: Für Familien mit Kindern unter drei Jahren

In Hamburg konzentriert sich die Diskussion um Eltern-Kind-Zentren darauf, wie man nach dem Muster der englischen Early Excellence Centres die präventiven Potentiale von Kitas dazu nutzen kann, solche Familien anzusprechen und einzubinden, die noch wenig Zugang zu Unterstützungsnetzen haben. Eltern-Kind-Zentren richten sich deshalb ausdrücklich an Eltern mit Kindern unter drei Jahren, die keinen Krippenplatz in Anspruch nehmen. Das Ziel ist, diesen jungen Familien so früh wie möglich bereichernde soziale Kontakte zu bieten, ihre Freude an ihren Kindern zu bestärken und sie bei ihren familiären Pflege-, Bildungs- und Erziehungsaufgaben alltagsnah zu unterstützen.

Die Konzentration auf diese Zielgruppe ist durch kitapolitische Entwicklungen der letzten Jahre begründet: Hamburg hat Rechtsansprüche auf Kita-Plätze gesetzlich festgelegt, die weit über die Regelungen der meisten anderen Bundesländer hinausgehen: Kinder berufstätiger Eltern, vom Säuglingsalter bis zur Vollendung des 14. Lebensjahres, haben einen Rechtsanspruch auf einen Kita-Platz, und zwar in dem zeitlichen Umfang, der aufgrund der Berufstätigkeit der Eltern erforderlich ist. Ebenso haben Kinder aller Altersstufen, für die ein »dringlicher sozial bedingter oder pädagogischer Bedarf« reklamiert werden kann, einen gesetzlichen Anspruch auf Tagesbetreuung, und zwar in dem zeitlichen Umfang, der für die bedarfsgerechte Förderung der Kinder nötig ist.

Diese vergleichsweise gute Versorgungssituation für Familien weist allerdings eine bildungspolitisch kritische Lücke auf: Kinder aus Familien, in denen die Eltern oder ein Elternteil nicht berufstätig sind, haben bisher (Stand 2007) nur einen Rechtsanspruch auf einen fünfstündigen Platz inklusive Mittagessen für Kinder im Alter von drei Jahren bis Schulbeginn. Für Familien, die sich bewusst für eine Familienerziehung in den ersten Lebensjahren ihres Kindes entschieden haben und die ihren Kindern zu Hause und in selbst gewählten Kindergruppen vielfältige Anregungen bieten, ist dies kein Problem. Benachteiligt sind aber Kinder aus bildungsfernen Milieus, die nicht in den Genuss von frühzeitigen Bildungsanregungen kommen. Benachteiligt sind auch viele Migrantenkinder, die viel zu spät die Gelegenheit bekommen, in der Gemeinschaft von Kindern Deutsch zu lernen. Für diese Familien wollen die Eltern-Kind-Zentren sowohl Bildungsanregungen für Kinder wie auch unterstützende Netze für die Eltern schaffen.

Eltern-Kind-Zentren können in begründeten Fällen auch die Brücke dafür sein, dass Kinder, für deren Entwicklung dies hilfreich ist, einen Krippenplatz bekommen. Die Vermittlung eines Krippenplatzes ist aber nicht das primäre Ziel der offenen Anlaufstellen. Ziel ist es vielmehr, den Familien soziale Kontakte und Hilfen zur Stärkung ihrer Elternkompetenzen zu geben, damit die Eltern-Kind-Beziehung in den ersten Lebensjahren des Kindes gelingt und eine sichere Bindung in der Familie aufgebaut werden kann. Wenn Eltern frühzeitig in ihrer Elternkompetenz gestärkt werden können, wirkt sich dies nachweislich positiv auf die Entwicklungs- und Bildungschancen der Kinder aus. Ein soziales Netzwerk für Familien ist dabei ein wichtiger Schutzfaktor für Kinder, weil Vernachlässigungsprobleme eher bemerkt werden und rechtzeitig geholfen werden kann.

Aufgaben und Angebote der Eltern-Kind-Zentren

Die Konzeption der Eltern-Kind-Zentren in Hamburg setzt also auf frühkindliche Bildung in Kombination mit der Stärkung der elterlichen Kompetenzen. Eltern-Kind-Zentren wollen niedrigschwellige Anlaufstellen für Eltern mit Kindern unter drei Jahren sein. Offene Elterntreffs (gemütliche

Räume mit Sitzecken, Spielecken, Teeküche, Wickeltisch u.a.m.) laden Eltern mit Kleinkindern ein, sich zeitweise dort aufzuhalten. Eltern können hier andere Eltern treffen, sie können aber auch Unterstützung und Beratung in alltäglichen Problemsituationen und Fragen bekommen. In den Eltern-Kind-Zentren werden den Eltern durch die verbindliche Kooperation mit anderen familienstützenden Organisationen (z.B. Elternschulen, Hebammen, Familienberatung) besondere Bildungs- und Hilfeangebote in den Räumen des Zentrums zugänglich gemacht. Gemeinsame Spiele mit den Kindern, Babymassage in Mutter-Kind-Gruppen, Krabbelgruppen, Austausch über alltagspraktische Dinge, aber auch wichtige Grundinformationen über kindliche Entwicklung und Erziehungsfragen bestimmen das inhaltliche Angebot, mit dem in der Kita auch solche Eltern von Elternbildungsmaßnahmen erreicht werden können, die ansonsten Beratungs- und Hilfsangeboten misstrauisch gegenüber stehen.

Für die Kinder werden im Eltern-Kind-Zentrum regelmäßige Spiel- und Lernstunden organisiert, in denen sie altersgerecht gefördert werden. Die für die Zentren zuständigen Fachkräfte haben dabei die einzelnen Kinder im Auge und werden bei Entwicklungsverzögerungen oder anderen Problemen mit den Eltern weitere Förderungsmöglichkeiten vereinbaren bzw. bei Bedarf kompetente Hilfen von außen beteiligen.

Man kann die Praxis, die sich in den neuen Eltern-Kind-Zentren entwickelt, durchaus mit dem vergleichen, was sich viele Familien mit kleinen Kindern aus eigener Initiative in Mütterzentren oder Spielkreisen selbst organisieren. In benachteiligten Stadtteilen gibt es aber diese eigene Initiative nicht, hier müssen Orte und Gelegenheitsstrukturen geschaffen werden, es müssen geeignete Strategien bedacht werden, um die Eltern zu erreichen und mit ansprechenden Angeboten in soziale Netze einzubinden.

Damit wird berücksichtigt, dass Probleme von jungen Familien mit kleinen Kindern oft mit dem isolierten Leben und dem Fehlen von verlässlichen sozialen Netzen (wie größerer Familienkreis und Nachbarschaft) zu tun haben. Wirksam geholfen werden kann – wie zahlreiche internationale Untersuchungen nachweisen – wenn Eltern nicht alleine gelassen werden, sondern auf regelmäßige Kontakte, nachbarschaftliche Hilfeleistungen sowie bei Bedarf auch auf professionelle Unterstützung bauen können. Ermutigende Vorerfahrungen mit der Verknüpfung von frühkindlicher Bildung und Stärkung der Elternkompetenzen konnten wir in einem trägereigenen Projekt zur Sprachförderung in Mutter-Kind-Gruppen machen: Schwer erreichbare Migrantenmütter (so genannte Heiratsmigrantinnen), die ihr Kind niemals den ganzen Tag in eine Krippe geben würden, waren für gemeinsames Spielen und Lernen in einer Mutter-Kind-Gruppe zu gewinnen – mit großem Erfolg für die Integration und das Sprache-Lernen von Mutter und Kind.

Ausstattung der Eltern-Kind-Zentren in Hamburg

Die in Hamburg für die Kitas zuständige Behörde hat im April 2006 offiziell angekündigt, in einem ersten Schritt 22 Eltern-Kind-Zentren in problembelasteten Quartieren finanziell zu fördern. Nachdem die einzelnen Bezirke im Laufe des Jahres 2006 Quartiere benannten, in denen Bedarf an solchen Anlaufstellen besteht, wurde Ende 2006 die Trägerschaft für Eltern-Kind-Zentren ausgeschrieben. Bewerben konnten sich Kitas aller Träger und Verbände, die in den von den Bezirksämtern ausgewiesenen 22 Quartieren angesiedelt sind.

Bei der Auswahl sind dann die Kitas zum Zuge gekommen, die bereits in ihrer regulären Kita-Arbeit eine familienunterstützende Praxis entwickelt hatten und die Kooperationen mit anderen kind- und familienbezogenen Diensten (wie Erziehungsberatung, Elternbildung, Beratung von Hebammen und Ärzten u.a.m.) pflegen. Gute Chancen hatten auch Kitas, die bereits Erfahrungen damit aufweisen, nach einer Risikoabwägung in der Kita notwendige Hilfen zum Schutz einzelner gefährdeter Kinder zu mobilisieren (gemäß § 8a SGB VIII). Den Bewerbungen wurden in den meisten Fällen die Bestätigung von anderen Organisationen (wie Elternschulen, Familienberatungsstellen, Kinderschutzbund, ASD) beigefügt, dass schon eine Kooperation mit der Kita stattfinde und dass man sich verpflichtet, auch im Rahmen des Eltern-Kind-Zentrums entsprechende Leistungen gemeinsam anzubieten.

Für das Eltern-Kind-Zentrum müssen die Kitas einen Raum von mindestens 40 Quadratmetern zur Verfügung stellen (bzw. neu schaffen) können. Dieser Raum muss als einladender Treffpunkt für Eltern mit Kleinkindern eingerichtet werden. Es sollte nicht nur ein ansprechender Aufenthalts- und Spielraum für Erwachsene und Kinder, sondern auch Platz für Elternbildungsangebote vorhanden sein, die dann natürlich auch von den Eltern der Kita-Kinder mit genutzt werden können. Auf der anderen Seite ist es auch erwünscht, wenn die Besucher des Eltern-Kind-Zentrums Räume und Angebote der Kita (so z.B. im Außenspielgelände, in Bewegungsbaustellen, im Kinderrestaurant oder in anderen Räumen der Kita) mit nutzen können, soweit dies von organisatorischen Abläufen her möglich ist. Zur Schaffung und Einrichtung des Eltern-Kind-Zentrums wird den Kitas eine einmalige Anschubfinanzierung von bis zu 20.000 Euro gewährt. Diese Summe reicht in solchen Fällen, in denen zusätzlicher Raum erst mal geschaffen werden musste, zumeist nicht hin, sie ist aber – wie das rege Bewerbungs-Interesse gezeigt hat – ein deutlicher Anreiz für die Träger, ein Eltern-Kind-Zentrum an geeigneten Kitas anzudocken.

Die Eltern-Kind-Zentren sind in der Anfangsphase erst einmal insgesamt 12 Stunden in der Woche für die Eltern und Kinder geöffnet. Für den laufenden Betrieb erhalten die Träger der Kitas eine finanzielle Zuwendung, die bei einer Öffnungszeit von 12 Stunden pro Woche (beispielsweise auf drei Tage verteilt) eine halbe Erzieherinnenstelle, anteilige Leitungs- und Beratungsstunden sowie eine Pauschale für Sachkosten abdeckt. Die finanziellen Mittel werden dann je nach Auslastung des Zentrums und entsprechender Gestaltung der Öffnungszeiten aufgestockt.

Die folgende Übersicht zeigt die Bemessung der Zuwendung in der Anfangsphase:

Ausstattung der Eltern-Kind-Zentren (Stand 2007)

Einmalige Anschubfinanzierung 20.000 Euro

Finanzmittel bei 12 Öffnungsstunden pro Woche für …	Personalwochenstunden	Zuwendung pro Monat
… Erzieherinnenstunden	19,2	1.844 Euro
…Leitungs- und Beratungsstunden	8	936 Euro
Pauschale für Gebäudekosten, Sachmittel, Honorare und Zuschuss zum Mittagessen		1.250 Euro
Zuwendung pro Monat		4.030 Euro

Mit dieser finanziellen Ausstattung wird berücksichtigt, dass der Aufbau einer lebendigen Anlaufstelle für Familien und die Kooperation mit anderen Diensten nicht nur eine Frage des guten Willens ist. Nur mit zusätzlichen Ressourcen kann eine Kita gewährleisten, dass Eltern im Zentrum eine vertraute Ansprechperson haben und dass die Koordination von Leistungen anderer Dienste gelingt. Um die Praxis und den »Erfolg« des Zentrums zu belegen, wird ein Berichtswesen zur Dokumentation der Inanspruchnahme des Zentrums (Anzahl der Besucher, Öffnungszeiten, Angebote) etabliert, das die Grundlage dafür bietet, die Mittel für das Zentrum entsprechend der Nachfrage anzupassen.

Für die Kooperation mit anderen kind- und familienbezogenen Diensten bringen die jeweiligen Institutionen oder Organisationen (Elternschule, Hebamme, Familienberatung u.a.m.) ihre eigenen Ressourcen mit, dafür zahlt die Kita keine Honorare. Der Anreiz für die anderen Dienste: Sie profitieren von der Kooperation, weil sie im niedrigschwelligen Eltern-Kind-Zentrum einen unbelasteten und nichtstigmatisierenden Zugang zu Familien bekommen, wie er in ihren Spezial- Räumlichkeiten mit der üblichen »Komm-Struktur« nicht ohne weiteres gelingt.

Fachliche Standards für die Eltern-Kind-Zentren

Die Vereinigung Hamburger Kindertagesstätten gGmbH, der größte Träger der Stadt, hat in der ersten Ausschreibungsrunde die Trägerschaft für 13 Kitas Eltern-Kind-Zentren übernommen. Kitas der ›Vereinigung‹, die sich für ein EkiZ beworben haben, hatten folgende fachliche Standards zu beachten:

Erfahrene Fachkräfte aus dem Team der Kita sollen möglichst die Zuständigkeit für die Eltern-Kind-Zentren übernehmen. Auch eine Leitungskraft der Kita sollte mit einem Zeitanteil für die Arbeit des Eltern-Kind-Zentrums zur Verfügung stehen (dazu muss man wissen, dass es in größeren Hamburger Kitas nicht nur eine/n von der Gruppenarbeit freigestellte Leiter/in, sondern auch eine freigestellte stellvertretende Leitungskraft gibt). In dieser Verknüpfung profitiert das Zentrum von den gemeinwesen- und vernetzungsbezogenen Kenntnissen der Leitungskräfte, die in der Regel das soziale Umfeld sehr gut kennen.

Die Kitas entwickeln Strategien zur Werbung bei Familien, die jeweils auf die Besonderheiten des Einzugsgebiets abgestimmt sind. Eine erfolgversprechende Strategie ist es, »Schlüsselpersonen« einzubeziehen, die aufgrund ihrer Funktion oder ihres Ansehens im Stadtteil junge Eltern davon überzeugen können, dass es sich lohnt, das Angebot für Eltern und Kinder in der Kita zu besuchen. Erzieherinnen, die selbst einen Migrationshintergrund haben, können einen wichtigen Part bei der Ansprache von Familien mit anderer Sprachherkunft übernehmen. Eine wichtige Rolle spielt auch die Mund-zu-Mund-Propaganda zwischen den Eltern, weil Eltern, die die Gruppen schon besuchen, sehr viel besser auch weitere Eltern in ihrer Nachbarschaft motivieren können, als dies den Fachkräften der Kita alleine möglich ist. Erfahrungen aus anderen Projekten zeigen: Die erste Anbahnungsphase kann zäh und mühsam sein. Wenn es sich aber erst einmal herumgesprochen hat, dass das Eltern-Kind-Angebot attraktiv ist, gelingt auch die Einbeziehung von schwer erreichbaren Eltern.

Erzieherinnen, die für die Eltern-Kind-Zentren zuständig sind, sollten Erfahrungen in der pädagogischen Arbeit mit Kindern unter drei Jahren mitbringen. Ihre Aufgabe ist, ein vertrauensvolles Verhältnis zu den zumeist bildungsungewohnten Eltern aufzubauen und den Eltern mit ihren Kleinstkindern Spielanregungen und frühe sprachfördernde Impulse zu geben. Sie konzipieren aber auch ergänzende Bildungsanregungen (»Spiel- und Lernstunden«) für die Kinder und führen diese – ggf. in Kooperation mit Fachkräften anderer Institutionen – durch.

Mit den Kooperationspartnern – wie Familienberatung, Elternschule, Familienhebamme, Ärzte u.a.m. – werden konkrete Bildungs- und Beratungsangebote im Eltern-Kind-Zentrum geplant und verbindlich vereinbart. Das Ziel ist, zunächst einmal Bildungsanregungen und Beratungsdienste der anderen Anbieter in die Räume des Eltern-Kind-Zentrums zu holen. In einem nächsten Schritt kann die im Zentrum geschaffene Vertrauensbasis auch dazu verhelfen, dass sich Eltern bei Bedarf auf den Weg zu anderen Stellen – Frühförderstelle, Familienberatung u.a.m. – machen.

Die zuständigen Fachkräfte im Eltern-Kind-Zentrum sind aufgrund ihrer Erfahrung in der pädagogischen Arbeit dafür sensibilisiert, Entwicklungsverzögerungen und mögliche Gefährdungen von Kindern zu erkennen. Wenn eine Gefährdung des Kindeswohls beobachtet wird, gehört es zur Aufgabe der im Eltern-Kind-Zentrum tätigen Fachkräfte, mit den betroffenen Eltern gemeinsam Lösungen zur Abwendung der drohenden Gefährdung zu entwickeln. Dies wird in den meisten Fällen durch eine rechtzeitige Unterstützung, Beratung und Stärkung der Eltern im Umgang mit ihrem Kind zu erreichen sein. In einzelnen Fällen wird es aber auch nötig sein, nach gründlicher Abwägung die Hilfe von speziellen Fachdiensten des Jugendamtes so in Anspruch zu nehmen, dass das Vertrauen der Eltern erhalten bleibt und dem Kind wie auch den Eltern wirksam geholfen werden kann.

Bei der nachgehenden Arbeit ist die besondere Familiennähe der Kita eine günstige Voraussetzung. Kita-Mitarbeiterinnen, die nicht als »Amtspersonen« wahrgenommen werden, lösen auch bei Hausbesuchen weniger Misstrauen aus. Sie können mit einer persönlichen Einladung desorganisierte oder schüchterne Eltern dazu bewegen, wieder im Eltern-Kind-Zentrum mitzumachen. In besonderen Fallkonstellationen muss allerdings sorgfältig abgewogen werden, welche Kita-Mitarbeiterin oder auch welche Fachkraft von außen in dem besonderen Fall die Eltern persönlich ansprechen und für das Eltern-Kind-Zentrum gewinnen kann.

Ein wichtiger Aspekt der Arbeit im Eltern-Kind-Zentrum ist, den Eltern mit Kindern nicht nur einen attraktiven Treffpunkt mit vielfältigen Bildungs- und Beratungsangeboten bereitzustellen, sondern sie auch je nach Möglichkeiten zu beteiligen und zu aktivieren. Dies können erste kleine Schritte sein, wie beispielsweise die Erwartung, dass die Eltern das von ihnen benutzte Geschirr auch selbst abspülen und wieder einräumen. Dies können mit der Zeit aber auch weiter gesteckte Ziele sein, wie z.B. die aktive Beteiligung von Eltern bei der Gestaltung von speziellen Aktivitäten im Eltern-Kind-Zentrum. So können z.B. Eltern, die schon im Zentrum vertraut sind, neuen Eltern beim Hineinfinden in die Gruppe behilflich sein. Eltern können selber Angebote für die Gruppenarbeit machen (z.B. Spiel- und Singanregungen, Kochrezepte aus der eigenen Familie, Vorschläge für gemeinsame Exkursionen im Stadtteil u.a.m.). Eine solche aktive Beteiligung und die damit verbundene Stärkung der Selbsthilfepotentiale fördert nicht nur das Selbstbewusstsein in der Elterngruppe, sie ermutigt manche Eltern auch, sich wieder selbstständiger um Angelegenheiten des eigenen Lebens zu kümmern.

Begleitung und Qualifizierung der entstehenden Eltern-Kind-Zentren als Aufgabe eines Kita-Trägers

Die ›Vereinigung‹ hat für die trägereigenen 13 Eltern-Kind-Zentren eine verlässliche Begleitung und Qualifizierung der sich neu entwickelnden Praxis konzipiert. Gerade in der Anfangszeit der Zentren kommt es darauf an, an jedem einzelnen Ort die Angebotsstruktur und das Kooperationsnetz zu entwickeln, die auf die Interessen und Möglichkeiten der Besucher zugeschnitten sind.

Neben der intensiven Begleitung der einzelnen Standorte bei der Entwicklung des lokalen Profils des jeweiligen Eltern-Kind-Zentrums wird ein flankierender standortübergreifender Erfahrungsaustausch unter Mitwirkung von Fach- und Beratungskräften etabliert. Mit diesem trägereigenen Unterstützungs- und Qualifizierungssystem ist sichergestellt, dass sich die für die Eltern-Kind-Zentren zuständigen Fachkräfte und Leitungskräfte regelmäßig treffen und sich über mögliche Startprobleme und über schwierige Fragen in der neuen Praxis der Eltern-Kind-Zentren austauschen. Die Eltern-Kind-Zentren sollen gerade in der Anfangsphase dabei unterstützt werden, dass die fachlichen Standards des Trägers auch in den Strukturen und Arbeitsformen der Zentren ihren Niederschlag finden. Die beteiligten Eltern-Kind-Zentren können sich gegenseitig Anregungen in verschiedenen Praxisfragen geben, so z.B.: Welche Strategien der Zielgruppenansprache sind erfolgreich? Wie können verbindliche Kooperationsstrukturen mit anderen familienunterstützenden Diensten entwickelt werden? Wie und von wem kann die nachgehende Arbeit unter welchen Bedingungen am erfolgversprechendsten geleistet werden? Wie werden die Risikoabwägungen und die Mobilisierung weiterer Hilfen in Fällen von vermuteter Kindeswohlgefährdung ganz praktisch umgesetzt? In solchen qualifizierenden Begleitprozessen hat auch der Träger die Möglichkeit, seine konzeptionellen Grundlinien in der praktischen Umsetzung vor Ort sicherzustellen. So ist es beispielsweise eine mögliche Funktion von Eltern-Kind-Zentren, in begründeten Einzelfällen dafür zu sorgen, dass Kinder einen Krippengutschein bekommen. Es ist aber keinesfalls das Interesse des Trägers, dass Eltern-Kind-Zentren als »Rekrutierungsfelder« für weitere Krippenkinder der Kita missverstanden werden. Vielmehr sollen die positiven Auswirkungen der sozialen Kontakte für isoliert lebende Familien und die Chancen der Verbesserung der familiären Bildungsleistungen ganz eindeutig im Vordergrund der pädagogischen Arbeit im Eltern-Kind-Zentrum stehen.

Die regelmäßige Reflexion der Praxiserfahrungen, die standortübergreifende kollegiale Beratung, aber auch die Fortbildung und Anleitung durch Vertreter anderer Professionen sind wichtige Elemente eines wirksamen Qualifizierungsprozesses, für den sich die ›Vereinigung‹ als Träger von neu entstehenden Eltern-Kind-Zentren zuständig sieht. Über diese Form der internen Qualitätssicherung hinaus wird es von Seiten des Landes Hamburg eine externe Wirksamkeitsüberprüfung der Eltern-Kind-Zentren geben.

Literatur

Deutsches Jugendinstitut (Hrsg.) (1994): Orte für Kinder. München

Colberg-Schrader, H.: Sprachförderung in der Kita – Mütter und Kinder lernen zusammen. In: KitTa aktuell ND, Nr. 5/2005, S. 114-117

Colberg-Schrader, H.: Eltern-Kind-Zentren – Bildungsangebot und soziales Netzwerk für Kinder und Eltern. In: KiTa spezial 2 / 2007, S. 16-19

Diller, Angelika (2006): Eltern-Kind-Zentren. Grundlagen und Rechercheergebnisse. Deutsches Jugendinstitut. München

Vereinigung Hamburger Kindertagesstätten gGmbH (2007): Jahresbericht 2006/2007. Hamburg

Präventive familienunterstützende Angebote in jedem Sozialraum – Vision oder Realität?

Kerstin Schulz

Aufbau und Weiterentwicklung des Modellprojektes »Familienarbeit im Verbund« im Landkreis Spree-Neiße als Praxisbeispiel zum Thema »präventive Familienarbeit/ familienunterstützende Angebote«

Wie alles begann .... – Entstehungsgeschichte des Projekts »Familienarbeit im Verbund«

Bereits im Jahr 2001 hat der Landkreis Spree-Neiße damit begonnen, ein Konzept zur »Familienarbeit im Verbund« zu entwickeln, das den Stellenwert der Förderung, Bildung und Beratung von Familien zu einem gesamtgesellschaftlichen Anliegen macht, um Familien bei der Bewältigung ihrer vielfältigen Anforderungen eines komplexer gewordenen Alltags zu begleiten und zielgruppenbezogen zu unterstützen. Es sollten im Rahmen des Konzeptes neue Ansätze präventiver familienunterstützender Angebote erprobt und entwickelt werden. Anstoß und Motor für diese Entwicklung waren dabei weder Anregungen übergeordneter politischer Ebenen noch die Bereitstellung von Landes- und Bundesmitteln, sondern das Bestreben in gemeinsamer Arbeit der örtlichen, öffentlichen und freien Träger, eine auf die konkreten Lebensbedürfnisse der Familien in unserer Region bezogene soziale Arbeit zu realisieren.

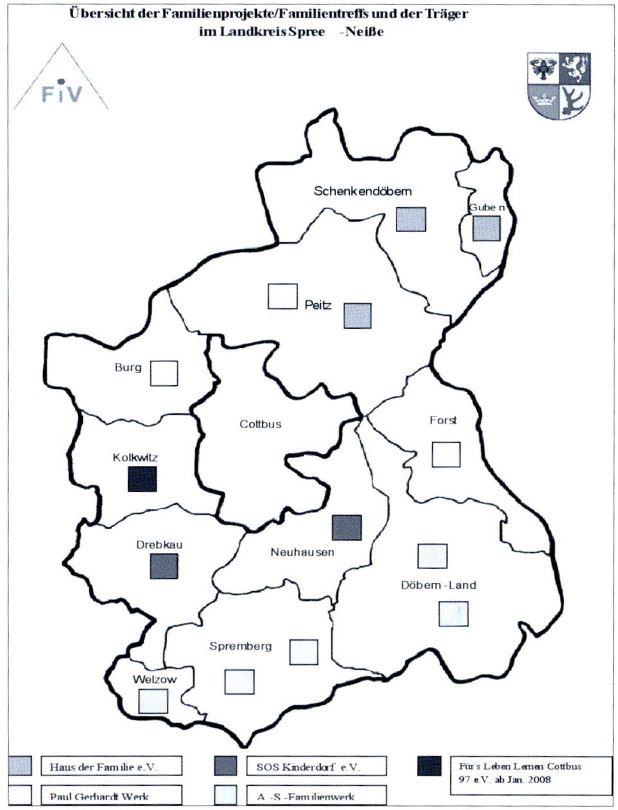

Nach einer ausführlichen fachlichen und politischen Debatte vor Ort und fast zeitgleich mit dem Beschluss der Jugendministerkonferenz im Mai 2003[1] wurde mit der Umsetzung der ersten Projekte im Landkreis Spree-Neiße begonnen. Gestartet wurde zunächst in den Städten Drebkau, Forst, Guben, Spremberg und Welzow unter dem Projekttitel »Familienarbeit im Verbund«. Schon im Jahr 2005 konnten die fünf Standorte um sieben zusätzliche Angebote ergänzt werden. Damit wurde der Schritt gemacht die Konzepte und Praxisansätze einer niedrigschwelligen familienunterstützenden Leistungspalette auch im ländlichen Raum zu entwickeln und die ehemals regional begrenzten Angebote wurden damit zu einem landkreisweiten Netz. Seit 2006 gibt es nunmehr in jedem Sozialraum des Landkreises Spree-Neiße präventive familienunterstützende Angebote.

Was war und ist uns wichtig .... – Ziele und fachliche Ansprüche des Projektes

Im Kern zielt das Projekt darauf ab, in einer strukturschwachen Region mit hoher Arbeitslosigkeit möglichst vielfältige und vernetzte Angebotsstrukturen der Familienförderung, -bildung und -beratung zu implementieren und bedarfsgerecht weiterzuentwickeln, um die ortsansässigen Familien mit ihren Kindern bei der Gestaltung und Bewältigung des Familienalltags zu begleiten und entlang ihrer Familienbiografie passgenau zu unterstützen.

Dabei geht es ausdrücklich um eine wertschätzende und stärkenorientierte Familienbildungs- und -beratungsarbeit im jeweiligen Sozialraum, die durch die Einbindung von professionellen, semiprofessionellen und ehrenamtlichen MitarbeiterInnen niedrigschwellig und Generationenübergreifend angelegt ist. Zugleich sind die kommunal- und fachpolitischen Initiativen darauf gerichtet, differenzierte Bildungsangebote für Kinder zwecks Erreichung von mehr Bildungsgerechtigkeit bereit zu stellen, aber auch ihre Eltern in ihren Erziehungs- und Alltagskompetenzen zu stärken.

Es sollen:

- die im jeweiligen Sozialraum vorhandenen Ressourcen verschiedener Akteure identifiziert und gestärkt werden (Bsp. siehe Graphik);

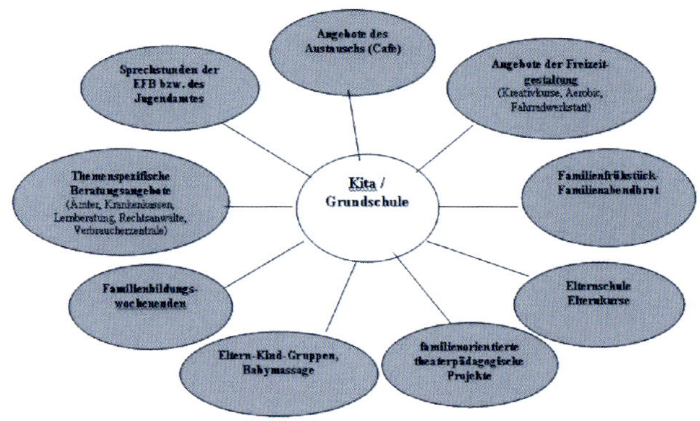

- ein Unterstützungsnetzwerk für Familien aufgebaut und weiterentwickelt werden, dass als »infrastrukturelle Normalität« wahr- und angenommen wird und eine für die Familien leicht zugängliche und vielfältige Angebotspalette bereit hält, die einerseits Verlässlichkeit garantiert und andererseits auf sich wandelnde Bedarfslagen der Familien entlang der Familienbiographie flexibel reagiert.

Neue Angebote der Familienförderung, -bildung und -beratung im Verbund zu entwickeln und zu erproben ver-

1 »Stellenwert der Eltern- und Familienbildung – Stärkung der Erziehungskompetenz der Eltern« 22./23. Mai 2003

langt aber auch eine gemeinsame Ausgangsposition im Sinne einer gemeinsamen professionellen Haltung und einem fachlichen Verständnis der Trägerakteure. Die Familienarbeit im Projekt sollte sich daher durch mindestens 5 verbindende Merkmale auszeichnen:

Orientierung an der Ganzheitlichkeit von Familie, der Vielfalt der Konstellationen familiärer Lebensgemeinschaften und der Familienentwicklung als Prozess

- Familienarbeit in ihren unterschiedlichen Formen innerhalb des Verbundprojektes richtet sich an Familien, in denen Kinder leben, an Jugendliche, die eine Familie gründen wollen wie auch an Senioren und Großeltern. Die differenzierten Angebote berücksichtigen die Familienformen sowie die demographischen Aspekte und sind strukturell auf den gesamten Familienzyklus und die natürlichen Übergangs- bzw. Krisenzeiten im Leben einer Familie ausgerichtet. Damit richtet sich das präventive Familienprojekt an alle Familien – unabhängig ihrer individuellen Konstellation, Lebenssituation oder sozialen Zugehörigkeit.

Schaffung und Qualifizierung von Angeboten im Kontext der Lebenswelten und Lebensräume von Kindern und Familien unter Berücksichtigung der Bedürfnisse, Interessen sowie Erfahrungen von Familien in ihren speziellen Lebenslagen und Erziehungssituationen

- Familienarbeit ist auch kein statisches Angebot. Entsprechend dem lebensweltorientierten konzeptionellen Anspruch unserer Familientreffen, sind die Angebote und Bedarfe ständig zu hinterfragen, da sich die Bedürfnisse von und Anforderungen an Familien ständig ändern. D.h. die Leistungsanbieter müssen den Zugang zu Familien immer wieder neu finden. Präventive Familienangebote benötigen kurze Wege, Erreichbarkeit und Transparenz in den regionalen Sozialräumen.

Verstärkte Konzentration auf die Bildungsfunktion der Angebote durch Aufklärung, Wissensvermittlung und Kompetenzentfaltung vor allem der erwachsenen Familienmitglieder

- Die Anforderungen an Familien und die Möglichkeiten zur Gestaltung eines gelingenden Zusammenlebens der verschiedenen Generationen verändern sich ständig. Dies setzt umfangreiche Fähigkeiten und Kenntnisse voraus, Familien benötigen eine Vielzahl von alltagsnahen Kompetenzen. Familienbildung muss sich verstärkt auf die Bildungsfunktion von Familien konzentrieren und große Anstrengungen unternehmen, um bildungsungewohnte bzw. sozial benachteiligte Familien zu erreichen. Unter dem Grundsatz der Freiwilligkeit ist das ein enorm hoher Anspruch.

Schaffung von Rahmenbedingungen zur Eigeninitiative, selbst gestalteten Handlungsmöglichkeiten und Mitarbeit von Familien in Institutionen

- Als grundsätzliche Leitidee und Arbeitsprinzip des Projektes definiert sich die Stärkung der Eigenressourcen und Mobilisierung der Fähigkeiten zur Selbstorganisation und Selbsthilfe von Familien. Aus der Empowerment-Perspektive gilt es – Familien zur Entdeckung eigener Stärken zu ermutigen und ihnen Unterstützung bei der Aneignung von Selbstbestimmung und Lebensautonomie zu vermitteln. Durch die Nutzung der personen- und familienbezogenen Potenziale sollen Familien die eigenen Lebenswege und Lebensräume eigenbestimmt gestalten können. Dies professionell zu begleiten und in der eigenen Organisation auch tatsächlich zu leben, erfordert ebenso einen Lernprozess der jeweiligen Träger und schafft Handlungsspielräume für Familien im Sinne der Mitbestimmung und Mitgestaltung.

Interdisziplinäre Kooperation und Vernetzung der Trägerangebote unter Berücksichtigung der Profilentwicklung der Organisationen im Verbund

- Präventive Familienarbeit als relevante gesellschaftliche Querschnittsaufgabe bedarf darüber hinaus der ressortübergreifenden Zusammenarbeit aller die Familie tangierender Arbeitsfelder (Jugendhilfe, Sozialhilfe, Altenhilfe, Gesundheitswesen, Frühförderung, Schule und Bildung, Berufsausbildung, Wirtschaft, Forschung, Kultur, Politik etc.) und dementsprechend auch die Mitwirkung der jeweiligen Verantwortlichen.

Was wurde erreicht .... – derzeitiger Projektstand

Im Rahmen des Projekts »Familienarbeit im Verbund« (F. i. V.) ist im Landkreis Spree-Neiße ein Netz verschiedener Beratungs- und Unterstützungsangebote für Familien bereits Realität geworden. Organisatorisch und räumlich werden die meisten Angebote in Form von Eltern-Kind- bzw. Familientreffs, die in separaten Räumlichkeiten in Kindertagesstätten, Grundschulen oder Gemeindezentren untergebracht sind, umgesetzt.

Momentan gibt es im Landkreis Spree-Neiße 14 Familienprojekte in Form von »Eltern-Kind-/Familien-Treffs« bzw. Eltern-Kind-/Familien-Zentren« mit

- Angeboten der gemeinsamen Begegnung
- Angeboten der gemeinsamen Freizeitgestaltung
- Angeboten der Familienbildung, -beratung, -förderung
- Vernetzung/Kooperation
- Gewinnung von freiwillig Engagierten
- Fortbildungs- und Qualifizierungsmaßnahmen

Sie sind strukturell im Sozialraum verankert und verstehen sich als Kooperationsmodell vieler Beteiligter. Ingesamt wurden über 1.500 Familien wöchentlich erreicht, d. h. durchschnittlich pro Standort zwischen 60 und 150 Familien pro Woche. Die Angebote werden von Eltern mit Kindern im Alter von 10 Monaten bis zu 16 Jahren genutzt.

Es werden unterschiedliche Zielgruppen erreicht:

- Anteil an sozial benachteiligten/armen Kindern: ca. 30 bis 50 Prozent
- Anteil an Kindern aus anregungsarmen Elternhäusern: ca. 30 bis 50 Prozent
- Anteil an Kindern aus anregungsreichen Elternhäusern: ca. 30 bis 50 Prozent
- Anteil an Kindern/Eltern mit nicht-deutscher Muttersprache: weniger als 30 Prozent

Folgende Angebote werden zum Beispiel unterbreitet:
Die Angebotsstruktur berücksichtigt zunächst den Wunsch der Eltern nach Kontaktmöglichkeiten und Austausch. Mit Elterncafés, Familienfrühstück bzw. -abendessen in den lokalen Treffs, mit Spielnachmittagen sowie Kreativ- und Werkstattangeboten werden gezielt Kontakte zwischen den Familien gefördert.

Offener Treff

Gestaltung von Freizeit
Leute kennen lernen
Kontakte knüpfen
Miteinander reden
Sich austauschen
Sich gegenseitig helfen und entlasten

Ziele

- Förderung und Erwerb von sozialen Kompetenzen
- Aktivierung von Selbsthilfepotentialen
- Verhinderung sozialer Isolation
- Stärkung des Selbstwertgefühls
- Entlastung des Einzelnen durch gegenseitige Hilfe
- Kennen lernen neuer Bewältigungsstrategien
- Stärkung der Eigenverantwortlichkeit

- Abbau von Hemmschwellen
- Förderung gegenseitiger Rücksichtnahme

Kreative Angebote

- Basteln
- Malen/Malerei
- Floristisches Gestalten
- Töpfern
- Holzarbeiten
- Korbflechten

Ziele

- Kennen lernen neuer Beschäftigungsmöglichkeiten
- Erlernen neuer Fähigkeiten
- Schulung der Ausdauer, Konzentration, Zielstrebigkeit, Feinmotorik, Wahrnehmung sowie Auge-Hand- und Hand-Hand-Koordination
- Entwicklung von ästhetischem Empfinden u. Kreativität
- Förderung von Gruppengefühl und Teamgeist

Die Leistungspalette umfasst darüber hinaus bildungsrelevante Angebote in Form von Vorträgen, Thementagen und themenspezifischen Gesprächskreisen aus den Bereichen Gesundheit, Recht, Beziehungs- und Erziehungskompetenz bis hin zu Kursangeboten (rund um die Geburt einschließlich Babymassage, Mutter-Kind-Gruppen, gesundheitsprophylaktische Familienkurse, Lerntechnikseminare, Elternkurse usw.). Ansatzweise erfolgen innerhalb der Trägerprojekte bereits regelmäßige Sprechstunden verschiedenster sozialer Dienste.

Sport und Gesundheit

- Sport für Eltern und Kinder
- Tanz für Kinder
- Rückenschule
- Entspannungstechniken
- Ernährungsberatung

Ziele

- Förderung der Körperwahrnehmung
- Förderung der Grobmotorik
- Stärkung des Bewegungsapparates
- Förderung des Gesundheitsbewusstseins
- Stärkung der Frustrationstoleranz
- Kennen lernen alternativer Kompensationsmöglichkeiten
- Förderung von bewusster, gesunder Ernährung
- Stärkung von Gruppengefühl und Teamgeist

Bildungsangebote

- Eltern-Kind-Gruppe
- PEKiP
- Stillberatung
- Elterngesprächskreise
- Elternkurse wie z.B. »Starke Eltern – starke Kinder«
- Sprachkurse, Computerkurs
- Familien-Bildungs-Wochenenden

Ziele

- Vermittlung von Kenntnissen über alterspezifische Entwicklung
- Stärkung der Erziehungskompetenz der Eltern
- Erwerb von Wissen und neuen Fähigkeiten
- Aufzeigen neuer Perspektiven und Lösungsmöglichkeiten

Wie sehen die Rahmenbedingungen aus ....

Begonnen haben die einzelnen Projekte mit der Anschubfinanzierung über eine Modellprojektförderung. Ab 2005 entwickelte der Landkreis neue Förderstrukturen und schuf Regionalbudgets als Zusammenführung von verschiedenen Finanzierungsstrukturen. In diese Regionalbudgets gingen Mittel des Europäischen Sozialfonds, des Landes Brandenburg, Finanzen der beteiligten Fachbereiche des Landkreises Spree-Neiße (wie Eigenbetrieb für Grundsicherung; Fachbereich Kinder, Jugend und Familie; Fachbereich Soziales und Fachbereich Kultur) sowie Finanzmittel der Städte und Gemeinden ein. Diese Bündelung erfolgte mit dem Ziel der Weiterentwicklung kinder- und familienfreundlicher Rahmenbedingungen im Landkreis Spree-Neiße, ohne durch Ressort- oder Einzelbudgetgrenzen beschränkt zu werden. Somit stellt sich die Anschlussfinanzierung aller Projekte als ein Ressourcen-Mix aus kommunalen Finanzmitteln (Landkreis, Kommune, usw.), den Zuwendungen von Sponsoren und unter Beteiligung sonstiger Partner dar.

Den Trägern der Projekte werden anteilige Personalstellen (ca. 30 Std.) für die Entwicklung bzw. Durchführung der Angebote je Sozialraum zur Verfügung gestellt. Zum Einsatz kommen hier festangestellte sozialpädagogische/pädagogische Fachkräfte und des Weiteren Honorarkräfte für bestimmte Angebote (Psychologen, Theaterpädagogin, usw.). Darüber hinaus erhält jeder Träger einen Stellenanteil für die fachliche Begleitung seiner Projekte. Ebenfalls bezuschusst werden die Verwaltungs-, Sach- und Projektkosten. Die Kosten, die mit der Bereitstellung und Bewirtschaftung der Räumlichkeiten entstehen, wurden von Beginn an durch die jeweilige Kommune getragen.

Für die Qualität und Quantität der Angebote ist es dabei unerlässlich, entsprechende innovative Umsetzungsideen und Finanzierungsstrukturen zu schaffen.

Als förderliche Bedingungen für die »strukturelle« Entwicklung bedarfsgerechter Angebote für Familien werden insbesondere folgende Punkte gesehen:

- Wille zur Zusammenführung bisher getrennter Angebotsegmente
- Entwicklung einer integrierten Angebotsstruktur für Familien an bereits vorhandene Institutionen
- Verständnis zu unterschiedlichen familiären Lebenslagen
- veränderte Sichtweisen in der sozialen Arbeit
- Gestaltung neuer Kooperationsbeziehungen zur Familie sowie den Akteuren im Sozialraum
- schriftliche und verbindliche Vereinbarungen/Kontrakte zwischen den beteiligten Organisationen
- gemeinsame Fortbildungen und Qualifizierungen
- neue Anerkennungs- und Kommunikationskultur
- strategische Steuerung
- Verantwortung politischer Gremien (Auftrag und Leitziel durch Kommunalpolitik)
- Schaffung von Finanzierungsstrukturen, die es ermöglichen, übergreifend tätig zu werden

Im Rahmen der Evaluierung des Projektes »Familienarbeit im Verbund« schätzt Frau Prof. Dr. Uta Meier-Gräwe die Entwicklungen im Landkreis Spree-Neiße diesbezüglich folgendermaßen ein: »Der Landkreis Spree-Neiße hat mit dem Projekt »Familienarbeit im Verbund« ein wichtiges Vorhaben in Angriff genommen. Denn obwohl es in der Fachöffentlichkeit im allgemeinen einen breiten Konsens über die Notwendigkeit zur Kooperation zwischen verschiedenen Diensten gibt, scheitert diese Bestrebung in der bundesrepublikanischen Realität sehr oft an einem versäulten Verwaltungshandeln, einer ressortgebundenen Finanzierung von Projekten oder auch schon an der Befürchtung, das eigene Profil oder gar die Existenzberechtigung zu verlieren.« (Siehe weiter Auszug aus »Endbericht über die Evaluation des Modellprojektes »Familienarbeit im Verbund«, im Anhang.)

Politische Rückendeckung erhält der Landkreis Spree-Neiße seit dem Jahr 2006 durch das Bundesland Brandenburg, das sich zu einer familien- und kinderfreundlichen Politik in Brandenburg bekannt hat und nach finnischem Vorbild ein dichtes Beratungsnetz für Familien aufbauen will. Deshalb wurde ein entsprechendes Maßnahmepaket auf den Weg gebracht. Das Land stellt im Rahmen dessen zum Beispiel für drei Jahre (2006 – 2008) jeweils 400.000 Euro zur Verfügung, um den Aufbau von Eltern-Kind-Zentren im Land Brandenburg zu forcieren.

Im Zuge seines familienpolitischen Engagements und als fachliche Herausforderung erhielt der Landkreis Spree-Neiße am 01.07.2006 den Auftrag des Landes Brandenburg eine »Überregionale Beratungs-, Informations- und Kommunikationsstelle (ÜBIK)« zur Begleitung der landesgeförderten Eltern-Kind-Zentren aufzubauen.

Als Träger der Maßnahme beauftragte er das Haus der Familie e.V. Guben und die Sozialakademie Potsdam mit der Umsetzung folgender Förderschwerpunkte: Überregionale Unterstützung der exemplarischen Entwicklung und Erprobung niedrigschwelliger familienunterstützender Angebote im Land Brandenburg mit den drei Schwerpunkten

- Familienberatung, -bildung und -unterstützung
- Vernetzung bestehender Angebote sowie
- Mobilisierung freiwilligen Engagements im Gemeinwesen zur Unterstützung des Aufwachsens der Kinder.

Dabei bilden die niedrigschwelligen familienunterstützenden Angebote für Eltern, die von ihren Erziehungsaufgaben überfordert und bisher kaum bereit sind, etablierte Unterstützungsangebote anzunehmen einen besonderen Schwerpunkt. Weitere Informationen und Kontakte sind über www.übik.de einzusehen.

Hat sich der Weg gelohnt ?

Es ist schön zu sehen, wie Familien die Angebote annehmen und aktiv die Arbeit in den Familientreffs mitgestalten. Aufgrund der großen Nachfrage der Familien in den einzelnen Regionen mussten des öfteren bereits größere Räumlichkeiten gesucht werden.

Zunehmend gelingt es, bildungsferne oder Familien in besonderen Belastungssituationen zu erreichen und in Elterngruppen in den Treffs bzw. Zentren zu integrieren.
Der Fachbereich Kinder, Jugend und Familie als auch die beteiligten Träger sind stolz darauf, dass im Landkreis Spree-Neiße Angebote dieser Art entstehen konnten und von Seiten der Politik die Möglichkeit eingeräumt wurde, diese Angebote auch über die Modellzeit zu finanzieren.

Anhang

Auszug aus »Endbericht über die Evaluation des Modellprojektes »Familienarbeit im Verbund« (FiV) einschließlich der beteiligten Träger im Landkreis Spree-Neiße« von Frau Prof. Dr. Uta Meier-Gräwe, Justus-Liebig-Universität Gießen (6. März 2008)*

Punkt 3 – Stärken

- Der Landkreis Spree-Neiße hat mit dem Projekt »Familienarbeit im Verbund« ein wichtiges Vorhaben in Angriff genommen. Denn obwohl es in der Fachöffentlichkeit im allgemeinen einen breiten Konsens über die Notwendigkeit zur Kooperation zwischen verschiedenen Diensten gibt, scheitert diese Bestrebung in der bundesrepublikanischen Realität sehr oft an einem versäulten Verwaltungshandeln, einer ressortgebundenen Finanzierung von Projekten oder auch schon an der Befürchtung, das eigene Profil oder gar die Existenzberechtigung zu verlieren.

- In vielen der evaluierten Einrichtungen für Familien gelingt es somit beispielhaft, für Familien in unterschiedlichen Lebenssituationen, Lebenslagen und Familienphasen einen Zugang zu eröffnen, ein Ort der Begegnung für Familien zu sein und diverse Angebote der Familienförderung, -bildung und -beratung zu implementieren und weiterzuentwickeln. Die Familientreffs tragen ohne Zweifel zur Lebensqualität von Familien in den jeweiligen Sozialräumen bei.

- Durch eine kontinuierliche fachliche Begleitung der Bildungs-, Beratungs- und Vernetzungsarbeit, zum Beispiel in Form von externer Supervision und durch Befragungen vor Ort konnte eine hohe Nutzerfrequenz der Angebote, eine hohe Wertschätzung für die Angebote von Seiten der Familien bei gleichzeitigem Eigenengagement sowie eine positive Außenwirkung erreicht und nachgewiesen werden.

- Als außerordentlich vorteilhaft erweist sich das Vorhandensein von tragfähigen und belastbaren Vernetzungsstrukturen, die sich im Landkreis Spree-Neiße seit dem Modellvorhaben entwickelt haben. Unter Federführung des Jugendamtes Spree-Neiße übernehmen das Haus der Familie Guben, das Albert-Schweitzer-Familienwerk, das Paul-Gerhard-Werk und das SOS Kinderdorf wichtige Koordinierungs- und Multiplikatorenaufgaben bei der Implementierung von Angeboten der Familienförderung, -bildung und -beratung.

- Aufgrund der größtenteils vorhandenen politischen Rückendeckung des Anliegens der vernetzten Familienbildung, -erziehung und Beratung im Landkreis Spree-Neiße konnten bemerkenswert positive Resultate erreicht werden. Die in das Projekt eingebundenen Fachkräfte vermitteln auch gegenüber Dritten einen hohen Grad an Verbindlichkeit ihres Handelns. Insofern erweist sich die politische Rückendeckung durch die verantwortlichen politischen Akteure und Akteurinnen im Landkreis als ein wesentlicher Erfolgsfaktor für das Projekt »Familienarbeit im Verbund«.

Punkt 5 – weitere Handlungsempfehlungen

- Die Verstetigung von kinder- und familienfreundlichen Sozialräumen erfordert es, den eingeschlagenen Weg konsequent weiter zu verfolgen, entsprechende Maßnahmen zu intensivieren und die Kooperation zwischen relevanten Akteuren im Sozialraum weiterzuentwickeln sowie daran zu arbeiten, möglichst alle familienrelevanten Themen miteinander zu verknüpfen.

- Ausbau einer kleinräumigen integrierten Sozialberichterstattung als unverzichtbares Instrument für die politische Steuerung kommunaler Prozesse, in der die Dimensionen Finanzsituation, Bildung, Wohnen, Gesundheit und gesellschaftliche Teilhabe der Bevölkerung mittels wissenschaftlich gesicherter Standards abgebildet und kontinuierlich aktualisiert werden.

- Konzipierung eines modularisierten Fortbildungsprogramms für die Anbieter von Begegnungs-, Förderungs- und Bildungsangeboten, das neue Erkenntnisse aus Theorie und Praxis aufnimmt und sowohl verbindliche Kernmodule als auch fakultative Profilmodule enthält. Dazu gehören beispielsweise Weiter- und Fortbildungsangebote, die Erkenntnisse über Ursachen und Ausmaß von Armut und prekärem Wohlstand ebenso thematisieren wie aktuelle Ergebnisse der Neurobiologie, der Resilienzforschung oder einer vorurteilsbewussten Erziehung.
- Gründung einer Initiative gegen Kinderarmut im Landkreis Spree-Neiße
- Sicherung der Qualität der Familienbildung durch die Ausarbeitung und Verständigung auf bestimmte Mindest- und Qualitätsstandards

* Untersuchungszeitraum von September 2006 – September 2007, Endbericht 06.03.2008

Das Ann Tayler Children's Centre in Hackney/London
Ein one stop shop für Familien

Ludger Pesch

Warum England?

Mitte der 90er Jahre war das System der öffentlichen Kindertagesbetreuung in England nach Jahrzehnten der Vernachlässigung in einem schlechten Zustand. England hatte große Rückstände bei der Ausstattung und Förderung der öffentlich finanzierten Einrichtungen (vgl. Peter Moss 2004, S. 20ff.) und die englische Szene war geprägt durch ein unabgestimmtes Nebeneinander unterschiedlichster Einrichtungen privater und öffentlicher Träger. Vollberufstätige Eltern waren meist auf teure private Einrichtungen angewiesen. In den öffentlichen Kindertageseinrichtungen arbeiteten überwiegend Beschäftigte mit niedriger Qualifikation. Gleichzeitig war die soziale Situation in England gekennzeichnet durch eine besorgniserregend hohe Quote von Schwangerschaften minderjähriger Mädchen und eine verbreitete Kinderarmut. In den Großstädten verließen zunehmend mehr Jugendliche die Schule ohne qualifizierten Abschluss. Die traditionell in Klassen organisierte englische Gesellschaft drohte zu zerfallen.

Mit dem Regierungswechsel 1997 wurde eine Wende eingeläutet. Die Regierung erkannte die Schlüsselfunktion der Bildung für sozialpolitische Ziele wie die Reduzierung der (Kinder)-Armut und die Zunahme der Beschäftigung, und seitdem gehört die frühe Bildung zu den Hauptthemen der Politik in England. Die Regierung verabschiedete eine »Nationale Kinderbetreuungsstrategie«, die ein gutes und bezahlbares Angebot für alle Kinder bis zum Alter von 14 Jahren zum Ziel erklärte. Zur Strategie, die unter das Motto »Every child matters« (»Jedes Kind zählt«) gestellt wurde, gehört ein Bündel von Maßnahmen: Schaffung von mehr Plätzen in Kitas, Einrichtung des Anspruchs auf kostenlose frühe Bildung für alle Drei- und Vierjährigen (in England werden bereits die fünfjährigen Kinder eingeschult), die Schaffung von nationalen Standards und einer entsprechenden Inspektion (ofsted) sowie die Schaffung eines Rahmens für die Bildungs- und Erziehungsarbeit. Die aktuelle Fassung dieses Rahmens, »The Early Years Foundation Stage«, wird im Herbst 2008 verbindlich und integriert die bisherigen Einzelprogramme für die unterschiedlichen Lebensalter bis zum Schuleintritt.[1]

Für die 20% der ärmsten Gebiete Englands wurde das »Sure-Start«-Programm aufgelegt, das aus vielen Einzelprogrammen besteht. Der »sichere Start« für alle Kinder dieser Regionen soll vor allem durch die Gründung von integrierten Einrichtungen gewährleistet weren. Die von der britischen Regierung besonders geförderten integrierten Children's Centres verbinden ein qualitativ hochwertiges Bildungsangebot für Kinder mit vielfältiger Unterstützung für Familien. Darüber hinaus haben diese Zentren eine Ausbildungs- und Multiplikatorenfunktion im Sinne der Vermittlung »bester Praxis«; vergleichbar den Konsultationskitas in Deutschland.

1 Alle Programme und Dokumente sind herunterzuladen unter www.everychildmatters.gov.uk.

Durch die koordinierte Verknüpfung verschiedenster Dienstleistungen für Familien und Kinder versuchen die Centres gegen Stigmatisierung und Segregation zu arbeiten, indem sie ein »Angebot für alle« machen – und nicht nur für Kinder und Familien »mit besonderem Bedarf«. Der Gefahr einer passiv hingenommenen Überversorgung der Familien soll durch eine starke Elternbeteiligung begegnet werden: Eltern sind Objekte und zugleich immer Subjekte der Angebote. Viele Leistungen zielen darauf ab, ihr Interesse für das Wohlergehen des Kindes und ihr eigenes anzusprechen und entsprechende Aktivitäten zu unterstützen. Damit finden Eltern sowohl Entlastung, z.B. durch ganztägige Betreuungsangebote, als auch Stimulanz zur Weiterentwicklung ihrer Elternrolle.

Die europaweit bekannten Early Exellence Centres waren die Flagschiffe dieser Politik. In den letzten Jahren wurde ihre Förderung jedoch etwas zurückgefahren und der anspruchsvolle Titel zurückgenommen, da sich der Schwerpunkt der staatlichen Politik von einer Spitzen- auf eine Breitenförderung verlagert hat. Mit dem Ziel der Bekämpfung der aktuellen Arbeitslosigkeit (z.B. auch der minderjähriger Mütter) liegt die Priorität nun auf der Schaffung zusätzlicher Plätze. Hier bildet sich eine Spannung ab, die der Regierungsinitiative von Anfang an innewohnte; nämlich der Zielkonflikt zwischen Investitionen zur Ausweitung ganztägiger Kinderbetreuung mit dem Ziel der Freisetzung der Eltern, die nun einen Arbeitsplatz suchen bzw. sich dafür qualifizieren können einerseits und andererseits Investitionen in Spitzeneinrichtungen als langfristig angelegte Strategie zur Steigerung des Bildungsniveaus, damit Kinder einmal bessere Chancen auf dem Arbeitsmarkt haben werden, wovon wiederum die Gesellschaft insgesamt profitieren wird. Die »Children's Centres«, so ihre neue Bezeichnung, bilden nach wie vor eine Spitzengruppe, deren Angebot das vieler hiesiger Familienzentren übersteigt. Und dies auch deshalb, weil sie weniger einen »Kindergarten plus…« darstellen, sondern eher mit einem Gemeinwesenzentrum zu vergleichen sind, das eben auch einen Kindergarten integriert (vgl. Gregory/Prott, S. 9).

Mir scheinen zwei weitere Besonderheiten der Entwicklung in England erwähnenswert:

- Bemerkenswert ist die umfangreiche Forschung, die sich mit dem frühpädagogischen Bereich befasst. Zu nennen ist hier insbesondere die Forschergruppe um Kathy Sylva und Iram Siraj-Blatchford und ihre Langzeitstudie »The effective provision of pre-school education« (EPPE), die Effekte der unterschiedlichen Vorschulangebote misst und in neuerer Zeit auch ihre Langzeiteffekte in der Schule.[2] Diese Studien belegen einen signifikanten Vorteil integrierter Children's Centres (vgl. Siraj-Blatchford 2003), wofür nicht zuletzt die höhere Qualifikation der Mitarbeiter/innen und die insgesamt höhere Quote positiv wirksamer pädagogischer Interventionen (»sustained shared thinking«) verantwortlich gemacht wird.

- Erstaunen bei deutschen Besuchern löst auch die Tatsache einer nationalen Inspektionsbehörde aus (Ofsted), deren Teams jede öffentliche Bildungseinrichtung im Abstand von einigen Jahren besuchen. Die Inspektionsprotokolle, die teils aus formalisierten Wertungen, teils aus ausformulierten Befunden und Empfehlungen bestehen, werden veröffentlicht: Sie können von allen Interessierten im Internet nachgelesen werden (www.ofsted.gov.uk). Damit gibt es in England bereits für den Kindertagesbetreuungsbereich ein ähnliches Inspektionssystem, wie es seit einigen Jahren für das deutsche Schulwesen entwickelt und praktiziert wird.

2 Informationen auf der EPPE-webiste: http://www.ioe.ac.uk/schools/ecpe/eppe/index.htm

Das Ann Tayler Children's Centre in Hackney

Das Ann Taylor Children's Centre liegt in Hackney, einem multikulturell geprägten Stadtteil im Osten Londons, in dem viele vergleichsweise arme Menschen leben, aber auch bürgerliches Milieu vertreten ist. Englandweit liegt Hackney im Sozialranking auf dem vorletzten Platz, aufgrund vieler vernachlässigter Wohnbauten, einer relativ hohen Arbeitslosigkeit, einer hohen Kriminalitätsrate und negativen Befunden in der Gesundheitsstatistik. Das ist eine kritische Ausgangssituation für eine nationale Betreuungsstrategie namens »Sure Start«, die sich fünf Ziele für jedes Kind gesetzt hat, die verkürzt ausgedrückt heißen: Gesundheit, Sicherheit, Selbstverwirklichung, positive soziale Wirksamkeit und ökonomisches Wohlergehen.

Zentral verantwortliche Orte der Umsetzung dieser Politik sind Centres, die ein Kita-Angebot kombinieren mit familienbezogenen Dienstleistungen. Das Ann Tayler Children's Centre ist ein integriertes Center mit einem Kindergarten (Nursery) sowie medizinischen, sozialen Beratungs- und Unterstützungsangeboten für Familien und gilt als »one stop shop«: Für mitunter vielfältige Anliegen sollen Nutzer einen Ort finden, wo ihnen geholfen wird. Und umgekehrt: Alle Familien in allen Lebenslagen sollen hier Hilfe und Unterstützung finden. Das Ann Taylor Children's Centre hat für die soziale Versorgung der Region eine Leitungsfunktion; ihm nachgeordnet sind zwei kleinere Kindergärten. Im Centre denkt man dabei öko-systemisch: Kinder sind Teil einer Familie, die Teil einer Nutzer-Gruppe ist, die wiederum Teil einer Gemeinde ist – dieses Denken versucht, Inklusion und Integration zu stärken gegen Separation und Isolation.

Vom Oberdeck des roten Doppeldeckerbusses der Linie 55, die von der beliebten Einkaufsmeile Oxford Street bis nach Hackney reicht, lässt sich die allmähliche Veränderung der Stadtlandschaft von West nach Ost nicht übersehen. In Hackney schließlich wirken die Häuser grau und geduckt, manche Ruine befindet sich darunter. Doch wie allerorten in London drehen sich im Sommer 2008 auch hier viele Baukräne. Grund und Boden in London sind teuer und damit potentiell profitabel.

Im Ann Taylor Children's Centre, das seit seiner Eröffnung im September 2006 auf architektonisch ansprechende Weise ältere Gebäude mit einem Neubau verbindet, ist der Kin-dergarten nicht auf Anhieb zu erkennen. Nachdem man sich, wie in England üblich, an der Rezeption nament-

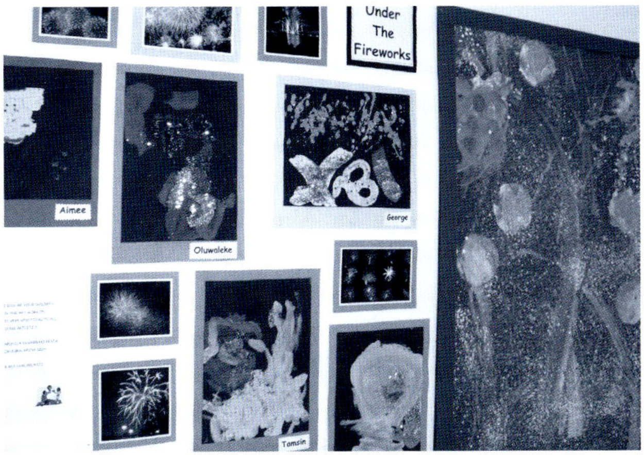

lich hat registrieren lassen, betritt man eine großzügige und farbig gestaltete Eingangshalle mit Cafeteria. Hier finden Versammlungen aller Art statt und von hier erreicht man die unterschiedlichen Gebäudeteile und Angebote. Bei meinen Besuchen (2007 und 2008) finde ich hier auch Aushänge, die repräsentativ sind für die Haltung und die Aktivitäten des Centres: Pädagogische Lehrsätze hängen in der Nachbarschaft von Werken der Kinder, die eine künstlerische Auseinandersetzung mit Feuerwerken dokumentieren und einer großen Collage, die Grußkarten zeigt, die von einer Mutter-Kind-Gruppe hergestellt wurde.

Kindbezogene Dienstleistungen

Der Kindergarten selbst ist im hinteren Gebäudeteil angesiedelt und bietet Platz für 90 Kinder im Alter bis zum Schuleintritt. Über diese ständigen Plätze in der Nursery hinaus gibt es weitere 40 offene Plätze für Kinder, die von ihren Eltern selbst dort unter Anleitung von Fachkräften betreut werden (»Drop In«). Schon dieses Angebot geht jedoch weit über das reine Betreuungsangebot hinaus und zielt auch auf die Eltern selbst, z.B. durch die Förderung des Spracherwerbs (das Centre beschäftigt viele »native speaker«) und durch Erziehungsberatung während der Betreuung oder die Ausleihe von Spielmaterialien für Zuhause. Weitere 20 Kurzzeitplätze stehen bereit für Kinder, deren Eltern z.B. auf Arbeitssuche sind, ambulante Krankenhausversorgung wahrnehmen müssen, eine Umschulung machen oder die aufgrund ihre psycho-sozialen Situation eine »Auszeit« benötigen.

Diese Angebote richten sich an alle Familien im Einzugsgebiet, wobei das Einzugsgebiet durch die Distanz bemessen ist, die eine Mutter zu Fuß(!) mit dem Kinderwagen bewältigen kann.

Die Tatsache, dass das Children's Centre ein Teil eines größeren Angebotes ist, hat Folgen auch für den Kindergarten selbst. Im Gespräch schildert die Leiterin einen Vorfall, in der eine Erzieherin Probleme hatte, Kontakt zu einem neu hinzugekommenen Kind zu bekommen. Über Sprachprobleme hinaus (das Kind sprach nicht Englisch) erschien das Problem komplexer, denn das Kind ließ sich auch nicht durch Gesten zu Spielhandlungen bewegen. Erst durch die Kooperation mit der muttersprachlichen Familientherapeutin gelang es, spezifische kulturelle Signale zu verstehen und eine geeignete Kommunikation aufzubauen. Eine solche Kooperation zwischen Kindergarten und Beratungseinrichtung ist aber auch für die Berater/innen wertvoll, denn sie erhalten hier Gelegenheit, die Interaktionen z.B. zwischen Eltern und Kindern in einem natürlicheren Umfeld als im Einzelkontakt beobachten zu können.

Die Mitarbeiter/innen des Children's Centre sind sich bewusst, wie verletzbar Kinder sind; insbesondere dort, wo diese in einem von Armut und zahlreichen Brüchen gekennzeichneten Umfeld leben. Die prekäre Wohn- und Lebenssituation bringt z.B. häufig Orts- und damit Schulwechsel mit sich. Im Kindergarten hat deshalb die individuelle Bezugserzieherin (Key Worker) eine zentrale Verantwortung. Der Key Worker hat die Aufgabe, alle Informationen über das Kind zu bündeln, diese den geeigneten Stellen zur Verfügung zu stellen und in einem engen Kontakt mit dem Kind und seiner Familie diese Informationen auszuwerten. Für diese Arbeit stehen den Pädagogen und Pädagoginnen Instrumente wie Planungsfolien, Beobachtungsformulare oder Vorlagen für Reports an Kolleg/innen und Eltern zur Verfügung samt technischer Unterstützung durch Computer und Digitalkameras. Geeignete Hilfen sind also vorhanden bzw. wurden vom Team entwickelt; andererseits erfordert der Umgang mit diesen Instrumente und ihre Pflege ein hohes Maß an Verbindlichkeit und Professionalität.

Die für diese Arbeit notwendige Zusammenarbeit erstreckt sich nicht nur auf das pädagogische Team; ein integriertes Angebot erfordert die Zusammenarbeit zahlreicher Professionen. Es liegt auf der Hand, dass sich damit das Berufsbild der Erzieherin wandelt; »sie entwickelt sich zunehmend in Richtung einer Netzwerkexpertin für die Belange von Kindern und Familien in der Region« (Colberg-Schrader; Oberhuemer, S. 91).

Familienbezogene Dienstleistungen

Die familienbezogenen Dienstleistungen im Centre gliedern sich in die Bereiche Bildung und Erziehung, Gesundheit und Unterstützung von Familien. Das Ann Tayler Centre bietet alle Dienstleistungen des »Sure Start«-Programmes in einem Haus an. Im Gesundheitsbereich zählen dazu Hebammendienste, Gesundheitsuntersuchungen und Impfungen, logopädische Dienste, Ernährungsberatung und Kurse, z.B. für das in England dringend zu steigernde »breastfeeding« (Stillen), da der Anteil der stillenden Mütter als weitaus zu gering angesehen wird. Daneben gibt es zahlreiche sozialpädagogische Angebote, von Kreativworkshops für Familien über Sprachkurse und Arbeitsmarkttrainings bis zur Erziehungsberatung, aufsuchenden Sozialarbeit und Familienhilfe. In einem dritten Bereich sind Angebote zur Alltagsgestaltung aller Familien der Gemeinde angesiedelt: Spielzeug- und Materialausleihe (z.B. Schutzgitter für Treppen), Kurse zur Unfallprävention, Wohnberatung oder Angebote für Väter. Mit diesen Angeboten erreicht das Centre wöchentlich etwa 380 Familien.

Manches davon wird »outreach« (außerhalb des Hauses), vieles davon wird im Haus selbst angeboten. Die Übersicht an einem beliebigen Wochentag macht die Vielfalt und Breite der freiwilligen oder obligatorischen Angebote deutlich:

- »Learning to Listen«: ein Angebot für Eltern, die ihr Kind besser verstehen wollen
- Post-Natal Clinic: Medizinische Untersuchungen des Babys, die vorgeschrieben und von Hebammen nach Terminvereinbarung durchgeführt werden
- Play Drop-In: ein offenes Spielangebot für Kinder und ihre Eltern mit Unterstützung von Fachkräften
- Turkish Support Group: ein wöchentliches Angebot für türkische Eltern und ihre Kinder zum Kennenlernen, zum Erwerb erzieherischer Kenntnisse und zur Diskussion
- Mind Counselling: kostenlose psychologische Beratung

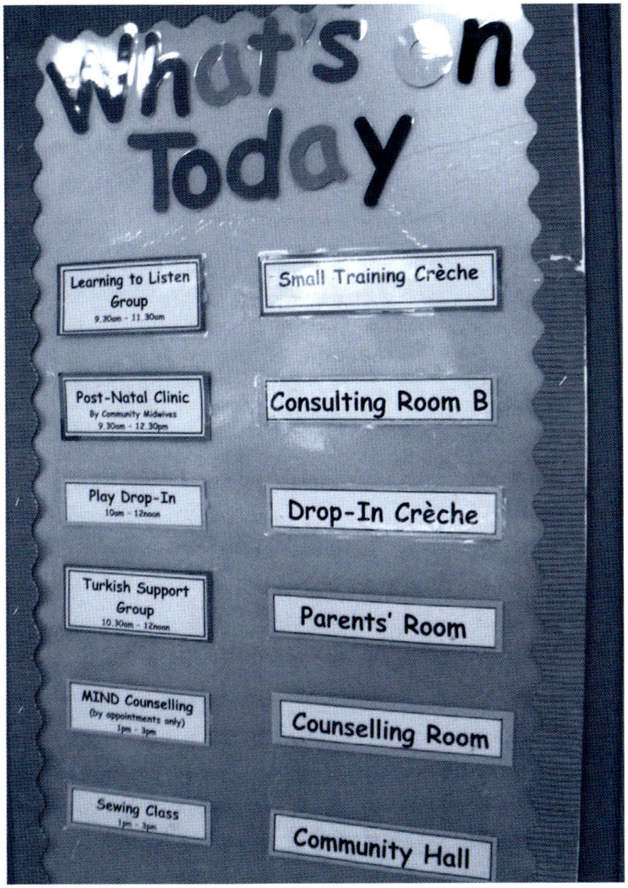

nach Vereinbarung für Eltern; Kinder können währenddessen betreut werden
- Sewing Class: wöchentliches Angebot von Näh-Unterricht; Kinder können währenddessen betreut werden

Das Aktivitäten-Programm, das alle Familien beim ersten Kontakt mit der Einrichtung ausgehändigt bekommen, weist darüber viele andere regelmäßige oder nachfragbare Angebote aus allen Bereichen aus. Dazu gehören unter anderem:

- Parents Forum: eine Einladung zu Mitgestaltung und Mitverantwortung. Eltern werden eingeladen, ihre Situation darzustellen, damit sich der Familienservice besser darauf einstellen kann.
- Family Food Matters: vierzehntägige Sprechstunde zur Ernährungsberatung
- Job Centre Plus: monatlich angebotene Beratung in beruflichen Fragen
- Baby Massage: ein wöchentliches Angebot für Mütter und ihre Kinder
- Story Time: wöchentliche Erzähl- und Märchenstunde
- Yoga Drop-In: kostenloses Yoga-Angebot zur Entspannung für Eltern; Kinder können währenddessen betreut werden
- Health Visiting Hour: ein wöchentliches Angebot für Mütter rund um die Kleinkinderziehung (Stillen und Entwöhnung; Schlafen; kindliches Verhalten, Sauberkeitserziehung)
- Developmental Reviews: Angebot an Eltern, die im nationalen Gesundheitsprogramm obligatorischen Entwicklungsberichte von Kindern zwischen acht und 30 Monaten mit einer Fachkraft zu diskutieren und mögliche Konsequenzen zu beraten.

Das Centre als lernende und lehrende Organisation

Im Gespräch mit Jan Turner, die als Leiterin des Centres auch zu dessen Gründerinnen zählt, wird deutlich, wie komplex die Organisation eines solchen Centres ist, für das es auch in England knapp vier Jahre nach Beginn des Sure-Start-Programms noch keine Vorbilder gibt. Jan Turner legt Wert auf die Feststellung, dass trotz allen Strebens nach Perfektion und Sicherheit das Centre keine fertige Sache sei, sondern der ständigen Beobachtung und Nachsteuerung bedürfe. Dazu gehöre die Pflege von Beziehungen in der Gemeinde und darüber hinaus; dies dient einerseits dem Knüpfen eines dichten Netzes von Leistungen für Familien, andererseits bringt es Leitung und Mitarbeiterinnen des Hauses in einen fachlichen Dialog, der die Qualität verbessern hilft.

Der Anspruch der Einrichtung ist es nicht nur, alle diese Dienstleistungen unter einem Dach anzubieten, wie das auch ein Kaufhaus täte. Das eigentliche Ziel ist es, diese Angebote koordiniert anzubieten, sodass jedes Kind eine maximale Chance erhält, sein Potential optimal im Sinne der fünf Ziele (Gesundheit, Sicherheit, Selbstverwirklichung, positive soziale Wirksamkeit und ökonomisches Wohlergehen) zu realisieren. Dazu hat das Centre einen doppelten Organisationsplan entwickelt:

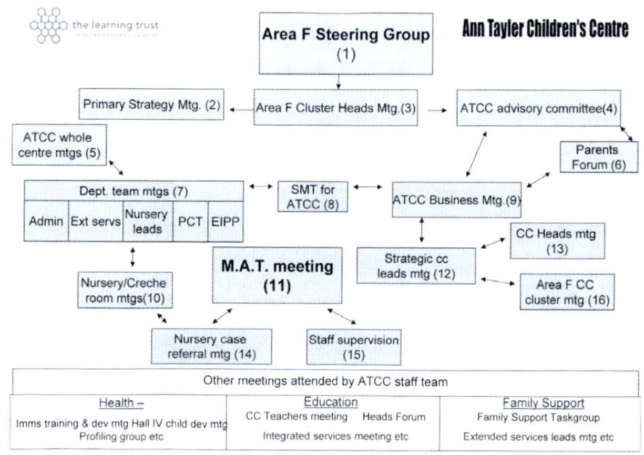

Auf einer fachlichen Ebene stellt dieser Plan sicher, dass für jedes Kind eine individuelle Evaluation stattfindet, in der kontinuierlich der jeweilige Unterstützungsbedarf festgestellt wird. Die unterschiedlichen Stufen dieser Evaluationsstrategie werden im Centre in Form einer Pyramide dargestellt. Auf der breitesten, untersten Stufe steht dabei der Besuch des Kindergartens oder die Inanspruchnahme allgemeiner Dienstleistungen wie der Gesundheitsvorsorge. Über eine Abfolge intensivierender Stützleistungen steht im ungünstigsten Fall am Ende die zeitweilige oder dauernde Inobhutnahme des Kindes durch öffentliche Einrichtungen und damit die Entfernung aus der Herkunftsfamilie. Im Centre wird die Möglichkeit einer Gefährdung des Kindes sehr ernst genommen und das System der Kontrolle und Beobachtung ist relativ umfassend; gleichzeitig wird viel dafür getan, dass die Familie unter Bereitstellung geeigneter Hilfsleistungen selbst ein Hilfe- und Fördersystem bilden kann.

Auf der organisatorischen Ebene soll durch ein für Außenstehende kaum zu überblickendes System von Teambesprechungen und Koordinierungstreffen sichergestellt werden, dass alle relevanten Informationen gesammelt und ausgewertet werden. Für alle einzelnen Angebote (einschließlich der Nursery) gibt es ausgefeilte Instrumente zur Qualitätssicherung wie Leitzielkataloge, Verfahrenshinweise und Evaluationskriterien. Der externen Evaluation durch Ofsted geht immer eine interne Evaluation voraus.

Englische Children's Centres verstehen sich angesichts der in den regulären Kindergärten (nursery) oft noch wenig qualifizierten Arbeit auch als Vorbildeinrichtungen für Personalqualifikation und -entwicklung und als Agenturen der Aufwertung eines lange vernachlässigten Berufsbildes. Qualifikationsmaßnahmen richten sich zum einen auf die Mitarbeiter/innen; nicht zuletzt deshalb, weil in englischen Bildungseinrichtungen Menschen mit sehr unterschiedlichen formalen Qualifikationen arbeiten. Allerdings ist das System durchlässig, ein interessierter Mitarbeiter kann sich von einem Assistentenstatus ohne formale Qualifikation bis zu einem akademischen Abschluss »hocharbeiten«. Positiv betrachtet führt dies dazu, dass es gelingt, Menschen mit sehr unterschiedlichen Erfahrungen und Qualifikationen in (die) Arbeit zu bringen. Andererseits muss man erkennen, dass es vergleichsweise viele Mitarbeiter/innen mit einer (noch) sehr geringen formalen Qualifikation gibt. Dem englischen Bildungs- und Sozialsystem ist aber eine Vielzahl von Assessments eigen. Die Vielzahl von Prüfungen, aber auch die Möglichkeit, durch Qualifizierung eine besser dotierte Stelle zu erlangen, hilft die hierzulande oft deutlich spürbare Mattigkeit arrivierter Stelleninhaber zu vermeiden.

Qualifikationsangebote richten sich aber auch an die Nutzer, d.h. die Eltern selbst. Die Bildungsinitiativen in England haben schließlich ihren Ursprung in arbeitmarktpolitischen Überlegungen. Wie schon erwähnt, erhalten Eltern durch den Kindergartenplatz freie Zeit und gleichzeitig im Centre Anregungen zur Qualifizierung für einen Arbeitsplatz. Aber auch das Centre selbst bietet viele Möglichkeiten, sich ehrenamtlich oder hauptamtlich zu engagieren. Das Centre schafft Arbeitsplätze mit Aufstiegsmöglichkeit, indem sich Menschen ohne Schulabschluss über ihre Tätigkeit als Helfer im Centre und durch Fortbildungsangebote qualifizieren.

Dass dies in einer sowohl zielgerichteten als auch flexiblen und freundlichen Weise geschieht, ist für jeden Besucher spürbar. Dafür mag es manche Gründe geben. Die Durchsicht vieler Dokumente wie Elternbroschüren oder Arbeitsanweisungen für Mitarbeiter/innen lässt eine Ursache deutlich werden: Immer wieder wird Bezug genommen auf die individuellen wie sozialen Bedürfnisse der Kinder und ihrer Familien. Auf dieses humanitäre Ziel sind alle Maßnahmen ausgerichtet. Und dies bezieht die Situation der Mitarbeiter/innen ein, denen die gleichen Bedürfnisse zugestanden werden. Die Aufwertung eines lange vernachlässigten Berufsbildes kommt deshalb sowohl den Kindern als auch den Fachkräften zugute.

Wer zahlt?

Das Gebäude wurde errichtet und wird betrieben durch die Gemeinde Hackney, die wie alle Gemeinden Englands durch Gesetz verpflichtet ist, Bildungseinrichtungen vorzuhalten. Sie zahlt auch einen Teil der Personalkosten, so wie die Eltern einen Teil der Betreuungskosten für den Platz in der Nursery zahlen.

Der Elternbeitrag für den Kindergarten ist abhängig vom Einkommen und dem Umfang der Betreuungszeit in der Nursery. Grundsätzlich sind aber fünf Stunden täglich für die letzten beiden Jahre vor der Einschulung kostenfrei. Gebührenbefreiung wird darüber hinaus bei niedrigem Einkommen oder bei einer ungünstigen Sozialprognose gewährt. Bei durchschnittlichem bis hohem Einkommen kann bei ganztägiger Nutzung dagegen rasch ein Monatsbeitrag von 600-800 Pfund (780-1000 Euro) entstehen. Auch wenn dieser Beitrag steuerlich abgesetzt werden kann, entsteht hier die Gefahr einer unerwünschten sozialen Entmischung: Private Arrangements können finanziell günstiger sein als eine Beanspruchung der öffentlichen Einrichtung.

Einrichtungen wie das »Ann Taylor Children's Centre« speisen sich, neben den Elternbeiträgen und den Zuschüssen der Gemeinde, finanziell aus vielen Quellen. Die durch Sure Start (bis 2010) und andere nationale, zeitlich begrenzte Programme zur Verfügung gestellten Mittel müssen durch lokale Beiträge ergänzt werden. Dahinter stehen nicht nur fiskalische Erwägungen, sondern auch eine Strategie der Regierung, dass die von nationaler Ebene geförderten Children's Centres auch lokal gut eingebunden werden. Dem dient auch die aktive Einwerbung von Spenden und Sponsoren – eine Anstrengung, die von der Leitung des Centres nicht vernachlässigt werden darf.

Literatur:

Colberg-Schrader, H.; Oberhuemer, P. (2000): Ein Modell für Kindertageseinrichtungen der Zukunft? Ein Besuch im englischen Pen Green. In: Colberg-Schrader, H.; Oberhuemer, P. (Hrsg.): Qualifizieren für Europa. Praxiskulturen, Ausbildungskonzepte, Initiativen. Hohengehren, S. 89-92

Duffy, B. (2002): Thomas Coram Early Excellence Centre. Ein multifunktionales Nachbarschaftszentrum in London/Camden. In: Lipp-Peetz, Ch.; Wagner, I. (Hrsg.): Bildungsort und Nachbarschaftszentrum. Kindertageseinrichtungen im zweiten Jahrzehnt des KJHG. Hohengehren, S. 144-148

Gregory, St.; Prott, R. (2002): Zukunftsmodell Early Exellence Centres? In: klein&groß 11/2002, S. 6-11 (Teil 1); klein&groß 12/2002, S. 32-35 (Teil 2)

Kühnel, B. (2002): Kinder, Eltern und Erzieherinnen als Forscher. In: klein&groß, 4/2002, S. 20-22

Moss, P. (2004): England. In: Kinder für Europa, Weinheim 2004, S. 20-22

Pesch, L. (2003): What's going on in the Early Excellence Centres (EEC)? In: klein&groß, 7-8/2003, S. 16-19

Siraj-Blatchford, I. u.a. (2003): Wirksame Vorschulbildung: Das Projekt »The effective provision of pre-school education« (Übersetzung des Technical Paper 10 durch Elke Schröter und Ludger Pesch; in der pfv-Geschäftsstelle erhältlich)

...zum Weiterlesen: »Vernetzung als Antwort auf die Versäulung der sozialen Dienste – Das Nationale Zentrum Frühe Hilfen«

Alexandra Sann

Alexandra Sann beleuchtet in einem Beitrag mit dem Titel »Vernetzung als Antwort auf die Versäulung der sozialen Dienste – Das Nationale Zentrum Frühe Hilfen« die Lage der »Frühen Hilfen« aus unterschiedlichen Perspektiven und entwickelt Handlungsperspektiven.

»Offensichtlich erfährt gegenwärtig insbesondere die Kooperation und Vernetzung gerade in Bezug auf einen verbesserten Kinderschutz und Frühe Hilfen derzeit hohe öffentliche Aufmerksamkeit. Begriffe wie »Soziale Frühwarnsysteme« (Jordan, 2004) implizieren die Zusammenarbeit von vielen unterschiedlichen Akteuren, die ein gemeinsames Ziel verfolgen: von Vernachlässigung und/oder Misshandlung bedrohte Kinder frühzeitig zu »entdecken« und geeignete Maßnahmen zur Gefahrenabwehr zu ergreifen. Die angestrebte, verbindliche Kooperation soll dazu beitragen, die unterschiedlichen Kompetenzen verschiedenster Professionen, die Kontakt mit Familien mit Säuglingen und Kleinkindern haben, sowohl im Hinblick auf die Früherkennung von Risikolagen als auch im Hinblick auf frühe Prävention und Intervention zu bündeln.

Diese Entwicklung kann auch als eine Reaktion auf die zunehmende Spezialisierung und Pluralisierung von Hilfeangeboten verstanden werden, die nicht nur für die Adressaten von Hilfen sondern auch für die Hilfeanbieter zur einer großen Unübersichtlichkeit geführt haben. Umso wichtiger ist es daher, diese Hilfestrukturen auch für die Familien übersichtlich darzustellen und Orientierungshilfe in unterschiedlicher Form zu ermöglichen.

Im Feld Früher Hilfen wird ganz besondere Hoffnung gesetzt auf eine verstärkte Zusammenarbeit der Kinder- und Jugendhilfe mit dem Gesundheitswesen. Die Zeit der Schwangerschaft und die Phase rund um die Geburt bieten eine gute Gelegenheit, mit Müttern und Vätern ins Gespräch zu kommen, da die allermeisten Frauen in dieser Phase Kontakt zum Gesundheitssystem suchen (Gynäkologie, Schwangerschaftsberatungsstellen, Hebammen, Geburtskliniken, Kinderkliniken, Sozialpädiatrische Zentren, niedergelassene Pädiatrie). Zur ganzheitlichen Sicherung des Kindeswohls in physischer und psychosozialer Hinsicht müssen Gesundheitssystem und Kinder- und Jugendhilfe deshalb eng und systematisch miteinander vernetzt werden.

Um diese Entwicklung voranzutreiben, hat das Bundesfamilienministerium die Vernetzung dieser beiden Felder als politisches Ziel in seinem Aktionsprogramm zu Frühen Hilfen und Sozialen Frühwarnsystemen festgeschrieben. Geeignete Strukturen und Kooperationsformen zu entwickeln und relevante Informationen zur Verfügung zu stellen, ist Aufgabe des Nationalen Zentrums Frühe Hilfen (NZFH), das Bestandteil dieses Aktionsprogramms ist.

In diesem Beitrag wird eingangs der Begriff »Frühe Hilfen« aus unterschiedlichen Perspektiven und Zugängen heraus eingegrenzt. Eine Darstellung der aktuellen Datenlage zu Formen und Vorkommen von Vernachlässigung und Gewalt gegen Kinder sowie zu Eingriffen in die elterliche Sorge und erbrachten Leistungen der Kinder- und Jugendhilfe ergänzt dieses Bild und die Aufgabenstellung und

Aktivitäten des NZFH sowie deren Rahmung durch das Aktionsprogramm des Bundes werden kurz skizziert.

Auf Basis der Kurzevaluation des DJI betrachtet Alexandra Sann die Stärken und Schwächen der derzeitigen Praxis in Deutschland und entwickelt – unter Einbezug der Erfahrungen mit den »Sozialen Frühwarnsystemen« in NRW-Empfehlungen für den Aufbau von Netzwerken Früher Hilfen. Schließlich geht sie abschließend der Frage nach, welchen Beitrag Kindertageseinrichtungen im Bereich Kinderschutz und Frühe Hilfen leisten können.«

Aus Kapazitätsgründen konnte dieser Beitrag leider nicht mehr in dieses Buch aufgenommen werden. Wir halten aber die von Frau Sann angebotenen Sichtweisen und die Perspektiven auf die Zusammenarbeit von Jugendhilfe und Gesundheitswesen für äußerst wichtig. Daher danken wir der Autorin sehr, dass sie den Beitrag zum Download auf unserer website unter www.pfv.info >Bundesfachtagung 2007 zur Verfügung stellt.

Im Zuge der Arbeit an diesem Buch erreichten uns auch weitere interessante Beiträge, die aus verschiedenen Gründen keine Aufnahme gefunden haben. So wollen wir versuchen, wie das Jahrbuch eine Fortsetzung der Jahrestagung des pfv ist, mit der Internetdokumentation eine Fortsetzung der Fachdiskussion zu etablieren. Wir freuen uns auf Beiträge und Rückmeldungen zu diesem Buch.

D.D./L.P.

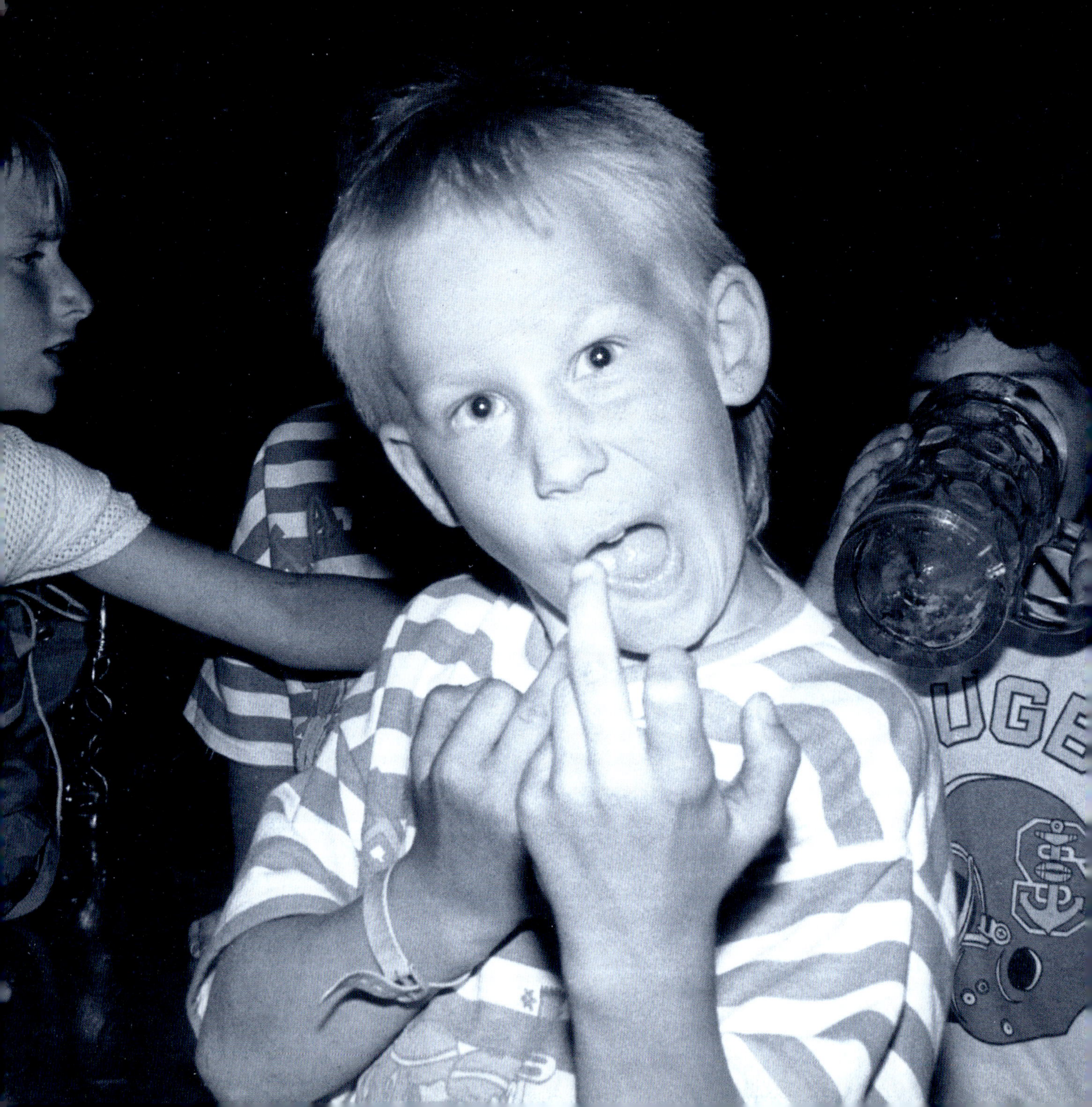

Anhang

pfv: Selbstverständnis – Ziele – Aufgabenfelder

Fachübergreifende Expertenkultur

Der pfv (Pestalozzi-Fröbel-Verband e.V.) ist ein politisch und konfessionell unabhängiger Fachverband für Kindheit und Bildung. Seine Mitglieder bringen unterschiedliche berufliche Kompetenzen und Einbindungen mit: Sozialpädagogische Fachkräfte, Vertreter/innen der Ausbildung, der Fortbildung, Vertreter/innen von anderen Verbänden, von Bundes- und Landesministerien, aus Jugendämtern (kommunale und Länderebene), Wissenschaftler aus Universitäten und einschlägigen Instituten, freiberufliche Menschen aus Wissenschaft, Fortbildung und Beratung. Die ganze Breite der Fachszene rund um Kinder und kindbezogene Berufe, die in der Mitgliedschaft vertreten ist, kann eine besondere Expertenkultur bilden, die mit interdisziplinärem Sachverstand und Erfahrungswissen Lebensbedingungen von Kindern aufzeigt, Probleme benennt und bündelt sowie Positionen zugunsten von Kindern und Familien in der Öffentlichkeit bezieht.

Informelles Forum zum Gedankenaustausch

Die Chance dieser Struktur des pfv liegt darin, die Mitglieder als Experten gezielt anzusprechen und den fachlichen Austausch so zu organisieren, dass aktuelle Fragen, aber auch grundlegende Fragen (etwa zur Zukunft von Kindheit) aus den verschiedenen vertretenen Perspektiven beleuchtet werden. Was dabei das besondere Diskussionsklima des pfv auszeichnet: Im Rahmen dieses Verbandes, der keine Trägerfunktion hat, müssen keine bestimmten Interessen und Strukturen (wie z.B. kirchliche Interessen oder berufspolitische Forderungen) vertreten werden; man kann es wagen, kinderpolitische Fragen neu und quer zu denken und einen experimentellen Raum für die Weiterentwicklung sozialer Dienste über aktuelle Interessengebundenheit hinaus zu gestalten. Der pfv bietet somit ein informelles Forum für Fachleute verschiedener Arbeitsfelder und unterschiedlicher institutioneller Einbindungen. Man lernt sich kennen, kann regionale und fachliche Netzwerke knüpfen und mit etwas Distanz zu den jeweiligen institutionellen Vorgaben Ideen, Perspektiven und kinderpolitische Strategien entwickeln.

Sozialpolitik für Kinder

Der pfv beschäftigt sich von seiner – nunmehr schon über 130-jährigen – Tradition her mit den Lebensbedingungen von Kindern und setzt sich für Lebensqualität ein. Was bedeutet dieses Anliegen des Verbands heute?

Unsere Gesellschaft verändert sich derzeit so schnell und so gründlich wie nie zuvor. Der schmerzhafte Abschied von der Arbeitsgesellschaft schafft Unsicherheiten und grenzt viele Menschen aus. Manche Entwicklungen zeigen, dass Kinder gegenwärtig zu den Modernisierungsverlierern gehören. Auf der anderen Seite könnte eine gesellschaftliche Entwicklung, die nicht mehr nur auf Erwerbsarbeit konzentriert ist, auch wieder mehr Raum und bessere

Möglichkeiten für Kinder und Familien bereithalten. Der pfv will auf die Lebenslagen von Kindern und Familien und auf die Konsequenzen für Entwicklungschancen und Bildungsprozesse der nachwachsenden Generation öffentlichkeitswirksam aufmerksam machen. Die Suche nach einer neuen Ordnung des Zusammenlebens der Generationen ist überfällig. Das Ziel ist die Gestaltung einer Kultur des Aufwachsens, und diese käme sicherlich nicht nur den Kindern zugute, sie dürfte auch den Erwachsenen jenseits von Ökonomie, Beschleunigung und Effizienz mehr Lebensqualität erschließen. Es ist zentraler Auftrag des pfv heute, in diesem Verständnis an einer Sozialpolitik für Kinder mitzuwirken.

Zur Zukunft sozialpädagogischer Berufe

Das Arbeitsfeld pädagogischer Fachkräfte ist an vielen Stellen in Bewegung. Mehr Autonomie und neue Zuständigkeiten werden in die Einrichtungen gegeben (Verwaltungsreform), Qualität und wirtschaftliche Betriebsführung werden verlangt. Der öffentlich finanzierte Bereich sozialpädagogischer Arbeit sieht sich zunehmend nicht nur von Sparmaßnahmen bedrängt, er gerät auch in die Konkurrenz mit freien Initiativen und mit kommerziell betriebenen Angeboten. Wie sich dabei das Berufsprofil (Ausbildung, Praxis, Weiterbildung) gestaltet, ist noch offen. Dass die Pädagogen eine Schlüsselrolle für die Sicherung von Qualität öffentlicher Kinderbetreuung haben, ist unbestritten. Und dass die Entwicklung hin zu Europa sowie die auch hierzulande nötige multikulturelle Praxis erweiterte Berufsprofile erfordert, wird von vielen Seiten betont. Entsprechende Konsequenzen für Ausbildung und praxis-begleitende Qualifizierung werden bisher jedoch kaum gezogen.

Hier wird sich der pfv auch weiterhin offensiv äußern und einmischen.

Dienstleistungen des pfv

- Die besondere Expertenkultur der Mitglieder wird für gemeinsames Nachdenken und Ideen-Sammeln aktiviert.
- Fachtagungen sowie Studienreisen ins In- und Ausland lassen Einblicke gewinnen über den persönlichen Wirkungskreis hinaus und die eigene Praxis aus der Distanz neu betrachten.
- Analysen und Vorschläge werden in die öffentliche Diskussion, aber auch an Entscheidungs- und Verantwortungsträger unseres demokratischen Systems gegeben.
- Aktuelle Fragen und Praxisentwürfe werden mit Mitgliedern und weiteren Interessenten auf Fachtagungen thematisiert.
- Für Mitglieder und Mitarbeiter/innen aller Fachorganisationen und Instanzen bietet der pfv ein übergreifendes gemeinsames Forum, einen »neutralen« Ort gemeinsamer Perspektivenfindung.
- Projektartig können bestimmte fachpolitische Aufgaben übernommen und vorangetrieben werden.
- Fachpolitisch wichtige Informationen und Dienstleistungen werden gesammelt und bereitgestellt, insbesondere durch Fachtagungen, Studienreisen, Veröffentlichungen, Fachgespräche und das Diskussionsforum im Internet.
- Insbesondere für freiberufliche Mitglieder kann der Verband eine Informationsbörse sein, an der Daten, Adressen, fachpolitische Papiere u.a.m. abgefragt werden können.

Rolle des pfv für die Mitglieder und in der Öffentlichkeit

Fragen nach der weiteren Entwicklung unserer Gesellschaft, nach dem Weg hin zu einer sozial gerechten und ökologisch orientierten Gesellschaft, können nicht nur in den offiziellen politischen und fachlich-institutionellen Kanälen vorangetrieben werden. Zur demokratischen Selbststeuerung der Gesellschaft sind aktive Bürger sowie auch unabhängig angesiedelte ehrenamtliche Expertenkulturen genauso wichtig. Der pfv will mit seinen Aktionsformen dazu beitragen, dass freiwilliges und ehrenamtliches Engagement als Ausdruck lebendiger Demokratie kommunikativ gestaltet wird. Der pfv bietet an, mit anderen Menschen zusammen gesellschaftliche Fragen zu Kinderleben und Kinderhilfen in offener und nicht schon durch vorhandene Institutionen vorgeformter Weise anzugehen: Andere Mitglieder kennenzulernen, quer zu denken, neue Lösungen zu suchen und sich damit in der Öffentlichkeit Gehör zu verschaffen.

Wollen auch Sie Mitglied werden? – Ihre Mitarbeit ist uns wichtig. Bitte nehmen Sie mit uns Kontakt auf!

Vorstandsmitglieder des pfv
Wahlperiode 2007-2010

Eva Hammes-Di Bernardo (Vorsitzende)
Fachreferentin im Ministerium für Bildung, Kultur und Wissenschaft des Saarlandes
Saarbrücken

Dr. Hans Rudolf Leu (stellvertr. Vorsitzender)
Leiter der Abteilung »Kinder und Kinderbetreuung« im Deutschen Jugendinstitut
München

Detlef Diskowski (Schatzmeister)
Referatsleiter für Kindertagesbetreuung im Ministerium für Bildung, Jugend und Sport des Landes Brandenburg
Potsdam

Christian Bethke
Geschäftsführender Vorstand des Berliner Instituts für Frühpädagogik e.V.
Berlin

Claudia Frey
Leiterin der Kindertagesstätte Rieselfeld
Freiburg

Sonja Adelheid Schreiner
ehem. Referatsleiterin für Kindertagesbetreuung im Niedersächsischen Kultusministerium
Göttingen

Prof. Dr. Angelika Speck-Hamdan
Professorin für Grundschulpädagogik und -didaktik an der Universität München
München

Bundesgeschäftsstelle:
Leitung: Ludger Pesch
Barbarossastr. 64
D-10781 Berlin
Tel. +49(0)30 23 63 90 00
Fax: +49(0)30 23 63 90 02
E-Mail: pfv@pfv.info

Aktuelle Informationen, Einladungen und Berichte finden Sie auf unserer Website www.pfv.info

AutorInnen und Herausgeber

Prof. Dr. Hans Bertram
(Jahrgang 1946) ist Inhaber des Lehrstuhls für Mikrosoziologie an der Humboldt-Universität zu Berlin. Er war u.a. Mitglied der Kommission des Achten Jugendberichts des Deutschen Bundestages (1986-89) und Vorsitzender der Siebten Familienberichtskommission des Deutschen Bundestages (2003-2006). Hans Bertram ist verheiratet mit Prof. Dr. Birgit Bertram, das Paar hat drei Söhne.

Hedi Colberg-Schrader
(Jahrgang 1943); Studium der Sozialwissenschaften. Langjährige Tätigkeit als wissenschaftliche Referentin und als Leiterin der Abteilung »Kinder und Kinderbetreuung« im Deutschen Jugendinstitut München. Mehrere Jahre Vorstandstätigkeit im pfv, in der Wahlperiode 1998-2001 als Vorstandsvorsitzende. In den Jahren 2000 bis 2007 Pädagogische Geschäftsführerin der Vereinigung Hamburger Kindertagesstätten gGmbH. Seit 2008 im Ruhestand.

Detlef Diskowski
(Jahrgang 1950) Studium der Erziehungswissenschaften in Berlin; war Erzieher, Kita-Leiter, Praxisberater für Kindertagesstätten, Aus- und Fortbildner, Gestalttherapeut und ist Vater von zwei Kindern, Referatsleiter für Kindertagesbetreuung, familienunterstützende Angebote und Kinder- und Jugendhilferecht im Ministerium für Bildung, Jugend und Sport des Landes Brandenburg.

Andreas Hilliger
(Jahrgang 1952); Studium der Erziehungswissenschaften, Berufstätigkeit in den Bereichen: Heimerziehung und Heimaufsicht in Berlin, seit 1990 im Ministerium für Bildung, Jugend und Sport des Landes Brandenburg zuständig zunächst für Kinder- und Jugendhilfe, seit 1998 als Abteilungsleiter zuständig für Jugend und Sport.

Nancy Hoenisch-Pomeroy
Studium der Frühkindlichen Erziehung, BA Wheelock College, Boston, MA, USA 1961, Magister Frühkindliche Erziehung James Madison University, Virginia, USA, 1993. Arbeitsschwerpunkte: Curriculuminnovation für junge Kinder (4-8 Jahre), insbesondere die Entwicklung des mathematischen Denkens und der Frühlesefähigkeiten.

Dr. Heinz Kindler
(Jahrgang 1963); Studium der Psychologie, rechtspsychologischer Sachverständiger mit Schwerpunkt Kindeswohlgefährdung und wiss. Referent beim Deutschen Jugendinstitut e.V. Arbeitsschwerpunkte: Kindeswohlgefährdung, Pflegefamilien, Trennung und Scheidung, Eltern-Kind Bindung.

Hans Joachim Laewen
Berlin; Studium der Soziologie an der Freien Universität Berlin, seit 1976 in verschiedenen Forschungsprojekten des Instituts für Kleinkindpädagogik. Gründung des Instituts für angewandte Sozialisationsforschung/Frühe Kindheit e.V. (infans). Von 1997 bis 2000 Leitung des Bundes-

modellprojekts: »Zum Bildungsauftrag von Kindertageseinrichtungen«. 2001 in Kooperation mit dem Ministerium für Bildung, Jugend und Sport des Landes Brandenburg Entwicklung eines Konzepts zur Umsetzung des Bildungsauftrags in Kindertageseinrichtungen, seit 2002 Erprobung des Konzepts in Brandenburg und in Baden-Württemberg.

Dipl.-Psych. Toni Mayr

(Jahrgang 1949); Studium der Psychologie, Zusatzausbildung in Systemischer Familientherapie; Wissenschaftlicher Referent am Staatsinstitut für Frühpädagogik in München, Dozent an der Freien Universität Bozen/Fakultät für Bildungswissenschaften; Arbeitsschwerpunkte: Entwicklungsprobleme im Vorschulalter, Kooperation von Kindertageseinrichtungen mit therapeutischen Fachdiensten, Beobachtung und Dokumentation von Bildungs- und Entwicklungsprozessen in Kindertageseinrichtungen, Evaluation.

Dr. Jörg Maywald

(Jahrgang 1955); Studium der Soziologie, Psychologie und Pädagogik in Berlin, Amsterdam und Paris; Mitbegründer des Berliner Kinderschutz-Zentrums; langjährige Tätigkeit in der Kinder- und Jugendhilfe und im Jugendgesundheitsbereich; seit 1995 Geschäftsführer der Deutschen Liga für das Kind; seit 2002 Sprecher der National Coalition für die Umsetzung der UN-Kinderrechtskonvention in Deutschland.

Prof. Dr. Uta Meier-Gräwe

(Jahrgang 1952); 1972-1975: Studium der Ökonomie und Soziologie in Ostberlin; 1990-1994: als wissenschaftliche Referentin am Deutschen Jugendinstitut e.V. in München tätig; 1993-1998 Bundesvorsitzende von Pro Familia; März 1994: Berufung auf den Lehrstuhl für Wirtschaftslehre des Privathaushalts und Familienwissenschaft der Justus-Liebig-Universität Gießen; seit Dez. 2002: Vizepräsidentin der Deutschen Liga für das Kind in Familie und Gesellschaft, Mitglied der Sachverständigenkommission zur Erstellung des 7. Familienberichts der Bundesregierung (2003-2006), Berufung als Sachverständige für den 1. Gleichstellungsbericht der Bundesregierung (2008-2010).

Prof. Dr. jur. Johannes Münder

(Jahrgang 1944); Studium der Rechtswissenschaften und Soziologie, 1. und 2. juristisches Staatsexamen, juristische Promotion, nach Tätigkeiten am Zentrum für interdisziplinäre Forschung (Universität Bielefeld), beim Bundesministerium für Arbeit, an der FH Wiesbaden, an der PH Berlin, seit 1980 Professor an der TU Berlin für Sozialrecht und Zivilrecht.

Ludger Pesch

(Jahrgang 1958); Dipl.Pädagoge und Organisationsberater, Geschäftsführer des pfv. Mitglied der Koordinierungsgruppe der National Coalition und der Initiative für große Kinder. Mitgesellschafter der Internationalen Akademie/ Institut für den Situationsansatz an der Freien Universität Berlin, Lehrbeauftragter der FH Potsdam. Aktuelle Projekte: Mitglied der wissenschaftlichen Leitung des Projekts »ponte« und Mitautor des Entwurfs des »Berliner Bildungsprogramms für die offene Ganztagsgrundschule«

Prof. Dr. Edeltraud Röbe

Leiterin der Abteilung Pädagogik und Didaktik der Primarstufe, Institut für Erziehungswissenschaft, Pädagogische Hochschule Ludwigsburg, Lehramtsstudium und Aufbaustudium der Pädagogik, Psychologie und Soziologie an der Ludwig-Maximilian-Universität München und Augsburg; Promotion zum Dr. phil. mit anschließender Forschungs-, Lehr- und Publikationstätigkeit im Primarbereich. Seit 1997 Professur für Erziehungswissenschaft an der Pädagogischen Hochschule Ludwigsburg; Leiterin der Abteilung Pädagogik und Didaktik des Elementar- und Primarbereichs. Forschungsschwerpunkt: Leistung aus der Kinderperspektive (Forschungs- und Nachwuchskolleg Baden-Württemberg).

Seit 2005: Wissenschaftliche Begleitung der Implemetierung des Orientierungsplans für die Kindergärten des Landes Baden-Württemberg – Landesteil Württemberg.

Dipl. Psych. Alexandra Sann
Krankenschwester und Familienpsychologin, wiss. Referentin am Deutschen Jugendinstitut e.V. zum Thema Frühe Förderung in der Familie, wiss. Begleitung und Weiterentwicklung des Förderprogramms »Opstapje – Schritt für Schritt«, Mitarbeit bei der Kurzevaluation zu »Frühen Hilfen für Eltern und Kinder und sozialen Frühwarnsystemen in den Ländern«, seit 2007 wiss. Referentin des DJI im Nationalen Zentrum Frühe Hilfen

Gila Schindler
Studium der Sozialarbeit/Sozialpädagogik in Berlin/FH Alice Salomon (Vordiplom), Studium der Rechtswissenschaft in Berlin/HU und England/UEA, 1. und 2. Staatsexamen, 2004 bis 2006 Referentin für Kinder- und Jugendhilferecht Deutsches Institut für Jugendhilfe und Familienrecht e.V., seit 2007 im Bundesministerium für Familie, Senioren, Frauen und Jugend, Referat Kinder- und Jugendhilferecht.

Elke Schlösser
Dipl. Sozialarbeiterin/ Referentin/ Autorin, hauptberuflich tätig in der RAA Kreis Düren (Regionale Arbeitsstelle zur Förderung von Kindern und Jugendlichen aus Zuwandererfamilien), Fachschwerpunkt: Interkulturelle Pädagogik im Elementarbereich und Übergang zur Primarstufe, Themen: Vorschulische Sprachförderung, Zusammenarbeit mit Eltern, antirassistische und vorurteilsbewusste Ansätze, interkulturelle Konzeptentwicklung

Kerstin Schulz
(Jahrgang 1973); Studium der Verwaltungswissenschaften; seit 1994 tätig im Landkreis Spree-Neiße zunächst als Jugendhilfeplanerin, dann Leiterin Planungsstab Sozialplanung und seit Ende 2005 Fachbereichsleiterin des Fachbereiches Kinder, Jugend und Familie des Landkreises Spree-Neiße

Dr. Martin R. Textor
Studium der Pädagogik, Psychologie und Soziologie in Würzburg und den USA; Promotion in Würzburg, Mitbegründer des Instituts für Pädagogik und Zukunftsforschung (IPZF) in Würzburg (www.ipzf.de) und langjähriger Mitarbeiter des Staatsinstituts für Frühpädagogik in München (IFP). Er hat mehr als 30 Bücher und Sammelbände sowie Hunderte von Fachartikeln veröffentlicht. Ferner gibt er Websites wie z.B. www.kindergartenpaedagogik.de und www.familienhandbuch.de mitheraus.

Prof. Dr. Sigrid Tschöpe-Scheffler
Studium der Erziehungswissenschaft, Psychologie, Philosophie, Promotion an der Bergischen Universität; Ausbildung in Supervision und gestalttherapie; seit 1992 Professur an der FH Köln, jetzt Direktorin des Instituts für Kindheit, Jugend und Familie, Fachhochschule Köln, Fakultät für Angewandte Sozialwissenschaften, Forschungsleiterin und Autorin (u.a. »Elternkurse auf dem Prüfstand«, »Fünf Säulen der Erziehung«, »Konzepte der Elternbildung – eine kritische Übersicht«, »Perfekte Eltern und funktionierende Kinder – vom Mythos der ›richtigen‹ Erziehung«)

Herbert Vogt
(Jahrgang 1953), ist Diplom-Pädagoge, verantwortlicher Redakteur der Fachzeitschrift »TPS – Leben, Lernen und Arbeiten in der Kita« und freiberuflicher Fortbildner und Autor. Arbeitsschwerpunkte: pädagogische Konzeptionsentwicklung, insbesondere Freinet-Pädagogik, Teamentwicklung, Familienarbeit in der Kita.

Rita Woll
(Jahrgang 1951); Studium Politikwissenschaften, Deutsch und Psychologie; arbeitet im Jugendamt Calw (Fachstelle

für Erziehungspartnerschaften), im Kindergarten Momo in Pforzheim, in einer Förderschule in Pforzheim, in der Lehrer- und Erzieherinnenaus- und -fortbildung, Lehraufträge an der Uni Gießen. Arbeitsschwerpunkte: Zusammenarbeit mit Eltern, Beratung von Eltern, Förderung verhaltensauffälliger und lernbehinderter Kinder.